鑄造公信力

江平 乙酉年冬

铸造公信力

增订版

王红松文集

王红松 著

法律出版社
LAW PRESS CHINA

北仲旧址

北仲现址

北京市政府法制办公室熊大新主任代表市政府出席首届仲裁委员会会议
（1995年）

第二届仲裁委员会主任、副主任及部分委员合影
（1998年）

北京市政府法制办公室王嘉彦主任代表市政府出席第三届仲裁委员会会议并合影
（2001年）

北京市常务副市长吉林代表市政府出席第四届仲裁委员会会议
（2004年）

第五届仲裁委员会主任、副主任、部分委员与办公室工作人员合影
（2007年）

王红松秘书长工作照

再版说明

《铸造公信力》于2010年9月出版,收集了我自北仲成立到2010年9月之前写的文章50篇。这次再版,时隔8年,时移世易,为了与时俱进,"详细记录北仲的制度、经验和做法""发扬北仲文化,凝聚价值共识"[1],我将这8年撰写的一些文章编入文集,同时删除了内容过时或已被新文章所替代的文章,再版文章变动占原版的2/5,具体包括:

1. 原版3篇——"仲裁体制改革与完善篇""多元化纠纷解决机制建设篇""北仲文化建设篇"改为新3编——"仲裁体制改革完善编"、"北仲文化建设编"、"执行机构(办公室)编"。取消"多元化争议解决篇",该编中大部分文章删除,余下文章并入现在新三编中。

2. 原版中21篇文章删除,包括"多元化争议解决机制建设"的12篇[2];"仲裁

〔1〕 引自"北仲风雨十五载——代自序"。

〔2〕 12篇是:(1)《让我们共同解决面临的难题》;(2)《中小投资者保护研讨会专场致词》;(3)《私募与仲裁》;(4)《律师在仲裁中应注意的法律问题》;(5)《抓住历史的机遇》;(6)《关于委任仲裁员的认识与实践》;(7)《律师培训的重要意义》;(8)《多元化解决国际商事纠纷新尝试暨北仲新调解规则的制定》;(9)《〈北京仲裁委员会调解规则〉起草说明》;(10)《如何构建完备的多元化纠纷解决机制》;(11)《国内仲裁机构开展涉外仲裁业务需要注意的几个问题——王红松秘书长在国际私法全球论坛的发言》;(12)《仲裁与互联网的发展》。

体制改革与完善”的4篇[1]和“北仲文化建设”的5篇[2]。再版的文章主要集中在体制改革完善和北仲文化建设两个方面。

3. 再版新增21篇文章。其中,纳入“仲裁体制改革与完善编”的有4篇。《关于仲裁机构的税收问题》《仲裁机构在事业单位分类改革中的困境及建议》《仲裁:价值重估与体制深改》等文章,不同程度涉及仲裁机构在事业单位分类改革中遇到的问题和困惑。

纳入“北仲文化建设编”的有9篇。其中,《做民主法治的建设者》《建立法律职业共同体》《律师的职业精神》《国际商务仲裁实务课程开场白》《当下法律人如何“走出去”与国际商务游戏规则接轨?》等7篇文章涉及北仲社会责任担当及公益活动,体现北仲“凭借自己价值观的力量,改变周围的世界”[3]的努力。《关于〈北京仲裁委员会/北京国际仲裁中心章程(修订)〉草案的说明》《关于〈北京仲裁委员会对执行机构负责人履职的绩效考核办法(试行)〉草案的说明》反映了北仲在完善法人治理结构方面的新探索,对国内其他仲裁机构很有借鉴意义。《仲裁员道德规范和专业标准》是根据我在仲裁员培训班的讲稿编写,替代了原版中的《论仲裁员职业道德》。

“执行机构(办公室)编”新增文章8篇,涉及北仲办公室内部机制改革、团队建设、团队文化等。其中,《攀登新高峰——2010年干部竞聘动员》《承前启后——2012年干部竞聘动员》《干部要对结果负责——2012年干部竞聘总结》《做“五力”型中层干部》等4篇文章涉及干部的遴选、标准和工作要求,文章撰写时间在2010年至2012年,因为自己临近离任,管理团队建设是当时的工作重点。而且,改革如逆水行舟,一项改革制度的建立到完善,不仅需要切实可行的方案、办法,更需要持续不断的实践及推动实践的意志、勇气和毅力。《坚持我们的文化和价值》《成长》《继承和发扬北仲的核心价值》这3篇文章,都是工作总结,记录自己通过将“价值

[1] 4篇是:(1)《行政门,中国仲裁的坎》;(2)《关于中国仲裁发展方向的几个问题》;(3)《北仲对〈关于适用仲裁法若干问题的解释(试拟稿)〉的反馈意见》;(4)《关于“亟须以司法解释予以规范的适用仲裁法问题”的建议》。

[2] 5篇是:(1)《追求卓越,逆风飞扬》;(2)《我们的心愿》;(3)2009年5月18日新人学术奖颁奖大会讲话;(4)《应聘人员介绍会谈话》;(5)《论仲裁员职业道德》。

[3] 《企业文化就是老板文化,看你怎么讲故事》,载新浪博客:http://blog. sina. com. cn/maketing-blog,最后访问日期:2019年2月1日。

观贯彻到工作之中，来激励自己的团队”[1]，传承和发扬北仲文化方面的努力。《有心便有力——离任感言》是自己对17年秘书长工作的总结，也借此表达对所有关心、信赖、帮助我的领导、同事、仲裁员和朋友的感激与感谢。

可以说，2010年至2018年是北仲在业务、组织规模、知识、经验上迅速发展的八年，也是个人在思想上成长、成熟的八年。这期间所写的文章质量好过那些被删除的文章，去粗取精也是文集再版我比较满意的地方。文集中的文章，虽然因工作而写、与工作有关，但倾注了个人的心血和情感。记得上大学时，一位同学讲，记录自己每次思考的结果，是一种很好的学习方法。这给了我很大的启发。在市政府法制办工作时，一位领导说他要求自己的讲话不说“废话”（我理解“废话”包括假话、套话、空话，以及啰唆、重复的话）。这话深深地影响了我，以致担任北仲秘书长时的每次工作讲话，都会要求自己尽量“不说废话”。我非常羡慕那些口才好的人——才思敏捷、句句精辟、字字珠玑、见地非凡。我没有这样的禀赋，要“不说废话”，且能产生好的效果，只能下苦功、做笨功。每次讲话我都要准备讲稿，对涉及的问题反复斟酌，深思熟虑，讲话后再将新的收获体会补充进去，以保存来之不易的思考成果。久而久之，积攒了一批文章。这次文集再版也是一次回顾与反思，看着当年那些直抒胸臆的文字，仍感到一股热血在流淌……想到这些文章将随着文集保存下来并继续发挥作用，真感到庆幸和欣慰！

最后，我衷心感谢为本文集再版付出心血和努力的赵明霞、王瑞华两位女士和陈福勇副秘书长。感谢所有为本文集出版、再版付出辛勤劳动的同事和朋友们。

王红松

2019年2月26日

---

[1] 《企业文化就是老板文化，看你怎么讲故事》，载新浪博客：http://blog.sina.com.cn/maketing-blog，最后访问日期：2019年2月1日。

序

红松的这本《铸造公信力》真实地反映了北京仲裁委员会十五年来从小到大的发展历程，也真实地反映了红松这十五年来为这一发展历程所付出的心血和汗水。

比起十五年前仲裁法通过的时候，人们更加认识到仲裁作为民事纠纷解决机制的重要性。我们即将通过人民调解法，调解、仲裁、诉讼构成了数量极其巨大的民事纠纷的解决机制中三个重要的组成部分，互为依赖，互相补充。

比起十五年前仲裁法通过的时候，人们更加认识到仲裁的生命力就在于它的民间性，就在于它和行政机关没有任何隶属性。至今仍然有人强调仲裁制度的行政性，否认它的民间性，认为仲裁的权威性是来自它的行政性（公权力）而不是来自它的民间性（私权利）。但是我们不能忘记国家之所以赋予仲裁裁决的权威性恰恰是因为它的公正性，而只有民间性才能保障其公正性，强调其行政性恰恰削弱了其公正性。红松在她的文章中多次坚持了仲裁法的这个理念毫不动摇。

比起十五年前仲裁法通过的时候，人们更加认识到只有不断地改革才是推动仲裁制度不断前进的动力。仲裁法通过之后，中国大地上仲裁委员会如雨后春笋，遍地开花。国务院法制办为了规范仲裁活动搞了个示范的仲裁规则，大家都照此办理。要改革前进就必须要突破这些示范的规则，能不能突破这些规则，敢不敢突破这些规则就成了改革面临的第一个障碍。北京仲裁委员会大胆地突破了这些限制,制定并不断修改了具有自己特色的北京仲裁委员会仲裁规则,这一点应当归功于红松的远见和务实的精神。制度是服从于人的需要,当人的需要变化时,制度也必须随之变化。

十五年来我一直担任北京仲裁委员会主任,红松一直担任秘书长。我充分相信她的事业心和才干。事业心就是以仲裁为其终身献身的事业,全身心地扑到这个事业上,义无反顾。才干就是对所献身的这一事业有一套行之有效的办法和远景,这些办法和远景也表现在这本书所收集的文章中。在她的文集即将出版发行之际,以此为序,谨推荐于读者!

江平

2010 年 7 月 20 日

北仲风雨十五载(代自序)

《铸造公信力》这本书即将出版了。这是一本如实记录北京仲裁委员会(以下简称北仲)十五年成长历程的文集。当初对于要不要将自己的文章编辑出版的问题我还是颇为犹豫。我不知道文集能否给读者带来与其阅读时间成正比的收获。我也不知道自己的文字能否引起读者的兴趣,读得下去。如果只是浪费资源和时间,不如不出。最终使我下决心出版的,是出于以下几个方面的考虑:

一是留下一份档案,详细记录北仲的制度、经验和做法,保障北仲持续、稳定地健康发展。文集中相当部分文章涉及北仲规则、守则、办法、规定的具体内容,出台背景,演变过程及实践中的问题,涉及对北仲长期管理思想、管理手段、管理技术和经验的总结,这里凝结了五届新老工作人员、仲裁员的心血和汗水,是大家共同创造的成果,是集体经验智慧的结晶,是北仲软实力的组成部分,是后人了解北仲,并在此基础上向前发展的宝贵资料。如果不将其整理、汇编成册,传承下去,而是任由其自生自灭,消失殆尽,这对北仲未来的发展不能不说是一个严重的损失,也是非常遗憾的事情。出书正是为了避免这种遗憾和损失。

二是发扬北仲文化,凝聚价值共识。北仲在短短十五年时间里,由一个籍籍无名,资金人才缺乏的仲裁机构成长为一个人才济济、实力雄厚,在国内享有广泛声誉,在国际亦有一定地位和影响的仲裁机构。这骄人业绩背后的原因究竟是什么?是北仲所处的地理位置、客观条件的不同,还是所坚持的理念、原则、文化的不同?

有人说:“任何企业长期的成功,必然依托于文化的成功”[1]。对此,我深以为然。文集中的“北仲文化”部分通过各种谈话、讲话、报告、总结方式展现了北仲文化形成和发展的过程。这是北仲生存发展的根基,应该牢牢守护并发扬光大。仲裁是以公正、公平为核心,仲裁机构工作人员的思想道德教育是仲裁机构领导工作的重要内容。如何脱离意识形态的空话、套话连篇的说教模式,变为平等、互动、有针对性、对现实问题有回应的教育方式,是思想工作的难点。管理大师彼德·德鲁克说:“领袖力是对未来的洞察力,对不确定性的决断力,对愿景和价值观的沟通力,对风险的承受力,对群众的激励力。这些能力尽管有天生的成分,大多数是可以后天学习的。”可以说“北仲文化”不仅为社会公众了解北仲的核心价值架起一座思想的桥梁,而且,为企业管理者如何“对愿景和价值观的沟通”,如何“对群众的激励”提供了实际操练的素材。

三是提供仲裁机构内部改革的案例,为中国仲裁制度改革积累经验。有人说:“仲裁犹如一颗具有法治基因的种子,如何在一个人治的土壤里生长,并不改变其基因是个中国式难题”。[2] 北仲是最早成立的七个试点城市仲裁机构之一,北仲成立以来,始终坚持仲裁机构的民间性、独立性的发展方向,坚持仲裁庭独立仲裁,坚持选拔培养公正、廉洁、专业、高素质仲裁员,坚持建设精干、高效的工作人员队伍和机构内部的文化建设,坚持不断进行机构内部体制改革,完善机构治理结构,坚持通过现代管理理念技术手段提高服务质量和效率。这些在“北京仲裁委员会十年回顾”“论仲裁员职业道德”“为什么实行岗位责任制”“关于北仲的民主实践”等文章中均有述及,在一定程度上回答了“在一个人治的土壤里”,如何生长“具有法治基因的种子,并不改变其基因”的“中国式难题”。其中,人们不仅可以看到北仲改革的经验、智慧,想象力和创造力,更能感受到北仲执著于理想、义无反顾、勇往直前、坚忍不拔的勇气和毅力。在这一点上,北仲经验对全国仲裁机构都有借鉴意义。

四是表达自己的立场,将仲裁体制改革进行到底。仲裁法是一部改革的法,仲

---

〔1〕 刘永烜:《文化蜕变辉煌缘何蕴生衰败》,载新浪博客:http://blog.sina.com.cn/s/blog_5d597c010100i9a5.html?tj=1,最后访问日期:2010年7月30日。

〔2〕 张杰:《商事仲裁的冬天》,载中国仲裁网:http://www.china-arbitration.com/news.php?id=1800,最后访问日期:2010年7月30日。

裁法立法目的之一就是将行政仲裁改为“与国际现代仲裁制度同步发展”[1]的商事仲裁制度;改革的核心是取消仲裁机构与政府机关行政部门的隶属关系,削减行政部门对仲裁机构的权力,使机构有可能朝着独立、公正的方向自主发展。仲裁法打破了仲裁案件管辖上的垄断,使机构必须通过公正、高效的服务获得生存和发展。但是,仲裁体制改革进展有赖于行政体制乃至政治体制改革,而后者是系统工程,非一部法律所能够解决。由于旧的思想观念、体制、习惯势力以及既得利益的干扰,仲裁法实施后,对仲裁法确定的“仲裁机构独立性、公正性原则”所要求的仲裁机构的民间性的质疑、曲解、攻击始终没有停止。实际上,仲裁机构民间化还是行政化,不是什么仲裁机构的利益之争,而是是否坚持仲裁法确立的中国仲裁发展方向的道路之争,是改革还是倒退的方向之争,是法治还是人治的理念之争。北仲作为一个有社会责任感的机构,应该在大是大非问题面前表明自己的立场,旗帜鲜明,坚定不移地推动仲裁事业朝着正确方向健康发展。另外,“覆巢之下岂有安卵”,如果仲裁改革倒退,北仲又岂能独善其身?北仲的命运是与改革、与中国民主法治建设连在一起的。文集中“仲裁体制改革与完善篇”中的文章,多是针对业内及社会上一些错误思想写就的。其中,“坚持仲裁民间性　深化仲裁体制”等文章,因观点鲜明、切中时弊,被多家网站转载,在业内引起较长时间的争论和质疑。文集将这些文章收集起来,也是立此存照,相信历史将证明北仲这些努力的价值和意义。

本书的书名《铸造公信力》是江平主任在北仲成立十周年时亲笔题写,不仅指出了仲裁发展的真谛,更是对北仲的殷切期望!以此为题,既可以表达我对江平主任多年支持、指导北仲工作以及对我本人关心爱护的衷心感谢,亦可彰显北仲十五年的风雨历程正是“铸造仲裁公信力”的生动实践!并借此向代表中国正直知识分子的骨气、良知、远见卓识和担当精神,引领北仲十五年发展的江平主任致以我们的敬意!

最后需要说明的是,本人既缺文采又不学术,但文章内容都是深思熟虑后的肺腑之言。我一直认为自己比较幸运,受到市政府、仲裁委员会和广大仲裁员、工作人员的信任,从一个建设兵团的插队知青成长为北仲的秘书长,亲历了北仲筹建发展

---

〔1〕 全国人大常委会法制委员会:《中华人民共和国仲裁法律释评》,法律出版社1997年版,第8页。

的全过程。北仲之于我已不是一个冷冰冰的“机构”或“组织”,而是一个富有生命力的个体,一个从呱呱坠地到英姿勃发的少年北仲。爱在深处,情动于衷,文中难免流露“孩子总是自家的好”的偏好,这里既有希望北仲“健康、走正道”絮絮叨叨地叮嘱,也有看到北仲面临危害时怒火中烧的义愤和呐喊,更有展望北仲远大前程时心花怒放的得意和欣喜。因此,有的文章可能激情有余而理性不足,一些观点有失偏颇,这是我希望读者注意的。由于工作繁忙,下笔匆匆,文章中留下了一些文字粗糙、遗漏、错误的硬伤,有心润色修改又感时间紧急,力不从心,这是我深感遗憾的地方。希望读者能够谅解并予以指正。

最后,我要感谢我的同事姜丽丽女士,是她的策划、编辑使本书得以顺利出版。感谢曾为文集中文章编辑出版付出辛勤劳动的我的同事姜秋菊女士、陈福勇博士和曾为其中文章修改提出宝贵意见和建议的仲裁员宋连斌教授、傅郁林教授、刘慧珊教授、贸仲华南分会郭晓文秘书长以及原兰州仲裁委员会罗应龙副主任。感谢所有为这本书的出版默默付出的同事、同志和朋友。

王红松

2010 年 7 月 30 日

目录

Catalog

第一编　仲裁体制改革与完善

第一编

仲裁体制改革与完善

ZHONGCAI TIZHI GAIGE YU WANSHAN

仲裁发展与司法改革的关系*

(2006-8-29)

司法改革是一个含义很广的概念,包括审判方式、审判程序、审判组织改革,法官职业化建设,也包括司法制度的改革。司法改革与仲裁发展关系表现在以下几个方面:

一、司法改革的成果和经验,为仲裁的发展提供了相对成熟的知识和经验

据国务院法制办统计,截至2005年年底,全国仲裁机构已有186家,处理案件48,939件,仲裁员超过3万人。这些仲裁员中,除少数人曾任审判员或曾从事仲裁工作,大部分缺乏审理案件的经历和经验。仲裁是一门专业性、技术性、实践性很强的学问,要求仲裁员不仅有相应的专业素质、法律知识,还要有解决争议的实务操作知识、经验和技能。专家、学者不会自然成为办案能手,列

* 在由人民法院报社召开的"司法改革方法论研讨会"上,北京仲裁委员会秘书长王红松就仲裁发展与司法改革的关系问题谈了自己的看法。其发言于2006年8月29日发表于《人民法院报》2006年8月29日第六版"理论与实践"专栏。——编者注

入仲裁员名册不等于必然胜任仲裁工作。当缺乏专业经历、训练和经验积累的仲裁员在办案中面对种种困难、困惑和挑战的时候,其学习案件审理实务的热情和求知欲望被极大地激发出来。但是,国内这方面既缺教材,又缺老师。而且,这种教材、老师的独特性在于其不仅需要有相当的案件量的积累,丰富的实践经验,还需要有对程序规则、证据法理论的深刻理解,以及理论与实践结合的见解和感悟。国际上,虽然有专门从事仲裁员培训的机构和教材。但因语言、经费等问题,其知识、信息很难在中国得到普及和推广。因此,仲裁机构和仲裁员自然将寻求这类知识的目光投向司法审判方式改革的经验、做法上。

另外,仲裁法虽然对仲裁程序作了原则性规定,但这些规定在实践中需要进一步细化,增强其可操作性。除此之外,仲裁员的职业道德、选聘标准等也需要相应的制度和办法。这方面,国内学术研究的相对滞后(包括相关翻译资料的缺乏),使仲裁机构在解决这些实际问题时,很容易从司法改革的相关规定中寻找创造的灵感和答案。例如,北京仲裁委员会(以下简称北仲)在制定、修改《仲裁规则》《仲裁员守则》过程中,就参考过《最高人民法院关于民事诉讼证据的若干规定》《最高人民法院关于审判人员严格执行回避制度的若干规定》;在仲裁员业务培训中就借鉴了司法审判方式改革中一些经验和做法。北仲还邀请那些既有理论功底又有审判经验的资深法官作为"仲裁员沙龙"活动的主讲嘉宾,就案件审理的热点、难点问题进行专题介绍和讲解,使仲裁员有机会分享法官的审判知识、经验和智慧。

曾有人担心这种做法会不会导致仲裁的"诉讼化"倾向。我们认为,所谓"诉讼化"倾向,是指一切以诉讼为判断的基准,仲裁程序是诉讼程序的翻版,甚至变相否定仲裁的终局性,将仲裁盲目地类比于诉讼。但是,从另一方面,仲裁与诉讼都有追求独立、公正的价值取向,都要在保障程序正当情况下,提高效率,降低成本,公平、公正解决争议;仲裁员与法官都处于中立第三方裁判者的地位,具有相同的道德、纪律及专业素质要求;仲裁虽是专家断案,更借助专家的专业知识、经验和判断,但仲裁毕竟解决的是法律纠纷,需要法的逻辑和思维。因此,仲裁员应学会"更长远、更全面、更精密、更逻辑与更连贯"地去想问题,学习掌握严谨、务实的证据规则,避免主观擅断。而始于 20 世纪 80 年代末期的民事审判改革，从整体上要克服我国长期以来“强式”职权主义的审判模式，借鉴并引入英美法系中那种对抗辩论式的审判模式及相关做法，客观上要求对当事人（或控辩双方）的举证质证活动予以引导和规则，对法官采纳、评判证据予以明确地规范和限定，“建立真正的当事人主义诉讼结构，通过在程序内部强化当事人权利而构成对法官审判权的制约，并通过当事人相互之间的制约，实现司法权的中立和诉讼结构的平衡”[1]。其中，《最高人民法院关于民事诉讼证据的若干规定》既是人民法院深化改革的重要措施，又对于实现民事审判的公正与效率目标，具有十分积极的推动作用。学习借鉴这些内容，有利于保障仲裁的公正与效率，发挥仲裁的优势，增强当事人选择仲裁的信心。而且，正如有学者所指出的，就案件具体审理的程序、形式与方法而言，时至今日，很难说哪些是专属于诉讼的，哪些是仲裁独有的。仲裁吸收诉讼的技巧，诉讼也接纳仲裁的有益成分。

二、司法改革的深入发展，提供了良好的法律环境，有利于仲裁的健康发展

仲裁主要依赖于当事人合意，同时也借助于国家的强制力，不仅仲裁中的财产保全和证据保全，特别是裁决的执行需要人民法院的大力支持，而且法院能否正确行使仲裁司法审查权对仲裁的健康发展至关重要。由于仲裁程序简便、快捷，制度成本低廉，且仲裁裁决能够得到法院的强制执行，因此，仲裁很有可能成为我国诉讼之外解决争议的重要制度。由于仲裁的国际性，其已成为国际贸易中争议解决的主要方式。由于仲裁机构、仲裁员的作用至关重要，且各国法院执行国际商事仲裁裁决，只限于程序审查。因此，哪个国家的仲裁拥有国际竞争力，哪个国家就拥有对外经济贸易的主动权。因此，培养和发展中国仲裁界的国际竞争力，有十分重要的战略意义。否则，我国企业在国际商事仲裁中失去的不仅是巨额财产，还有信誉和国际市场。

国际上不同国家的商人选择在哪个国家仲裁，不仅考察其仲裁机构、仲裁

[1] 江伟：《中国民事审判改革研究》，中国政法大学出版社2003年版，“序”第2页。

员及相应的配套服务,而且考察其法治环境。国外专家在总结选择仲裁地应考量的基本因素时,将"该地法官支持仲裁,并认识到其作用主要是给予仲裁程序以支持"作为考虑的重要内容。这些年,笔者与国际仲裁界、律师界有过较多的接触,发现国际上当事人、代理人对人民法院对仲裁的态度非常敏感。法院关于仲裁协议效力或仲裁裁决的裁定,也许能在国际仲裁界引起轩然大波,也许能赢得广泛赞誉。这也从一个侧面说明,一个国家法制建设的进步,比该国经济建设成就更能赢得国际上的好评和尊重。我国仲裁法基本采用了国际商事仲裁的普遍原则和做法,近些年最高人民法院关于执行仲裁裁决的司法解释,符合国际上鼓励、支持仲裁的发展趋势,对仲裁的发展产生了积极影响。我们相信,随着司法改革的深入,法官对仲裁制度理解的深入,仲裁事业的发展会有一个更为健康、良好的法治环境。

三、仲裁发展可能对司法改革产生积极的促进作用

仲裁发展对司法改革的促进作用体现在以下几个方面:

1. 使诉讼案件分流,缓解法院的压力,以便法院有更多精力研究司法改革的新情况、新问题。

2005 年全国仲裁机构总受案数为 48,939 件,约占当年全国法院民事案件的 1%,尽管有人认为其在"纠纷解决中的功能微乎其微",但毕竟为缓解诉讼压力提供一种可能。当然,目前我国仲裁制度的作用远未发挥出来。据了解,美国仲裁协会仅 2002 年受理案件数为 230,258 件。人民法院能"以一种更为开明的态度对待仲裁,以一种更为鼓励的态度支持仲裁",不仅是对仲裁的支持,也是为自己创造良好的外部环境——如果诉讼以外的解决争议机制全部萎缩,法院将在"司法需求与司法能力滞后"的巨大压力下,疲于应付,无暇顾及其他。实际上,一些有远见的法院已经意识到这个问题并着手研究解决。如北京市第二中级人民法院党组已"将完善与加强多元化纠纷解决机制作为 2006 年审判工作的重点",该院作出的《关于诉讼调解、仲裁等多元化纠纷解决机制的调查研究》报告指出,"完善与强化多元化纠纷解决机制,从机制上赋予当事人在纠纷解决方面更广泛的程序选择权,从法律上保护当事人对程序或实体权益

的处分,不仅是妥善解决纠纷、节约社会资源的需要,同时也意味着国家对公民基本自由的尊重,以及对公民权利多途径、多层次的保障”。

2. 仲裁发展为司法体制改革提供新的视角和思路。

仲裁与诉讼制度有很大不同,仲裁机构与人民法院在体制方面有很大差别。但是,两者处于同样的文化背景和制度环境,面临一些同样的改革难题,任何一方对难题的探讨与破解,都会给另一方带来新的视角、思路和启发。我国仲裁法立法基本上吸收了《国际商事仲裁示范法》的主要内容。根据仲裁法,仲裁委员会“独立于行政机关,与行政机关没有任何隶属关系”;仲裁员均是兼职,从法律和经济贸易领域中的专家、学者中选聘,与仲裁机构没有隶属关系;仲裁员由当事人选定或当事人委托仲裁委员会主任指定;仲裁裁决由仲裁庭独立作出。这种仲裁机构与行政机关、仲裁员与仲裁机构之间彼此独立的关系,仲裁庭审裁统一、权责一致的模式,以及当事人对仲裁员、仲裁机构的选择和制约,形成仲裁所独有的运行机制,使地方保护主义、长官意志和行政干预被层层过滤,仲裁庭有可能“自由地根据其对事实的评价和对法律的理解,在不受来自任何方面或由于任何原因的直接或间接的限制、影响、诱导、压力、威胁或干涉的情况下,对案件秉公裁判”(《世界司法独立宣言》草案第2条)。这些在司法改革中正在被研究解决的难题,已经作为制度性的规定被仲裁法确定下来。从这个意义上说,仲裁制度的发展给司法改革带来的思考,不仅在于制度的内容,更在于制度的实践——这些普适性规则是否可能以及如何可能与中国本土实践相结合的问题。在结合中遇到哪些问题,问题的原因及解决的方法、途径,解决的效果如何等,这些实践无论成功还是失败,都为司法改革研究提供了实证素材。国内仲裁机构下面一些做法可以为司法改革提供某种参考:

(1)认真落实仲裁法的各项规定,保证仲裁庭独立办案。

(2)以精英化、专业化为指导思想,确立仲裁员聘用考核标准和办法。如北仲现有仲裁员300多名。其中博士占仲裁员总数的33.5%;硕士占仲裁员总数的35.8%;学士占仲裁员总数的25.2%。高素质人才保证了仲裁的质量和效率。

(3)制定完善仲裁员道德规范,公之于众并严格执行,“给仲裁员以他律的制约,从而弥补自律的不足,达到彰显仲裁员人性中的善”的目的[1]。

(4)实行仲裁员披露制度。仲裁员“决定接受选定或者指定”时,应书面披露自己知悉的“与案件当事人或者代理人存在可能导致当事人对其独立性、公正性产生怀疑的情形”(《北京仲裁委员会仲裁规则》第20条第2款),披露持续于仲裁全过程。为配合披露制度的执行,有的仲裁机构专门设置仲裁员电脑查询系统,当事人可以通过该系统了解仲裁员的教育背景、专业资格、承办的案件数、被一方或双方当事人、代理人选定的情况等。

(5)提高仲裁裁决的透明度,保障当事人对仲裁员、仲裁裁决的知情权,保障程序公正。如有的仲裁机构的仲裁规则规定:“对裁决持不同意见的仲裁员,可以签名,可以不签名;不签名的仲裁员,应当出具个人意见。北仲将其个人意见附随裁决书送达当事人,但该意见不构成裁决书的一部分。不签名的仲裁员不出具个人意见的,视为无正当理由拒签”(《北京仲裁委员会仲裁规则》第41条第3款)。

(6)提高仲裁员报酬支付标准和仲裁员报酬支付透明度,尊重仲裁员劳动,激发仲裁员的责任心,提高仲裁案件的质量和效率。

3. 培养一批既有理论知识,又有审理经验的仲裁人才,为法院今后向社会招聘人才创造良好条件。

4. 仲裁法第7条规定“仲裁应当根据事实,符合法律规定,公平合理地解决纠纷”,在缺乏法律规定前提下,仲裁可根据当事人约定及行业惯例审理某些新型的案件纠纷,为法院今后审理这类案件积累经验。

5. 为退休法官发挥余热提供机会和平台。因受任职期限制,一批公道正派、审判经验丰富,年富力强的资深法官从岗位上退休。这些专业人才是国家的宝贵财富,如果他们在仲裁战线上利用自己的知识经验解决纠纷,于国于民于己都是件非常好的事情。而且,仲裁机构选聘离退职法官,不仅考察其专业能力,更考察其任职期内的表现及口碑,这在客观上也有利于法官队伍的廉政建设。

---

〔1〕 宋连斌:《中国仲裁员制度改革初探》,载韩德培等主编:《中国国际私法与比较法年刊2001》(第4卷),法律出版社2001年版,第575~604页。

总之,仲裁发展与司法改革任重道远,虽然有许多事,仅凭个人、单位、系统,甚至行业之力无法完成,但我们完全可以在我们的职权范围内自由地做出选择。只要我们大家认认真真、扎扎实实做好我们应该做并能够做的正确事情,我们改革发展环境就会一天天好起来。

仲裁行政化的危害及应对之策

(2007-4-19)

目前我国仲裁行政化的种种表现已经严重威胁了仲裁民间化的发展方向。这些仲裁行政化的具体表现是:

1. 相当数量的仲裁委员会办事机构领导由行政官员兼任,严重影响仲裁机构正常、独立地开展工作。按照国务院关于仲裁机构重新组建的文件规定,仲裁委员会下设办事机构(以下简称办事机构),执行委员会的各项决定,“负责办理仲裁案件受理、仲裁文书送达、档案管理、仲裁费用的收取与管理等事务”“办事机构日常工作由仲裁委员会秘书长负责”。[1] 仲裁委员会与其办事机构不是同一个主体,两者功能不同,前者是决策监督机构,负责决策及监督后者的执行,后者执行前者的决定并对前者负责。两者好比头与身子的关系。如果办事机构受行政机关牢牢控制或者本身就是行政性机构,仲裁委员会“独立于行政机关,与行政机关没有隶属关系”就无从谈起。行政官员兼任办事机构负责人,主要精力放在行政工作上,对仲裁工作无暇兼顾,又把着权力不放,造成办事的

---

[1] 参见国务院办公厅关于印发《重新组建仲裁机构方案》《仲裁委员会登记暂行办法》《仲裁委员会仲裁收费办法》的通知。

人管不了事,影响工作正常开展。还有少数仲裁机构干脆是"一套人马,两块牌子",与过去设在行政机关内部的仲裁机构毫无二致。行政官员兼任办事机构负责人,容易导致仲裁机构人财物上都由行政部门控制,仲裁机构没有自主权,不利于仲裁机构自我管理,使仲裁不仅沿袭了旧行政仲裁中的长官意志、行政干预、地方保护主义等种种弊端,而且,因其管理不规范、不透明,导致问题丛生。这些具有双重身份的行政官员既可利用办事机构领导地位谋利,规避廉政纪律约束,又可利用行政官员身份为仲裁机构获取长久的财政支持,不受市场机制的制约。少数行政领导以权谋私,随意侵占仲裁机构财产,安插亲属、独断专行,任人唯亲,导致干群关系紧张,矛盾冲突不断。有的甚至不择手段拉案源,搞承包、给回扣,权钱交易,严重败坏了仲裁界的整体声誉。

上述现象不仅违反了法律,也违反了中央有关廉政纪律的要求。2004 年 3 月中纪委、中组部发通知,要求"党政领导干部不得在各类经济实体中兼职","凡在企业兼职的党政领导干部,要免去或本人主动辞去其在企业的职务;凡企业负责人兼任党政领导职务,要免去其党政领导职务"。并于"2004 年 4 月底以前完成清理工作"。一些地方和部门也根据中央这一精神,做出党政干部"不再兼职各类社团领导","不得在行业协会兼职"等规定。仲裁机构虽然不是企业,但应该执行中纪委、中组部通知要求。这些行政官员兼职问题之所以长期得不到解决,是因为执法部门执法疲软,纪律松弛,违法不纠,导致问题日趋严重。有人将这些归结为仲裁机构民间化,导致"权力向个人集中","不愿接受监督"。这是黑白颠倒,是非不分。执法机关负有法律赋予的职权,就应当"执法必严,违法必究",岂能因相对人不愿意接受监督就不依法办事?行政领导兼任办事机构负责人大权独揽,监督权与仲裁机构管理权合二为一,是造成执法疲软的重要原因。只要做一下认真调查,这点不难证明。

试想一下,如果仲裁机构民间化,机构领导不再是"官",没有了"官位"和权力,就要与机构同生死。仲裁不是靠强制,而是靠信誉,如果其化公为私、以权谋私,搞坏了机构信誉,机构靠什么生存?如果其独断专行,任人唯亲,排斥异己,陷害忠良,搞得干群关系紧张,矛盾激化,机构又焉能不垮?这无疑是自己砸自己的饭碗。在仲裁机构民间化条件下,大家都要凭本事吃饭,只想做

“官”不想干“事”,或者不学无术,只知整人的人,当然不会惦记仲裁机构中的位置。从而消除“兼职的管事不干事”,“专职的干事不管事”现象,使工作走上正轨。事实上,仲裁机构民间化后,应更注意维护自己的信誉,认真执行法律及规章制度;更注重调动工作人员、仲裁员的积极性、主动性和创造精神,而去管理和分配制度上的改革,以便实现管理民主、公平、公正、公开,实现仲裁机构内部和谐发展。

因此,上述问题的出现,绝不是因为仲裁民间化,而是因为政事不分,仲裁机构未与行政部门脱钩,人财物受行政部门控制,没有管理自主权。这是转型时期行政体制改革滞后,权大于法,权力缺乏相应制约和约束造成的恶果。仲裁机构民间化,不是不要监督,而是反对以监督为名的违法行政,越权行政,反对行政机关以监督为名行扩张权力之实。根据行政职权法定原则,行政机关行使职权必须有法律依据,其行使职权必须在法律规定的范围内,否则就是违法行政、越权行政。那些批评别人不愿接受监督的人,首先应证明自己监督的合法性。如果监督的合法性基础都不存在,别人当然有理由拒绝其监督。而且,在现在一些行政机关依法行政意识淡薄情形下,公民、法人和其他组织运用法律维护自己的权益,有利于约制行政机关违法行政,有利于推动法治建设与社会和谐。

2. 党政机关领导干部在仲裁委员会成员中所占比例过大,影响了仲裁机构的形象。仲裁法规定“仲裁委员会的组成人员数在 11 人到 17 人,法律、经济贸易专家不得少于三分之二”。但目前“党政机关领导”在仲裁委员会成员中占 50% 以上的仲裁机构有相当数量。有的仲裁委员会主任由地方行政首长兼任,“政府办公会议”成员多是仲裁委员会委员,使仲裁机构成了“二政府”。虽然,仲裁委员会是决策机构,不负责委员会的日常工作,但官员过多,对仲裁机构难免产生负面影响——当事人可能会因对仲裁机构能否排除地方保护主义干扰,独立办案产生疑虑,而放弃对该机构的选择,而且,不利于提高仲裁委员会的决策水平。当然,这里既有一些机构想争取领导支持的考虑,也有国务院办公厅及国务院有关部委的文件问题。《国务院办公厅关于印发〈重新组建仲裁机构方案〉、〈仲裁委员会登记暂行办法〉、〈仲裁委员会仲裁收费办法〉的通知》(国办发〔1995〕44 号,以下简称 44 号文),规定“第一届仲裁委员会的组成人员,由政府法制、经贸、体改、司法、工商、科技、建设等部门和贸促会、工商联等组织协商推荐,由市人民政府聘任”。这些部门的领导担任仲裁委员会成员,已造成委员会官员过多的情况。44 号文同时规定,仲裁机构换届时,“新一届仲裁委员会组成人员由上一届仲裁委员会主任会议商市人民政府有关部门、商会后提名,由市人民政府聘任”。这实际是将这个问题延续下来,长期化。此后,有关部门又发文要求增加的市台湾事务办公室与建设行政主管部门的领导,[1]更加重官员过多的趋势。

3. 相当多的仲裁机构长期以来依赖政府的财政拨款。44 号文规定:仲裁委员会成立以后应当“逐步做到自收自支”。但仲裁法实施 11 年之久,全国仲裁机构已达到 185 家(据说实际不止这个数),仍有半数以上的仲裁机构依赖财政拨款。一些人在分析这种现象成因时,将其归结为立法开口过大,可以设立仲裁机构的城市太多(应仅限于“直辖市和省、自治区人民政府所在地的市”设立,没必要“在其他设区的市设立”)。其实,这不是原因所在。因为,仲裁机构设立“过多”还是不“过多”,事先谁也无法判断和决定,应由市场来决定。如果设立的 185 家仲裁机构都能发展得很好,能够自立,说明社会有需求,应由其继续发展壮大。现在的问题是,为什么有那么多的仲裁机构缺乏信誉,缺少案件,经济无法自立,却可长期存在?为什么在明知仲裁法规定是“也可以根据需要”设立,且本地经济不发展,案源不足,甚至需与当地法院争案源的情况下,一些地方还硬要组建仲裁机构?为什么在国外屡试不爽的市场竞争机制,在我们这里却不发挥作用。关键是现行的“吃财政饭”的经费保障方式,一是助长了仲裁机构对政府的依赖和行政部门对机构的控制,影响了仲裁的公信力;二是加重了财政负担;三是这又成了一些地方没有条件也要设立仲裁机构的诱因,造成

〔1〕 参见国务院台湾事务办公室、国务院法制办公室联合下发的《〈关于聘请台湾地区专业人士担任仲裁员试点工作的意见〉的通知》(国台发〔1998〕9 号文)规定:“试点仲裁委员会所在地的省或者市人民政府台湾事务办公室主管经贸工作的副主任根据对台工作的需要,经市人民政府聘任,可以参加仲裁委员会”。建设部与国务院法制办公室联合下发的《关于在全国建设系统进一步推行仲裁法律制度的意见》(建法〔2001〕91 号)规定:“要在建设行政主管部门、建设类行业协会和建设企业负责人中选聘一批专家担任仲裁委员会委员或者专家委员会委员。”

机构膨胀,开支增大。这些机构越多,仲裁行政化现象越严重,仲裁民间化的阻力越大。尽管11年前44号文就明确了仲裁委员会的自收自支问题。现在,这个问题已成为十分敏感的话题,谁要提出这个问题,都会遭到反对甚至是谩骂之声。指导仲裁工作的行政部门领导也公开讲"现有情况下不应该提倡优胜劣汰""共产党不能杀穷人",导致上述现象日趋严重。有的仲裁机构在事业单位改革过程中,甚至要求重返行政序列,享受公务员待遇。长此以往,仲裁体制改革将中途夭折,仲裁发展将会逆转。

4. 多数仲裁机构习惯用行政权力、行政手段推广仲裁工作,通过政府或行政机关发文,工作会议要求所属企事业单位签订选择所在地区仲裁机构的仲裁条款,这被作为中国特色社会主义的经验,自上而下地进行推广,在一定程度上影响了仲裁机构的中立形象,影响了当事人选择的自由。

5. 2003年5月9日,国务院有关部委联合下发通知(以下简称通知),将"仲裁收费"定性为"代行政府职能、强制实施具有垄断性质"的"行政事业性收费",并作为"国有资产"直接纳入"收支两条线"财务管理,这不仅违反仲裁法规定,而且违反了中国政府"入世"谈判所作的"承诺",损害了中国政府的形象,为国外一些人质疑中国仲裁机构名为"民间组织"实为"行政机关",诬蔑中国仲裁不可信赖提供了把柄。该通知严重脱离实际情况,已造成仲裁机构人才流失,制约了事业发展。而且,问题的严重还不止于此。该文件下发于仲裁法实施的第八个年头,且通知规定直接与仲裁法规定抵触,通知制定之初就遭到知情的业内人士的质疑和反对,执行后,又造成无可挽回的损失和负面影响,受到中外仲裁界专家、学者的批评和反对,但其错误却迟迟得不到纠正。这说明在一些行政官员中,法律意识淡薄,部门规章大于法律。这也说明我们的立法体制存在问题。一个涉及千万人利益的规定,仅凭一个或几个部门的少数人,在未通过一定程序征求行政管理相对人意见并充分论证的前提下,轻易出台,这种权力运作的不透明容易导致立法中部门利益法律化。立法腐败是比司法腐败更可怕的腐败。一个错误政策给社会造成的巨额财产损失及持续而广泛的恶劣影响,远甚于一个重大投资项目的决策失误,而且,纠正起来又如此困难。因此,在行政体制改革中,立法体制的改革应首先列入议事日程,应增加立法程序的透明度及相关各方的参与度，并扩大对行政部门抽象行政行为的司法审查权。

6. 仲裁法的修订及中国仲裁协会筹建过程出现了一些令人担忧的迹象。仲裁协会尚未筹建，国务院有关部门通过自制文件，授予自己代行仲裁协会职责，如仲裁机构换届，选聘外籍、港澳台、证券、期货专业人士担任仲裁员，仲裁机构领导及机构组团出国等外事活动事项，需报其“确认”“研复”后，方能履行相应手续等。其组织起草的仲裁协会章程中，拟由仲裁协会“负责仲裁行业的统一管理”，而管理内容又语焉不详。而且，这一内容也列入该部门组织起草的仲裁法修订草案中。该项内容已实质性改变了仲裁法规定的“中国仲裁协会是仲裁委员会的自律性组织”“社会团体法人”的规定，将仲裁协会“根据章程对仲裁委员会及其组成人员、仲裁员的违纪行为进行监督”，扩大为“对仲裁行业进行统一管理”。使仲裁协会可能成为高度集权的行政性行业管理部门。这种做法在程序上缺乏合法性与正当性。仲裁法规定仲裁协会章程“由全国会员大会制定”后，由仲裁协会依章程进行监督。现在是章程尚未制定，协会职责尚未确定，行政部门却已经代协会行使了若干年的职权。而且，该部门发布文件为自己确定这些代行职权时，并未征求未来会员——广大仲裁机构的意见，也未事后就这些文件的合法性、合理依据向仲裁机构进行解释，听取意见，是将自己的单方意志强加于广大仲裁机构、仲裁员。这既违背法律，也违背仲裁机构、仲裁员的意愿。

7. 仲裁实务界对仲裁民间化问题认识混乱。相当一部分仲裁机构和相关行政部门领导，对于仲裁民间化持否定态度，或者是抽象赞成、具体否定。有的领导公开讲，仲裁民间化不符合“中国国情”，实行的时机不成熟。仲裁机构不应完全与行政脱钩，应该尽力争取政府的支持。有人甚至认为“仲裁是民间组织，跟个体户一样”，“靠当事人的施舍过日子，谁给的钱多谁赢”，“人间正道他不走，偏往荆棘蓬中钻”。反映出说话者“官贵民贱”的封建意识和对民间组织的歧视心理。部分领导这样的认识和心理，也是一些仲裁机构工作搞不上去的重要原因，无论仲裁机构在经济发达地区，还是在不发达地区。

要实现仲裁民间化就必须旗帜鲜明地反对仲裁行政化，要正本清源，明辨是非,提高认识,回到仲裁法规定的正确方向,根据法律和中央文件规定,解决违反仲裁法规定,严重阻碍仲裁事业发展的问题。具体有以下几点:

1. 坚决揭露、批判、抵制各种反对仲裁法民间化的错误言行和观点,积极开展现代仲裁理念、法律知识的普及和教育,为仲裁民间化发展奠定思想基础和理论基础。有人认为仲裁民间化是个常识性问题,不值得理论上的研究和探讨。但是,现实中仲裁民间化的争论异常激烈,除了因这个问题触及一些人既得利益外,还因这个常识性问题,在我国并未成为常识。所以,这个问题需要经常讲、反复讲,不仅少数人知道,而且大家都知道。真正使这个常识为人们所知所理解,促进观念转变。美国著名社会学家英格尔斯说:“那些完善的现代制度以及伴随而来的指导大纲、管理守则,本身是一些躯壳”,“如果执行和运用这些现代制度的人,自身还没有从心理、思想、态度和行为方面都经历一个向现代化的转变,失败和畸形发展的悲剧结局是不可避免的。再完美的现代制度和管理方式,再先进的技术工艺,也会在一群传统的人手中变成废纸一堆”。仲裁事业是利国、利民、前途光明的事业,希望一切从事仲裁工作,以及关注、热爱仲裁事业的有识之士,积极参与这项仲裁法的宣传普及和教育工作。其实,如果我们了解常识背后所包含的复杂而微妙的背景及可以实际说出的普遍可能性,能说出常识也需要勇气和良知。但是,法律人只有忠实于自己对法律的信仰,才能在推动社会文明进步过程中赢得自己的地位和尊严。

2. 建议国务院及时发文,纠正仲裁行政化的错误做法。对那些政事不分、“一套人马、两块牌子”的仲裁机构进行清理整顿。行政干部在办事机构兼职任领导及工作人员的,应按照中组部、中纪委通知的规定处理,回行政机关或辞去“官员”职务留在仲裁机构,不能身兼二任。“一套人马、两块牌子”的,必须进行仲裁机构分设。尽快解决办事机构领导专职化、专业化问题。行政部门与仲裁机构财产不清晰的,应限期完成资产划分、明晰产权归属。属于仲裁机构的财产,应尽快退回。严禁行政机关及领导向仲裁机构中安排人员,报销开支、占用其财产,干预仲裁机构内部的管理事务。

3. 修改国务院办公厅文件和国务院相关行政部门文件,明确仲裁委员会成员中专家、学者人数及专家、学者的资格条件和聘用程序,减少行政官员在仲裁委员会成员中的人数。主任由行政首长兼任的应尽快更换。需要说明的是,在目前条件下,减少行政官员在仲裁委员会的人数,不等于行政官员一个不要。因为仲裁委员会是一个决策机构、监督机构,政府作为仲裁机构的组建单位之一,应该有代表参与决策和监督,法律规定了专家、学者占2/3,但剩下的1/3,就包括那些代表政府履行组建人监督职责的行政官员。当然,这个比例是否恰当,这些官员如何发挥监督作用可以参考国际上仲裁机构产权治理的成熟做法作进一步研究。但是,行政官员在仲裁委员会担任委员包括副主任一类的领导职务,与其在仲裁委员会办事机构担任负责人,不是同一回事,两者不能混淆。另外,仲裁机构处于民间化的过渡期,确实需要政府的支持。仲裁委员会中有政府部门的官员,有利于信息的沟通和解决问题,这样做不是什么"假民间"的问题,而是出于事业发展的需要。倒是有的行政领导,当年发文、开会要求仲裁机构选聘"行政主管部门"的"负责人","担任仲裁委员会委员或者专家委员会委员",甚至仲裁机构受理"重大"合同纠纷,"要主动"与当地"行政主管部门、政府法制机构联系沟通",并将此作为"有中国特色社会主义仲裁事业"的经验在全国推行,现在又突然一百八十度转弯,指责"主张行政官员不能兼任仲裁委员会内设办事机构负责人的同时,又主张并实行行政官员兼任仲裁委员会领导职务"的做法是"假民间",其发展仲裁事业的诚意很值得怀疑。

4. 国务院责成有关部委应尽快修改通知,纠正将仲裁收费定性为"代行政府职能""强制实施垄断性""行政事业收费"的错误提法,明确仲裁收费为"中介服务性收费",并根据1999年颁布的《中介服务收费管理办法》对仲裁机构收费进行管理。

鉴于各地仲裁机构发展不平衡,财政部门应对尚未实现自收自支的仲裁机构实行不同的财务管理制度。对实行全额拨款和差额拨款的单位,可根据社会公益性组织的财务管理制度(如学校、医院)进行监督和管理,但应提出仲裁机构要实现自收自支的要求及期限。对因主客观条件不具备,仲裁机构长期业务发展不好,信誉差,根本无法自收自支的,财政应实行"断奶",取消支持。但对机构工作人员要妥善处理。如果是当初政府盲目决策,将人员从行政机关或其他单位调入的,政府要为其做出妥善安置,不能让无辜群众承受决策失误的后果。但是,制度是制度,人是人,不能为了人的安置而更改制度。

5. 建议由全国人大出面组织一次仲裁法执法检查,根据调查情况,组织由全国人大、国务院法制办、部分参与仲裁法立法工作的同志和专家参加的仲裁法修改领导小组,组织起草仲裁法修订草案。该草案应广泛征求意见,充分讨论,以使这个草案真正反映社会各方利益,提高仲裁法修改质量。或者可同时委托有关学术团体、仲裁机构提出不同的修改文本,由全国人大常委会从中集中正确的意见和建议。

民间化是中国仲裁制度的发展方向

(2007 - 4 - 19)

引言

首先,我感谢中国仲裁网登载了我的文章《坚持仲裁民间性　深化仲裁体制改革——论仲裁法修改应重视的问题》(在法制日报名为《积极稳妥推进仲裁体制改革——谈仲裁法修改应重视的问题》)并提供了论坛,使读者可以自由发表自己的看法和观点,使我能听到不同的意见。媒体的生命在于讲真话、报道事实真相。当然,真话不等于是正确的话,也不等于真理,但却是探讨真理性认识的前提。通过网上的文章和帖子我想就仲裁民间化的问题,补充几点,继续与读者探讨。

仲裁民间化是在承认仲裁民间性本质特征的基础上,改革我国旧的行政仲裁制度,采纳国际商事仲裁基本制度、原则、普遍做法,将“垄断性”“强制性”的行政仲裁变为当事人自愿选择的民间性商事仲裁制度,与国际上现代商事仲裁制度接轨并同步发展。仲裁民间化的核心是改革旧仲裁机构的行政属性,突出机构的民间性,保障机构的独立性。具体是指,仲裁机构在性质上由“行政管理型”转变为“社会公益服务型”组织;在组织上独立于政府系统之外,与行政机关彻底“脱钩”,进入市场,在市场竞争中取得生存和发展;在财务上自主管理、自主支配、自负盈亏,放弃对财政的依赖;在业务上,仲裁权与行政权彻底分离,摆脱行政干预和控制,真正实现独立仲裁。仲裁机构靠公正、高效仲裁获得社会公信力,靠优质服务赢得市场,不是以行政权力为依托,以行政手段为主导获取案源。

我国行政仲裁制度是20世纪80年代仿照苏联设立的,已被实践证明不符合国情,不能在市场经济条件下发挥其应有作用。为了彻底变革旧的行政仲裁制度,全国人大常委会制定颁布了仲裁法。这是仲裁法的立法背景也是仲裁法的立法宗旨。这一宗旨贯穿于整个法律条文中。仲裁法参照联合国贸易法委员会商事仲裁示范法,确立了新仲裁制度的基本框架结构,如仲裁协议管辖、当事人意思自治、一裁终局制度等。针对中国曾实行行政仲裁制度十余年的实际情况,仲裁法特别规定仲裁机构“独立于行政机关,与行政机关没有隶属关系”“仲裁委员会的组成人员中,法律、经济贸易专家不得少于三分之二”,以及中国仲裁协会是“社会团体法人”“是仲裁委员会的自律性组织,根据章程对仲裁委员会及其组成人员、仲裁员的违纪行为进行监督”,“中国仲裁协会的章程由全国会员大会制定”,等等,以促进仲裁制度从行政仲裁向民间性民商事仲裁转化。

有人以仲裁法没有“民间性”三个字为由,否认仲裁民间化原则。其实,仲裁法没有规定“民间性”三个字,是立法者认为,这是个常识性问题,是各国通例,而且按一般人的认识水平,从法律条款不难理解这个问题。但是,立法者没有预见到有人,而且是从事仲裁工作的人能以法律没规定“民间性”三个字否定这一原则,更没有想到有关行政机关会将仲裁收费定性为“代行政府职能”“强制实施具有垄断性质”的“行政事业性收费”。退一步讲,即便是法律没有“民间性”三个字,立法机关撰写的文章及领导讲话对此阐述得很清楚。由全国人大常委会法制工作委员会编辑的《中华人民共和国仲裁法律释评》(法律出版社1997年1月第1版)中写明“为了保证仲裁机构能够独立性、公正地解决纠纷,应当体现仲裁机构的民间性、中介性,避免外界干预……”(见该书第6页)2004年10月,在纪念仲裁法颁布10周年大会上,全国人大常委会法制工作委员会胡康生主任在讲话中提到:"仲裁法在10年前起草时,充分地体现了改革的精神。当时刚刚明确要建立社会主义市场经济体制。在刚迈步的时候,从中国的实际出发,又借鉴国际的通行规则,下了一个最大的决心,就是从行政性仲裁过渡到民间性仲裁,仲裁法中有一条专门的规定,就是仲裁机构与行政机关、仲裁机构之间都是没有隶属关系的。这一条是破除了当时有多个行政部门进行行政性仲裁的体制,是很不容易的,充分体现了改革的精神,也为仲裁机构依法独立行使仲裁权提供了可靠的法制保障。""行政性仲裁转向民间性仲裁,组建之初,由政府出面,帮着'扶上马,送一程'是必要的。"但是"既然是民间性,就一定要靠通过提高自身的服务质量,来求生存和发展,不能指望长期靠政府输血"。这些立法机关文章及领导讲话均为公开发表,不难查到。可见,仲裁民间化是法律已经确定下来的基本原则,仲裁法已经颁布实施了十余年,现在的问题不是要不要,而是如何贯彻落实仲裁民间化的问题。

如何贯彻落实仲裁民间化?就是要以民间化为仲裁工作的出发点和归宿来开展仲裁工作,以仲裁民间化程度作为衡量仲裁发展的尺度。

首先,仲裁机构的组建及运作,要认真落实仲裁法的各项规定,不能穿新鞋走老路,利用法律赋予的权力,搞仲裁行政化的做法。其次,要按着仲裁民间化原则,清理、修改不符合仲裁法的规章制度,仲裁法实施初期,为保证新旧体制"平稳过渡"而采取的阶段性、权宜性措施,已不适应形势需要的,也要进行修改。不能以维护稳定、时机不成熟为由,拖延或拒绝清理和修改。最后,按照仲裁民间化原则,制定落实仲裁法的配套措施,大胆吸收借鉴国际商事仲裁的成功经验和通行做法,努力缩短中国仲裁与国际商事仲裁的差距,跟上国际仲裁制度发展潮流,不能以国情特殊为由,盲目排斥,自我封闭。

有人以"发展我国仲裁事业,推行仲裁法律制度是根本","发展是第一要务,离开发展讲什么都是小道理",作为仲裁发展目标和方向。这在逻辑上说不通。"推行""发展"都是动态过程,本身不能成为一个确定性目标。如同我们说过河,过河的目的是由此岸达彼岸,过河本身不是过河的目的。如果过河没有目标,不知岸在哪儿,也许过了半天又返回原地,甚至会因筋疲力尽,淹死在水里。仲裁民间化就是"去行政化",涉及政府职能转变和简政放权,因此,仲裁民间化的过程并不顺利,仲裁民间化与仲裁行政化两种指导思想、工作方针、路线上的斗争与较量始终没有停止。中国仲裁到底是朝着民间化的方向发展,还是朝着行政化的方向发展始终是仲裁法执行的根本性问题、原则性问题、大是大非问题。在这种情况下,谈"发展就是硬道理","推行仲裁法律制度是根本",实际上是回避矛盾,掩盖问题。而且,许多仲裁行政化的东西恰恰是在"发展就是硬道理"的口号下大行其道,因此,我们必须旗帜鲜明地提出并坚持仲裁民间化发展方向。

有人认为,修改仲裁法要坚持正确政治方向,"就是保障社会主义市场经济健康发展"。"而不能以与国际接轨为出发点","不是为了接轨而接轨"。"否则就搞偏了"。实际上,"与国际接轨"就是为了"保障社会主义市场经济健康发展",这两者是相互联系、相互促进的,没有分离和矛盾之处。中国已经大规模地融入了世界经济,中国的外贸依存度已经超过60%。我国政府承诺并加入世贸组织,其前提就是承认世贸组织共同规则,使国内经济体制与国际接轨。中国加入世贸组织后,各级政府曾组织人力大规模地清理不符合中国对世贸组织承诺的法规、规章和政策性文件,就是在积极履行自己的义务,在世界上树立起负责任的大国形象。仲裁是一个注重国际化并敏于适应商业变迁的领域。20世纪最后十几年,源起欧洲并席卷全球的仲裁法改革中,各国纷纷按照国际商事示范法的标准来修改本国仲裁法,使本国仲裁法尽量与示范法靠拢。这不仅是国际商事仲裁发展的潮流,也为各国当事人、代理人所普遍接受和认同。国际商事仲裁制度的基本原则和通行做法,都是建立在仲裁的民间性这一核心价值理念之上不断完善发展的,也是《承认及执行外国仲裁裁决公约》成员国,承认和执行其他成员国仲裁裁决的基础。中国仲裁要提高国际竞争力,在促进我国对外经济中发挥积极作用,就得在承认这些基本原则、通行做法的基础上,对与之相悖的东西进行修改。如果以国情特殊为由另搞一套,只能把自己边缘化,最终被淘汰出局,对外失去国际竞争力,对内不能满足市场多元化的需要。况且,谈体制改革自然要以一个相对成熟、完善的体制为参照,而不是以该制度的"保障作用"为参照。两者非同类事物,没有可比性。如果硬要放在一起比,实际上是用一个抽象的、无法预见的目标取代一个可预见的具体目标,达到否定具体目标之目的。现实中常发生这样的情况，当我们需要参照国际商事仲裁制度的基本原则和通行做法改革国内不利于仲裁发展的旧观念、体制、习惯做法时，就会有人以“中国特色”，不能盲目照抄照搬国外，不能“言必称希腊”，“唯外国马首是瞻”说事。实际上说这些话的人，从没有具体说明，哪些国际商事仲裁的基本制度、原则、通行做法不符合“中国国情”？不符合什么样的“国情”？以及其作出这些判断的依据和理由。实际上，这些说辞不过是这些人反对改革旧的行政仲裁体制的借口。

有人认为“中国特色的首要”“就是要坚持党的领导”，并质问“怎么党委、政府一管，仲裁就不能独立办案就不能公平公正”，将仲裁民间化与党的领导对立起来。这是个伪问题，本不值一驳。党的十六大报告提出“宪法和法律是党的主张和人民意志相统一的体现。必须严格依法办事，任何组织和个人都不允许有超越宪法和法律的特权”。法律是党的方针、政策的条文化，具体化，坚持执行仲裁法，就是坚持党的领导。需要指出的是，对改革过程中出现的问题，应本着解放思想、实事求是的态度，认真调查研究，充分论证和分析，从而更好地解决问题。不要动不动就将具体工作问题上升到政治和意识形态层面，政治化、敏感化，这不仅虚耗了许多时间和精力，而且，不利于问题的解决。

有人说，搞仲裁民间化的人说得好听，实际上是私心作怪，是为了钱。这是一种道德判断，不去正面回答民间化的问题，以己之心揣测别人动机，先以“私心”否定其人，再以其人否定其言。这种辩论方法，在“文化大革命”中颇为流行。但时至今日，早已不是“谈私色变”的年代，历史发展证明，“大公”值得推崇，但“无私”并不符合人性及社会的发展规律。社会主义市场经济体制以及配套的各项法律制度，都赋予了私权、私利以正当性。法律制度只有保护人们通过正当途径追求私利，在满足自己的同时造福社会，社会才会出现兴旺发达，和谐发展的繁荣局面。现在，影响社会公正与和谐发展的，是权力过多介入市场，权力“寻租”，贪污腐化，挥霍浪费社会公共财产现象。因此，有良知、有正义感的仲裁人，在自己的权利受到侵犯时，在仲裁事业发展受到威胁时，就应该站出来坚决抵制。如果捍卫自己权利的勇气都没有，别人又如何相信你能维护他们的合法权益呢?

再论积极稳妥推进仲裁体制改革

——关于仲裁机构财务管理体制与仲裁收费制度改革

(2007-4-19)

深化并加快仲裁体制改革、实现仲裁民间性有两大核心内容,一是仲裁机构财务管理制度改革;二是仲裁收费制度改革。下面分别论述。

一、对现行仲裁机构的财务管理制度进行改革

对已经实现自收自支和事业单位企业化管理的仲裁机构,应根据《中共中央组织部、国家人事部关于加快推进事业单位人事制度改革的意见》(以下简称《意见》)"贯彻按劳分配与按生产要素分配,效率优先、兼顾公平的分配原则,扩大事业单位内部分配自主权,逐步建立重实绩、重贡献,向优秀人才和关键岗位倾斜,形式多样、自主灵活的分配激励机制","对转制为企业的,实行企业的分配制度"的规定,进一步扩大仲裁机构管理及分配上的自主权。使其真正实现财务上自主管理,自主分配,自负盈亏。有人认为,这会造成仲裁机构私有化、股份化,导致"钱向个人腰包涌动""化公为私"。其隐含的逻辑是仲裁机构民间化,就会实行股份制,机构内部实行分红,就会导致国有资产流入个人腰包,化公为私。这个问题涉及仲裁机制体制改革的重大理论和实践问题,有必

要加以澄清。

其一,仲裁机构作为公益性、非营利性机构,不是企业,“不是为了向股东或设立者提供利润,机构设立的目的也不是让设立者获取机构盈利,分享机构的利润”,[1]组建者无论是政府部门,还是企业、个人、其他组织,其向仲裁机构的投入(包括金钱、办公用房、车等),都是一种不收红利的公益性的投入。政府对仲裁机构的投入是为了扶持仲裁事业发展,如同政府扶持教育、医疗、卫生等社会公共服务事业,而不是为了实现国有资产增值的营利目的。何况,政府的钱是来自纳税人的税款,投入社会公共服务事业符合“取之于民,用之于民”的原则。因此,这些财产投入机构后就成为机构的财产,不再属于投资人。因此,即便随着体制改革的深入,有可能允许企业、个人或其他组织对仲裁机构投入,这也是为了完善仲裁机构的产权治理结构引入的投入机制,而不是为了把非营利性的公益机构变成营利性的股份制企业。

实际上,44 号文中《仲裁委员会章程示范文本》第 26 条规定“仲裁委员会的经费来源是:(一)政府的资助;(二)当事人交纳的仲裁费;(三)其他合法收入”,其中的“其他合法收入”就包括了对社会上企业、个人或其他组织对机构的捐助的考虑。这是文件起草者在参考国外一些仲裁机构管理模式基础上有意制定的颇具前瞻性的条款。笔者曾经是北京市政府法制办的干部,参与仲裁机构筹建工作全过程,曾多次与当年国务院法制办负责仲裁机构的领导及具体负责人接触,对这段历史比较清楚,对当时全国人大常委会法制工作委员会领导和国务院法制办领导的那些讲话,至今记忆犹新。既然仲裁机构是非营利性公益组织,不是营利性企业,自然也不会出现国有企业的股份制改造及股东分红的问题。因此,把仲裁机构民间化等同于股份化、私有化是没有依据的。

将仲裁机构民间化等同于股份化、私有化,实际上将股份化与私有化画等号。这并不符合马克思的社会主义经济学原理。马克思在论及社会主义生产方式时,把个人所有制作为公有制或社会所有制的占有方式。他在《资本论》等著作里认为,取代资本主义的社会主义生产方式,将是“在协作和对生产资料的

---

[1] 林一飞:《再论中国仲裁机构改革》,载中国仲裁网:http://www.china-arbitration.com/news.php? id=991,最后访问日期:2010 年 7 月 30 日。

共同占有的基础上，重新建立个人所有制”，也就是建立“非孤立的单个人的所有制”，即“联合起来的社会个人的所有制”。他还指出：未来社会将在资本创造的物质基础上，实现劳动和劳动条件的结合，劳动者和生产资料所有权的结合，“以自由联合的劳动条件去代替劳动受奴役的生产条件”。他明确表示：“生产者不占有生产资料是不能获得自由的。”[1]可见，马克思主义的公有制或社会所有制，指的是：第一，劳动者共同占有生产资料；第二，在共同占有的生产资料中，每个劳动者都享有一份属于自己的生产资料所有权；第三，劳动者从事的是自由联合的劳动，而不是雇佣劳动。此外，由于劳动者占有生产资料所有权，还产生了两个相应的特征：一是劳动者有权参与企业的经营管理；二是有权参与剩余价值的分配。因此，股份制不仅是社会主义公有制的一种形式，而且是一种比目前国有制更符合社会主义公有制特点的公有制。而国有制的特征是：第一，国有制的生产资料并非由劳动者共同占有，而是由国家占有；第二，劳动者在国有企业里没有属于自己个人的生产资料所有权；第三，劳动者仍然是领取工资的雇佣劳动者，还没有成为自由联合的劳动者；第四，劳动者无权参与剩余价值的分配；第五，劳动者实际上也没有参与企业的经营管理。由此可见，股份制不等于私有化，更不等于“化公为私”。现在国有企业在股份制改造过程中出现的国有资产流失，根子不在股份制本身，在于改造过程的不透明和权力的介入，在于相应监督制约机制匮乏等原因。

其二，如何判断一个行为是“化公为私”？判断这个问题的前提是明确何为“公产”，何为“私产”。“公产”的被私人侵占，“化公为私”违法，“私产”的被公家占有，也是违法。物权法明确了公私财产平等保护的原则。物权法规定：“国家、集体、私人的物权和其他权利人的物权受法律保护，任何单位和个人不得侵犯。”我们既要反对“化公为私”，也要反对“化私为公”，更要反对利用权力“化私为公”的财产又被少数人“化公为私”。仲裁是由仲裁员根据当事人的授权进行民商事裁判的行为，不是行使政府职能或其他公权的行为，仲裁收费属于“中介服务收费”，是仲裁机构、仲裁员“依法通过专业知识和技术服务，向委托人提

[1] 中共中央马克思恩格斯列宁斯大林著作编译局：《马克思恩格斯全集》（第19卷），人民出版社2003年版，第264页。

供”仲裁服务的收费，理应属于仲裁员、仲裁机构。仲裁机构在不违背法律、法规情况下，按照其财务管理及分配制度支付的仲裁员报酬、仲裁机构工作人员的工资、奖金等，应属于仲裁员、工作人员的个人财产，是其劳动所得，为其“私有”，不存在“化公为私”的问题，更不存在“私分国有资产”的问题。仲裁机构的费用，在扣除工作人员经费，仲裁机构日常开支、仲裁员培训、宣传推广费用等，剩余部分属于仲裁机构的资产。如果仲裁机构解散了，这部分财产属于社会公共资产，直接用于社会的公共服务或福利事业。虽然一些仲裁机构（或办事机构）组建时被定性为“全民所有制事业单位”，虽然，44 号文规定“仲裁委员会终止，应当对财产进行清算。清算后，剩余财产归国家所有”。但因此将这部分剩余财产推定为国有资产的说法是值得商榷的。国有资产与社会公共资产不是同一个概念。两者是相互独立的。一是它们的资产来源不同。国有资产主要来源于其自身的投资增值、政府财政对其的资金投入以及从国有商业银行的融资，而社会公共资产除了政府财政投入外，还有很多非国家性质的资金投入，如公民、法人和其他组织按照法律规定或自愿所进行的投入，在很多情况下，后者的投入远远大于前者的投入。如国民个人对社会保障和教育、医疗等基金的资金投入。可见，非国有投入部分占有这类资产的绝大多数。何况政府财政投入的资金主要也是纳税人，即国民缴纳的钱构成的。二是它们向国民提供的服务方式不同，国有资产具有商业趋利性，主要在直接投资领域进行投资，扩大再生产规模；社会公共资产则在间接投资领域投资，有许多属于非营利的投资，具有直接受益于国民本身的社会福利性，对国民的贡献非常直观和直接。

仲裁机构的财产共有两部分组成：一部分是组建人的先期投入，另一部分是由仲裁机构工作人员、仲裁员用剩余劳动创造的剩余价值组成。属于组建者投入的那部分，因为仲裁机构是公益性、非营利性机构性质，所以组建者投入机构的财产已为机构所有。至于仲裁机构工作人员、仲裁员创造的剩余价值部分，更属于机构所有。尽管许多国家为鼓励仲裁事业发展，给仲裁机构以优于其他中介组织的免税或减税的优惠待遇。但在我国目前情况下，仲裁机构依法纳税是其实行事业单位企业化管理的前提，也是仲裁机构能够享受企业的管理自主权和分配权的前提。在这种条件下，这些仲裁机构向国家缴纳的税款，已超过(甚至远远超过)政府在其成立初期拨给的财政经费时,仲裁机构财产实际上全部由工作人员、仲裁员创造的剩余价值构成。仲裁机构的财产以及仲裁机构按照其财物管理和分配制度分配给仲裁员、仲裁机构工作人员的报酬、工资、奖金等,都应受到法律的保护,任何单位、部门、个人不得侵犯。根据行政职权法定原则,对行政机关来说,其一切行政行为应有法律依据,没有法律依据,就是违法。对公民、法人和其他组织来说,只要法律没有限制性和禁止性规定的,其行为就是合法的。因此,判断"公产"与"私产"的标准应该是法律、法规及配套的规章制度,而不是一些行政部门领导的主观臆断,更不是公心私心的问题。需要指出的是,根据上位法优于下位法的原则,那么,即便根据下位法认定"私产"为"公产",而根据上位法不认定其是"公产"的,则应根据上位法,对其重新定位为"私产",不能将其"充公"。

其三,从财产管理的效果看,仲裁机构的财产由仲裁机构自主管理更安全、更有效。一是机构财产管理好坏,分配公正、公平与否,直接关系到机构各方的利益,机构有管理好财产的积极性和责任心。而相关行政部门,管好、管坏一个样,其用心程度要差许多。再说,行政部门往往一人管多个企业、组织的财产,难免顾此失彼,造成管理疏漏。如果管理者"妄动欲念",利用对财产的管理权,向机构索要好处,就会造成"财产向个人腰包涌动"的结果。二是仲裁机构财产管理既受执法部门(税务等)监督,也受仲裁委员会、仲裁员、仲裁机构工作人员监督,出了问题容易被发现、被处理。而行政部门管理者往往因监督不到位,而造成国有资产的严重损失。国家审计署2006年11月24日公告显示,由个人和企业共同交付的职工基本养老保险基金、城镇职工基本医疗保险基金和失业保险基金中,违规金额高达71.35亿元,其中,部分基金购建了办公或其他一些房产,或被基金管理者转移给亲属,致使基金"既无法变现,也没有正常的资金来源归还"。这只是冰山一角。这些年,那些管着"人""财""物"的行政部门频频暴露出来的"大案""要案",少则百万元、千万元,大则逾亿元,哪个不是"冰冻三尺,非一日之寒"。可见"绝对的权力"导致"绝对的腐败",这是一条屡试不爽的原理。这说明行政部门管钱并不一定就安全,至少不会比仲裁机构管理自己的财产更安全。三是仲裁机构在第一线掌握着一手情况和信息,能够随时对财产管理效果进行检测并进行微调,使管理和分配方案切实可行,保障工作正常开展。而由行政部门闭门造车制定出的管理方案,容易脱离实际,不能满足不同机构的不同特点和实际情况,单一、僵化、缺乏灵活性、适应性,调整起来很困难。四是明确机构财产归机构所有,由其自主管理,使机构的领导和工作人员产生合理预期,会追求仲裁机构的长远利益和发展。有利于仲裁机构做大、做强、做长,促进仲裁事业发展。而行政部门管理随意性较大,仲裁机构经济效益不佳,行政部门容易放开、搞活,政策相对宽松;仲裁机构业务发展,富了,又以防止资产流失为名往回收,严格管制,如此反复,造成了人们的短期行为,小富即安。因此,仅批评仲裁机构领导和工作人员没有事业心和进取精神,而不去研究制度上的深层次原因,不能从根本上解决问题。五是行政部门管理机构财产社会成本高。行政部门每增加一项业务、职能,势必增加人员编制及经费开支,造成机构臃肿,而这些费用自然由纳税人承担。根据《中国统计年鉴》(2005),我国行政管理费用从1978年的49亿元上涨到2004年的4060亿元,增长了近82倍。根据中国社科院财贸所财政研究室主任杨之刚的测算,中国的宏观税负不会低于27% ~28%,这已经是一个中等高收入国家的税负水平了。所以,开展一项监督工作,或扩大监督范围,应该首先进行社会成本核算,用监督收益——所防止的国有资产的流失,与其监督付出的成本对比。监督成本包括:办公设施、人员经费、监督活动经费、对监督人员监督的经费(纪检委、监察部门、审计部门)、监督失误,或监督人员以权谋私、贪污腐败造成的损失,等等,如果前者大于后者,说明有必要(这里仅从合理性和可行性考虑,先不考虑合法性问题),如果后者大于前者,就没必要,甚至应坚决反对。由此,行政部门管理仲裁机构财产没有必要。不仅如此,下一步行政体制改革,政府转变职能应从“放权”“简政”做起,属于“民”的权利,就应交给“民”。

综上所述,仲裁机构财产由机构自主管理、自主分配,具有合法性和正当性,比由行政部门或未来的协会管理,更利于仲裁机构建立起自我管理、自我约束、自我激励机制,实现仲裁机构民间化。在我们对一些机构的调查中,在选择意向一栏中,愿意选择事业单位企业化管理或企业化管理并实行免税制度的,占了多数,尽管其中有相当一部分仲裁机构没有达到自收自支水平。这说明人心思变,只要政策对头,可能会有更多的仲裁机构进入自我管理、自我约束、自我发展的良性循环,摆脱对财政的依赖。这既有利于仲裁事业的健康发展,又有利于减轻财政负担,何乐而不为?! 因此,有关行政主管部门在研究考虑仲裁机构财务制度时,应采取开明的务实态度,不要固执己见,削足适履,坚持实行“收支两条线”制度。更不能要求“已经改为经营性收费的”再改为“行政事业性收费”,实行“收支两条线”制度。其实,有些人口口声声说要防止国有资产流失,但对“收支两条线”政策给仲裁机构、国家、人民带来的损失却视而不见,与其说是关心国有资产流失,倒不如说是关心自己对这部分财政的控制权(或控制的机会)的流失。这才是“私心”作怪的表现。

当然,仲裁机构自主管理财务也不等于就不出问题。为防止仲裁机构的分配向机构内部工作人员倾斜,向少数人、向个人倾斜,仲裁机构也应参考国外仲裁机构的通行做法,完善自身的产权治理结构建立利益均衡机制和权力制衡机制。有关法律、法规、规章要进行修改并对此作出相应规定。因篇幅所限这里不再展开。

笔者愿介绍北仲在探索中的做法和体会,以便给关注并研究这些问题的人一些启发。财务管理和分配,要掌握好以下几个原则:

第一,财务分配要兼顾仲裁员、仲裁机构、机构工作人员各方利益。只有兼顾满足各方利益,实现“共赢”,才能促进机构内部和谐,从而保障事业健康发展。利益均衡,不是指三者平均,而在兼顾仲裁机构眼前利益和长远发展基础上,根据需要与可能,分配应向仲裁员倾斜。长期以来,我们强调仲裁的公益性,仲裁员报酬偏低,对仲裁员劳动及权利缺乏应有的尊重,不仅伤害了仲裁员的权利和提供仲裁服务的积极性,而且,影响机构吸引优秀人才,降低了仲裁机构的竞争力。有鉴于此,北仲自成立以来一直随着效益提高,不断提高仲裁员报酬。当然,仲裁员报酬问题涉及仲裁收费体制改革且受仲裁机构仲裁收费制约,是一个“牵一发而动全身”的复杂、微妙和敏感问题。而且,在目前仲裁收费办法不尽合理,各仲裁机构的案件数量、类型、争议金额、收费情况相差悬殊情况下,仲裁机构应该结合自己的实际情况,缜密测算,慎重处理,不可盲目攀比。由于仲裁案件的千差万别及由此引起的仲裁劳动质和量上的不同,以及报酬受收费制约的状况,仲裁机构制定仲裁员报酬标准时,不仅要考虑报酬如何科学合理地反映仲裁劳动的质和量,还要考虑仲裁机构过去历年的案件收费水平及未来发展趋势,办案成本等因素,正确处理当事人、仲裁员、仲裁机构间的关系,把握眼前利益与长远利益的平衡,保持仲裁机构的可持续发展能力。因此,仲裁员报酬不仅能体现仲裁劳动的价值,还要形成有利于激发仲裁员责任感,提高办案质量和效率的激励、约束机制。

第二,分配要公平、公开,透明,北仲的重大分配事项,都经由仲裁委员会讨论。2003 年,北仲制定了仲裁员报酬支付办法,并将办法公布给仲裁员。仲裁员办案后,财务及时将报酬支付给仲裁员,并给仲裁员附上报酬单,写明报酬数额及纳税情况,由仲裁员签字后寄回,以作为审计的凭证(北仲每年都进行年度审计),防止出现侵犯仲裁员合法权益的情况。从今年开始,北仲实行重大财务收支向仲裁员公开,由仲裁员进行监督的制度。

第三,重大分配事项,应由利益各方参与制定,北仲办公室内部分配制度,由领导、工会、党支部、群众组成的改革小组在广泛征求意见的基础上讨论决定。仲裁委员会财务支出项目、计划及管理不仅由仲裁委员会讨论,而且,北仲仲裁员报酬标准提高方案及仲裁员报酬支付办法的修改,仲裁委员会专项基金使用办法、北仲业务发展、培训工作也邀请部分仲裁员参与讨论研究,一些设施的添加及程序工作的改进,也尽量广泛征求仲裁员意见。提高仲裁员参与仲裁委员会管理的积极性,逐步实现大家的事大家办。总之,北仲的目标是使管理更加公正、公开、透明、规范,朝着机构民间化的方向健康发展。

二、改革现行仲裁收费制度

根据 2001 年我国在加入世贸组织谈判所做的承诺,仲裁收费是中介服务性收费,应根据 1999 年六部委制定的《中介服务收费办法》办理。而《仲裁委员会仲裁收费办法》(1995 年 7 月 28 日国务院批准发布)和《国务院办公厅关于贯彻实施〈中华人民共和国仲裁法〉需要明确的几个问题的通知》都制定于前,有些内容与此冲突。另外,仲裁法实施十余年,该收费办法表现出的不适应形势需要的问题日益突出。一是仲裁收费由物价管理部门制定全国统一标准,统得太死，既不能反映出各地消费水平的实际差异形成的收费差异，也不能反映不同质的服务形成的不同价格，不利于通过仲裁机构间的竞争和当事人的选择形成合理的价格制度。二是仲裁收费中没有列明仲裁机构本身的行政费用，而仲裁机构要实现自收自支，未列明其行政费用，等于“既要马儿跑，又要马儿不吃草”，其结果行政费势必要从其他费用中列支。三是收费项目不能清楚地反映费用支出情况。仲裁受理费、处理费内容有些交叉。国外仲裁收费大体上应按三个项目计收：(1)立案费和管理费。这些费用是仲裁机构的财产。凡到仲裁机构立案者，均应缴纳一定数目的立案费，概不退还；管理费可参照争议金额大小及案件复杂程度按比例计收，由申请人或一定情况下双方当事人预缴。(2)仲裁员报酬。亦按照争议金额及案件复杂程度，由仲裁机构按比例代收。在独任仲裁庭的情况下，由双方或一定情况下申请人预缴；在多人仲裁庭的情况下，各方为己方选任或代指定之仲裁员预缴费用，首席仲裁员不单独计费，所收费用由全部仲裁员按比例分配。(3)其他实际开支。仲裁机构根据案件的情况，向当事人收取仲裁庭差旅费、膳食费、调查费、会议费及鉴定费、专家报酬等实际开支。这些费用由引起此等费用的当事人预缴，但实报实销，多退少补。这样，当事人对收费项目、仲裁员报酬一目了然，属于仲裁员的，直接归仲裁员，仲裁机构也不能占用。仲裁员收了其应得的报酬，自然要付出当事人期待的劳动，这有利于激发仲裁员责任感，提高案件质量，保护当事人合法权益。

因此，我们应根据《中介服务收费办法》，根据仲裁法实施以来的实际情况，对现行仲裁收费制度进行修改。应根据目前实际情况对过去制定的仲裁收费办法进行修改，第一，将原受理费、处理费项目改为：立案费和管理费；仲裁员报酬；其他实际开支。这样收费既有利于仲裁机构形成合理的利益均衡机制，切实保障仲裁员的利益，又可提高透明度，促使机构提高管理水平，降低管理成本。第二，可由国家提出指导性费率，由仲裁机构根据自己的战略目标、市场定位制定相应的费率标准，改物价部门审批制为备案制，从而实现“在国家价格政策调控、引导下主要由市场形成价格”的仲裁收费体制。

有人认为，这样会造成仲裁机构“嫌贫爱富”。只收大案，不办小案，提高收费门槛，损害仲裁消费者利益。其实，国际商事仲裁本来是在商人中形成发展起来的,有其自身适应的领域,不可能满足社会所有成员解决经济纠纷的愿望和要求。要求其承担解决全社会各种经济纠纷的职责是不现实的。应该承认,任何一种争议解决机制都有自身的优势和缺憾,仲裁本身具有专家仲裁、一裁终局等优势,其是为商事纠纷提供一种可供选择的争议解决方式,当事人对仲裁机构、收费标准以及相应的服务质量具有完全的自主选择权,因此仲裁收费亦应当因服务质量和自身定位的不同,而有不同的标准。国际上各主要贸易国家仲裁收费的标准普遍远高于中国。在我国,仲裁机构如何定位,核心业务是哪个领域,选择什么样的收费标准,应该是仲裁机构自己的选择,不能强求一致。只有仲裁机构根据自身特点和市场需求做出自己的最佳选择,仲裁才能满足不同层次当事人多方面需求。在仲裁民间化条件下,仲裁收费受市场制约,仲裁机构收费高了,没有人仲裁,收费会降下来。如果收费高还有人仲裁,说明这种质量的仲裁服务有社会需求,而其他仲裁机构又不能提供。实际上,北仲几次根据国家收费办法调整自己的收费标准,都下调了大标的案件收费,总体上降低了收费水平,这对企业对国家都是有利的。应当承认,仲裁服务也有不同档次的。如果我们不去占领仲裁的高端市场,就会有境外仲裁机构、仲裁员来占领。而占领高端仲裁市场,不仅关系到我国仲裁界的发展,还关系到国家对外经济发展的安全。所以我们应有这样的战略眼光,不断提高仲裁服务质量和专业水平,争取在国际商事仲裁的高端市场占有一席之地。否则,如果我国企业在国际经济贸易中争议的大案都由外国的机构、仲裁员审理,企业不仅要付出高额仲裁费用(国外仲裁费用往往比国内高出很多),还可能因法律、文化背景的差异输掉本不该输掉的案子,导致巨额资产的重大损失,包括丢掉国际市场和信誉。因此,国家有关部门应该鼓励国内仲裁机构参与国际竞争,并为这种竞争创造良好的制度环境。

目前相对于诉讼,小标的额案件仲裁收费一般要高许多。因为两者区别之一就是仲裁机构不是靠纳税人经费维持,仲裁员、仲裁机构提供了服务就需支付其劳动报酬。小标的案件虽然收费标准较低,但其复杂程度和劳动强度未必低。实际上,许多仲裁机构为了保障仲裁员的利益,将小标的额案件收费的大部分乃至全部支付仲裁员,甚至在收费之外采取一定补贴政策。既然仲裁机构是自收自支,就不能不考虑成本,如果都采取补贴政策,机构将难以为继。因此,小标的额案件的收费高低应该由机构根据自己的实际情况自主决定,现阶段,其根据成本核算确定最低收费标准,只要经物价部门批准就是合法的,也谈不上侵犯消费者权益。因为,仲裁不是强制,而是由当事人自由选择,如果当事人认为某机构收费高,可以通过其他途径解决。有人认为,为使低收入者能够仲裁,有关部门应强行要求仲裁机构降低收费标准。实际上,降低收费标准,不一定低收入者就能获益。且不说降低收费可能导致服务质量相对下降而最终影响当事人的权益,而且,因为仲裁费是由败诉方承担,败诉方不一定是低收入者,可能是高收入者,甚至是西方国家的跨国公司和大型企业。这样岂不是用我们穷国的有限仲裁资源补贴了富国当事人?如果实行灵活的价格制度,可以吸引更多的人才从事仲裁工作,经过充分竞争,来降低价格。价格高是因为有效供给短缺,有效供给增加价格自然降下来。解决价格高的思路应该是鼓励和支持有效供给的发展,而不是用行政手段实行严格的价格管制。这样做只能适得其反。

对于小标的额争议,我们可参考国外小额争议仲裁、调解制度,修改仲裁法,简化小额争议处理程序,降低仲裁、调解人员的资格标准,允许更多的团体、协会组织受理小标的额争议。另外,法院对小额仲裁的监督应采取更为宽松的标准。使更多的小额争议通过这种途径解决。当然,保障低收入者打得起官司,还可通过法律援助等途径来解决,政府收税就是为了保障低收入者得到必要的法律救济,这是政府的责任。政府要通过增加必要的财政拨款等途径,积极承担起这个责任,而不能通过行政强制手段随意干预现有的争议解决机制的正常发展。

关于深化仲裁机构体制改革试点方案(征求意见稿)*

(2007－7－31)

一、仲裁机构发展中存在的问题和改革的必要性

《仲裁法》施行前,我国实行的是涉外仲裁与国内仲裁两种不同体制的双轨制度。涉外民商事仲裁制度于1954年按照国际通行的做法建立,经过几代人的艰苦奋斗,取得了丰硕的成果,站到了世界前列,并为《仲裁法》的制定实施提供了宝贵经验。国内仲裁实行的是以前苏联为模板的行政仲裁制度,其主要问题是:仲裁机构本身是行政机关或隶属于行政机关,仲裁机构的负责人、仲裁员及仲裁机构工作人员由行政机关领导和工作人员担任;行政权与仲裁权交织,行政决定与仲裁裁决相连,仲裁具有垄断性、强制性,在很多情况下违背当事人意愿,仲裁机构依附于行政机关,缺失独立性和公正性,不能满足市场经济条件下社会多元化解决民商事纠纷的需要。

---

* 2007年7月24～25日,"仲裁机构民间化建设座谈会"在北京仲裁委员会召开。关于会议讨论的《关于深化仲裁机构体制改革试点方案(征求意见稿)》,为满足大家的要求,根据国务院法制办法制协调司卢云华副司长关于"让全国仲裁界的同志们实实在在地看到仲裁机构民间组织建设的实际做法、具体目标、实施步骤和结果,请大家共同作出抉择"的讲话精神,特将北仲汇总整理的《关于深化仲裁机构体制改革试点方案(征求意见稿)》公布。

《仲裁法》对我国行政仲裁制度进行了根本变革,将行政仲裁转变为民间性的民商事仲裁,以当事人意思自治原则为基础,将仲裁机构定位为民间性的仲裁服务机构,“独立于行政机关,与行政机关没有隶属关系”,从而突出了仲裁机构的独立性、民间性,并为提高仲裁的公信力奠定了法律基础。据此,原行政性经济仲裁机构全部撤销,并在依法可以设立仲裁机构的城市按仲裁法和国务院文件的规定重新组建仲裁机构。《仲裁法》施行后国务院法制办和地方政府法制部门根据国务院的有关规定,牵头重新组建仲裁机构,使我国的仲裁事业走上了迅速发展的轨道并取得喜人成绩。至 2006 年,全国共设立了 185 家仲裁委员会,当年受理仲裁案件60,844件,争议标的为 725 亿元人民币。我国仲裁事业的发展为及时解决民商事纠纷、维护当事人合法权益、促进国家经济建设、构建和谐社会发挥了积极作用。

但是,全国仲裁发展极不平衡,也存在一些亟待解决的问题,主要有四个方面:

一是由于对仲裁机构法人地位的定性不够清楚,相关法律法规不够健全,政策措施不够配套,尤其是管理体制不顺等因素,使仲裁机构法人治理结构不健全,运行不规范,管理体制和相应机制僵化,缺乏自我激励、自我约束、自我发展能力。

二是一些政策规定与《仲裁法》和中央事业单位体制改革的有关规定相矛盾,有些行政机关,主要是一些地方政府的相关部门,未能按照《仲裁法》和国务院的有关规定精神,在完成“牵头组建”任务之后及时脱钩、放权,加之政府部门领导干部兼任仲裁委员会办事机构负责人的情况比较普遍、一些行政官员随意干预仲裁机构的正常工作及管理自主权,从而导致了一些仲裁机构政会不分、工作效率低下,影响了仲裁的独立、公正、信誉和仲裁在市场经济条件下应有作用的正常发挥。

三是一些地方在重新组建仲裁机构时,对设立仲裁机构的必要性论证不够、对仲裁机构成立以后所面临的各方面的问题与困难准备不足,加之为仲裁机构调配人员时,把关不严,因而使一些仲裁机构在组建之后就陷入了案源不足、力量不够、难以为继的困境。

四是一些仲裁机构过度依赖政府,一味地追求财政拨款而挖掘自身潜力不够、自我发展动力不足,依托于行政机关甚至意图恢复原行政性仲裁的倾向日益严重并有蔓延趋势。这些问题都直接影响了我国仲裁事业的整体推进和长远发展,也直接影响了我国仲裁的国际形象。

因此,在总结经验教训的基础上,尽快解决这些问题,深化仲裁机构体制改革,使仲裁机构真正成为民间性仲裁服务机构,不仅十分必要而且非常紧迫,也是推动我国仲裁事业健康、持续发展的关键和必由之路。

二、仲裁机构体制改革的指导思想和基本要求

(一)指导思想

以仲裁法确立的民间性、独立性为仲裁机构发展的基本方向,以《中华人民共和国国民经济和社会发展第十一个五年规划纲要》规定的商务服务性质和中央机构编制委员会办公室《关于事业单位分类及相关改革的试点方案》设计的分类标准为仲裁机构事业法人定性依据,按照《国务院办公厅关于加快推进行业协会商会改革和发展的若干意见》规定的"政会分开"原则和《中共中央组织部、国家人事部关于加快推进事业单位人事制度改革的意见》规定的"脱钩、放权、搞活"的思路,建立有利于仲裁机构发展的法人治理结构和自我激励、自我约束、自我发展机制,保障机构的独立性和自主性,提高仲裁机构的服务质量和效率,使仲裁机构真正成为从事社会公益性服务、有独立法律地位、实行社会化管理的法人组织。

(二)基本要求

一是坚持仲裁机构独立性、民间性发展方向,根据《仲裁法》的有关规定和我国加入世贸组织的相关承诺,修改完善有关法律、法规、规章和相关政策,改革政府管理方式,规范政府监管行为,按照"政事分开""政会分开"原则,清理整顿将仲裁机构作为政府部门的附属机构,行政机关与仲裁机构合署办公和人、财、物不分的问题,纠正行政机关对仲裁机构无法定依据的各种不必要的干预,维护仲裁机构的独立性、民间性和法定自主权,从而使仲裁机构从职能、机构、人事、财务等方面与政府部门相分离,真正实现独立运作和

社会化发展。

二是坚持积极推动仲裁行业发展的原则,提高仲裁质量、效率和公信力,满足社会多元化解决民商事纠纷的需要。大胆吸收借鉴国外仲裁的制度、规则和经验,允许仲裁机构根据实际情况参考国际惯例修订仲裁规则、收费办法、仲裁员报酬,完善法人治理结构和仲裁管理制度,建立健全优胜劣汰的市场竞争机制和退出机制,为仲裁机构创造公平、公正的发展环境,发挥仲裁在促进经济发展、构建和谐社会中的重要作用。

三是依据中央事业单位体制改革的相关规定精神,推进仲裁机构人事、财务等各项管理制度改革。健全法人治理结构,实现科学决策、民主管理、规范运作、公开透明、权力制衡、监督到位、合作共赢,建立适应市场经济体制需要和仲裁发展规律、充满生机与活力的管理体制和运行机制,满足当事人对仲裁服务的需求。

四是统筹兼顾,平稳过渡,切实保障职工的合法权益。根据需要与可能,可先由独立性强、管理规范、业务发展好、具有先行改革基础和条件的仲裁机构先行试点,条件成熟后逐步推广;未试点单位应根据仲裁法、中央事业单位改革的相关规定精神和实际情况,确定相应的改革措施、办法、步骤和目标。在改革过程中对未聘员工应予妥善安置,对改革转制给员工造成的损失应给予合理补偿。

五是仲裁机构体制改革涉及面广,情况复杂,任务艰巨,应按照先试点后推广办法,突出重点、分类推进、逐步到位,兼顾不同地区仲裁机构体制的多样性、差异性。

三、改革的基本内容

(一)进一步明确仲裁机构性质和法人地位

根据《仲裁法》关于"仲裁委员会独立于行政机关,与行政机关没有隶属关系"的规定和中编办《关于事业单位分类及相关改革的试点方案》的分类标准,将仲裁机构定性为从事社会公益服务,有独立法律地位,非营利性并由市场配置资源的法律服务机构。

(二)完善仲裁机构法人治理结构

1. 仲裁机构通过章程规定其宗旨、职责、议事程序和规则。

仲裁委员会依据仲裁法成立,以公正及时地解决公民、法人和其他组织经济纠纷和其他财产权益纠纷为宗旨,不以营利为目的。

2. 决策与管理相分离。决策机构为仲裁委员会,委员会采取理事会模式,成员由社会法律和经济贸易领域中德高望重的专家、学者,商会、发起人代表(包括政府部门或其所属相关部门)及其他相关部门和组织代表组成。仲裁委员会的组成人员中,法律、经济贸易专家不得少于2/3,包括党政机关领导干部在内的其他人员不得超过委员会人数的1/3。

3. 仲裁委员会职责包括下列内容:

(1)审议仲裁委员会的发展规划、工作方针、工作计划等重要事项,并作出相应的决议;

(2)审议、通过仲裁委员会秘书长提出的年度工作报告和财务报告;

(3)决定仲裁委员会秘书长、专家咨询委员会、仲裁纪律委员会等机构的人选,研究决定仲裁办事机构提请审议的其他重要人事事项;

(4)审议、通过仲裁委员会办事机构设置、分配、改革方案;

(5)决定仲裁员的聘任、解聘和除名;

(6)制定修改仲裁委员会章程、仲裁规则、仲裁员守则;

(7)决定仲裁收费、仲裁员报酬、仲裁委员会财务开支范围、开支项目,审议仲裁委员会财务收计划、审计等重大财务事项;

(8)决定分支机构的设立、撤销和仲裁委员会合并、解散、清算等事项;

(9)监督仲裁委员会办事机构工作,审议仲裁办事机构提请审议的其他事项;

(10)需要通过章程规定的其他职责。

4. 仲裁委员会制定仲裁员报酬标准、仲裁员守则、聘用办法,应征求仲裁员意见,采取多种方式,鼓励仲裁员参与仲裁委员会的民主管理。

5. 仲裁委员会办事机构(以下简称办事机构)是仲裁委员会执行机构,负责办理仲裁委员会的日常工作,执行仲裁委员会各项决定。办事机构实行秘书长负责制。办事机构受仲裁委员会监督。

(三)进行人事管理制度改革

按照《中共中央组织部、国家人事部关于加快推进事业单位人事制度改革的意见》的规定采取下列措施:

1. 改变用管理党政机关工作人员的办法管理仲裁机构人员的制度和做法。

2. 仲裁机构实行人员聘用制,实行用人上的公开、公平、公正及人才的合理流动,做到人员能进能出,干部能上能下,单位自主用人,职工自主择业,维护单位和职工双方的合法权益。任何单位和个人不得通过非正当途径向仲裁机构安置工作人员。

3. 仲裁机构聘用工作人员实行公开招聘和考试制度,明确人员聘用标准,吸引优秀专业人才,以保证仲裁机构工作人员的专业素质。

4. 在改革转制过程中,要保障工作人员的切身利益。过渡期可实行"新人新办法、老人老办法",编制内人员和聘用人员实行同岗同酬、同福利待遇。

5. 建立符合仲裁工作特点的岗位管理制度。根据科学合理、精简效能原则设置工作岗位,坚持按需设岗、竞聘上岗、按岗聘用、以岗定酬,明确不同岗位的职责、权利和任职条件;推行绩效考核制度,克服冗员、机构臃肿、效率低下现象,降低成本,提高绩效。

6. 扩大内部分配自主权。对经费靠政府财政拨款的,在国家政策允许范围内,搞活内部分配,并随拨款减少,加大内部分配自主权;对经费完全自理的,由仲裁机构自主决定内部分配。贯彻按劳分配、效率优先、兼顾公平的分配原则,建立重实绩、重贡献,向仲裁员、优秀人才和关键岗位倾斜的分配激励机制。体现一流业绩、一流报酬的精神,做到责任和权利相统一、贡献与报酬相一致、个人收益与单位效益相协调,提高仲裁机构自我激励、自我约束、自我发展能力。

7. 办事机构实行民主管理。凡涉及职工利益的内部分配、福利制度、岗位设置、干部选聘事项,应广泛征求职工意见,并提交由领导干部、党、团、工会组织、新老职工代表组成的职工代表会讨论研究。

8. 切实保障工作人员合法权益。仲裁机构转制后,工作人员的医疗、失业、养老、计划生育等纳入社会保障系统。

9. 选聘公道、正派、有事业心和敬业精神,懂仲裁、善管理、信誉好,能够得到广大员工和仲裁员认同的、具有一定社会知名度的人担任仲裁委员会秘书长。秘书长可以多种形式选聘,并在选拔任用中引入竞争机制。

党政机关工作人员不得兼任仲裁委秘书长、办事机构的领导及其他工作职务;已经兼任的,应限期予以纠正。

(四)进行财务管理体制改革

1. 仲裁机构是从事社会公益服务的非营利性机构,不向出资单位分红或分配资产收益。鼓励和允许社会资金投入,促进仲裁机构社会化发展。

2. 仲裁机构是非营利法人,根据《企业所得税法》第26条的规定,免征企业所得税。

3. 仲裁属于商务服务,不是行政行为,不具有垄断性、强制性,仲裁收费不属于"行政事业性收费"。仲裁收费属于中介服务收费,应执行《中介服务收费管理办法》。

4. 仲裁收费主要用于支付仲裁员报酬、仲裁事务开支等,如有结余,纳入仲裁事业发展基金,用于仲裁员培训、仲裁制度宣传推广、仲裁学术研究交流等。

5. 对已实现经费自理的仲裁机构,不实行"收支两条线"财务管理制度;其收、支等财务管理制度,由仲裁机构在有关法律、规章和相关政策允许范围内自主决定。

6. 未实现经费自理,仍享受财政拨款的仲裁机构,财政部门制定适合仲裁特点的财务管理制度。财政拨款可通过多种方式,明确仲裁机构服务绩效标准,仲裁机构应努力做到自收自支。

7. 仲裁机构通过仲裁服务获得收入形成的资产属于社会公共资产,归仲裁机构使用,任何其他单位和个人不得无偿调拨、占有、使用和处置。

8. 对仲裁经费收支状况,应实行财务年报制度,并定期进行审计;必要时,可进行专项审计。

(五)强化仲裁行业自律、自治和监督

1. 中国仲裁协会(以下简称仲裁协会)是仲裁委员会的自律性组织,根据章程对仲裁委员会及其组成人员和仲裁员的违纪行为进行监督;完善行业自律性管理约束机制，规范会员行为，协调会员关系，维护公平竞争的市场环境。仲裁协会必须依《仲裁法》和协会章程行使职权；无章程规定或者未经会员大会授权，不得举办全国性或行业性仲裁机构评比活动。

仲裁协会没有行政管理职能，协会章程不得设置许可、审批或设置除会费以外的其他收费事项。

2. 仲裁协会应代表并维护仲裁行业利益，以为会员服务为宗旨。根据章程授权进行仲裁案件统计，掌握国内外仲裁发展动态，收集、发布仲裁信息；培训人才，交流经验，加强国际交流与合作；宣传推广仲裁制度；与有关国家机关协调解决影响仲裁发展的实际问题，推动仲裁法律、法规规章和相关政策文件的修改完善、不断为仲裁发展创造公平、公正、宽松、透明的外部环境。

3. 仲裁协会应建立和完善以章程为核心的内部管理制度，健全会员大会(会员代表大会)、理事会(常务理事会)制度，认真执行换届选举制度，实行民主管理。理事会成员应严格按照民主程序选举产生，会长由理事会提出人选，通过会员大会(会员代表大会)以无记名投票方式选举产生并实行差额选举。仲裁协会秘书长可通过选举、聘任或向社会公开招聘等方式产生。要不断完善仲裁协会监督制约机制，协会领导成员要接受会员和仲裁员的监督。

《关于深化仲裁机构体制改革试点方案(征求意见稿)》的说明

(2007 -7 -31)

《关于深化仲裁机构体制改革试点方案(征求意见稿)》(以下简称《方案》),是笔者和成都仲裁委员会叶时雨副秘书长根据卢云华司长委托,在北京仲裁委员会工作人员、仲裁员、专家、学者,以及几家仲裁机构领导支持下完成的,现就《方案》说明如下:

一、《方案》的起草背景

2007 年 5 月中旬,在国务院法制办法制协调司召集的由部分仲裁机构参加仲裁工作座谈会上,卢云华司长委托成都仲裁委员会叶时雨副秘书长和笔者研究起草“仲裁机构民间化改革方案”。

首先,对于国务院法制办法制协调司委托给牵头机构的这一任务,北仲作为承办者之一应当向各仲裁机构作出说明,并提供工作成果。其次,仲裁机构体制改革事关仲裁机构自身的利益,研究体制改革方案也是每一个仲裁机构的责任。为了很好地完成这一任务,北仲部分工作人员和仲裁员研究制订了《方案》起草工作计划。按计划,我们与教育部“多元化纠纷解决机制与和谐社会的构建”课题组、清华大学“司法制度完善和多元化纠纷解决体系”课题组合作,先以调查问卷形式了解全国仲裁机构情况和改革意愿,再根据问卷反馈情况,就机构中的共性问题召开由(提供了反馈信息的)仲裁机构参加的研讨会,在研讨基础上起草方案。预计 11 月底完成《方案》起草工作,总共需半年时间。

5 月 26 日,我们开始向全国仲裁机构发放调查问卷。5 月 28 日、29 日,笔者向叶秘书长、卢司长通报了调查问卷发放情况和方案起草工作计划。6 月中旬前后,我们陆续收到反馈的问卷并开始进行录入和统计分析。在此期间,笔者与卢司长和叶秘书长几次商量召开研讨会事宜。卢司长指示由我先拟出个方案讨论稿后再开研讨会以提高讨论会效率,根据这一指示我们加快了工作步骤。

由于计划时间提前,方案在很短时间内仓促完成,不足和疏忽之处在所难免。方案中有的问题笔者在写的过程中就颇为踌躇,之所以写在方案里,是为了抛砖引玉,引起人们对问题的关注和讨论。有时解决问题的灵感,就是在不同观点的争论中产生的。同时,笔者认为,卢司长委托叶秘书长和笔者研究起草方案,只是出于信任和责任,这不意味着方案起草工作只能由叶秘书长和笔者两人做,其他人不能做。任何从事仲裁工作的人,不仅有权利而且有责任对方案提不同意见和看法,也有权按照自己的理解起草自己满意的改革方案。

仲裁机构体制改革不仅关系仲裁机构利益,也关系广大仲裁员、律师、当事人,以及其他相关人员的利益。因此,进行仲裁机构体制改革的研究,也是每个从事仲裁工作人的责任。与我国仲裁机构数量多,机构管理体制多样化的现实情况相比,从事这方面工作的机构和人员不是太多而是太少。这次北仲牵头组织起草方案,召开相关会议,是想在这方面为仲裁机构体制改革,我们共同的事业,出一份力,尽一份责。笔者希望有更多的仲裁机构、仲裁员和专家、学者投入仲裁机构体制问题研究中来,拿出更多更好的方案来供决策部门挑选,众人拾柴火焰高。这个方案虽然是由笔者起草,但笔者在起草过程中,得到北仲工作人员、部分仲裁员和专家、学者的大力支持。同时,叶秘书长、几家仲裁机构领导也给笔者一些很好的意见和建议。在这次“仲裁机构民间化建设座谈会”上,与会的专家、学者和仲裁机构负责人对《方案》提出了宝贵的意见和建议,我们根据这些建议进行了修改。如在关于改革的必要性上增加了有关涉外仲裁的阐述,以全面反映中国仲裁发展的历史;如在仲裁机构章程中增加了宗旨和议事规则等内容,删除了一些考虑不够成熟容易引起误解的词句,等等。因此,《方案》是大家集体劳动和智慧的成果。在此,笔者向卢司长、叶秘书长和所有为此献计献策的仲裁员、专家、学者,所有为此付出辛勤劳动的北仲的工作人员表示衷心感谢!

需要说明的是,《方案》不代表法制办法制协调司领导意见,也不代表其他仲裁机构的意见,只反映我们起草人对仲裁机构体制改革问题的总结与思考。将《方案》公开讨论是出于以下几方面考虑:

首先,卢司长将这项工作委托给叶秘书长和笔者,我们得向大家提交一个成果。其次,《方案》是否可行,要经实践检验,公开征求意见,有利于矛盾、问题的充分展开,从中找到切实可行的办法。最后,仲裁机构体制改革涉及仲裁机构内部上下之间,仲裁机构之间,仲裁机构与相关行政部门之间,仲裁机构与仲裁员以及与未来仲裁协会之间的关系和利益。在这种情况下要想达成共识,就应该鼓励不同利益主体充分表达其利益要求。这种利益要求的表达不仅必要,而且正当。大家在争论、辩论中,学会尊重异见,包容分歧,通过协商、妥协与折中,寻找共同利益。这是不同利益主体之间的公开、公正、透明、规范和程序化的良性博弈,是加强民主法治建设,构建和谐社会的需要。“市场经济从本质上说是一种建立在利益主体分化基础上的博弈经济”那种动不动就拿“动机”说事,将利益问题敏感化、政治化和意识形态化的做法,不利于人们以理性、务实的态度,就事论事地讨论利益分歧,找到解决矛盾冲突的措施和办法。搞不好会“剑走偏锋”滑到“诛心论”上了。

另外,《方案》的研究过程,也是一个重申仲裁法立法目的和基本原则,正本清源,拨乱反正的过程,应该旗帜鲜明,坚持真理,修正谬误,解放思想,实事求是,不唯上,不唯书,不畏权威,敢于理论创新和制度创新。仲裁界人士多是法律和经济贸易领域的精英,应该共同创造并维护一个自由宽容宽松的言论环境,应允许不同方向、不同路径的探索,允许大家通过公开的方式比较各种方案、主张、观点的优劣,允许试错。思想试错比行动出错的成本小,方案讨论阶段纠错比其在方案实施阶段纠错代价低。只要大家以平等、理性、务实、建设性的态度讨论问题,不打棍子,不扣帽子,通过摆事实,讲道理,就容易达成共识,找到解决问题的方案。《方案》是我们对仲裁机构存在的问题及解决办法进行研究的阶段性成果,大家既可以此为基础,提出修改的意见和建议,也可提出新的方案,希望通过讨论,找出一套或几套既符合法律和中央政策,又符合实际的改革方案。

二、关于《方案》的名称

卢司长委托笔者和叶秘书长起草的方案原名为"仲裁机构民间化改革方案",这次会议名称也是根据卢司长提议改为"仲裁机构民间化建设座谈会"(原定"仲裁机构体制改革座谈会")。但笔者与叶秘书长经过商量后,觉得《关于深化仲裁机构改革试点方案(征求意见稿)》这个名称更贴切。理由有三:

其一,"民间化"不是法律术语而是个理论概念,就其定义、内涵和外延,理论界、实务界一直存有不小的分歧和争论。《方案》是关于仲裁机构体制改革的具体思路、方法、措施和步骤,采用现在的名称可避免人们将精力更多放在"民间化"理论之争,而忽略对问题的研究及解决方案的探讨。而后者才是从事仲裁实际工作同志翘首以盼,迫切需要的。

其二,尽管仲裁实务界对"民间化"定义本身以及要不要民间化问题上有分歧、有争论,但对于现行仲裁机构管理体制不适应客观形势,需要改革,却已达成共识。用"深化体制改革"的名称可使《方案》更具包容性,有利于大家对《方案》的理解和认同,推动改革顺利进行。

其三,各地仲裁机构发展不平衡,情况复杂。虽然我们曾搞过一些调查,但信息渠道受阻的情况时有发生,我们的知识、经验也有限,这个方案是否反映了全面的实际情况,能够真正解决问题,我们还没有把握。因此,采用"试点方案"形式比较稳妥,既照顾了历史和现实,又考虑了未来与发展;既有局部的创新性和先进性,又照顾到了全局和多样性。既然是"试点方案",就有"试"的成分,就有创新、突破和不同以往的思路和方法,因此《方案》具有一定的前瞻性,体现出事业单位体制改革的方向和我国仲裁制度与国际现代商事仲裁制度同步发展的趋势。

三、关于仲裁机构体制改革的指导思想和仲裁机构的法人定性

(一)关于仲裁机构改革的指导思想

1.《方案》对改革的指导思想有一个完整描述,是否准确、全面大家可讨论。

其中“以仲裁法确立的民间性、独立性为仲裁机构改革的基本方向”的内容,已为法律规定、全国人大法工委、国务院法制办领导的讲话、文章所阐明,笔者不多做解释。这是仲裁法确定的一项基本原则,是大势所趋,历史必然。现在的问题不是要不要向民间性、独立性方向改的问题,而是如何理解仲裁机构的民间性,如何改革的问题。对此《方案》有具体阐述。仲裁机构的“民间性”是指仲裁机构的“非行政性”,这是《仲裁法》确定的基本原则,仲裁机构与行政机关彻底“脱钩”,成为“从事社会公益性服务、有独立法律地位、实行社会化管理的法人组织”。如何实现仲裁机构的民间性,是指按照“政事分开”“政会分开”原则,“清理整顿将仲裁机构作为政府部门的附属机构,行政机关与仲裁机构合署办公和人、财、物不分的问题”,“根据《仲裁法》的有关规定和我国加入世贸组织的相关承诺,修改完善有关法律、法规、规章和相关政策,改革政府管理方式,规范政府监管行为”,“纠正行政机关对仲裁机构无法定依据的干预,维护仲裁机构的独立性、民间性和法定自主权,从而使仲裁机构从职能、机构、人事、财务等方面与政府部门相分离,真正实现独立运作和社会化发展”。针对一些人所担心的仲裁机构民间化会不会导致“私有化”、导致仲裁机构“不受监督”、导致仲裁机构负责人权力过大侵犯职工、机构利益等问题,《方案》都做出明确回答,提出了具体的措施和办法。

说民间性、独立性是“方向”,还有一个含义,就是说要朝这个方向去努力、去争取,不能因为现在做不到就放弃通往明天的努力。实际问题需要考虑和解决,不能以实际问题为由,将那些背离方向的做法长期固定下来。

2. 起草《方案》的依据是《仲裁法》、全国人大的规划纲要、中央事业单位改革的政策性文件。

具体包括:

(1)《仲裁法》关于仲裁机构、仲裁协会的规定。

(2)《中华人民共和国国民经济和社会发展第十一个五年规划纲要》第十六章第五节“规范发展商务服务业”中规定的相关内容。

(3)2006 年 7 月,经国务院批准由中央机构编制委员会办公室(中央编办)制定的《关于事业单位分类及相关改革的试点方案》(征求意见稿)。尽管该方案只是征求意见稿且未全文对外公布,但其关于事业单位分类标准已被媒体广而告之,而且,中央编办确定浙江、山西和重庆三省市为试点地,试点工作即将展开。按其分类标准,事业单位分为“完全行使行政职能的事业单位”“从事生产经营活动的事业单位”“从事公益服务的事业单位”三大类。其中,“从事公益服务的事业单位”又分为“不能或不宜由市场配置资源的”“可部分实现由市场配置资源的”“可实现由市场配置资源的”三小类。

(4)2000 年 7 月由中共中央组织部、国家人事部联合印发的《关于加快推进事业单位人事制度改革的意见》(以下简称《意见》,人发〔2000〕78 号)。目前,大多数仲裁机构被定性为“事业单位”,《意见》对仲裁机构体制改革具有很强的指导性、可操作性。

(5)2007 年 5 月 13 日国务院办公厅发布的《国务院办公厅关于加快推进行业协会商会改革和发展的若干意见》(国办发〔2007〕36 号)。

(6)关于我国加入世贸组织的谈判时的承诺。我国在 2001 年 10 月 1 日的入世谈判中,承诺“仲裁、检验、鉴定、公证等中介服务的收费,将按照国家计委等六部门 1999 年颁布的《中介服务收费管理办法》进行”。该承诺已记入《世界贸易组织中国加入工作组报告书》,为国际社会所公知,因此,部门的规章、政策性文件与此不符的,要进行清理修改。

(二)关于仲裁机构的定性

仲裁机构的定性是导致这些年对仲裁机构性质争论的主要问题。《方案》第 3 条第 1 款将仲裁机构定性为“从事社会公益服务、有独立法律地位、非行政、非营利、可由市场配置资源的法律服务机构”。这是根据仲裁法和中编办事业单位的分类标准所做的分类选择。

有人认为仲裁机构不应定为事业单位,因为当初国务院办公厅文件规定是“参照事业单位解决仲裁委员会办公用房和经费编制”。但正是这一“参照”,

现实中大多数仲裁机构已经被定性为事业单位。根据我们这次问卷调查结果，在被调查机构中,除2.5%选择“行政机关”,5%选择“其他”,有48.8%选择“行政性或行政支持类事业单位”,有30%选择“公益性或社会公益类事业单位”,有13.8%选择“经营性或经营开发服务类事业单位”。也就是说,92.6%的被调查机构目前被定为“事业单位”,这个比例反映了仲裁机构的现实情况。1987年实施的《民法通则》,把在所有制性质、功能甚至组织形式上都完全不同的事业单位全部确定为同一种类型的法人,与行政机关、企业单位和社团类法人并列,成为我国民商法上的四大法人类别之一。尽管有的专家、学者认为这种以“所有制为依据的”事业单位法人定位,将“国有的公益性服务业与政府机构、企业公司,甚至社会团体等社会和经济组织混淆到一起”,把“几百万个在组织形式和性质功能上大相径庭的事业单位按捺到同一种法人模子里”是“削足适履”,“使政府在制定任何一项针对事业单位的管理政策时都显得头绪纷繁,顾此失彼”,且“在国际上任何一种具有代表性的法律体系的法人分类中都无法找到”,不具备法人分类学上的意义。但是,鉴于《民法通则》没有修改,我们只能在现行法律制度框架内进行选择,即先在事业单位分类改革中选择一种比较适合仲裁机构特点的事业单位法人类型,随着事业单位改革的深入逐步过渡到比较合适的法人类型。《方案》对仲裁机构法人性质的界定,概念比较清楚,在政策待遇上容易对号入座,不会使人产生“把各类社会组织的优势集于一身”的误解,容易得到各方面的理解和支持。

“从事社会公益服务”将仲裁机构与“完全行使行政职能的事业单位”相区别。尽管仲裁法没有直接表述仲裁机构是“民间性”组织,但仲裁法对仲裁机构的“非行政性”规定得很明确。将仲裁机构定性为“行政性”事业单位,直接违反仲裁法。在反馈的调查问卷中,57%的被调查者认为仲裁机构“合理的机构管理体制类型”,是“公益性或社会公益类事业单位”。

“非营利”是国际通用的法人界定分类概念,1999年6月28日全国人民代表大会常务委员会通过的《公益事业捐赠法》也使用了这一概念。“非营利”含义:(1)法人设立的目的不是获取利润,而是实现某种公益。(2)法人可以有经营性收入,但其剩余收入不能作为利润在成员间进行分配。(3)法人的资产不得以任何形式转变为私人资产。“非营利”将仲裁机构与国有企业、民营企业相区别。政府给仲裁机构拨款,目的是满足社会对仲裁的需求而不是投资营利。政府或其他社会组织、个人对仲裁机构的投入不属于投资行为,不存在“分红”问题。仲裁机构也不得以任何形式将机构财产转化为私人资产。《方案》使用“非营利”概念,一是与国际通行的非营利组织定性标准衔接,扩大我国仲裁机构在国际范围内的认同度;二是有利于仲裁机构争取相应的税收减免等优惠政策。

“由市场配置资源”,将仲裁机构与“不能或不宜由市场配置资源的”或“可部分实现由市场配置资源的”公益性事业单位相区别。按照仲裁法规定,仲裁机构由当事人选择,当事人的选择决定仲裁机构的生存和发展,这也是“由市场配置资源”的基础条件。今后,仲裁机构的设立可逐步放开。

四、《方案》涉及的几个主要问题

(一)正确处理改革与发展的关系

1. 改革的目的不是将仲裁机构“搞垮”,而是要将仲裁机构“搞活”,通过改革那些不适应仲裁机构发展的制度和机制、规章和政策,解决制约仲裁机构发展的瓶颈问题,焕发仲裁机构的生机与活力,促进仲裁事业蓬勃发展。改革与发展不是对立的,而是相互促进的。我们是以改革来促发展。在调查问卷“贵委现在的财政状况”一栏中,选择“自收自支尚有盈余水平”的,占被调查机构的21.3%。这些仲裁机构所在城市,既有经济发达地区,也有经济欠发达地区。后者的经验对全国仲裁机构发展更具有典型意义,更值得总结和研究。总之,地区的差异不是影响仲裁机构生存的主要原因。在仲裁机构“保证机构独立所需要解决的问题重要程度高低排列”一栏中,有63%的被调查机构将“办事机构领导专职化、专业化”问题列为第一重要因素。在“仲裁机构实现自收自支后,贵委认为应享受哪些优惠待遇”选项中,82.4%选择“仲裁收费扣除开支后结余部分全部用于事业发展”,82.4%选择“自主决定机构内部的分配制度”,77%选择“自主聘任办事机构中层干部及工作人员”,77%选择“自主决定仲裁员报酬”,这些都高于对“免税或减税”(73%)的选择。说明仲裁机构实现经费自理后,其对扩大机构自主权的要求高于对税收优惠措施的要求。在“贵委目前实行的财务体制”一栏中63%被调查机构选择“严格实行‘收支两条线’制度”,14.1%选择“实行‘收支两条线’,但有一定程度的灵活性”;23%选择“自主管理,不实行‘收支两条线’”。但在“贵委希望改革中实行的财务体制”栏目中,被调查机构选择“严格实行‘收支两条线’制度”的仅为1.4%,选择“实行‘收支两条线’,但有一定程度的灵活性”的为34.2%,选择“自主管理,不实行‘收支两条线’制度”的为60.3%。这说明,仲裁机构无论是否实现了经费自理,都迫切希望解决那些制约机构发展的人事、财务管理制度问题。体制问题才是其主要原因或主要原因之一。因此,《方案》将改革的重点放在转变机制,扩大仲裁机构管理自主权。这方面的规定包括:

(1)扩大制定仲裁规则、程序、收费、仲裁员报酬方面的自主权。如在《方案》第2条“基本要求”中规定“大胆吸收借鉴国外仲裁的制度、规则经验和做法,允许仲裁机构根据实际情况参考国际惯例修订仲裁规则、收费办法、仲裁员报酬”,“为仲裁机构创造公平、公正的发展环境”。

(2)扩大人事管理自主权。《方案》在第3条第3款“进行人事制度改革”(以下简称第3款)第7项规定“扩大内部分配自主权”“对经费完全自理的,由仲裁机构自主决定内部分配”,“在国家政策允许范围内”,“贯彻按劳分配,效率优先、兼顾公平的分配原则,建立重实绩、重贡献,向仲裁员、优秀人才和关键岗位倾斜的分配激励机制”。分配向仲裁员倾斜,符合当事人利益,有利于增强仲裁员责任感,提高仲裁质量。分配向“优秀人才和关键岗位倾斜”,有利于吸引优秀人才,留住关键人才,实现“一流业绩”,达到仲裁员、仲裁机构工作人员、机构、国家、社会共同受益的目的。

(3)扩大财务管理自主权。《方案》在第3条第4款“进行财务管理体制改革”第5项规定:“对已实现经费自理的仲裁机构,不实行‘收支两条线’财务管理制度;其收、支等财务管理制度,由仲裁委员会在有关法律、规章和相关政策允许范围内自主决定”。

有人说,既然仲裁机构为“非行政、非营利”的“法律服务机构”,仲裁收费为“中介服务收费”,无论仲裁机构是否实现经费自理,仲裁机构都不类推适用行政机关、事业单位的财务管理制度,而应适用财政部出的《民间非营利组织会计制度》。但从目前情况来看,相当一部分被定为“行政性事业单位”,且多数实行收支两条线制度,考虑到情况的复杂性和平稳过渡的需要,为争取相关部门的理解和支持,我们采用了上述提法。从逻辑上,已实现经费自理的不实行“收支两条线”政策,不等于说未实现经费自理的就应实行“收支两条线”制度,究竟应该实行什么样的制度,各地可结合自己情况来做。《方案》不可能包罗万象,穷尽一切问题。

《方案》第 3 条第 4 款第 2 项规定“仲裁机构是非营利法人组织,根据《企业所得税法》第 26 条的规定,免征企业所得税”。第 26 条规定“符合条件的非营利组织的收入”为“免税收入”。这样规定出于以下考虑:仲裁机构是非营利法人组织,享受免征所得税待遇符合国家法律规定;政府设立仲裁机构目的是满足社会对仲裁服务的需要,为鼓励仲裁的发展,应对仲裁机构给予相应税收优惠待遇,这也是各国普遍做法。鉴于目前我国大部分仲裁机构还需要财政支持,征收所得税不利于仲裁机构体制改革和仲裁事业发展。

2. 改革行政机关对仲裁机构的管理方式,规范行政机关对仲裁机构的监管行为。在仲裁机构行政化问题上,行政机关干预仲裁机构自主权,侵占仲裁机构利益与仲裁机构过度依赖政府的问题同时并存。但前者为因,后者为果,且前者是矛盾的主要方面,起主导作用。因此,《方案》从规制行政行为方面作出规定。如《方案》“基本要求”规定“根据仲裁法和我国加入世贸组织的承诺,修改完善有关法律、法规、规章和相关政策”。特别说明的是,需要修改的“规章和相关政策”,包括《财政部、国家发展改革委、监察部、审计署关于加强中央部门和单位行政事业性收费等收入“收支两条线”管理的通知》(财综〔2003〕29 号)。该通知的核心是将仲裁收费界定为“代行政府职能、强制实施具有垄断性质”的“行政事业性收费”,违反了仲裁法和我国加入世贸组织承诺,脱离仲裁工作实际,在国内外造成了很坏的影响,仲裁界对此反应强烈。2007 年 3 月“两会”期间,有政协委员已就此提出《关于纠正将“仲裁收费”作为“行政事业性收费”错误》的提案。

3. 针对行政机关对仲裁机构的干预和侵占现象,《方案》“基本要求”规定:按照“政事分开”“政会分开”原则,“清理整顿将仲裁机构作为政府部门的附属机构,行政机关与仲裁机构合署办公和人、财、物不分的问题,纠正行政机关对仲裁机构无法定依据的各种不必要的干预,维护仲裁机构的独立性、民间性和法定自主权”。第3款第2项规定“任何单位和个人不得通过非正当途径向仲裁机构安置工作人员”;该款第10项规定“党政机关工作人员不得兼任仲裁委秘书长、办事机构的领导及其他工作职务;已经兼任的,应限期予以纠正”。这些是针对当前仲裁机构行政化的突出问题做的规定。这比较符合仲裁机构的改革意愿。在调查问卷“贵委办事机构负责日常工作的领导”是否“专职”还是由党政机关领导“兼任”问题上,57%调查机构选择“专职”,在办事机构负责人“应当实现专职化、专业化”一栏中,96.2%被调查机构选择“应当实现专职化、专业化”。

4. 改变对仲裁机构的投入模式,拓展仲裁机构资金来源。第4款第1项规定“鼓励和允许社会资金的投入,促进仲裁机构社会化发展”。这是根据事业单位体制改革精神,参考国际通行做法拓宽政府财政以外的资金注入渠道。需要说明的是,社会资金的投入既不会改变仲裁机构性质,也不会改变仲裁机构所有制性质。因为,这种投入不是为获取利润或资产收益的“投资”,仲裁机构既不向出资人分红,也不会按出资人的意志办事。而且,由于市场选择的制约,只要制度健全、措施得当,不会因投资机制多元化而影响仲裁的公正性。

(二)正确处理改革与稳定的关系

正确处理改革与稳定关系,就要在改革中兼顾各方利益,考虑地区差异,解决好眼前与长远的关系,防止做事简单化、“一刀切”。《方案》“基本要求”规定“根据需要与可能,可先由独立性强、管理规范、业务发展好、具有先行改革基础和条件的仲裁机构先行试点,条件成熟后逐步推广,未试点单位应根据仲裁法、中央事业单位改革的相关规定精神和实际情况,确定相应的改革措施、办法、步骤和目标”,这是将发展情况不同的仲裁机构区别对待。

首先,《方案》主要是针对“独立性强、管理规范、业务发展好、具有先行改革基础和条件”的仲裁机构,不是全国所有仲裁机构。另外,《方案》是供自愿“试点”的仲裁机构采用的,不是强制的,体现了仲裁机构多元化利益诉求。愿意试点的仲裁机构不会强迫其他仲裁机构参与“试点”,同样,不参与试点的仲裁机构,也不能阻止别人“试”。这些试点机构,如果失败,则是为大家提供了教训,如果成功,则是为大家提供了经验。无论成功与失败,均能为其他仲裁机构提供有益的经验教训。更何况试点仲裁机构所要做的,无非是仲裁法以及中央改革政策所要求做的。

其次,充分考虑新老职工不同的利益要求,既要实行公平竞争,同工同酬,又要考虑人员身份差异形成的历史条件,保障职工的合法权益。如第3款第4项规定:“在过渡期可实行‘新人新办法、老人老办法’,编制内人员和聘用人员实行同岗同酬、同福利待遇。”

最后,体现“对改革转制给员工造成的损失应给予合理补偿”的原则。如第3款第9项规定“仲裁机构转制后,工作人员的医疗、失业、养老、计划生育等应纳入社会保障系统”,体现了以人为本的精神。

(三)正确处理仲裁机构独立与对其进行有效监督之间的关系

突出仲裁机构的民间性、独立性,不是取消或削弱对仲裁机构监督,而是要寻找比现行制度更为有效的监督机制。这种监督应同时满足三项要求,一是要保证仲裁机构的独立性,防止监管过死,使仲裁机构成为行政机关附庸;二是对仲裁机构进行有效制约,防止出现“内部人控制”“权力向少数人集中”“钱向个人腰包涌动”,损害仲裁员和仲裁机构利益情况;三是降低监督成本,防止监督权失控,避免监督部门出现以权谋私现象。原国家医药总局局长郑筱萸案,以及近些年国家审计署审计报告反映出一些中央国家机关触目惊心的违规现象,也让人们反思如何强化对监督部门的监督问题。加强社会的、群众的民主监督机制,是仲裁机构体制改革的重要内容。为实现上述功能,《方案》根据国际惯例和北仲目前的一些做法,从完善仲裁机构法人治理结构和利益均衡机制,扩大仲裁员、工作人员民主管理权利,完善仲裁委办事机构领导选聘制度等方面进行规制:

1. 明确仲裁机构宗旨、充实章程内容,建立和完善以章程为核心的内部管理制度。如《方案》第3条第2款“完善仲裁机构法人治理结构”规定:“仲裁机构通过章程规定其宗旨、职责、议事程序和规则”;“仲裁委员会依据仲裁法成立,以公正及时地解决公民、法人和其他组织经济纠纷和其他财产权益纠纷为宗旨,不以营利为目的”。

2. 仲裁机构实行决策与管理分离政策,完善仲裁委员会制度,强化仲裁委员会对办事机构的监督作用。第3条第2款第2项规定“决策与管理相分离。决策机构为仲裁委员会,委员会采取理事会模式,成员由社会法律和经济贸易领域中德高望重的专家、学者,商会、协会、发起人代表(包括政府部门或其所属相关部门)、其他相关部门和组织代表组成。参加仲裁委员会的党政机关领导不得超过委员会人数的三分之一”。其中“党政机关领导不得超过委员会人数的三分之一”的规定,主要解决目前委员会中党政机关干部过多现象。另外,该款对专家、学者增加了“德高望重”的要求。仲裁委员会委员是由使命感组成的共同体,委员会委员应有关怀民生,服务社会的热忱和社会责任感。第3条第2款第3项规定充实了仲裁委员会职责,包括:“决定仲裁委员会秘书长、专家咨询委员会、仲裁纪律委员会等机构的人选;研究决定仲裁办事机构提请审议的其他重要人事变动事项”“决定仲裁收费、仲裁员报酬、仲裁委员会财务开支范围、开支项目;审议仲裁委员会财务收计划、审计等重大财务事项”“监督仲裁委员会办事机构工作;审议仲裁办事机构提请审议的其他事项”等重要内容;明确“办事机构受仲裁委员会和仲裁员的监督”。法人内部决策层与管理层相互分开,相对独立,有利于仲裁委员会对办事机构的监督和制约。

3. 财务公开,吸收仲裁员参与仲裁机构的民主管理。第3条第2款第3项规定“仲裁委员会制定仲裁员报酬标准、仲裁员守则、聘用办法,应采取多种方式鼓励仲裁员参与仲裁委员会的民主管理”这里参考了北仲目前的实际做法,尽管是原则性规定,但提出了仲裁机构民主管理的概念和方向,具有一定的前瞻性。

4. 办事机构内部实行民主管理。第3条第3款第8项规定“办事机构实行民主管理。凡涉及职工利益的内部分配、福利制度、岗位设置、干部选聘等制度、措施,应提交由领导干部、党、团、工会组织、新老职工代表组成的职工代表会讨论研究,并广泛征求职工意见,充分协商”。该规定也是参考了北仲目前的做法。

5. 明确秘书长聘任标准、聘任程序和管理办法。第3条第3款第10项规定“选聘公道、正派、有事业心和敬业精神,懂仲裁、善管理、信誉好,能够得到广大员工和仲裁员认同的,具有一定社会知名度的人担任仲裁委员会秘书长。秘书长可以多种形式选聘”,体现了办事机构领导“专职化”“专业化”要求;该项规定“秘书长可实行以多种任用形式”,这条是根据《意见》第5条“改革事业单位领导人员单一的委任制,在选拔任用中引入竞争机制。坚持党管干部原则,改进管理方法,对不同类型事业单位的领导人员,按照干部管理权限和一定程序,可实行直接聘任、招标聘任、推选聘任、委任等多种任用形式。建立健全领导班子和领导人员任期目标责任制,加强对任期目标完成情况的考核,并将考核结果与任用、奖惩挂钩”的规定起草的,目的是拓宽人才选聘的渠道和途径。秘书长不同于党政机关干部,对其要求不仅要考虑其政治素质,同时还要着重考虑专业水平和管理能力。将来,要逐步实行以仲裁机构绩效作为对秘书长的考核标准。而且,在发现秘书长不称职时,委员会通过一定程序及时更换。

监督机制针对的是“权力”,需要落实到“干部”。秘书长是仲裁机构的核心人物,掌握重要权力,影响仲裁机构的生存和发展。因此,对秘书长的监督,是监督机制的重要内容。上述规定也是事业单位领导聘用管理制度的大胆尝试。这实质上是将上级监督与下级监督相结合,内部监督与外部监督相结合,引入竞争机制,有利于提高秘书长责任心、危机感和进取精神,提高管理绩效,促进仲裁机构健康发展。

6. 明确有关部门对仲裁机构的审计。第3条第4款第8项规定“对仲裁经费收支状况,应实行财务年报制度,并定期进行审计;必要时,可进行专项审计”。审计结果要向仲裁委员会、向仲裁机构进行投入的单位、个人报告。

7. 对依靠财政拨款的仲裁机构,第3条第4款第6项规定“仍享受财政拨款的仲裁机构……拨款可通过多种方式,明确仲裁机构服务绩效标准,仲裁机构应努力做到自收自支”,以此督促仲裁机构克服效率低下,不思进取,长期依赖财政现象,提高服务质量和效率。“仲裁机构应努力做到自收自支”,实际上是重复十多年前《国务院办公厅关于印发〈重新组建仲裁机构方案〉、〈仲裁委员会登记暂行办法〉、〈仲裁委员会仲裁收费办法〉的通知》中仲裁委员会“应当逐步做到自收自支”的规定,没有任何新意。

(四)关于仲裁行业的自律、自治和监督

仲裁行业的自律、自治和监督是影响仲裁机构发展的重要方面,这也是仲裁机构体制改革所无法回避的内容。值得欣慰的是,尽管仲裁机构在其他改革问题上意见分歧、争论激烈。但就仲裁协会的性质、职能、仲裁机构与仲裁协会的关系和仲裁协会领导的产生等问题上,大家的看法相对一致。例如,在“仲裁协会的性质”选项中,63.5%被调查机构选择“行业自律组织、社团法人”;在“会员是否有权退出协会”选项中,61.5%的被调查机构选择“是”,反映了大家对仲裁协会性质及维护自身权利的认识。其实,在仲裁机构与协会关系问题上首先要明确仲裁机构权利与仲裁协会权力之间的界限,属于仲裁机构内部管理自主权,在没有法律明文规定情况下,无论是谁(行政机关还是协会),无论以什么方式(是由领导决定,还是由会员通过民主集中制的方式决定),无论以什么名义(许可、核准、复核)进行限制和干预,都是侵犯仲裁机构权利的行为,都应禁止和纠正。在“贵委认为仲裁协会应为会员提供哪些服务”选项中,选择“宣传推广仲裁法”的,占98.7%;选择“与国务院有关部门协调”的,占92.4%;选择“与法院协调”的,占94.9%;选择“反映仲裁界的要求”的,占88.6%;选择“仲裁员、机构工作人员培训”的,占83.5%;选择“为仲裁机构争取财政支持”的,占74.7%。反映了仲裁机构对协会提供上述服务工作的高度期待。在“贵委认为仲裁协会应有哪些监督职能”选项中,选择“对仲裁委员会成员的任命进行审批”的,占19.2%;选择“对仲裁员聘用进行审批”的占9%;选择“对外事活动进行审批”的占20.5%;选择“对仲裁员报酬标准进行审批”的占14.1%;选择“对仲裁机构财务收支管理进行审批”的占7.7%;选择“对仲裁机构工作人员分配方案进行审批”的占7.7%。说明大多数仲裁机构认为上述事项属于仲裁机构自主管理的内部事务,仲裁协会对这些事项实施许可、审批行为是违反仲裁机构意志,也是违法的。其他方面,王亚新教授关于调查问卷统计分析报告中已经讲得很全面,我就不一一赘述了。因此,根据仲裁法、《国务院办公厅关于加快推进行业协会商会改革和发展的若干意见》和仲裁界的共识,《方案》第5款

“强化仲裁行业自律、自治和监督”第2项规定:“仲裁协会应代表并维护仲裁行业利益,以为会员服务为宗旨。根据章程授权进行仲裁案件统计,掌握国内外仲裁发展动态,收集、发布仲裁信息;培训人才,交流经验,加强国际交流与合作;宣传推广仲裁制度;与有关国家机关协调解决影响仲裁发展的实际问题,推动仲裁法律、法规规章和相关政策文件的修改完善、不断为仲裁发展创造公平、公正、宽松、透明的外部环境。”明确了协会的服务宗旨和服务职责。

该款第1项规定“仲裁协会必须依《仲裁法》和协会章程行使职权;无章程规定或者未经会员大会授权,不得举办全国性或行业性仲裁机构评比活动”、“仲裁协会没有行政管理职能,协会章程不得设置许可、审批和收取会费以外其他相关事项”,等等。这是对仲裁协会偏离其正确宗旨,变相行使行政权力的规制,以保障协会按照仲裁法和会员的要求实现自律、自治和监督的功能。

该款第3项规定了协会成员的产生程序和办法,为协会的筹建提出了可操作性的意见和建议。

北京仲裁委员会

中国仲裁面临的机遇与挑战*

(2007-11-8)

"所谓精英,就是那些有理想、有激情、有耐心,想干大事的人;那些有思想、有知识、有责任心,能被委以重任的人;那些具有科学批判精神、能理性思考问题,有能力引领社会往正确方向前进的人;那些知书达理,能承担起传承人类文明传统重任的人;那些有恻隐之心、辞让之心、廉耻之心和是非之心的优秀公民。一句话,精英就是那些可以称为社会楷模的人。"

"我希望从现在开始,你们都能按照精英人才的标准要求自己,塑造自己。中国社会未来的走向很大程度上取决于你们的理念,你们的判断力,你们的行为方式,因为社会的文明进步总是在精英的引导下取得的。为了成为真正的精英,你们不仅要学习做事的知识和技能,而且要学会做人的道德修养;不仅要知书,而且要达理。你们要热爱自由,但不可随心所欲不守矩;要张扬个性,但不可孤芳自赏不合群;要养成大家风范,但也不可不拘小节;要学会独立思考,具有批判精神,但不可自以为是,目中无人;要有远大抱负,但不好高骛远,以事小而不为;要激情澎湃,但必须在理智的指导下选择行动;要甘于寂寞,学好专业

* 本文为王红松秘书长于2007年11月8日在对外经济贸易大学的演讲稿。

知识,也要关注社会;要敢于追求自己的幸福,但绝不能损害他人的利益;要心中装着多数人,但嘴上不可哗众取宠;要热爱真理,也应该尊重老师。总之,你们要做君子不做小人,当精英不当乌合之众!”

——张维迎教授在2006年新生开学典礼上的讲话

主持人:我的一点体会,我们在书本上学到的东西,可以包括两个方面,一个方面是抽象的理论知识,另一个方面就是很细腻很具体的具有可操作性的规则。这两种东西,我们在书本上都可以学到。比如我们经贸大的老师对于可操作性的规则,一般来说掌握得可能要比其他学校的老师更多一些。但是实务当中的操作层面的东西,具体的做法,我们却很难听到。作为学生,我们就经常需要把理论知识和实务操作结合起来。我们今天请来王秘书长,她是在实务第一线,北仲也是国内仲裁委员会发展最好的仲裁委员会,北京仲裁委也在涉外方面不断地开拓自己的业务,搞得越来越好。今天我们非常难得有这场讲座。

王红松:大家好,很高兴有机会在对外经济贸易大学的博士论坛和各位一起交流。在座的同学没有进入社会的经历,我在讲的时候老是担心,我讲的内容大家理解不理解。因为有很多东西,如果你没有那种阅历,感觉是不一样的。和同学们交流,我想尽可能地用一些通俗的语言介绍一下咱们国家仲裁制度实际发展的情况。

我听王军教授介绍同学们也上了仲裁的课,但是,现实中的仲裁制度的运作情况和法律条文的规定是很不一样的。像仲裁,从它的本意来讲是一种社会自治解决争议的方式。双方发生争议后找一个公正第三人,这个第三人可以是机构,也可以是仲裁员来解决争议。这种解决争议的方式不是靠着国家的权力,靠的是当事人的授权——双方把解决争议的权力授予其信赖的第三方,这种权力是一种私权力而不是公权力。我为什么强调这个私权力,这是针对一些行政部门将仲裁权当作公权力,当作行政权来谈的。现在仲裁法执行中的问题很多与对仲裁权性质的错误认识有关系。下面我想讲两个方面:

第一个方面,仲裁法的立法背景。

在《仲裁法》实施前(1995年9月1日前),我国实行的是行政仲裁制度。

1982年国务院颁布经济合同仲裁条例,20世纪90年代初颁布技术合同仲裁条例。当时的仲裁制度主要学的是苏联的行政仲裁。什么是行政仲裁?仲裁机构设在行政机关内部,仲裁机构的领导是行政机关的领导,仲裁员是行政机关的工作人员,而仲裁是行政机关行使行政权对纠纷进行裁决,裁决反映的是行政机关领导的意志。这种制度在计划经济体制下可以适用。有人称计划经济体制为集权经济,是完全在行政权力控制下的经济体制。这种行政仲裁与国际通行的仲裁做法有很大的不同。这个仲裁不是自愿的(仲裁法颁布以后,基本上和国际惯例接轨了,当事人在选择仲裁员、仲裁机构、仲裁程序、最后裁决书出来是什么方式等方面有很大的选择权),仲裁地点、仲裁机构都是法律事先规定好的,争议产生在什么地方,当事人在什么地方,按照这些因素来确定争议由哪个地方的哪个仲裁机构受理,仲裁员也没有什么可选择的,就是仲裁机构的工作人员。这就带来一个问题,真正决定案件的人,不一定是审理案件的人,很可能是仲裁委员会的主任。主任当然就是行政机关领导了。行政机关强调首长负责制。按道理,仲裁(也包括诉讼),讲的是仲裁员(法官)独立裁决。当然,中国的法院有点不同。这种行政仲裁体制下会出现审的不裁、裁的不审,对事实判断会有差异,影响判决的客观性。而且,行政领导更多地还要考虑行政的中心工作和其他方方面面的关系。所以这个裁决容易出现长官意志、行政干预、地方保护等问题。因为仲裁机构本身就是行政的一个部门、一个机构,它不出现这些问题也难。

正因为行政仲裁有这些弊端,而且行政仲裁裁决在国际上得不到承认和执行——因为行政仲裁违反了仲裁的民间性和当事人的意思自治的原则。所以1994年8月31日全国人大常委会通过了《仲裁法》,对过去的行政仲裁进行了根本变革。变革的核心是把原来隶属于行政机关的行政性仲裁机构变成了独立性、民间性的仲裁服务组织。

为了实现这个改革目标,《仲裁法》有好几个地方都针对过去仲裁行政性的地方作了专门规定。我想可能老师讲仲裁一般爱讲世界通行的仲裁的基本原则。但是咱们国家的仲裁法和世界上其他国家的仲裁法有很大不同,就是法律有很多地方涉及如何将仲裁机构由原来的行政机关转变为民间性仲裁机构的

内容。比如说:

《仲裁法》第14条规定,仲裁机构独立于行政机关,与行政机关没有隶属关系。这要在其他国家,会认为这条规定是废话。仲裁机构本来就是民间组织,当然是独立于行政机关,当然没有隶属关系。但是你要想想我国的仲裁机构原来都隶属于行政机关,没有独立性。所以这句话是有很强的针对性的。特别是咱们国家“左”的东西是根深蒂固。你要说仲裁机构独立于行政机关,没有隶属关系,强调仲裁机构独立,有些人就开始敏感,就该质问说你要不要党的领导,要不要政府的领导了。仲裁法起草的时间是1993年至1994年。正好是邓小平同志“南方谈话”不久,人们的思想比较解放、比较活跃,这一条就定下来了。据当时参与仲裁法起草的最高人民法院费宗祎庭长介绍,讨论仲裁法方案时他提出,应当对仲裁机构明确定性是民间组织。当时有位负责同志说,世界各国的仲裁法哪有写这一条的?费老说其他国家不存在这个问题,我们国家是从行政仲裁转化过来的,有这个需要。后来立法机关经过研究,采取了一个反面的说法,说仲裁机构独立于行政机关,与行政机关没有隶属关系,仲裁机构相互之间也没有隶属关系,仲裁协会与仲裁机构也没有隶属关系。可见,立法者目的就是将行政性仲裁机构变成民间性的仲裁机构。有些人以仲裁法没有“民间组织”“民间化”字样来说仲裁机构不是民间性的,这是说不通的。

《仲裁法》第2条规定,仲裁委员会的组成人员中,法律、经济学家不少于2/3。这在其他国家也不存在。但是过去行政部门成立的综合性机构,好几个委办局的领导都得在里面,组成一个联合执法办公室。这条规定的目的,就是对仲裁委员会成员中官员的数量进行限制,其中隐含着官员数量最多不超过1/3的意思。

《仲裁法》第15条规定,中国仲裁协会是社团法人,仲裁委员会是中国仲裁协会的会员,中国仲裁协会是仲裁委员会的自律性组织,根据章程对仲裁委员会及其组成人员、仲裁员的违纪行为进行监督。实际上,国际上其他国家的仲裁立法,没有规定在仲裁机构之外设立一个监督仲裁机构的仲裁协会。国外有叫仲裁协会的,但是这个协会是相当于国内的仲裁委员会,就是一个受理仲裁案件的机构。当然也有一些协会,是搞仲裁员培训的,但不是负责对仲裁机构管理和监督。这一条,反映了立法者比较矛盾的心理。在当时条件下,人们还是担心这么大一个事业,怎么能没有主管机关去管呢?乱了怎么办?没有行政机关去管,也得有一个部门去管。这个部门叫什么?就叫仲裁协会。但是,行政权力强大,法律规定了仲裁协会,立法者又担心其变成行政性协会,变成"二政府"。就像一些行政管理机关变成"协会""公司",名称变了,职能没变,性质还是行政性的。所以立法者要对此进行规制,明确规定协会是一个社团法人,是仲裁委员会自律性组织。定性其为"社团法人"以免日后变成行政性行业协会。职能上进行限制:根据"章程"对仲裁委员会及其组成人员、仲裁员的"违纪"行为进行监督,而不是对仲裁行业进行全行业统一管理。由一个部门对某行业进行统一管理是计划经济体制下形成的管理模式和思维。实际上这是不可能的,行业微观活动丰富多彩,千变万化,由一个部门管理,信息不对称,管不了也管不好,弄不好"管理"成为"添乱",而且,在行业管理部门权力过大,缺乏制约前提下,很容易出现滥用权力,以权谋私,滋生腐败。

第 10 条规定,仲裁委员会可以不按行政区划层次设立。这实际上要求各地方政府设立仲裁机构要量力而行,不能说有条件设立,没有条件也设立。设立仲裁机构,一个是取决于当地经济发展的程度,如果没有那么多的案件,就没有设立仲裁机构的需要,设立机构就是浪费。有的地方纠纷本来就少,连法院都案源不足,成立仲裁机构肯定生存不下去。另外是仲裁是专家办案,有专业性要求,对仲裁人才的要求很高。杨良宜曾说过,仲裁的好坏取决于仲裁员,伦敦仲裁员算是世界有名的,伦敦是世界仲裁的中心。如果伦敦的仲裁员在撒哈拉大沙漠仲裁,那里也就成国际仲裁中心了。因此,合格的仲裁人才也是成立机构必须考虑的重要内容。否则,你没法吸引当事人选择仲裁,即使设施再先进,政府对机构投入再高,案源问题解决不了,机构还是难以生存。记得 1998 年我去台湾"仲裁协会",一个台湾地区仲裁员问我,中国大陆颁布的《仲裁法》主要强调仲裁民间化,改变行政仲裁制度。但据我们了解,目前中国内地成立的一些仲裁机构行政色彩挺浓,你觉得中国内地的行政仲裁制度有可能转变吗?我回答说,有可能。因为《仲裁法》将选择仲裁机构的权利交给当事人了,如果仲裁机构行政色彩浓,缺乏公正性,就失去生命力。而那些独立的、民间的、坚持公正仲裁的机构会在这种选择中发展壮大起来。这就是市场的力量,是不以谁的意志为转移的。

《仲裁法》第 10 条规定,设立仲裁委员会到司法行政部门登记。登记是什么意思呢?我在你那里备案就可以了,而不需要审批。

《仲裁法》第 13 条规定,对仲裁员专业资格的规定,按法律规定“三八两高一个相当”,律师 8 年、法官 8 年、从事仲裁工作 8 年;高级经济师、高级工程师,教授,相当于“两高”的人员,保证仲裁员的素质。还有,仲裁员是从社会经济贸易领域里选的,不是仲裁委员会的工作人员。

《仲裁法》第 79 条规定,没有重新组建的地方原来仲裁机构,自仲裁法实施起届满一年时终止。据统计,到 1994 年,全国各类仲裁机构达到了 3640 个,专职仲裁员一万余人,从事仲裁工作的人员达到 2 万余人。1983 年以来,经济合同仲裁解决了 258 万件纠纷。这是什么概念呢?1983 年到 1994 年共 11 年,平均一年解决 25 万件经济合同纠纷,加上房地产部门每年受理的仲裁案件 2.5 万件。每年起码超过 27 万件。仲裁法实施了 12 年,去年受理案件是最高的,6 万多件。当然,2006 年全国 200 多家仲裁机构,与过去仲裁机构数量不一样,没有可比性。但说这些数据,主要让大家感觉到当时立法者在这个问题上下了多么大的决心。把原来机构撤销了,重新组建。那就意味着大量机构撤销,人员要安置,而且,案件量肯定会受影响。立法者做出这样的决定,是需要冒很大风险,要有很大勇气和魄力的。当时在考虑仲裁法方案时,也曾有人提议,如放开市场准入,允许多种经济成分设立仲裁机构,通过市场公平竞争,优胜劣汰,改变仲裁机构的行政性质。但当时担心,如果不是重新组建,行政势力过于强大,行政仲裁机构会借助行政权垄断市场和资源,民间性仲裁机构是无法与之竞争的。于是干脆推倒重来。

为什么让政府来重新组建呢?曾有人建议由商会组建,因为国外仲裁机构是在商会里。但咱们国家的商会也不是与国外相同的纯粹意义上的商会。加上原来的仲裁机构是设在各个行政机关里的。现在撤销要重新组建,过渡期间有大量协调工作要做,商会的协调能量当然与政府无法比了,如果政府出面与其他的行政机关协调,自然比商会容易得多,而且政府也有钱、有人,“有利于新旧仲裁体制的平稳过渡”。原来想政府资助一段时间，对机构“扶上马，送一程”后，就让机构独立运作。当时国务院的文件也说，仲裁机构成立初期应该“参照”有关事业单位的规定，解决仲裁机构经费和办公用房等问题，但是机构“应该逐步做到自收自支”。

所以说，《仲裁法》是一部充满改革精神的法，《仲裁法》的核心就是将行政仲裁变为民间仲裁。著名的民法学者梁慧星教授对此有段精辟论述。他认为，物权法争论一个核心就是什么都能够让步，唯独平等保护不能让步。就像仲裁法什么都能够让步，唯独坚持仲裁的民间性不能让步。没有民间性的仲裁就是行政性仲裁。民间化？就是去行政化。当然，民间化是个俗称，是应有一些具体标准，便于人们认识和讨论。我认为民间化的标准体现在：仲裁机构在组织上要独立于政府系统之外，与行政机关彻底脱钩；在财政上应该逐步地自负盈亏，不再依赖财政；在管理上转变过去那种行政机关型的管理体制、管理模式，完善法人治理结构，建成一套适应市场经济发展的自我约束、自我激励、自我发展的机制；在业务上，仲裁机构应该靠公正高效的服务获得案源，不能以行政权力为依托、靠行政手段推行仲裁。总之，中国的仲裁发展方向应该是民间化。“化”是指的动态的过程，是从行政机构逐步过渡到民间组织的转变过程。至于仲裁机构民间化的具体方法步骤，都在我们与成都搞仲裁机构深化体制改革试点方案里了。这个方案是北仲与成都仲裁委合作搞的，已放在北仲和中国仲裁网上了。

第二个方面，我想讲仲裁机构民间化是仲裁法执行中的焦点、热点和难点问题。

这也是《仲裁法》执行中矛盾最多，争论最激烈、阻力最大的问题。举一个例子，你们可以看中国仲裁网，只要文章、通知、会议报道、综述，只要有民间化的字样，或者和民间化有关系，点击率、跟帖率非常高，因为大家对这个问题都很关注，这是涉及仲裁性质和发展方向问题。同学们如果有谁想做这个课题，可到网上看文章和帖子，看看实际存在的问题和不同争论，把这些收集起来，可以写出很不错、很丰满、很生动的论文。

说民间化是难点问题，难在哪儿？难在我们是在旧体制下进行的改革，习惯势力十分强大;难在阻力来自行政机关、官员。民间化要求政府转变职能,行政机关将属于仲裁机构的权力交给机构。在权力缺乏约束的条件下,这种职能转变、“交权”无异于自己革自己的命。所以,仲裁机构民间化遇到的问题与事业单位、国企改革有很多相似的地方。我曾见有一篇文章说,中国人目前面对的既不是我们深恶痛绝的旧体制,也不是多年来我们以身相许的新体制,而是被官僚体系操纵的游刃有余的,完全可以自我循环、自我加强的畸形体制,中国不是“不制度化”的问题,而是可能被锁定在歧路上的问题,这是以旧的政治体制为推动手段,因而在逻辑上也就容易指向各级政府和官员利益最大化的改革。这个文章可以成为我们观察现实中仲裁体制改革问题的一把钥匙。现实的问题主要是:

第一,仲裁机构中依然存在很浓的行政色彩。北仲在 2006 年 4 月到 10 月曾经向全国 180 多家仲裁机构搞了一个仲裁机构现状和仲裁法修改的调查。从调查反馈情况来看:一是行政机关领导是兼职仲裁委员会办事机构负责人的现象比较突出。这使仲裁机构难以摆脱与行政机关实质性的隶属关系,而且,这种管理方式不规范、不透明,更容易滋生长官意志、行政干预和地方保护主义,以及以权谋私等腐败现象。二是仲裁委员会成员中党政机关领导占的比例过高,影响仲裁委员会的决策水平和公共形象。三是多数仲裁机构全部或者部分地依赖财政拨款。当然,机构成立初期适当的财政资助是可以的,仲裁民间化也不是“一刀切”的财政“断奶”。但这种资助应该以保障机构独立为前提,不能因此造成行政对机构的过度干预及机构对行政过度依赖。现行制度下,享受财政拨款,就得实行“收支两条线”制度,该制度的弊端我下面将要涉及。四是相当数量的仲裁机构实行行政事业单位的管理体制。财务实行“收支两条线”制度。按该制度,当事人申请仲裁直接把钱交给银行,银行直接拨到财政部门,由财政部门下收支计划,仲裁机构再按照计划开支。这样的制度有什么不好呢?案件量没有办法事先“计划”,不像制造产品你自己可以计划生产。仲裁是当事人选。如果案件多了,收入多,仲裁员报酬支出就多,开支就大。但按财政部门计划,多收可以,多支不行,结果案件越多,给每个仲裁员的报酬越少,这样大家就没有积极性了。按“收支两条线”制度,仲裁员报酬标准很低。我们国家仲裁员报酬本来就比国外低好多，因为我国仲裁收费低。但按“收支两条线”，仲裁员报酬更低，与仲裁收费不成比例。这样国外的仲裁员不愿到中国仲裁机构仲裁，国内仲裁员也没有积极性。其实，设立仲裁机构的目的是解决经济纠纷。仲裁靠仲裁员的口碑、专业素质和能力。仲裁员口碑好、办案水平高，当事人选择仲裁的就多，仲裁“为社会主义市场经济服务”的作用就大。仲裁机构尊重仲裁员劳动，增加仲裁员报酬，发挥其积极性，本是利国、利民又利于仲裁员的好事。仲裁员报酬应由仲裁机构根据仲裁员劳动、事业发展和效益情况综合决定。况且全国各地经济发展不平衡，相差悬殊，仲裁机构收费和仲裁员报酬应在市场的选择中自然调整。由行政部门确定全国的统一标准，无疑是削足适履，挫伤仲裁员和仲裁机构工作人员的积极性，窒息机构的生机与活力。所以说，行政事业性单位的管理体制是影响仲裁机构发展的体制。

第二，国务院几个部委颁发的文件对仲裁性质定性错误，在国内外产生了不良的影响。2003 年国务院几个部委联合颁发了《关于加强中央部门和行政事业单位收入收支两条线管理的通知》，通知规定，仲裁是属于“强制实施”的具有“垄断性质”的“政府职能”。这种规定直接违反了仲裁法的规定，而且与国际上通行的仲裁制度、理念相悖。这为国外一些人指责中国的仲裁表面上是民间，实际上是行政，中国仲裁不可信，提供了把柄。有的外国在中国的商会以此为由通知会员不要选择中国的仲裁机构仲裁。众所周知，由于仲裁已成为国际贸易中解决争议的主要方式；由于仲裁机构、仲裁员在仲裁中的作用至关重要，且各国法院在承认执行外国仲裁裁决时，只限于程序审查，不涉及实体审查。因此，哪个国家拥有国际声望的仲裁机构、仲裁员，哪个国家就拥有更多的对外经济贸易的主动权。茅于轼先生在“中国要不要融入世界经济”这篇文章中说“中国的外贸依存度已经超过 60%”，因此，发展有国际竞争力的仲裁机构，对我国开展对外经济贸易有十分重要的战略意义，如同现代立体化战争，必须牢牢掌握制空权。否则，我国企业在国际商事仲裁中失去的不仅是巨额财产，还有国际市场和信誉。仲裁靠信誉，信誉靠积累。这个文件破坏了中国仲裁界的独立形象，影响了中国仲裁的国际竞争力。

第三，负责联系全国仲裁机构工作的部门，其工作指导方针及工作重心偏离仲裁法的立法精神。在仲裁法实施初期,联系仲裁机构工作的部门组织起草以国务院办公厅名义下发的几个文件,对促进新旧仲裁体制平稳过渡,保障仲裁法顺利实施方面发挥重要作用。但自1998年开始,其工作重心出现偏差:

其一,其业务部门负责联系仲裁工作的某领导反对仲裁机构民间化,公开讲民间化不符合中国国情,实行民间化的时机不成熟,指责民间化是"搞仲裁委员会财产私有化、权力个人化"。2006年,在全国仲裁工作会上,北仲向大会提交了由一位学者起草的仲裁法修改建议稿,其中提到仲裁机构是社团法人。某负责人在大会(三四百人)上表示"反对少数仲裁机构意图修改仲裁法的立法宗旨、意图将仲裁机构当作社团在民政部门登记",要求大会收回建议稿。结果,会议"在反对仲裁机构民间化问题上,大家达成了一致共识,认为在现阶段大多数仲裁机构离开党和政府的领导走民间化道路不符合我国国情,无益于我国仲裁事业的发展,全国个别仲裁机构走民间化道路的做法不能代表大多数"(这是我看的网上某仲裁机构写的一篇会议报道)。其实,什么是"国情"?如果"国情"就是行政仲裁。那么,这套东西是从苏联"引进"的,不是"本土"的,连俄罗斯自己都抛弃了,我国也在改。怎么能以此为由否定民间化呢?什么叫"离开党和政府领导"?党的十六大报告提出"宪法和法律是党的主张和人民意志相统一的体现。必须严格依法办事,任何组织和个人都不允许有超越宪法和法律的特权。"法律是党的方针、政策的条文化、具体化,坚持执行仲裁法,就是坚持党的领导。走民间化的路正是实践党的十七大报告提出的"政企分开、政资分开、政事分开、政府与中介组织分开"的具体体现。按照仲裁法精神和事业单位改革分类标准,仲裁机构应该定为公益性组织中的非营利法人组织。按照国际通例,"非营利"含义为:(1)法人设立不是以营利为目的,而是实现某种公益。(2)法人可以有经营性收入,但其剩余收入不能作为利润在成员间进行分配。(3)法人的资产不得以任何形式转变为私人资产。政府给仲裁机构拨款,目的是满足社会对仲裁的需求而不是投资盈利。政府或其他社会组织、个人对仲裁机构的投入不属于投资行为,不存在"分红"问题。仲裁机构也不得以任何形式将机构财产转化为私人财产。民间化与私有化根本不沾边。

其二,联系仲裁机构工作的部门工作重点没有放在与有关部门协调解决影响仲裁发展的普遍性、共性问题，而是多放在仲裁机构内部事务管理上。从1998年开始，联系仲裁机构工作的部门下了几个文件，仲裁委员会领导、5个人以上、两个以上的仲裁机构组团出国要其审批，仲裁机构选聘港澳台地区人士当仲裁员要经其审批，仲裁委员会换届，其成员名单也要报其审批。而且，文件把这些审批行为称为“复核”“研复”，这些用词很有讲究。《行政许可法》出来了，行政许可事项必须是法律规定的事项，所以不用“审批”这个词。而且，“复核”“核准”事项，由将来的仲裁协会去做，仲裁协会没有成立之前，是由联系仲裁机构工作的部门暂时代行。如果直接规定由联系仲裁机构工作的部门履行不符合《行政许可法》规定。依法行政的重要原则是行政机关行使权力要有法律依据，否则是违法。这样规定，表面上是给协会设定的权力，实质上还是由联系仲裁机构工作的部门行使。这与行政机关下文为自己设定权力的做法本质是一样的。另外，仲裁法对协会、对会员的监督范围是有限定的——根据“章程”对仲裁委员会及其组成人员、仲裁员的“违纪”行为进行监督，上述内容突破了法律的规定。而且，协会未成立，联系仲裁机构工作的部门直接下文赋予协会上述权力也不符合法律程序。这些审批行为在发现问题和解决问题上也没有任何实际意义。

其三，联系仲裁机构工作的部门在负责仲裁协会筹建过程中，有将协会筹建成行政性行业管理协会倾向。2001年联系仲裁机构工作的部门搞了一个协会筹建方案，当时方案里规定，对我国境内的仲裁活动进行统一管理，协会会同商会和政府有关部门要对仲裁机构工作进行考核。协会的业务主管机关为法制办。这个方案受到许多专家学者的批评。2006年，联系仲裁机构工作的部门组织起草了协会章程草案。规定协会的职责是“负责仲裁行业的统一管理”。联系仲裁机构工作的部门组织仲裁法修改草案中，也修改了仲裁协会职能，规定协会“负责行业统一管理”。尽管章程草案和仲裁法修改草案没有明确协会“负责行业统一管理”的具体内容，但从其过去颁发的文件和准备颁发的文件（2004年年初，法制办协调司还草拟了一个关于加强仲裁委员会财务管理的通知草稿，准备与有关部门会签。该通知里面规定“仲裁员、仲裁委员会组成人员的报酬，在仲裁委员会收取的案件受理费所占的比例和外籍仲裁员的报酬标准,及事业支出范围和标准的调整”等事项,由“未来中国仲裁协会”“具体确定”)看,统一管理的内容,还是集中在涉及仲裁机构自主权的微观管理。这种指导思想不仅违反仲裁法,也违背了党中央提出的“加快推进政企分开、政资分开、政事分开、政府与中介组织分开”,“减少和规范行政审批,减少政府对微观经济运行的干预”精神。而且,将行业管理的权力集中在一个机构,不利于“防止政府有关部门、处室和个人权力、利益通过法律和法规合法化,形成寻租腐败、阻碍经济发展和降低经济效率的条件和体制”,不符合“分权和放权”建立“适应社会主义市场经济的权力合理配置”[1]政治体制改革方向。

其四,对深化仲裁机构体制改革的工作指导存在问题。2006 年 7 月中央编办推出了《关于事业单位分类及相关改革的试点方案》(征求意见稿),选择浙江、山西和重庆三省市作为试点地。由于事业单位五花八门(有行政机关、企业,也有公益性组织等),出台任何相关政策,都会顾此失彼。所以中央决定事业单位改革先从事业单位分类开始。首先按不同性质划分事业单位:共分行政性事业性的单位(经法律授权行使某项政府职能但编制属事业的单位,如城管大队、卫生防疫站等)、公益性的组织(如医院、学校、福利院),还有企业型(有实际研发生产能力的科研所、设计院)三大类。行政性事业单位并入行政机关或按行政机关管理(公务员管理体制)。如果是企业型的转为企业。如果是公益性组织进一步细分,分为能够实现市场配置资源,部分实现市场配置资源和不能实现市场配置资源(如福利院等)。能够实现市场配置资源,通过服务有收入的,国家将按照“脱钩、分类、放权、搞活”的路子,“改变用管理党政机关工作人员的办法管理事业单位人员的做法,逐步取消事业单位的行政级别,不再按行政级别确定事业单位人员的待遇”,[2]促使其转变机制,提供优质高效服务,满足社会需求。不能实行市场资源配置的公益型组织,国家财政给予资助。仲裁法实施初期,因国务院办公厅文件规定政府“参照”事业单位解决仲裁机构经费编制等问题,因此,仲裁机构绝大部分定为“事业单位”。因为现行体制下,各

〔1〕“中国政治体制改革研究”课题组、周天勇、吴辉:《建设一个民主和法治的现代化国家》,载《经济研究参考》2007 年第 31 期。

〔2〕见中共中央组织部、国家人事部《关于加快推进事业单位人事制度改革的意见》。

项政策要对号(性质)入座,没有"参照"系列,是什么性质,就什么性质,"参照"实际就是"按照"。随着事业单位改革的深化,这些作为事业单位的仲裁机构性质也要进一步行分类改革,如果将仲裁机构定为行政性事业单位,则将来并入行政机关或作为行政机构实行机关化管理,如果定为公益性组织,则按照有关政策转变机制,财政视情况给予必要补贴,机构逐步自收自支。

按仲裁法,仲裁机构是民间性服务组织,如果按事业单位分类改革要求,现阶段定为公益性组织比较适当。仲裁法实施初期,大家对仲裁机构的民间性质没什么争议。开始时,很多地方没有组建机构,还在那里观望,是担心机构成立后经济不能自立时有人员安置问题。机关干部也不愿意去仲裁机构。后来,有的地方将仲裁机构定为行政性事业单位,工作人员按公务员管理,财政全额拨款,行政机关控制仲裁机构的人、财、物;有的地方干脆是"一套人马,两块牌子",日子过得挺美。在这种"榜样"的示范下,大家纷纷成立仲裁机构,即便2004年12月16日法制办下文要求"暂缓重新组建仲裁机构",还是有20多个地方组建了新的仲裁机构。其实很多地方清楚仲裁法规定是"可以"而不是"必须"设立仲裁机构;但成立一个机构就有相应的利益在其中。至于成立后,有没有案源,能否经济自立就不去考虑。这类仲裁机构越多,要求将仲裁机构变为行政机关或行政机构的呼声越高。渐渐地,本来很清楚的仲裁机构性质问题搞得含混不清,一些似是而非的提法大行其道。什么"民间化贵族俱乐部,呼吁民间化是为了瓜分国有资产","民间机构,就是伙个体户",是"拿当事人的钱养活的一帮人",人们信不过,民间化就是脱离党的领导,"人财物行政化不等于行政干预,不等于不能公正办案"。还有人以仲裁法没有"民间化"字样否认仲裁法关于"突出仲裁机构的民间性,保障仲裁机构的独立与公正"[1]的基本原则。在一些仲裁机构领导层中对仲裁机构民间化抱有很大抵触情绪,以致谁要是提出"民间化",就会受到攻击和谩骂。同学们不妨到中国仲裁网看看,凡涉及民间化的文章、会议通知、报道,都会有跟帖指责、谩骂的。有的帖子里指责民间化是"放着光明大道不走,偏往荆棘里钻",反映出其"官贵民贱"的封建意识,

---

〔1〕 全国人大常委会法制委员会:《中华人民共和国仲裁法法律释评》,法律出版社1997年版,第6页。

当然,写帖子支持民间化的人也很多,反映了民间的呼声和正义力量。

2007年5月中旬联系仲裁机构工作的部门某负责人委托我与成都仲裁委一位副秘书长起草仲裁机构民间化改革方案。我们北仲立即组织力量并与清华大学合作以调查问卷形式了解全国仲裁机构情况和改革意愿。7月中旬,我们根据问卷反馈情况,起草了《关于深化仲裁机构体制改革试点方案》及其说明(http://www.bjac.org.cn/garden_plot/070731a.htm),并召开由部分仲裁机构、专家、学者参加的座谈会对方案进行研讨,最后根据研讨的意见对方案进行了修改完善。该方案提出了仲裁机构民间化改革的指导思想和基本要求,改革的依据、基本内容、方法、步骤。方案针对仲裁机构反映强烈,且调查问卷反映最多的制约仲裁事业发展的"瓶颈"问题,如"收支两条线"问题,行政机关领导在仲裁委员会办事机构兼职问题,行政部门对仲裁机构的行政干预问题,以及仲裁机构独立后如何建立有效的激励制约机制等问题,提出了具体的措施和办法。我们于7月下旬将方案和说明报送联系仲裁机构工作的部门,并在北仲网站(www.bjac.org.cn)和中国仲裁网站公布出来广泛征求意见。方案公布后广受好评,一些仲裁机构的同志私下对我讲,他们看了这个方案感到很受鼓舞,说再不改革,他们就真的"寒心"了。还有一些仲裁机构不断询问,希望方案尽早付诸实施。然而方案自7月底上报联系仲裁机构工作的部门后,就如泥牛入海,无消息了。

10月31日,联系仲裁机构工作的部门在珠海市召开了由51个设区的市的仲裁委领导参加的"全国其他设区的市仲裁发展工作座谈会",讨论了部分仲裁机构根据法制办协调司主管仲裁工作负责人意见起草的《关于其他设区的市仲裁机构发展工作方案》(讨论稿)。该方案认为"参照公务员法管理的体制最适合设区的市的仲裁机构的发展"。要各仲裁机构要"尽快反映到当地党委、政府,并争取支持,使该问题尽快得到解决"。该负责人对此给予高度评价,认为这是"仲裁工作的战略重心确定在了大多数,从这个意义上说,对这次会议取得的成果,无论怎么估计都不过分"(这个方案和讲话在北仲的网站和中国仲裁网站上可以看到,同学们不妨与北仲和成都仲裁委所做的方案和说明进行比较)。这种做法十分欠妥。

第一,仲裁法明确规定仲裁委员会“独立于行政机关,与行政机关没有隶属关系”。而所谓“参照公务员管理的体制”,就是“按照”,“参照”是托词,实行公务员管理体制是核心。实行公务员管理就是实行行政机关、行政机构管理。前提是将仲裁机构定性为行政机构。按照《国家公务员暂行条例》,纳入公务员管理(“参照”就是纳入公务员管理),必须满足三个条件:行使国家行政职能;由财政全额拨款;实行职级工资制。对仲裁机构实行这样的体制,等于恢复了旧行政仲裁体制下行政机关、行政机构的身份,直接违反仲裁法规定。

第二,胡锦涛总书记“十七大”报告明确提出“政企分开、政资分开、政事分开、政府与中介组织分开”。其中,政事分开、政府与中介组织分开,不仅是组织上的分离,还有职能上的转变。仲裁机构实行公务员管理,等于将仲裁组织提供的服务行为转化为政府职能,违背了仲裁的基本性质和规律,加重了政府的负担和政治风险,阻碍政府职能转变和行政体制改革,违背了“十七大”报告精神。

第三,这种做法增加、强化了那些制约仲裁机构发展的“瓶颈”问题,并使之长期固定下来。除了“收支两条线”等老问题外,在这种体制下,仲裁机构的负责人都是行政官员,在任职期内不求有功,但求无过,缺乏内在的动力提高仲裁服务质量和绩效,机构工作人员的积极性受到抑制,机构缺乏生机与活力。不仅原来发展差的机构好不了,好的机构也会变差。原来的国有企业就是因为这种体制实行不下去,才要“转制”改革,殷鉴不远,难道还要重蹈覆辙。这种体制强化了仲裁机构的行政色彩,损害中国仲裁的公信力和国际竞争力。

第四,这会加重财政负担。根据《中国统计年鉴》(2005)统计,我国行政管理费用从1978年的49亿元上涨到2004年的4060亿元,增长了近82倍。根据中国社科院财贸所财政研究室主任杨之刚的测算,中国的宏观税负不会低于27%~28%,这已经是一个中等高收入国家的税负水平了。采用“公务员管理体制”,助长仲裁机构对行政的过度依赖思想,刺激更多的地方“没有条件也要上”,造成“吃皇粮机构和人员的膨胀”,加重社会负担,受益的是少数人,损害大多数人。

第五,将仲裁机构列入公务机构序列,直接危及仲裁机构的独立性,导致其公正性与公信力遭受质疑,无法立足于国际仲裁市场。进而阻碍中国当事人在涉外经济纠纷解决过程中获得公平对待的权利和机会。

如果说参照公务员管理体制只是过渡措施,权宜之计,方向还是民间化。那么,为什么"公益组织"的管理体制不参照,而要参照"公务员管理的体制"?这是"走什么路,举什么旗"的方向性问题。尽管提法上与时俱进不断变化,但在方向上从来都是一致的——大力推行行政仲裁。这说明推行者协调司的思维已经固化,利益明显偏向一边。

人们常说起改革的"路径依赖"问题。所谓"路径依赖",是指制度变迁一旦在自我增强机制下选择了一条路径,它就会沿着这条路径走下去,也就是说,一次或偶然的机会会导致一种解决方法,而一旦这种方法流行起来,它会导致这种方法进入一定的轨迹。实践中,人们看到的"路径依赖"现象会产生正反两个截然不同的效果,如果初始选择了正确路径,制度变迁就会在自我增强机制的作用下,沿着初始选择的正确路径,进入环环相扣、互为因果、互相促进的良性循环中,不断优化;如果初始选择了"回头留恋张望"式的错误路径,那就意味着,制度变迁总是摆脱不了旧体制的惯性约束,从而使"路径依赖"成为制度变迁的障碍。人们常说的"路径依赖"主要是指这后一种情况。因为,在制度变迁过程中,人们往往会情不自禁地"回头留恋张望"。仲裁体制改革是从旧体制下变迁过来的,我们必须对那种"回头留恋张望"式的"路径依赖",保持高度警惕。鉴于"全国设区的市仲裁机构占了我国仲裁机构的四分之三还要多",鉴于这些机构如何发展"关系到中国仲裁事业的前途和命运",鉴于我们正处在事业单位分类改革即将全面启动的微妙时机,一旦仲裁机构选择了错误的"路径",其严重后果怎么估计都不会过高。

既然"设区的市仲裁机构占了我国仲裁机构的四分之三还要多",既然研究设区的市仲裁机构的发展方案涉及"举什么旗,走什么路的",且"关系到中国仲裁事业的前途和命运",作为联系仲裁机构工作的部门业务部门负责人应按照"信息透明,政务公开"原则,先将方案公开,广泛征求仲裁界意见,充分听取各方意见。北仲与成都仲裁委员会提交的《深化仲裁机构体制改革试点方案》(讨论稿),就是经过深入研究,充分探讨,并公布在网上(同时我们还向反馈问卷或对方案表示兴趣的近百家机构寄送了方案和说明），广泛征求意见的。而且，既然这位负责人确信，这个方案是在贯彻仲裁法和党中央精神，那就不但有必要公布这个方案（讨论稿），还有必要就这个方案的法律和政策依据，方案的基本内容和目的向大家进行说明，以便大家了解行政机关的真实想法和制定背景意图，经过充分探讨达成共识，保障政策制定符合法律和实际，保障政策的顺利实施。这样过早地表态，这样急急忙忙拟以国务院法制办名义行文，在程序上很不妥当。

以上是仲裁工作中存在的一些问题，但现在也是中国仲裁发展的最好时机。一是发展的机会多，现在中国的经济发展的确是让世界瞩目，中国企业很多都做到国际上了，很多的国际外商都看好中国，这是一个很大的仲裁市场，谁都希望打进中国市场，包括国外的仲裁员，他很希望和中国的仲裁机构合作。这几年，以中国仲裁为主题的国际研讨会很多，而且都邀请国内的仲裁机构去参加。现在处于经济转轨，经济迅速发展的时候，纠纷确实很多，仲裁也有社会需求。二是随着事业单位改革和行政体制改革的不断深化，也会给仲裁机构民间化发展提供更为宽松的环境。因为大家越来越清楚地看到倒退是没有出路的。三是仲裁法实施十多年，仲裁民间化理念日益深入人心，仲裁机构按照仲裁法要求做的，事业发展健康稳定。如果政策对头，机构的激励约束机制健全，仲裁人才不断涌现，仲裁事业发展会越来越好，出现繁荣发展的新局面。越来越多的仲裁机构包括广大仲裁机构工作人员、仲裁员希望走民间化之路。搞行政仲裁不得人心。

所以说，仲裁机构工作做好了，不应是入不敷出，难以为继。现在很多是工作没做好，没有真正地按照仲裁法的规定去做，按照国际通行的惯例去做。照着做，就会获得很多的机会，有很好的前景。已有一些仲裁机构的成功实践证明了这点。北仲是其中之一。有人说北仲在北京，有各种资源优势，外地没法比。确实，北仲有些条件外地是没法比的。但是，这不是主要的，制度的实施不以这些优势为前提，而是理念问题。北仲从成立的时候就给自己定了几个目标。第一个目标，北仲应该是贯彻仲裁法精神最彻底的仲裁机构。一些人认为国际仲裁那套制度、做法不符合国情，认为仲裁机构民间化不可行。确实中国长期的封建传统意识中官贵民贱,官的地位是非常高的,有"官衣"和没"官衣"的人地位是不同的。在一些仲裁机构领导心中对民间组织的歧视根深蒂固。北仲是想用自己的实践证明仲裁法规定的民间化方向不仅符合国情,而且能获得成功。第二个目标,北仲要成为最公正、廉洁、高效的仲裁机构,这是仲裁的生命,如果做不到,北仲就无法生存,因为我们没有财政拨款,只能靠服务赢得市场,靠公正、高效获得生存发展。第三个目标,北仲应该是一个管理最现代的仲裁机构。我们主要是从以下几个方面开展工作:

坚持民间化发展方向。仲裁委员会的成员中,坚持专家学者占2/3以上。2007年9月20日我们完成仲裁委员会换届工作。第五届仲裁委员会是15名委员。其中专家学者有8个,都是各自领域的知名专家:主任江平教授,副主任王利明教授和吴志攀教授,委员里有梁慧星教授、张维迎教授、周天勇教授、世行在中国的首席顾问张春霖先生。这是一个群星灿烂的群体,每位专家星光四射。除此之外,还有市法制办、贸促会北京分会、市商会、法院的。北仲办事机构工作人员实行聘任制。北仲的章程规定,主任和工作人员不做仲裁员,副主任和委员必须由当事人双方选定才能做仲裁员。仲裁员不能做代理人。这也是有中国特色的规定。国外仲裁员可以做代理人。因为国外仲裁员名册不是强制的,不是当事人只能从名册里选仲裁员。当事人选择的范围大。而我们只能从名册里选,仲裁员经常开会,彼此熟悉。容易出现仲裁员互相指定的问题,今天我指定你,明天你指定我,久而久之形成利益群体。另外,仲裁员当代理人也会出现角色混同,影响仲裁员的公共形象。北仲在国内最早实行仲裁员披露制度,仲裁员在接受案件的时候,要披露可能引起别人怀疑其公正的情况。北仲设置了功能强大的仲裁员查询系统。当事人可以从系统中查出仲裁员的教育、专业背景、办案数量、类型以及培训情况等。有一个美国律所的律师来看了这个系统,说你们这个系统真了不起,对当事人来讲十分宝贵。因为,在国际仲裁中,当事人选择仲裁员了解其背景是非常困难的事。可能找一些有合作关系的律所去了解,而律所也是要托人,有些仲裁员的信息律所也不往外透露。但是到北仲可以方便查到仲裁员的信息。而且,国外的仲裁机构按名单指定仲裁员是单独收费的。

我们搞了一套仲裁系统管理软件,所有的案件从立案到结案全过程各个环节的信息直到最后的裁决书都可以通过系统软件管理,时间快,透明度高。在哪个中间环节出现问题,在计算机上能够反映出来。下一步,我们还想做得更细一点。另外,北仲仲裁员的报酬,报酬支付的透明度也是比较高的。

2007 年北仲修改了仲裁规则,规定国际商事仲裁案件的当事人可以在名册外选择仲裁员,同时我们还搞了仲裁员的专业培训和考核制度。申请做北仲仲裁员,要参加北仲与清华大学组织的业务培训班,还要考核包括模拟法庭的考试。除此之外,我们每个月都有仲裁员沙龙活动。明年我们打算邀请他们美国 Pepperdine 大学 Straus 争议解决研究所做调解和仲裁工程 DAB 方面培训。2007 年 5 月我去参加他们一个会的时候,听了他一天的课,他们教课的人是培训师,完全是启发式的,鼓励学员彼此沟通、交流,有一些技巧非常不错。培训老师的教学就像电视中的脱口秀,非常有激情,讲得非常好。英国还有一个商业调解中心(Centre for Effective Dispute Resolution,有效争议解决中心),也很有经验,他们的调解员都是经过严格培训的资深法官、律师、行业专家,很有水平和经验。做了很多成功的调解案件。有一个非常复杂的、涉及多方当事人的 4 亿美元的争议(据测算如果仲裁,费用需要 1200 万美元),结果两个调解员用两天就调解成功了。还有一个诉讼进行了 4 年,也是后改用调解,很快就解决了。调解工作做好了,会给当事人带来更多的机会和利益。我对美国调解机制的了解从 2002 年开始。那年我去参加了一个美国关于调解的会议,会上一个调解员介绍美国司法部起诉微软垄断的争议(有 19 个州提出这种起诉),多是通过调解解决的。这给我留下深刻印象。北仲也开始考虑探索调解解决争议机制问题,2007 年 9 月,仲裁委员会通过了一个新的调解的规则,2008 年 4 月开始生效。新调解规则特点是,一是调解不受协议限制,即使没有协议,只要双方同意调解就可以。二是调解员的收费和行政费用是分开的,调解员收费按标的收也行,愿意按小时收也行,按天收也行,北仲不做限制。调解员调解不是凭权力,完全凭本事,当事人对调解员的要求自然也很高。三是调解成功以后,双方需要该调解协议具有法律上强制执行力,可签订仲裁条款,通过一个简易仲裁程序得到根据调解协议制作的调解书或裁决书。四是调解员的名册实行推荐制。当事人可以从名册中选,也可以从名册外选调解员。北仲搞调解规则,也是想推动多元化解决争议机制在中国的发展。

北仲共有两个国际会议室15个仲裁庭,都配有远程电话会议设施,有四个庭和两个会议室有同传设备。上个月,我们和美国Pepperdine大学搞了一次远程联网调解研讨会,效果很好,传输的图像、声音清晰度很高,大家听得很清楚,网络速度快,图像不失真。Pepperdine大学也非常高兴,还想继续搞这种会议。第二天当地一家报纸发表一篇文章,说中国引入独立调解,介绍了北仲及会议情况。北仲应该成为一个平台——为国内培养仲裁、调解的高级人才的平台。北仲每个月至少有一次仲裁员沙龙活动。今天是杨良宜讲,以前还请过最高人民法院领导讲,有时也请一些国外的专家、资深仲裁员、调解员讲。下个月有一个沙龙是一个著名外国律师事务所的资深律师来讲国际工程仲裁。我们会及时在北仲的网上发消息,只要不是专门针对仲裁员的,学生、老师、律师均可自由参加,活动完全免费,欢迎同学们去听。

北仲办事机构在不断深化体制改革。办事机构进人是公开招聘的,前两年每年招聘,报名的1700人左右,都是研究生、博士生,有的还是海外留学回来的。工作人员实行一年一聘,并实行岗位年限制,保持人才流动性,秘书要是表现好,8年出去后可以做仲裁员。

北仲下一步改革:加强仲裁委员会决策的作用和对仲裁委员会办公室的监督作用;加强仲裁员对委员会的监督作用。这次委员会换届,纪律委员会从原来的5个人增加到9个人,其中,仲裁员增加了5个人,共7个人,增大仲裁员的数量,鼓励仲裁员更多参与仲裁委员会的公共事务管理。从2007年北仲开始向仲裁员公布账目,收支情况,仲裁员报酬占支出比例。为了防止机构腐败,首先要提高财务管理的透明度,每一个支出项目都说清楚,避免“暗箱操作”。在审核重大支出项目上,要有集体讨论机制。防止出现“钱向个人腰包涌动”的情况。实际上,民间化是为了保证仲裁机构的独立。但仲裁机构独立不等于不要监督和没有监督,而是要提高监督的效果,通过建立机构内在的制约机制来解决。主要是健全法人治理结构,加强委员会和仲裁员对办事机构的监督。这次新一届仲裁委员会之所以请了经济学领域里专门研究国企改革的三大名家(张维迎、周天勇、张春霖三位教授),因为他们在这方面比较有经验,请他们出主意想办法,把下一步改革做得更好。

另外,北仲积极开展对外的宣传和交流工作。现在北仲外文网站有英文、日文和韩文,我们还想做俄文和法文网站,我们将年度及换届报告,仲裁体制改革文章,都放在网上。我们还想开辟一个关于民间化改革的栏目,引起大家对这个问题的关注和讨论。王军教授说在经贸大的网站上可以给我一个专栏,我打算把我这些年来的文章、心得放在上面,供大家了解北仲的发展之路。

我今天介绍具体就这么多,谢谢大家。

提问:谢谢王老师今天给我们演讲,我有一个问题。您刚才讲北京仲裁委员会改革的成效也非常明显,北仲是怎么处理和行政机关的关系的?

王红松:这个问题问得很到位。很多人都问,北仲为什么会成为现在这个样子?这有历史的必然,也有很多的偶然性。

首先是市政府的干部素质很高,特别是市政府的法制干部素质很高,很大气,有法律意识,市法制办的领导是学法出身的,大家都认为仲裁机构民间化是法律规定的,就应该依法办,政府对仲裁的最大支持就是不干预。上次我们换届的时候,主管工作的吉林副市长来颁发聘书。他对仲裁这套机制很欣赏,对委员会的专家、学者很尊重。北京市的领导干部有这样的法律意识和依法办事的风气。吉林常务副市长也是学法律出身的,是法学硕士。我觉得北京仲裁人文的底蕴是比较深厚的。我们召开仲裁法实施十周年纪念会议的时候,贺卫方教授也去了,他对北京市政府、仲裁机构领导这种法律理念、意识也很感兴趣。

提问:王秘书长您好,您讲我国的仲裁机构主要目标是从行政性向民间组织性的转变,美国从一开始来讲就是土生土长的民间性。我们的仲裁机构改革是不是有一个非常明确的方向,比如说就是像美国的这种比较完善的仲裁体制去发展,还是我们做一个比较大的综合,像日本、法国等各个国家去汲取精华?

王红松:我们国家对各国仲裁机构的体制研究、管理模式的研究的资料也比较少。据我们了解市场经济国家,政府的职能小,政府不是把什么事都包下来。而且,政府的预算很紧的。美国的仲裁机构,分有营利性的、非营利性的。各州的做法不尽相同。美国加州是通过立法,从法院收取的诉讼费中拿一部分钱,给仲裁。政府相当于出纳,给机构总额多少由法律定,政府只负责拨款。拨款是招投标形式,你这个非营利组织做的案件多,就把这个钱补给你,机构也得自己去筹一部分款。法国一开始也是成立了200多个仲裁机构,后来竞争来竞争去就剩这么几家。巴黎国际商会仲裁院是设在国际商会里面的,还有的设在行业协会里。新加坡国际仲裁中心,政府也给予一定的资助,但是中心运作是非常独立的,包括在香港地区也是这样,中心设有董事会,采取专家治理模式。中国从仲裁立法时,立法者也考察过主要一些国家仲裁机构治理情况,他们认为中国仲裁机构未来也得采取这些机构的模式。但是太具体的,他们也没有想那么多。他们觉得这些应该由国务院有关部门在具体的执法中去落实,执行是行政机关的事,立法是立法机关的事。在立法上,我没有错,该定的原则都定了。但是就没想到实践中的阻力这么大,下面"变通"的情形这么多。我觉得历史就是这样,在一个关键岗位的人可以成就一项事业,也可以毁掉一项事业。

仲裁机构:行政化还是民间化*

(2008 -1 -30)

仲裁是指争议双方当事人通过协议自愿将争议提交民间第三者(双方选择的专业人士或者仲裁机构)进行审理和裁断,并可由法院强制执行其裁决的一种争议解决机制。我国1995年9月1日实施的《仲裁法》借鉴国际惯例,确认了仲裁的民间性,将仲裁机构定位为独立于政府系统之外的民间性社会组织,规定其“独立于行政机关,与行政机关没有隶属关系”,促使仲裁机构与行政机关脱钩,摆脱行政干预;为限制仲裁委员会组成人员中官员的数量,仲裁法规定“仲裁委员会的组成人员中,法律、经济贸易专家不得少于三分之二”——官员不得超过1/3。国务院组建仲裁机构的文件规定,仲裁委员会设立初期,所在地政府应当“参照有关事业单位的规定,解决其人员编制、经费”,仲裁机构“应当逐步做到自收自支”。因此,仲裁机构能否与行政机关脱钩,独立于政府系统之外,成为自主管理,自主发展的民间组织(仲裁机构民间化),是检验《仲裁法》是否贯彻实施,我国旧行政仲裁制度是否成功转为现代商事仲裁制度的重要标尺。

---

* 载《学习时报》2008年1月版。

一、仲裁机构法人定位行政化的认识误区

仲裁机构法人定位是指确定仲裁机构的法人类型。我国国内仲裁制度在20世纪80年代仿照苏联行政仲裁模式建立，在实行过程中逐渐显现出体制上的弊端，主要是仲裁机构隶属于行政机关，仲裁机构领导、仲裁员由行政机关领导和工作人员担任，仲裁权与行政权交叉、混淆，违反了仲裁民间性的本质特征，仲裁受到行政干预，缺失独立性和公正性，难以为社会公众所信赖，在市场经济条件下不能发挥其应有作用。

《仲裁法》实施12年来，仲裁的行政性不仅没有得到根本扭转，反而在近年来有日益强化的趋势。其主要表现在：其一，多数仲裁委员会组成人员中官员比例过大，超过"三分之二"，相当多的仲裁委员会办事机构（以下简称仲裁办事机构）领导由行政机关领导担任，有的仲裁机构是"一套人马，两块牌子"，即行政部门与仲裁机构合署办公，行政部门干部到仲裁办事机构中轮流任职。其二，绝大多数仲裁机构在财务管理上实行行政模式——"收支两条线"制度，其独立性、民间性无法保障，缺乏自我发展的动力与活力。其三，多数仲裁机构需靠财政维持，没有做到"自收自支"。其四，仲裁机构对仲裁的民间性问题的认识存在误区，一些反对仲裁民间性的说法、强化仲裁行政色彩的做法大行其道，损害了仲裁的信誉。

二、仲裁机构定位行政化源于立法不明确

我国《仲裁法》规定仲裁机构"独立于行政机关，与行政机关没有隶属关系"，只明确了仲裁机关不是行政机关，但没有明确仲裁机构是什么类型的法人组织。而在1987年施行的《民法通则》，把所有性质、功能、组织形式、资金来源及投入程度千差万别的事业单位确定为同一种类型的事业单位法人，与行政单位、企业单位和社团类法人并列，成为我国民商法上四大法人类别之一。

于是，在民法通则未修改，事业单位分类改革尚未启动之前，国务院关于组建仲裁机构的文件只能规定，仲裁机构"参照有关事业单位的规定"解决"人员编制、经费问题"，这是"不得已而为之"的权宜之策。由于这种法人定位的不明

确,各地在组建仲裁机构时只能根据自己对仲裁和仲裁机构性质的理解确定仲裁机构的法人类型。有的认为仲裁具有“准司法”性质,将仲裁机构定位为“行政机关”;有的认为仲裁具有“公共管理职能”,将仲裁机构定位为“行政性事业单位”,“参照公务员法”管理;有的根据对国务院文件“参照”“事业单位”规定的理解,将仲裁机构定位为“全民所有制事业单位”。这其中又有全额拨款、差额拨款之分,在差额拨款中又有明确要求机构实行“自收自支”和未要求实行“自收自支”之分。随着事业单位体制改革的进行,在实行“自收自支”的仲裁机构中又分化出实行“收支两条线”管理的事业单位和实行“事业单位企业化管理”(通过纳税获得更大自主权)的事业单位。

三、仲裁机构法人定位应坚持民间化和公益化

2007 年 7 月,中央机构编制委员会办公室制定的《关于事业单位分类及相关改革的试点方案(征求意见稿)》已经国务院批准。全国事业单位分类改革已拉开序幕,这是深化仲裁体制改革的历史机遇。笔者认为,在事业单位分类改革中,确定仲裁机构的法人性质:一要体现仲裁机构公益性、非营利性、独立性、民间性(非政府性)的基本特征,促进仲裁机构向民间组织转型,保障仲裁的独立和公正;二要有利于促进“政事分开、政府与市场中介组织分开,规范行政行为”,促进政府转变职能;三要有利于仲裁机构自我约束、自我激励机制,为仲裁发展注入新的生机与活力。

我国仲裁机构的法人定位问题*

(2008-2-19)

我国1994年仲裁法制定的主要立法目的之一,就是要我国的仲裁制度由行政性仲裁制度改革为国际通行的商事仲裁制度,适应改革开放和市场经济发展需要。为此,仲裁法明确规定,仲裁机构"独立于行政机关,与行政机关没有隶属关系","仲裁委员会的组成人员中,法律、经济贸易专家不得少于三分之二",原行政性仲裁机构"自仲裁法实施起届满一年时终止"等,从而确认了仲裁的民间性质,将仲裁机构定位为独立于行政机关之外的民间性仲裁服务组织。

仲裁法实施12年来,仲裁工作实际情况与仲裁法的立法宗旨差距很大,主要问题是仲裁的行政性没有得到根本扭转。近年来,有的部门、地方甚至不顾法律和党中央行政体制改革的相关规定,恢复或者变相恢复行政性仲裁。其主要原因:一是事业单位体制改革比较滞后,仲裁法确立的仲裁机构民间化原则与现行管理体制相冲突,法律原则无法落实。二是相关法律法规不配套。三是

* 当前,中国仲裁面临着空前机遇和严峻挑战。其中存在的诸多问题,需要进一步加以厘清,尤其是事关中国仲裁发展方向的一些关键性问题,必须要进行深入研究,以消除认识误区,统一思想,在仲裁体制改革中克服各种阻力,坚持正确、纠正错误,从而使中国仲裁事业走上健康发展之路。本文所关注的问题正在于此。——编者注

在联系、协调仲裁工作方面,一些错误理论、思想和做法未能得到及时有效的制止,以致不断蔓延、愈演愈烈。一些行政部门借"牵头组建"之机,将仲裁机构变为自己的"隶属"单位,有的甚至从中获取不当利益,导致问题丛生。四是多数仲裁委员会及其办事机构的领导由负责组建的行政机关领导兼任,其中一些人既缺乏法律专业知识、仲裁理念,又缺乏管理能力,依赖于政府,习惯于"等、靠、要"。五是一些地方不顾实际情况,盲目建立仲裁机构(全国仲裁机构已超过190家),导致案源不足,经费和人才匮乏,必须靠财政拨款来维持。

党的十七大报告提出的"加快推进政企分开、政资分开、政事分开、政府与市场中介组织分开",为行政体制改革指明方向。具体到仲裁体制改革,首先要抓住其核心的、关键性的问题,就是以促进仲裁机构民间化为核心,切实解决仲裁机构法人定位、仲裁机构财务管理制度和仲裁管理人才队伍建设三大问题。其中,明确仲裁机构的法人定位又是解决其他两个问题的基础和前提,本文谨就此从以下三个方面予以阐明。

一、我国仲裁机构法人定位的现状

仲裁机构法人定位,是指确定仲裁机构的法人类型。仲裁法规定仲裁机构"独立于行政机关,与行政机关没有隶属关系",只明确了仲裁机构不是行政机关、行政机构,但没有明确其法人组织的类型。这并非立法者的疏忽,而是囿于当时的历史条件。

我国民商法确定的法人类型中缺乏与仲裁机构相适应的种类。"国际上设立仲裁机构的模式多种多样。从英美法系和大陆法系两大法系的模式来看,英美法系主要采取有限担保公司的形式,而大陆法系则多为注册的社团法人,或为商会下设的仲裁机构"。[1] 但无论何种模式,仲裁机构的公益性、非营利性、独立性、民间性(非政府性)是其共有特征。而我国民法通则"把所有在性质、功能、组织形式、资金来源及投入程度千差万别的事业单位确定为同一种类型的事业单位法人"。曾有学者批评这种法人分类"与市场经济所要求的法人多样

〔1〕 林一飞:《再论中国仲裁机构改革》,载中国仲裁网:http://www.china - arbitration.com/news.php? id=991,最后访问日期:2010年7月30日。

性格格不入","把国有的公益性服务业与政府机构、企业公司,甚至社会团体等社会和经济组织混淆到一起","致使政府在制订任何一项针对事业单位的管理政策时都显得头绪纷繁,顾此失彼"。[1] 但是,由于民法通则未修改,事业单位分类改革尚未启动,国务院组建仲裁机构的文件只能规定仲裁机构"参照有关事业单位的规定"解决"人员编制、经费问题",这是"不得已而为之"的权宜之策。

由于仲裁机构法人定位上的缺陷,各地在组建仲裁机构时根据自己对仲裁和仲裁机构性质的理解确定其法人类型。2007 年 5 月,北京仲裁委员会曾就仲裁机构性质问题向全国 180 多家仲裁机构进行问卷调查,有 80 家仲裁机构反馈了问卷。调查结果显示,在仲裁机构性质问题上,2.5% 选择"行政机关",5% 选择"其他"类别,48.8% 选择"行政性或行政支持类事业单位",30% 选择"公益性或社会公益类事业单位",13.8% 选择"经营性或经营开发服务类事业单位"。这基本上反映出仲裁机构法人定位不统一、不规范的情况。

二、应当按照事业单位改革要求确定仲裁机构法人性质

中央机构编制委员会办公室制定的《关于事业单位分类及相关改革的试点方案(征求意见稿)》(以下简称《方案》)确定的改革思路是:将事业单位分为承担行政职能、从事公益服务和从事生产经营活动三个大类。从事公益服务的又分为三个类别:一是不能或不宜由市场配置资源的,所需经费由同级财政予以保障,不得开展经营活动;二是可部分实现由市场配置资源的,所需经费由财政按照不同方式给予不同程度的投入;三是可实现由市场配置资源的,实行经费自理,财政通过政府购买服务方式给予相应的经费补助,今后这类单位主要由社会力量举办。据此,全国事业单位分类改革已拉开序幕,这是深化仲裁体制改革的历史机遇。

确定仲裁机构的法人性质,应当遵循三项原则:一要体现仲裁机构公益性、非营利性、独立性、民间性(非政府性)的基本特征,保障仲裁的独立和公正;二

[1] 史啸虎:《事业单位改革的法律困境——兼谈重建我国民法体系的必要性》,载中国选举与治理网:http://www.chinaelections.org/Newsinfo.asp? NewsID =98679,最后访问日期:2010 年 7 月 30 日。

要有利于促进“政事分开、政府与市场中介组织分开,规范行政行为”,促进政府转变职能;三要有利于仲裁机构自我约束、自我激励机制,促进事业发展。因此,根据仲裁法相关规定和《方案》的分类标准,仲裁机构应列为“可由市场配置资源的公益性组织”。这样做,一是将仲裁机构与行政性事业单位相区别,促进仲裁机构与行政机关脱钩,解决仲裁中的行政干预、“政事不分”、贪污腐败等问题;二是有利于确定适合仲裁机构发展的税收政策和财务管理制度;三是有利于将仲裁服务与完全由政府提供的公共服务相区别,减轻财政负担。

需要说明的是,按照仲裁法规定,当事人可选择仲裁机构和仲裁员,“市场配置资源”实际上已经在仲裁中发挥着作用;国务院文件关于仲裁机构“应当逐步做到自收自支”的规定,也体现了仲裁由“市场配置资源”的意向和要求。“市场配置资源”并不意味着完全取消对仲裁机构的财政补助,而是要以“自收自支”为主,以财政补助为辅,补助通过政府“购买服务”的方式实现,补助取决于仲裁机构提供服务的质和量,而不是“人员”数量。因此,仲裁机构应把精力放在提高服务质量和效率上,而不是“争取政府支持”上。这既有利于遏制一些地方盲目组建仲裁机构的冲动,治理机构过多、过滥问题,又有利于提高仲裁服务的质量和效率。

三、必须走出仲裁机构法人定位上的误区

目前,多数仲裁机构经费不足,需财政支持,因此,有人主张对这些仲裁机构实行“参照公务员法管理体制”,保证机构的生存和发展,以使仲裁“满足13亿人民需要”。

无论其动机如何,但其在仲裁机构的法人定位上的认识误区显而易见:其一,“参照公务员管理”的必备条件,是该机构必须是法律、法规授权行使国家公共事务管理职能的机构,但仲裁机构根本不具备这一要件;其二,仲裁机构的性质体现我国仲裁制度的性质,是方向性、原则性问题,仲裁机构“参照公务员管理”,等于将仲裁法确立的新的仲裁体制恢复为行政仲裁体制,违反仲裁法、违背党的十六大、十七大确定的行政体制改革精神;其三,仲裁具有当事人自愿选择的特性,因此,仲裁机构设多少、在什么地方设和已经设立的仲裁机构能否生

存,应由当事人的选择、由市场来决定;其四,“参照公务员管理”,等于财政将仲裁机构“包”下来,不仅浪费公共资源,还刺激“吃皇粮”队伍的恶性膨胀。根据《中国统计年鉴》(2005)的统计,我国行政管理费用从1978年的49亿元上涨到2004年的4060亿元,增长了近82倍;有专家撰文认为,如果将预算外收入和制度外收入包括在内,中国的宏观税赋水平在30%~40%,因此必须对“参照公务员管理”的机构严加控制。

当然,解决认识误区不是回避实际问题,而是要吸取历史经验教训,尽可能地降低改革成本。比如,仲裁法实施之初,国家已经为仲裁体制改革付出了巨大成本——有4000多家行政仲裁机构被撤销,2万多名工作人员被重新安置——这种现象再也不能出现了,仲裁制度的改革上不能再推倒重来了!因此,在仲裁机构改革中,既要以未来为目标,又要兼顾历史形成的现状。一方面,不能为了安置人员而选择一个“坏”的制度,让未来为今天的错误选择“买单”;另一方面,政府应对自己的决策负责,不能让仲裁机构的工作人员来承担政府决策失误的后果。比如,对于服从组织决定从行政机关或行政事业单位调入仲裁机构的工作人员,可采用“老人老办法”,本人要求离开仲裁机构的,组织人事部门应予以安置。但行政干部在仲裁办事机构兼职,或者通过非正常渠道进入,或者在改革方案实施后进入仲裁机构的,则当然不在安置之列。

在明确仲裁机构法人定位的基础上,仲裁机构体制改革中的其他两大问题——仲裁机构财务管理制度改革和仲裁管理人才队伍建设也要跟上。前者主要应纠正将仲裁收费作为“行政事业性收费”、进行“收支两条线”预算管理的错误。后者主要应限制仲裁委员会委员中的官员数量,加大专家、学者比例,提高仲裁委员会的决策水平;按照“政事分开”“政会分开”原则,清理整顿行政机关与仲裁机构合署办公和人、财、物不分的现象;仲裁办事机构领导实行直接聘任,或者招标聘任、推选聘任、委任等多种任用形式,引入竞争机制,实现仲裁办事机构领导的专职化、专业化。

加快推进仲裁体制改革

(2008－2－20)

我国的仲裁事业目前所面临的,是能不能抓住新的发展机遇、有没有迎接任何挑战的能力;而外抓发展机遇、内强迎战能力的关键,就在于认真贯彻落实党中央精神,坚决推进仲裁体制改革。党的十七大报告,为包括仲裁在内的我国各项事业的进一步改革开放和永续发展指明了方向,报告明确指出:“改革开放作为一场新的伟大革命,不可能一帆风顺,也不可能一蹴而就。最根本的是,改革开放符合党心民心、顺应时代潮流,方向和道路是完全正确的,成效和功绩不容否定,停顿和倒退没有出路。”作为一名中共党员,笔者以学习党的十七大报告的体会,就加快推进仲裁体制改革的有关问题,谈一些认识和建议。

一、我国《仲裁法》的立法背景和立法宗旨

一个国家的民商事仲裁制度,体现着这个国家社会成员间信赖合作的能力,这种合作能力直接反映着这个国家的竞争力;而信用制度的发达与否,则直接影响着一个国家或者地区的经济发展速度;市场经济的不断发展、市场主体诚信意识的不断增强,又使民商事当事人愿意通过比较平和的、相对私隐的方式去解决民商事纷争。因此,作为独立于行政和司法之外的民商事争议解决机

制,“仲裁”通过调动社会各行业专业人士裁断纠纷、化解矛盾,具有当事人自愿、简便、快捷、经济、保密等特点,所以深受商人的欢迎,也为各国政府所重视。特别是20世纪50年代以后,随着全球经济一体化的加快,《承认和执行外国仲裁裁决公约》(以下简称纽约公约)缔约国的增加(批准和加入这个公约的国家和地区目前已有145个,我国1987年加入该公约)和联合国《国际商事仲裁示范法》的推广,以“民间性”为本质特征的商事仲裁制度在国际上普遍实行,已成为国际经济贸易中解决争议的主要方式。

但是,我国《仲裁法》施行之前的国内仲裁制度,是仿照苏联行政仲裁的模式建立的,仲裁机构隶属于行政机关,仲裁机构领导、仲裁员由行政机关领导和工作人员担任,仲裁权与行政权交叉、混淆,仲裁民间性的本质特征受到侵害,仲裁受行政干预过多而缺失独立性和公正性,因而难以为社会公众所信赖,在市场经济条件下不能发挥其应有作用。

正是在这种国际大环境和党的十一届三中全会以来改革开放的形势发展之下,为了建设和完善我国的现代民商事仲裁制度,不断提升我国仲裁的国际竞争力,使我国的仲裁在市场经济中发挥应有的积极作用,全国人大常委会于1994年8月31日通过了《仲裁法》,该法于1995年9月1日起施行;与此同时,为了保证这部法律的顺利实施,特别是确保我国仲裁由行政性仲裁向民间性仲裁的平稳按时过渡,国务院还就有关问题作出了一系列规定。

《仲裁法》主要立法目的之一,就是要我国的仲裁制度由行政性仲裁改革为民间性仲裁,以适应和服务于我国改革开放以来社会经济发展的需要,并与国际通行的仲裁制度接轨。为此,《仲裁法》明确规定,仲裁机构“独立于行政机关,与行政机关没有隶属关系”,并规定“仲裁委员会的组成人员中,法律、经济贸易专家不得少于三分之二”,原行政性仲裁机构“自仲裁法实施起届满一年时终止”,等等;这些法律规定,以及国务院的相关规定,都明确、具体地确认了仲裁的民间性本质,将仲裁机构明确定位为独立于行政机关之外的民间性社会组织。

二、仲裁法实施中存在的一些问题

《仲裁法》实施12年来,全国截至2006年年底就已成立190家仲裁机构,但仲裁工作实际情况与仲裁法的立法宗旨差距很大,主要问题是仲裁的行政性没有得到根本扭转,近年来有的甚至置法律和中央政府的相关规定于不顾、明目张胆地肆意恢复或者变相恢复行政性仲裁。其主要表现在三个方面:其一,多数仲裁委员会组成人员中官员比例过大,超过"三分之二",相当多的仲裁委员会办事机构(以下简称仲裁办事机构)领导由行政机关领导兼任,有的仲裁机构是"一套人马,两块牌子",即行政部门与仲裁机构合署办公,行政部门干部到仲裁办事机构中轮流兼职;其二,绝大多数仲裁机构在财务管理上实行国家适用于行政事业性单位的"收支两条线"制度,其中不少仲裁机构至今还靠财政养活维持生计而没有图谋发展的任何动力;其三,有些仲裁机构的负责人、主要是在仲裁机构兼职的行政官员,对仲裁的民间性本质的认识存在严重歧义、其中有不少是人为的认识偏差,因而在仲裁的民间性本质认识上造成了人为的认知混乱,一些反对仲裁民间性的说法、强化仲裁行政色彩的做法大行其道,从而影响了《仲裁法》的贯彻实施,损害了我国仲裁的信誉。

造成上述问题的原因是多方面的,但主要有五点:一是机构改革、主要是事业单位机构改革比较滞后,仲裁法确立的仲裁机构民间化原则与现行的具体管理体制相冲突,法律原则无法落实;二是相关法律法规不配套,对仲裁机构的法人性质定位不够明确;三是在联系、协调仲裁工作方面,既有一些错误理论的误导,又缺乏对有关部门行政权力的有效制约,因此有关行政部门借"牵头组建"之机,将仲裁机构设置为自己的"隶属"单位,有的甚至从中获取不当利益,而且因其管理不透明、不规范而导致问题丛生;四是多数仲裁机构在重新组建中,是由负责组建的行政机关领导兼任仲裁机构的领导,而其中一些人既缺乏法律专业背景、仲裁理念、法律专业知识及对民间性法律服务机构的管理能力,又缺乏改革进取的精神和魄力,因此过度依赖于政府而习惯于"等""靠""要";五是一些地方不顾实际情况,盲目建立仲裁机构,使这些机构长期案源不足,经费和人才匮乏,自身难以发展又严重影响全国仲裁事业的整体发展。

三、加快推进仲裁体制改革的三大关键问题

《仲裁法》实施 12 年来,我国的仲裁事业虽然有了很大发展,仲裁制度由行

政性仲裁向民间性仲裁的改革上也迈出了可喜的一步,但改革的难度依然很大,特别是仲裁体制改革近几年来遇到了停步不前甚至倒退的趋势,这是不能容忍的! 改革是党心所向、民心所向,是不可逆转的时代潮流。十七大报告为进一步解决体制改革深层次问题指明了方向,明确地提出,要"加快推进政企分开、政资分开、政事分开、政府与市场中介组织分开"。据此,笔者认为,仲裁体制改革虽然有很多问题急需解决,但只有首先解决其核心的、关键性的问题,其他问题才能够解决好;具体来讲,就是必须以促进仲裁机构民间化为核心,切实解决制约仲裁事业发展的仲裁机构法人定位、仲裁机构财务管理制度和仲裁管理人才队伍建设三大关键问题。

(一)关于仲裁机构的法人定位

1. 我国仲裁机构法人定位的现状。

仲裁机构法人定位,是指确定仲裁机构的法人类型。仲裁法规定仲裁机构"独立于行政机关,与行政机关没有隶属关系",只明确了仲裁机不是行政机关、行政机构,但没有明确仲裁机构是什么类型的法人组织。这并非立法者的疏忽,而是在当时历史条件下,我国民商法确定的法人类型中缺乏与仲裁机构这种特殊主体相适应的法人类型。"国际上设立仲裁机构的模式多种多样。从英美法系和大陆法系两大法系的模式来看,英美法系主要采取有限担保公司的形式,而大陆法系则多为注册的社团法人,或为商会下设的仲裁机构。"[1]但无论何种模式,仲裁机构的公益性、非营利性、独立性、民间性(非政府性)是其共有特征。而我国1987年施行的《民法通则》"把所有在性质、功能、组织形式、资金来源及投入程度千差万别的事业单位确定为同一种类型的事业单位法人,与行政单位、企业单位和社团类法人并列",成为我国民商法上四大法人类别之一。有学者批评这种法人分类"与市场经济所要求的法人多样性格格不入","把国有的公益性服务业与政府机构、企业公司,甚至社会团体等社会和经济组织混淆到一起","致使政府在制订任何一项针对事业单位的管理政策时都显得头绪

〔1〕 林一飞:《再论中国仲裁机构改革》,载中国仲裁网:http://www.china - arbitration.com/news.php? id =991,最后访问日期:2010年7月30日。

纷繁,顾此失彼”。[1]

于是,在《民法通则》未修改,事业单位分类改革尚未启动之前,国务院关于组建仲裁机构的文件只能规定仲裁机构“参照有关事业单位的规定”解决“人员编制、经费问题”,这是“不得已而为之”的权宜之策。由于这种对仲裁机构法人定位上的不明确性,各地在重新组建仲裁机构时只能根据自己对仲裁和仲裁机构性质的理解去确定仲裁机构的法人类型。有的认为仲裁具有“准司法”性质,将仲裁机构定位为“行政机关”;有的认为仲裁具有“公共管理职能”,将仲裁机构定位为“行政性事业单位”,“参照公务员法”管理;有的根据对国务院文件“参照事业单位”规定的理解,将仲裁机构定位为“全民所有制事业单位”,这其中又有全额拨款、差额拨款之分,在差额拨款中有明确要求限期实行“自收自支”的,也有未要求实行“自收自支”的。随着事业单位体制改革的进行,在实行“自收自支”的仲裁机构中又分化出实行“收支两条线”管理的事业单位和实行“事业单位企业化管理”(通过纳税获得更大自主权)的事业单位。

2. 应当按照事业单位改革要求确定仲裁机构法人性质。

2007年7月,中央机构编制委员会办公室(中央编办)制定的《关于事业单位分类及相关改革的试点方案(征求意见稿)》(以下简称《方案》)已经国务院批准,浙江、山西和重庆三省市已被中央编办确定为试点地。《方案》关于事业单位分类标准是:现有事业单位划分为承担行政职能、从事公益服务和从事生产经营活动三个大类。行使行政职能的事业单位,将视具体情况转为行政机构或进行其他调整;从事生产经营活动的事业单位,逐步转为企业。从事公益服务的事业单位分为三个类别:一是不能或不宜由市场配置资源的,所需经费由同级财政予以保障,不得开展经营活动;二是可部分实现由市场配置资源的,所需经费由财政按照不同方式给予不同程度的投入;三是可实现由市场配置资源的,实行经费自理,财政通过政府购买服务方式给予相应的经费补助,今后这类单位主要由社会力量举办。据此,全国事业单位分类改革已拉开序幕,这是深化仲裁体制改革的历史机遇。虽然在《民法通则》未修改前,事业单位分类改革

[1] 史啸虎:《事业单位改革的法律困境——兼谈重建我国民法体系的必要性》,载中国选举与治理网:http://www.chinaelections.org/Newsinfo.asp? NewsID=98679,最后访问日期:2010年7月30日。

也许不能完全解决我国民商法体系中法人分类的全部问题,但毕竟朝着符合市场经济和国际通行标准的方向前进了一步。

笔者认为,在事业单位分类改革中,确定仲裁机构的法人性质,应当遵循三项原则:一要体现仲裁机构公益性、非营利性、独立性、民间性(非政府性)的基本特征,促进仲裁机构向民间组织转型,保障仲裁的独立和公正;二要有利于促进"政事分开、政府与市场中介组织分开,规范行政行为",促进政府转变职能;三要有利于仲裁机构自我约束、自我激励机制,为仲裁发展注入新的生机与活力。因此,根据《方案》关于事业单位的分类标准和仲裁的本质属性,仲裁机构应列为"可由市场配置资源的公益性组织"(以下简称公益三类)。选择公益三类,有利于仲裁机构与行政性事业单位相区别,与行政机关脱钩,理顺仲裁机构与行政机关的关系,清理行政机关干部在仲裁办事机构兼职、行政机关与仲裁机构合署办公等"政事不分"类问题;有利于体现仲裁机构民间性质、争取适合其发展的税收优惠政策和财务管理制度;有利于将仲裁服务与由政府垄断的公共服务相区别,体现仲裁当事人意思自治原则,推动仲裁事业良性发展。

需要说明的是,按照仲裁法规定,当事人可自由选择仲裁机构和仲裁员,"市场配置资源"实际上已经在仲裁中发挥作用;《仲裁法》关于仲裁机构的设置规定和国务院关于仲裁机构"应当逐步做到自收自支"的规定,也是尊重"市场配置资源"。但是,"市场配置资源"并不意味着完全取消对仲裁机构的财政补助,而是要以"自收自支"为主,以财政补助为辅,补助通过政府"购买服务"的方式实现,补助多少取决于仲裁机构向社会提供服务的质和量,而不是"人员"数量。今后仲裁机构"主要由社会力量举办",政府"购买"服务将有所选择,因此仲裁机构必须把精力放在仲裁服务的质量而不是"争取政府支持"上。这样有利于遏制一些没有条件的地方盲目组建仲裁机构,解决"泛仲裁化倾向"和治理仲裁机构过多、过滥的问题;有利于仲裁机构破除依赖思想,变压力为动力,提高仲裁质量和效率。

3. 必须走出仲裁机构法人定位上的误区。

目前,全国设区的市的仲裁机构(约占全国仲裁机构3/4)发展比较缓慢,大多数机构经费不足,需要财政支持。有人主张对这类仲裁机构实行"参照公务员管理”,以保证其生存和发展,其理由是仲裁要“为整个社会服务”、要“满足 13 亿人民需要”,不能“搞成东西南北中就那么一个仲裁机构”。

无论这种主张是出于何种考虑,但因其在一些重大原则问题上明知依法绝不可为而偏要为之,所以在仲裁机构的法人定位上造成的误区是显而易见的:其一,“参照公务员管理”的必备条件,是该机构必须是法律、法规授权行使国家公共事务管理职能的机构,但仲裁机构根本不具备这一要件。其二,仲裁机构的性质直接体现着我国仲裁制度的性质,是方向性、原则性、根本性、全局性问题,因此只能由国家统一规定而不允许各地自行其是、各搞一套。其三,由于仲裁机构具有当事人自愿选择的特性,因此全国仲裁机构设多少、在什么地方设和已经设立的仲裁机构能否生存、如何生存,不是由行政机关或仲裁机构自己决定,而是取决于当事人的选择和仲裁机构的信誉及其所拥有的仲裁员的声望。其四,要财政将仲裁机构“包”下来、“参照公务员管理”,不仅浪费公共资源,还刺激“吃皇粮”队伍的膨胀;根据《中国统计年鉴》(2005)的统计,我国行政管理费用从 1978 年的 49 亿元上涨到 2004 年的 4060 亿元,增长了近 82 倍;有专家撰文认为,如果将预算外收入和制度外收入包括在内,中国的宏观税赋水平在 30% ~40% ,因此必须对“参照公务员管理体制”的机构人员严加控制。其五,从根本上讲,将仲裁机构“参照公务员管理”、把仲裁体制恢复或者变相恢复为行政性仲裁体制,不符合党的十六大、十七大相继确定的改革精神。

当然,走出仲裁机构法人定位上的误区,并不是不要解决现实存在的问题,而是要吸取历史的经验教训,把已经发生的和有可能发生的改革成本,尽可能地降到最低限度。比如,12 年前在仲裁法实施之初,国家已经为仲裁制度的改革付出了巨大成本——有 3500 多家行政仲裁机构被撤销,20,000 多名工作人员被重新安置——这种现象不能再出现了,在仲裁制度的改革上不能再推倒重来了!因此,在仲裁机构改革中,既要以未来为目标,又要兼顾历史形成的现状。一方面,不能为了安置人员而选择一个“坏”的制度,让未来为今天的错误选择埋单;另一方面,政府应对自己的历史负责,“谁的孩子谁抱,谁的老人谁扶”,不能让仲裁机构的工作人员来承担政府决策失误的后果;比如,对于服从组织决定从行政机关或行政事业单位调入仲裁机构的工作人员,可采用“老人老办法”,本人要求离开仲裁机构的,组织人事部门应予以安置。但行政干部在仲裁办事机构兼职,或者通过非正常渠道进入,或者在改革方案实施后进入仲裁机构的,则当然不在安置之列。

(二)关于仲裁机构财务的管理制度

1. 现行仲裁机构财务管理的制度缺陷。

自实施《仲裁法》以来,我国重新组建的仲裁机构的财务管理制度,是随着各地仲裁机构的发展,在“自收自支”与“收支两条线”这两个性质截然不同的财务管理制度之间经过几轮“拉锯”,最后被国家“四部委”变更确定为“收支两条线”管理制度的。但是,将这一本应适用于行政事业性收费、罚没收入等政府非税收入的财务管理制度,硬性搬用于由市场配置资源、当属社会中介机构的民间性公益性组织“仲裁机构”,其本身就具有很大的瑕疵:

其一,损害了中国仲裁制度的信誉和形象。

其二,违反我国的“入世”承诺,损害了政府形象。

其三,影响了仲裁机构的独立性。

其四,脱离了仲裁实际,直接影响甚至阻碍仲裁的自力发展。

2. 理顺仲裁机构财务管理制度问题的提出。

2007 年 3 月,在政协全国第十届全国委员会第五次会议上,我国一些著名民商法学家和政协委员提交了“关于纠正将仲裁收费作为行政事业性收费错误”的提案(提案第 3667 号,财政金融类第 381 号),针对国家“四部委”将仲裁收费变更确定为“收支两条线”管理制度的“财综〔2003〕29 号”《通知》,明确“建议国务院密切关注这一事态”,并请“责令”“四部委”纠正将仲裁收费作为“行政事业性收费”、进行“收支两条线”管理的错误,“挽救面临严重威胁的中国仲裁事业”;2007 年 10 月 31 日,财政部就该提案给委员们回函明确表示:委员们反映的问题“已经引起财政部及相关部门的高度重视”,“由于历史的原因,仲裁体制改革尚未完全到位,相当一部分仲裁机构仍作为事业单位管理,不仅影响了仲裁机构独立开展仲裁工作,而且不利于与国际惯例接轨”,“将积极配合有关部门,在深入调查研究基础上,按照国际惯例和我国‘入世’谈判的承诺对现行仲裁机构的设置及财务管理体制等问题进行认真的研究,充分考虑委员们的建议和意见”。这表明,理顺仲裁机构财务管理制度已经有了良好开端。

3. 仲裁机构财务管理制度之问题。

对于我国仲裁机构财务管理制度上存在的问题,应该是解决越早、损失越少、在国内外的影响也就越好;因此,完全可以由制定“财综〔2003〕29 号”《通知》的部门自行纠正,而不必等其他部门再出来做本不需要的“协调”。实际上,关于仲裁收费,记入《世界贸易组织中国加入工作组报告书》的我国政府承诺,明确将仲裁等“中介服务的收费”按照国家发改委、国家经贸委、财政部、监察部、审计署、国务院纠风办六部门 1999 年颁布的《中介服务收费管理办法》进行管理,这当然是自收自支,因为《中介服务收费管理办法》(计价格〔1999〕2255 号)中,将仲裁机构确定为“中介机构”并规定了仲裁机构的具体收费办法;国务院办公厅“国办发〔1995〕44 号”文印发的《重新组建仲裁机构方案》中规定“仲裁委员会应当逐步做到自收自支”,也当然是自收自支;而财政部、国家发改委、监察部、审计署“四部委”以“财综〔2003〕29 号”文印发的《关于加强中央部门和单位行政事业性收费等收入“收支两条线”管理的通知》中,却将仲裁收费变更纳入“收支两条线”管理。按照我们党的纪律、《宪法》确定的国家政体和法律制度、《地方政府组织法》规定的行政机关组织原则和法制统一原则,国务院部门和有立法权的地方人民政府制定的部门规章、政府规章、其他规范性文件,都必须服从国务院的行政法规和国务院及国务院办公厅的法规性文件,不得与之相悖,更不得与我国参加的国际条约相悖。因此,鉴于“四部委”“财综〔2003〕29 号”《通知》既与国务院办公厅“国办发〔1995〕44 号”文件规定相悖,又与我国政府的“入世”承诺相悖,也与此前以该“四部委”为主的六部委联合制定的“计价格〔1999〕2255 号”《中介服务收费管理办法》相悖,加之国家财政部对这一问题已经予以了高度重视并且有了着手解决的明确态度,所以解决这一问题、按照我国政府的“入世”承诺和国务院的有关规定及《中介服务收费管理办法》,将仲裁机构财务管理制度恢复为“自收自支”制度,并没有什么大的难度,应该能够尽快实现。

(三)关于仲裁机构的管理人才队伍

对正义的实现而言,操作法律的质量比操作法律的内容更重要,正确的路

线确定之后,干部是决定的因素,为了加强仲裁机构的管理人才队伍建设,笔者建议:

1. 应明确限制仲裁委员会委员中的官员数量,提高专家、学者比例,选聘仲裁委员会成员不仅要注意每个成员个人的专业背景和经历,而且,要能发挥委员会成员整体知识互补的优势,提高仲裁委员会的决策水平。

2. 按照“政事分开”“政会分开”原则,清理整顿行政机关与仲裁机构合署办公和人、财、物不分的现象,在仲裁办事机构中兼职的行政机关工作人员应限期退出。

3. 仲裁办事机构领导可实行直接聘任,或者招标聘任、推选聘任、委任等多种任用形式,并在选聘中引入竞争机制。要注意选聘那些公道、正派、勤勉敬业,精于法律、善于管理、年富力强,信誉好的优秀人才担任仲裁办事机构领导。实现仲裁办事机构领导的专职化、专业化。

4. 为保证管理上的公正与超脱,仲裁委员会主任及仲裁机构工作人员不得担任仲裁员,仲裁委员会副主任及委员只有在双方当事人指定的情况下方可担任仲裁员。

坚持仲裁民间性　深化仲裁体制改革*

——论仲裁法修改应重视的问题

(2008－4－24)

导言

《仲裁法》的颁布，标志我国旧行政仲裁体制开始朝着与国际接轨并同步发展的现代商事仲裁制度的转变，我国仲裁事业进入新的历史发展阶段。仲裁法的顺利实施，在外提高了中国仲裁的国际地位和声望，在内对于推动政治和经济体制改革，维护社会稳定，促进经济发展发挥了重要作用。为了使仲裁法的理念和规则进一步适应我国经济社会文化发展的需求，按照立法机关工作计划，仲裁法修改即将提上议事日程，国务院有关部门正积极组织仲裁法修改工作。

然而，由于仲裁法涉及方方面面的利益，特别是涉及政府职能的转变，因此在仲裁法实施过程中，各种思想观点的争论始终没有停止过。在修订仲裁法的酝酿中，这些色彩斑驳、鱼龙混杂的思想残渣泛起，甚至出现一些逆时代需求而

* 本文主要内容已于2007年2月25日在《法制日报》以"积极稳妥推进仲裁体制改革——谈仲裁法修改应重视的问题"为题专版刊发，因版面所限略有删节，现为其完整版。——编者注

行的诸多迹象。因此,有必要在仲裁法修改之际,重温仲裁法的立法目的和指导思想,对涉及仲裁制度的根本性、原则性问题,进行一次广泛深入的探讨,正本清源,重聚共识。就法律修改机制而言,笔者认为,仲裁法所涉利益的广泛性、其任务的复杂和系统性及其对于中国仲裁事业乃至对整个市场经济和社会稳定的重要意义,都足以使之不仅成为中国仲裁界的一件大事,而且应当充分引起业内业外的普遍重视与关注。因此,仲裁法的修订应发动仲裁界及社会各界广泛参与,群策群力,使修改过程成为"充分反映民意、广泛集中民智"的决策过程。

与此同时,仲裁法实施11年,几乎等于国内旧行政仲裁制度实行的时间跨度(从1983年《经济合同仲裁条例》到1994年仲裁法的颁布历经12年)。站在历史的高度,对比新旧仲裁体制下不同的社会实践,对比仲裁法立法目的与执行效果,其中的得与失、对与错、经验与教训、成绩与问题,值得认真反思和总结。仲裁法的修改应当坚持现行仲裁法确立的基本原则和价值取向,在维护法律的连续性的基础上,继续坚持推动我国仲裁和仲裁机构向民间化发展,完善许多具体的程序规则,使新的仲裁法成为真正适合我国十几年来改革开放的形势变化和我国经济和政治体制改革总体方向、符合现代国际仲裁理念和发展潮流的新的里程碑。笔者愿就此发表个人意见,以期借这块引玉之砖,迎来仲裁法修改讨论百家争鸣、百花齐放之局面,为我国仲裁事业的健康发展尽自己的绵薄之力。

一、关于仲裁机构的性质

1. 仲裁法出台的背景及其在确立仲裁机构"民间性"方面的重大贡献。

我国自20世纪50年代后期建立了涉外仲裁制度,国内仲裁制度直至改革开放之后于20世纪80年代才开始建立,并由经济合同仲裁相继推广到技术合同仲裁、房地产仲裁、版权纠纷仲裁等。国内仲裁制度在解决纠纷,促进经济发展中发挥了重要作用。从机构发展来看,截至1994年,国内各类仲裁机构3640个,专职仲裁员10,000余人,从事仲裁的工作人员20,000余人;从案件数量来看,1983年以来,全国经济合同仲裁共解决纠纷250万件(争议金额330.7亿元），房地产仲裁平均每年解决纠纷2万余件；从体制来看，由于这套制度是计划经济的产物，是学习仿照前苏联行政仲裁模式的结果，其弊端已十分明显：其一，仲裁机构不仅数量过多，队伍庞大，有不断扩张之趋势，而且基本都靠财政支撑，不符合精简效益原则，长此以往，财政不堪重负。其二，仲裁机构行政色彩太浓，许多仲裁机构都是以行政机关为主，设置在机关内部，机构组成人员绝大多数是有关行政管理部门的负责人，且数量过多，“和仲裁委员会有那么一点关系的各方面领导甚至从职业上看毫无关系的也被奉为委员会委员、副主任。其结果使仲裁委员会一部分组成人员成为一种摆设”；仲裁庭的组成人员多是由相关的行政机关工作人员即所谓“专职仲裁员”担任。仲裁机构与行政机关交织在一起，仲裁职能来源于行政职权，仲裁权以管理权做后盾，权威性以行政权力为依托，在仲裁活动中也往往避免不了用行政权取代仲裁权。仲裁员“身在屋檐下”，难抵领导一句话。这样的仲裁，排除不了长官意志和行政干预，缺乏独立和公正。其三，仲裁程序不能真正体现当事人自愿原则和简便、灵活这一仲裁制度的本质特征。而且这三方面的弊端相互交织，互为因果。

为了从根本上解决上述弊端，我国政府自1994年仲裁法颁布将“垄断性”“强制性”的行政仲裁变为当事人自愿选择的民间性仲裁，将作为行政机关或隶属于行政机关的仲裁机构变为独立自主、自负盈亏的民间性、中介性的服务组织。全国人大常委会则在1994年8月31日通过的仲裁法中明确规定，“仲裁委员会独立于行政机关，与行政机关没有隶属关系”。这一“去行政化”的现代仲裁制度，体现了在国际上已为众所周知的仲裁的民间性，体现了作为市场经济支柱的理念——当事人自治，以及以此为前提和基础的仲裁独立、中立、公正、自治（自律），使中国仲裁制度成为适应我国市场经济及对外开放需求的重要民商事纠纷解决途径。

2. 仲裁及仲裁机构的民间属性及其在解决纠纷、维护和谐、促进国际国内民商事交易方面的内在优势。

仲裁（本文所述的仲裁均指商事仲裁，不包括劳动仲裁）从一百多年前诞生之日起，民间性就是仲裁之所以成为仲裁的内在属性，舍弃民间性则不再成其为“仲裁”。所谓仲裁即“公断”，是指争议双方在争议发生前或争议发生后达成协议,自愿将争议交第三者进行仲裁,双方有义务执行的一种争议解决制度。早期,一些商人为避免诉累,选择商业团体内有威望人士,居间裁断商事纠纷,纠纷双方自觉履行,因其方式具有简便、快捷、经济、保密、不伤和气等特点,逐渐为越来越多的商人所接受。对于政府而言,仲裁作为民间自治解决争议的方式,在不动用纳税人税收和国家公权的前提下,利用民间的力量裁断纠纷,化解矛盾,缓解法院压力,不但社会成本低廉,而且避免了公权裁判经济纠纷带来的责任和风险,在维护社会稳定和谐,促进经济发展中发挥诉讼无法替代的作用,为此,许多国家不仅通过立法赋予民间仲裁裁决强制执行的效力,使之制度化、法律化,成为一种诉讼制度之外比较普及的解决争议的法律制度,而且一些政府还通过拨款,扶持这一民间纠纷解决途径的生存和发展,并保持它的民间性。特别是在对外经济交往中,由于仲裁的民间性,使之超越了意识形态、政府间关系的波动、国家司法主权等樊篱,因而仲裁成为维护本国当事人在国际交往中的竞争优势和合法利益的重要手段。这正是我国即使在计划体制盛行时期也仍然在涉外仲裁领域保留其民间性色彩的重要原因。在当代,随着《承认和执行外国仲裁裁决公约》(以下简称纽约公约,我国已加入)缔约国的增多、联合国《国际商事仲裁示范法》的普及和全球经济一体化的加快,现代商事仲裁制度已在国际范围内很快普及和推广,仲裁借助其民间性所发挥的优势更加凸显,仲裁裁决在外国法院获得承认和执行的成功率远远高于司法判决。

由此可见,仲裁机构作为(而且只能作为)"民间组织",这是仲裁本身的民间性质决定的,也是仲裁能为世界各国当事人所接受、仲裁裁决能为纽约公约缔约国法院承认执行的前提条件,具有民间性质的仲裁所实现的价值是由国家机关垄断并强制实施的政府职能都无法替代的。随着中国国际交往的进一步扩大、市场经济的进一步发展、特别是加入 WTO 时我国政府的承诺,都使民商事仲裁事业的范围已不再仅仅限于涉外经济领域,由此催生仲裁法及其对仲裁行政化体制的重大改革,而突出仲裁机构的民间性质,保证仲裁机构的公正和独立,成为仲裁法一项重要的基本原则(以下简称仲裁机构民间性原则)。可以说,正是有了仲裁法,有了仲裁法实施后新旧仲裁制度的变革和转换,才真正出现了我国仲裁和仲裁机构的"民间化"的开端。

时至今日，在仲裁法实施十年之后，当我们讨论仲裁法的修改问题时，依然存在通过种种方式强化其行政色彩的做法和观念，这无疑是历史的重大倒退。在此，我们必须旗帜鲜明地坚持仲裁机构民间性原则，认真执行仲裁法，实现党的改革开放战略部署。

二、关于仲裁机构民间性的种种认识误区

本来，仲裁的民间性质及仲裁机构作为民间组织的事实，在国外已是常识和通例，在我国却成为长期以来争论不休的话题。除了利益动机之外，另一重要原因是关于仲裁机构"民间化"概念的误解。所谓仲裁机构的民间性，是指仲裁机构在性质上由"行政管理型"转变为"社会公益型"组织；在组织上独立于政府系统之外，与行政机关彻底"脱钩"；在财政上自主管理、自主支配、自负盈亏，脱离对财政的依赖；在业务上独立仲裁，完全摆脱行政干预，仲裁机构靠公正、高效仲裁获得公信力，靠优质服务赢得市场，而不能以行政权力为依托，以行政手段为主导获取案源。

根据上述定义，我们来一一解剖以下关于仲裁机构的民间性质的种种争论：

1. 关于仲裁法对于仲裁机构的定性问题。

有人认为，仲裁法虽然规定"仲裁委员会独立于行政机关，与行政机关没有隶属关系"，但没有明确仲裁机构的性质，没有解决仲裁机构是什么的问题。因此，有人从仲裁具有准司法性质出发，推导出仲裁机构不是民间机构，而是行政支持类事业单位。

这种对法律的解读不符合如前所述的仲裁法出台背景所显示的立法宗旨，其实，查阅立法机关有关仲裁法释义文章及相关领导讲话不难得出仲裁机构民间性质的结论。退而言之，即使仲裁法没有正面回答仲裁机构性质问题，但至少毋庸置疑地确定了仲裁机构不是行政机关或行政机构，这是不可混淆视听的。进言之，仲裁法所体现的民间性，不仅贯穿于仲裁法关于仲裁委员会设立条件、程序、组成人员、仲裁员条件、仲裁协会等方面的规定中，也体现在仲裁机构重组的文件和具体方案中。如国务院办公厅 1995 年 8 月 1 日印发的《重新

组建仲裁机构方案》规定,仲裁委员会设立初期,政府“参照有关事业单位的规定”,解决其编制、经费等;“仲裁委员会应当逐步做到自收自支”。(国办发〔1995〕44号文)

2. 关于政府的财政支持及其与仲裁机构的性质之间的关系问题。

有人认为,仲裁机构成立时政府曾给予财政及各方面大力支持,现在机构“翅膀硬了”,强调其民间性质就是想搞私有化,是“过河拆桥”“忘恩负义”行为。

这种想法隐含着一种权力本位意识,忘记了政府是“公仆”,是“人民的勤务员”。政府对仲裁机构的支持,是政府向纳税人履行其公共服务义务的行为,而不是为“国有资产保值、增值”的投资行为,更不是设置政府职能部门的行为。国家财政资金主要是国民缴纳的税构成,政府的财政支持体现了财政“取之于民,用之于民”的原则,不应也不会改变仲裁机构的性质。至于仲裁机构的所有制是一个比较复杂的问题,可以留待深化改革过程中解决,但所有制不是区分机构是“官”还是“民”的标准,更不能成为否定仲裁机构民间性的理由。仲裁机构由于在解决纠纷和国家治理方面的如前所述的特殊功能和优势,在尚未实现自足发展的阶段,由国家财政给予适当扶持,应属于政府对社会公共事业的义务性投入。这样的情况在其他国家仲裁机构中也普遍存在。例如,日本国际商事仲裁协会1/3的费用开支由政府拨款支持、美国仲裁协会作为社会公益法人其仲裁费收入被免予缴纳各种税收;而我国香港地区的国际商事仲裁中心1985年设立时的办公楼由香港政府以一港元象征性费用由其所用。但这些政府的财政支持并不成为否定其民间性质的理由。如同现在一些“国有”餐馆饭店,没有人会因为其是“国有”而认为其是行政机关或行政机构。同理,政府投资建立公共文化设施或某些公益性社团亦不会因此改变其民间性质。仲裁机构由于在解决纠纷和国家治理方面的如前所述的特殊功能和优势,在尚未实现自足发展的阶段,由国家财政给予适当扶持,如果一定要认定为对仲裁的扶持是一种政府“投资”,这种投资的回报方式也绝不是经济效益,而是社会效益,亦即仲裁机构以符合其运作规律的独特方式,生产合格的仲裁裁决等纠纷处理结果,来满足社会在解决纠纷、实现自治、促进和谐方面的特殊需求。

3. 关于仲裁机构的民间性的现实条件问题。

有人认为，强调仲裁机构民间性的条件不成熟，为了保证事业发展和队伍的稳定，作为过渡，应先将仲裁机构定为行政支持类事业单位，其人员参照《公务员法》管理。

其实，手段为目的服务，改革路径的选择不能脱离发展方向。路径错误，方向必然错误。至于事业发展，也有朝什么方向发展及如何发展问题。如果认为发展就是案件的增长，甚至不惜通过行政手段、行政权力推动案件增长，以牺牲仲裁机构独立性为代价来争取行政部门的支持，实际是偏离了仲裁法立法原则，与仲裁法立法目的南辕北辙。我们永远不可能通过强化仲裁机构行政性的做法，达到仲裁机构民间化的目的。实际上，仲裁法起草过程中，就如何转变仲裁机构模式问题，曾有人主张仲裁法只规定仲裁机构设立条件，允许多种成分搞仲裁，改变由行政机关为主搞仲裁的情况，通过竞争，优胜劣汰，使仲裁机构逐渐过渡到符合国际仲裁机构的模式。但因其"仲裁机构和行政机关的联系难以突破，仲裁机构挂靠行政机关的格局短期内难以改变"的缺点，[1]未被采纳。替代方案是地方政府组织有关部门重新组建仲裁机构。未重新组建的仲裁机构，自仲裁法施行届满一年时终止，这使3000多家仲裁机构被撤销，20,000多名工作人员被重新安置，足见立法者改革的决心与魄力。我们已经为改革付出了巨大的社会成本，如果走回头路，就会让这些成本付诸东流。况且，如果仅用案件数衡量制度成果，过去工商行政管理系统11年间受理的经济合同纠纷就达到250万件，远远超出仲裁法实施11年全国仲裁机构受理的案件数。可见，仲裁发展的目标并非仅仅追求案件数量增长，否则，就不会制定仲裁法，也不必撤销那么多的机构，安置那么多的人员了。

4. 关于仲裁机构民间性与仲裁公信力及仲裁质量的关系问题。

有人认为，政府比民间组织更有权威，强调仲裁机构民间性，当事人难以认同仲裁；目前一些仲裁机构存在的仲裁不公正、服务差、长期发展缓慢等问题，就是其不适当地强调仲裁机构民间性质造成的。

---

〔1〕 胡康生：《中华人民共和国仲裁法全书》，法律出版社1995年版，第26页。

这一论点不仅没有实证支持，相反，事实表明，这些问题恰恰因为配套改革措施未跟上，仲裁机构民间化不彻底造成的。按照仲裁法规定，仲裁市场是开放的，不是封闭和垄断的，当事人可以自愿在全国乃至世界范围内选择自己信赖的仲裁机构、仲裁员仲裁。仲裁机构想要获得权威和公信力，只能靠高素质的仲裁员队伍，公正、高效的仲裁和高质量的服务。这也是仲裁的客观要求。机构不独立，这一要求就无法得到满足。而仲裁不公、服务差，机构就会被当事人抛弃，被社会淘汰。仲裁机构民间性是其独立的前提，是克服长官意志、行政干预、地方保护主义，提高仲裁公信力的制度保障。随着仲裁法的实施，律师、当事人在判断、选择仲裁机构上已有相对成熟的认识。他们选择仲裁机构，不再看其是“官”还是“民”，而是看其能否做到独立、公正。实践证明，那些没有公信力，业务长期发展不起来的机构，不是因为其是“民”不是“官”，而是因为其难以与行政机关脱钩，不能独立仲裁，因为其长期依赖财政，不受市场制约，失去进取的动力与活力。更为严重的是，这种亦官亦民、政事不分、政企不分、政资不分的仲裁机构，不仅承袭了原行政仲裁机构的种种弊端，而且管理更加混乱，更不透明，问题丛生。因此，只有通过进一步深化改革，让仲裁机构凭借优质服务、业务实力和良好信誉参与市场竞争，促使其为了生存和持续发展而强化自律或优胜劣汰，才能形成良性循环的仲裁体制。

实践中，仲裁机构民间化程度越高，独立性越强，业务发展越好，越能实现当事人、仲裁员、仲裁机构和社会受益的多赢局面。以民间化程度较高的北京仲裁委员会(以下简称北仲)为例，北仲成立以来，北京市政府始终本着“政府对仲裁最大的支持就是不干预”态度，支持其独立运作，成立 3 年即实现“自收自支”，成立 5 年便向国家纳税，截至 2006 年年底，累积缴纳税款相当于财政对其拨款的十倍多，同时，还自行购置了办公用房、车位等固定资产。仲裁业务方面，共受理案件10,164件，争议金额逾 410 亿元，在国内外赢得了良好的社会声誉。英国《经济学家》杂志 2006 年 4 月在报道中国仲裁时，评价北仲“被公认为是唯一一家达到甚至超过国际水准”的内地仲裁机构。

三、促进仲裁机构民间化的制度、办法和措施

根据以上分析，无论从理论或实际、历史和现实、政府或社会、国内或国际

各个角度来看,都有充分理由在仲裁法修改中坚持仲裁及仲裁机构民间化的方向。笔者在此就如何促进仲裁机构的民间化提出一些建议:

其一,有关部门应对仲裁机构进行正确定性和分类。仲裁法规定"仲裁委员会独立于行政机关,与行政机关没有隶属关系"。我国在加入世贸组织的谈判过程中,承诺仲裁费属于"中介服务的收费",应根据国家有关部委1999年颁布实施的《中介服务收费管理办法》,《中华人民共和国国民经济和社会发展第十一个五年规划纲要》(以下简称《纲要》),明确将仲裁列入"商务服务业"范畴。因此,应根据仲裁法、根据我国的"入世"承诺和《纲要》精神,从仲裁活动的特点(而不是从抽象的政治概念)出发,将仲裁机构定性为自主管理、自负盈亏的中介服务组织,参照国际上政府对仲裁机构管理的普遍做法,对其实行减税免税优惠政策。仲裁机构应尽快做到自收自支。

其二,应采取有利于仲裁机构自我管理、自我约束、自我发展的财务管理制度。根据中组部、中央人事部《关于印发〈关于加快推进事业单位人事制度改革的意见〉的通知》(人发〔2000〕78号)(以下简称《通知》)精神,对仲裁机构"改变用管理党政机关工作人员的办法管理事业单位人员的做法",允许仲裁机构实行"形式多样、自主灵活的分配激励机制"。那种将仲裁界定为"垄断性""强制实施"的"政府职能",对仲裁收费实施"收支两条线"的做法,不仅违反了仲裁法和我国"入世"承诺,损害了我国改革开放形象,而且实践中非常有害。首先,这会授人以柄,成为一些人攻击中国仲裁不可信,拒绝承认和执行中国仲裁裁决的理由,将给中国仲裁界带来灾难性后果。其次,这种做法脱离实际。一是仲裁不同于实行法定管辖、强制管辖的司法制度,仲裁管辖权受制于当事人自愿选择,因而受市场机制调整。仲裁案件数量、标的、收入等受多种因素影响,且不断变化,很难预先"计划"。二是国际上仲裁费用大部分用于仲裁员报酬和办案的实际开支,开支因机构、案件、人员的不同而不同,无法按照财务部门预先核定的预算标准来支付。三是按"收支两条线"制度,仲裁员报酬及工作人员工资奖金比照行政机关做法,标准较低,不能吸引国内外优秀人才。如果说仲裁机构享受财政拨款,接受财政部门监督有一定的合理性(境外一些国家地区政府也给仲裁机构以财政支持,但由仲裁机构自主决定财政事务,政府部门不会像监管行政机关、行政机构那样对其实行监管),那么,当仲裁机构已经达到自力自足水平时,实行“收支两条线”制度,不仅妨碍仲裁机构建立自我约束、自我激励机制,窒息机构活力,制约仲裁事业发展;而且,扩大了政府监管成本和权力“寻租”机会。另外,实施“收支两条线”制度,意味着不符合社会需求的仲裁机构也要由财政长期供养,这使我国仲裁事业的发展趋向回归奖懒罚勤、奖劣罚优的老路,在内不能满足当事人和社会需求,在外根本无力参与国际竞争、介入国际商务纠纷解决事务,这与政府设立、扶持、监管仲裁机构所希望达到的目标显然背道而驰。尊重别人是“以人为本”执政理念的具体体现。政府有关部门在规章制度制订中应照顾到别人的具体困难,不能只强调自己的原则不可动摇,别人得服从我。制度的规定重在合情合理,因为制度必须遵守,否则,就会造成执行制度中巨大的不便。

其三,从仲裁机构与行政机关“脱钩”入手,禁止党政机关干部在仲裁委员会办事机构中兼职主持日常工作,禁止行政机关工作人员在办事机构担任工作人员,整顿行政部门与仲裁机构人、财、物不分的情况,禁止行政机关向仲裁机构分流、安插人员,侵占、挪用仲裁机构财产。禁止行政部门随意插手仲裁机构内部管理事务,影响机构的独立运作。有关行政部门对仲裁机构的监督管理,应做到透明化、规范化、法制化,要根据“行政权法定、程序法定、公开公正、有效监督的原则”,界定行政部门与仲裁机构的关系,保持行政权力与仲裁机构权利之间的平衡,“防止和控制行政权力的非理性扩张和滥用”。对那些明显违反仲裁法、违反我国“入世”承诺,可能引起严重后果的行政规章、规范性文件,有关部门应以国家利益为重,从大局出发,从善如流,尽快修正。

鉴于各地仲裁机构发展极不平衡。因此,仲裁机构改革及有关部门对其管理办法应因时、因地、因机构而宜,不可“一刀切”。对业务发展较好,能够自负盈亏的仲裁机构,要根据《通知》要求,进一步放权,实行“形式多样、自主灵活的分配激励机制”,自我约束机制。鼓励仲裁员监督仲裁委员会工作,促使仲裁机构成为管理透明、程序规范、制度完善、自主管理、自负盈亏的中介服务组织。允许这些参考国际商事仲裁的成功经验,在规则制定、收费、内部机制转换上进行大胆探索,为全国仲裁机构体制改革积累经验。对新成立的仲裁机构,应按照国务院文件关于“仲裁委员会应当逐步做到自收自支”的规定，促进其尽快实现自收自支。对“挂着牌在那里待着，糟蹋仲裁界的名声”的仲裁机构要进行“断奶”，以免其浪费公共资源，损害仲裁界整体形象。

四、建立健全符合仲裁和仲裁机构自身性质和特点的监督管理体制

实际上，对仲裁机构的监督制约来自两个方面，一是法律监督，通过司法审查程序，撤销或不予执行违反仲裁法规定的仲裁裁决。二是市场制约，通过市场竞争，优胜劣汰，促使仲裁机构自律、提高或更新。政府应转变职能，能够通过市场解决的问题交由市场解决，只有市场机制失灵，政府才出面干预，不要动辄使用行政权力、行政手段干预市场，影响市场机制的形成及其作用的发挥。诚然，市场监督也有问题，但比运用行政手段、行政权力监督，其效果要好得多，问题要少得多。后者不仅要付出高昂的社会成本（既包括监督机构的日常开支、开展监督活动的各项费用、决策或执行失误的损失，也包括对监督者监督的成本），而且，监督人员少，信息不对称，与当事人、代理人自愿选择形成的监督相比，监督效果天壤之别。更重要的是，行政权力干预市场和微观行为，极易产生腐败，影响党风和廉政建设，影响社会的和谐发展。因此，政府部门应为完善市场竞争机制、促进仲裁机构民间化发展创造条件，而不是自己成立行政性的行业管理部门，对仲裁实行事无巨细的行业管理（实际上也无法做到）。按照仲裁法，仲裁协会是“社团法人”，是“仲裁委员会自律性组织”，是民事主体而不是行政主体。由于仲裁协会对外代表中国仲裁界形象，对内起指导、协调、自律监督、维护行业利益，推广仲裁之作用，在仲裁界具有举足轻重的地位。因此，协会的性质、职责任务、协会与会员的关系、协会领导的任职条件、产生程序等，是协会筹建首要研究解决的问题。如果这些问题解决不好，协会本身可能异化为变相的行政管理部门，成为仲裁体制改革的障碍。笔者认为，协会的筹建应考虑以下几项内容：

1. 协会成立目的应突出维护仲裁行业利益，为会员服务宗旨，不能只讲监督，不讲服务。

2. 协会应突出其民间组织特色，其监督权力应仅限于仲裁法规定的职责范

围——根据章程对仲裁委员会及其组成人员、仲裁员的违纪行为进行监督,不能扩大为对“全行业实行管理”,搞成变相的“二行政”。协会对会员的监督,应符合公正、公开原则,协会的监督应细化,明确具体,不能笼统、空泛,给未来的操作留下随意解释的空间;监督程序要透明、规范,避免“暗箱操作”和随意。对协会的不当监督,会员应有相应的救济手段和途径,以权利制约权力。

3. 要明确会员对协会的监督权利,不能使协会成为不受会员约束的“婆婆”。

4. 协会权力与仲裁机构权利之间的关系应保持平衡,协会应严格依章程行使职权,不得超越章程干涉会员的内部事务。

为了保障仲裁协会民间组织性质,使协会的筹建体现广大仲裁机构、仲裁员的意愿和要求。仲裁协会的筹建应根据平等、自愿、民主、公开原则,由广大会员研究筹建方案,认真讨论上述问题。在上述问题取得普遍共识的前提下筹建协会。

五、对仲裁法修改程序的几点建议

1. 由全国人大出面组织一次仲裁法执法检查,调查仲裁法执行的基本情况和问题,总结仲裁法执行以来的经验教训。

2. 仲裁法修改应根据政府职能转变、事业单位体制改革要求,体现继续深化仲裁体制改革,并为仲裁及仲裁机构民间化发展留有足够的空间。

3. 对仲裁法修改面临的重大理论和实践问题要进行调查研究,多征求专家、学者的意见,不要使法律出现常识性错误。例如有人认为,如果确认仲裁的民间性,则仲裁员和仲裁机构就要承担仲裁带来的一切民事责任,会面临赔偿诉讼的风险。这种认识完全混淆了仲裁性质与仲裁职能的概念——是否承担民事责任与机构性质逻辑上没有任何必然关系。正如判断法官/法院是否可以被诉追究民事赔偿责任,不在于其性质是“官”是“民”,而是要看它是否是基于行使裁判职能而享有“司法豁免权”一样,联合国《关于司法机关独立的基本原则》规定“在不损害任何纪律惩戒程序或者根据国家法律上诉或要求国家补偿的权利情况下,法官个人应免予其在履行司法职责时的不行为或不当行为而受到要求赔偿金钱损失的民事诉讼"。法官享有司法豁免权是为了保障法官独立判断,保证审判的独立和公正。同理,仲裁员、仲裁机构也同样承担着居间裁断的职能,大多数国家均为保证仲裁的独立和公正,赋予仲裁员或仲裁机构以不同程度的仲裁豁免权,这不仅是基于"司法豁免权"理论,亦是基于仲裁的当事人自治精神和国际上普遍认同的"支持仲裁"(Pro – Arbitration)原则。

4. 为了集思广益,提高仲裁法修改质量,全国人大常委会法制工作委员会,可同时委托国务院法制办、有关学术团体、仲裁机构提出不同的修改文本,由全国人大常委会从中集中正确的意见和建议。

尽快解决仲裁收费“收支两条线”问题*

(2008-10-16)

中共中央十七届二中全会通过的《关于深化行政管理体制改革的意见》(以下简称《意见》),勾勒出中国行政改革的蓝图,其核心内容是“深化行政管理体制改革”“加快政府职能转变”“确立共产党领导下的现代公共政府”“加快推进政企分开、政资分开、政事分开、政府与市场中介组织分开”,“从制度上”发挥市场在资源配置中的基础性作用,“有效提供公共产品”,构建新型的政府管理体制。这是中国社会三十年改革进程中的一次重大突破,具有政治改革的意义。全党上下应该认真贯彻落实《意见》精神,为“进一步消除体制性障碍,切实解决经济社会发展中的突出矛盾和问题”贡献自己的力量。笔者从行政体制改革角度,分析仲裁收费“收支两条线”的成因、危害,提出解决的建议。

一、仲裁收费“收支两条线”问题的由来

仲裁收费“收支两条线”是指将仲裁收费作为政府的行政事业性收费,对其

* 本文主体部分已于2008年10月16日,以“商事仲裁收费收支两条线不合国际惯例”为题,刊发于《中国经济时报》,刊发文章因版面所限,略有删减。现经作者授权,刊发其完整版。——编者注

收入与支出由财政部门实行专项管理的方式，收入上缴国库或财政专户，支出由财政根据需要审核批准，对收入、支出分别核定。20 世纪 90 年代以前，"收支两条线"作为财政资金管理模式已经存在。1990 年 9 月，为制止行政部门的"三乱"（乱收费、乱罚款、乱摊派），中央发布了《关于坚决制止乱收费、乱罚款和各种摊派的决定》，提出"收支两条线"概念。1996 年国务院发布了《关于加强预算外资金管理的决定》，明确"收支两条线"管理范围是"国家机关、事业单位和社会团体为履行或代行政府职能，依据国家法律、法规和具有法律效力的规章而收取、提取和安排使用的未纳入国家预算管理的各种财政性资金"。2001 年年底，国务院办公厅转发《财政部关于深化收支两条线改革，进一步加强财政管理意见的通知》（国办发〔2001〕23 号，以下简称 23 号文），要求"清理整顿现行收费"，将"部分不体现政府行为的行政事业性收费转为经营服务性收费并依法征税"。2003 年 5 月《财政部、国家发展改革委员会、监察部、审计署关于加强中央部门和单位行政事业性收费等收入"收支两条线"管理的通知》（财综〔2003〕29 号，以下简称 29 号文）规定，将仲裁收费定性为"代行政府职能强制实施具有垄断性质"收费，"收支两条线"范围扩大到"不体现政府行为"的"彩票公益金和发行费、国有资产经营收益、以政府名义接受的捐赠收入"。在此期间，"收支两条线"的管理方式，也从"收支挂钩"与"收支脱钩"两种方式并存，到"收支脱钩"一种方式，并逐渐形成"单位开票，银行代收，财政统管"的管理模式。

我国仲裁机构除中国国际经济贸易仲裁委员会（以下简称贸仲）、中国海事仲裁委员会外，均系依照《仲裁法》重新组建。根据《国务院办公厅关于印发〈重新组建仲裁机构方案〉、〈仲裁委员会登记暂行办法〉、〈仲裁委员会仲裁收费办法〉的通知》（国办发〔1995〕44 号，以下简称 44 号文），"仲裁委员会设立初期，其所在地的市人民政府应当参照有关事业单位的规定，解决仲裁委员会的人员编制、经费、用房等。仲裁委员会应当逐步做到自收自支"。因此，仲裁机构组建时，大多数仲裁机构被定为"全额拨款"或"差额拨款"的事业单位，实行"收支两条线"管理。但在 29 号文颁布前，各地方财政部门对仲裁机构的管理相对宽松，不仅实行"收支挂钩"，"以收定支"，仲裁的收入、支出由仲裁机构根据财政部门核定的计划执行,而且,23 号文颁布后,一些经济自立的仲裁机构经过财政部门批准实行了"事业单位企业化管理",不再执行"收支两条线"制度。29 号文颁布后,情况发生了变化。一是 29 号文规定仲裁收费是"代行政府职能强制实施具有垄断性质","不得作为经营服务性收费管理",使仲裁机构失去了转制为"事业单位企业化管理"的机会。二是仲裁收费"单位开票,银行代收,财政统管"的管理方式,干扰了仲裁业务的正常进行。三是前贸仲副主任王生长因违反29 号文规定,给工作人员发放津贴、奖金,以"私分国有资产"获罪,引起国内外仲裁界、法律界对仲裁收费"收支两条线"问题的高度关注,对其质疑、批评从未中断,仲裁机构收费"收支两条线"管理方式与仲裁独立之间的矛盾凸显出来。

2007 年 3 月,部分政协委员在全国政协会上提交《关于纠正将仲裁收费作为"行政事业性"收费错误》的提案,建议国务院"责令财政部、国家发展改革委、监察部、审计署四部门立即纠正将仲裁收费作为'行政事业性收费'、进行'收支两条线'预算管理的错误,严格执行仲裁法和政府'入世'承诺,对仲裁收费适用《中介服务收费管理办法》,挽救面临严重威胁的中国仲裁事业"。财政部回函表示:"委员们反映的问题"已经引起财政部及相关部门的"高度重视","相当一部分仲裁机构仍作为事业单位管理,不仅影响了仲裁机构独立开展仲裁工作,而且不利于与国际惯例接轨",并承诺"将积极配合有关部门,在深入调查研究基础上按照国际惯例和我国'入世'谈判的承诺对现行仲裁机构的设置及财务管理体制等问题进行认真的研究,充分考虑委员们的建议和意见"。由于该问题未予解决,人大代表梁慧星教授在 2008 年 3 月全国人大会议上提交了《关于开展〈仲裁法〉执法检查纠正商事仲裁行政化错误倾向的建议》,再次要求解决仲裁收费"收支两条线"问题,建议"由法律委员会成立有相关部门、仲裁机构、相关商会和仲裁法专家参加的仲裁法执法检查组,对全国仲裁法执行情况进行检查"。全国人大常委会办公厅回函答复:"建议中反映的当前我国商事仲裁中的一些突出问题,我们将在相关工作中认真研究","在制定 2009 年的监督工作计划时积极考虑您的建议"。至此,仲裁收费"收支两条线"问题已远远超出仲裁机构内部管理范畴,成为一个引起社会关注、涉及仲裁行业兴衰和仲裁体制改革成败的重大而紧迫的问题,解决得越早,损失越小。

二、仲裁收费"收支两条线"问题的危害

解决仲裁收费"收支两条线"问题,首先要对该问题给仲裁事业造成的危害有清醒认识。这些危害主要是:

1. 违反了下位法必须服从上位法这项法制统一的宪法原则。按照法制统一原则,下位法不得与上位法相抵触,下位法与上位法抵触,则抵触部分无效。29号文属于国务院部门的规范性文件,其法律效力低于《仲裁法》。《仲裁法》第14条规定,仲裁委员会独立于行政机关,与行政机关没有隶属关系,明确了仲裁及仲裁机构的非行政性。29号文却将仲裁定性为"代行政府职能强制实施具有垄断性质"的行政仲裁,不仅将《仲裁法》确立的当事人自愿协商的民商事仲裁与政府直接管理的劳动、人事等行政性仲裁混为一谈,而且,直接与《仲裁法》规定相抵触。29号文颁布后,因其违反《仲裁法》并在实践中造成的恶果而广为诟病。然而,时至今日问题依旧。这反映出政府部门对法律的漠视,以及实际运行中部门文件效力大于法律的尴尬现状,严重损坏了《仲裁法》权威,破坏了法制的统一。

2. 违反中国加入世贸组织的承诺,影响我国改革开放形象。我国在2001年10月1日的"入世"谈判中,承诺"仲裁、检验、鉴定、公证等中介服务的收费,将按照国家计委等六部门1999年颁布的《中介服务收费管理办法》进行"。按照《中介服务收费管理办法》(以下简称《办法》)第3条规定,"中介机构"是"依法通过专业知识和技术服务,向委托人提供公证性、代理性、信息技术服务性等中介服务的机构"。该条第2款第1项中"公证性中介机构"将其解释为"提供仲裁、检验、鉴定、认证、公证服务等机构"。这说明,在"入世"谈判阶段,中方代表充分注意到国内已经存在的民商事仲裁和行政仲裁这两种性质不同的仲裁。联系谈判目的和内容,只要有正常判断力,都不难理解。《仲裁法》实施以来,中国立法机关及国务院有关部门领导在对外宣传中,一直将中国仲裁机构的民间性、独立性,作为中国仲裁制度改革的重要成果。《中华人民共和国国民经济和社会发展第十一个五年规划纲要》(以下简称《纲要》)也将仲裁列入"商务服务

业”范畴。[1] 29号文将仲裁定性为“代行政府职能强制实施具有垄断性质”的仲裁,进行“收支两条线”管理,暴露出政府部门各行其是,政令不通之弊端,造成中国政府不守承诺的印象,损害了中国政府的国际形象。

有人以《办法》第2条第2款“根据法律、法规规定代行政府职能强制实施具有垄断性质的仲裁、认证、检验、鉴定收费,不适用本办法”的规定,证明对仲裁收费进行“收支两条线”管理正确。这实质是偷换概念,主张者很清楚《办法》第2条规定的“仲裁”与第3条规定的“仲裁”是在性质和管理方式上截然不同的两类仲裁,有意回避了一个实质性问题,就是其如何根据仲裁法“仲裁委员会独立于行政机关,与行政机关没有隶属关系”的规定和《纲要》对仲裁“商务服务业”的归类,推断出仲裁具有“代行政府职能强制实施具有垄断性质”的。

3.“收支两条线”窒息了仲裁机构活力,制约了仲裁事业发展。其一,仲裁收入受经济形势、仲裁机构信誉、案件数量、类型、仲裁员及机构工作人员服务质量等多种因素影响,“计划”赶不上“变化”,将其纳入僵硬的预算管理,势必影响仲裁业务的正常进行。其二,仲裁收入主要用于仲裁员报酬和办案开支这是各国商事仲裁的普遍实践;仲裁“收”与“支”密切联系,不仅“多收”要“多支”,而且支出要及时。这是仲裁业务活动的内在要求。但“收支两条线”强调的是“收”与“支”脱钩,且收入通过银行上缴国库,财政部门根据自定标准进行核拨,复杂的手续和核拨的滞后与拖延,降低了仲裁服务质量和效率。其三,仲裁作为一种专业性服务,其发展的好坏取决于人才的素质和服务质量,从各国仲裁发展看,仲裁收入主要用于仲裁员报酬,这不但是出于对仲裁员劳动的尊重和回报,也有利于吸引国内外优秀人才从事仲裁工作。而“收支两条线”核定的支出标准偏低,且拨付不及时,挫伤了仲裁员、仲裁机构工作人员的积极性,导致人才流失、业务萎缩。其四,这种“统收统支”方式,扭曲了市场对资源的配置,奖懒罚勤、奖劣罚优,造成仲裁机构对财政的过度依赖,不思进取,得过且过,既影响仲裁发展,也加重财政负担。其五,为国外一些人质疑中国仲裁民间性、独立性提供了把柄,不仅毁损我国几代仲裁人通过艰辛努力赢得的中国商

[1] 参见《纲要》第十六章第五节“规范发展商务服务业”。

事仲裁的国际信誉,致使案源大量流失,而且,给我国仲裁裁决在国外法院的承认执行留下严重隐患。

4. 阻碍了仲裁体制改革的顺利进行。《仲裁法》确立的新的仲裁制度是对旧的行政仲裁体制的根本变革,其核心内容是促使仲裁机构与行政机关脱钩,保证机构的独立性,保障仲裁的独立和公正。按照"无财产、无人格"的法律理论,财产管理权是仲裁机构"独立于行政机关,与行政机关没有隶属关系"的物质基础,"收支两条线"剥夺了仲裁机构财产管理自主权,使其成为行政机关的附属,行政权与仲裁权交织,权力和利益结合,不仅使《仲裁法》着力破除的旧制度下长官意志、行政干预、地方保护主义等弊端沿袭下来,并且出现了许多权力"寻租"的新的腐败现象。仲裁的价值和权威取决于仲裁员的素质和独立裁判。对仲裁机构采取行政化的收入与分配模式,也"造成管理人员对仲裁员的加强控制,从而根本上丧失仲裁的信用、信誉和权威"。〔1〕 且不说这样的仲裁机构"是否还称得上是仲裁机关,还是会沦为各国的笑柄",〔2〕单就其设立的作用而言,如果其与法院和行政机关处理纠纷的性质、职能上没有区别,单独设立一个行政性的纠纷解决机制纯属多余,势必"导致整体上的资源浪费和政府行政成本过高"。〔3〕 十四年前,为了短期内突破仲裁机构与行政机关的联系,改变"仲裁机构挂靠行政机关的格局",〔4〕《仲裁法》规定未重新组建的原仲裁机构,自《仲裁法》施行届满一年时终止,因而撤销了3000 多家仲裁机构,20,000多名工作人员被重新安置。在付出如此巨大的社会成本,且《仲裁法》实施十多年后,相当多的仲裁机构仍未摆脱行政机关附属地位,有的还重返行政序列,这真让人感慨万千。

十三年前,44 号文规定"仲裁委员会应当逐步做到自收自支",其目的是尊重仲裁发展规律,发挥市场资源配置作用,提高仲裁业整体水平。2000 年 8 月《中共中央组织部、国家人事部关于加快推进事业单位人事制度改革的意见》

〔1〕 邓锋、王家路:《仲裁机构国有资产的定性》,载《法制日报》2008 年 10 月 12 日。
〔2〕 邓锋、王家路:《仲裁机构国有资产的定性》,载《法制日报》2008 年 10 月 12 日。
〔3〕 邓锋、王家路:《仲裁机构国有资产的定性》,载《法制日报》2008 年 10 月 12 日。
〔4〕 胡康生:《中华人民共和国仲裁法全书》,法律出版社 1995 年版,第 26 页。

(以下简称《人事制度改革意见》)规定,“按照‘脱钩、分类、放权、搞活’的路子,改变用管理党政机关工作人员的办法管理事业单位人员的做法”,“扩大事业单位内部分配自主权,逐步建立重实绩、重贡献,向优秀人才和关键岗位倾斜,形式多样、自主灵活的分配激励机制”。实际上,只要按照《仲裁法》的规定,按照44号文和《人事制度改革意见》精神,不断推进仲裁体制改革,仲裁机构完全有可能成为自我激励和约束,充满生机活力的、独立的民间性仲裁服务机构。但是,按照29号文的规定,对那些已实现自收自支的仲裁机构,仍要进行“收支两条线”管理,令其“自收”而不“自支”,效益好的时候,收入全部上交(有些机构每年向财政缴纳为数不少的费用),仲裁机构无力为工作人员养老、医疗、失业等福利保障支付相应的费用,一旦“收”不抵“支”,且财政又难以承担,这些机构很有可能被以“自支”为由推向社会,作为包袱一甩了之。这种前景,容易激起怨愤,影响稳定,也使其他仲裁机构对“自收自支”望而生畏,放弃自力更生的努力,或者将“一套人马,两块牌子”的做法长期化,或者以仲裁费是“代行政府职能强制实施具有垄断性质”为由,争先恐后抢在事业单位分类改革前,实现“参照公务员法管理”(以下简称“参公管理”),以进入行政性事业单位序列。只要调查一下近两年开始实行和正在办理“参公管理”事宜的仲裁机构数量,看看那些主张仲裁机构实行“参公管理”或为其辩解的各种讲话、报告、纪要、文章,就不难理解“收支两条线”对仲裁制度改革的消极作用有多大。

三、以《意见》为指导,破除解决“收支两条线”的思想障碍

关于仲裁收费“收支两条线”给仲裁造成的影响,无论是理论界、实务界还是财政部门并无基本分歧。但何时解决?如何解决?财政部及相关部门却未予答复。笔者认为,尽管解决仲裁收费“收支两条线”问题有一定难度,但解决的条件已经具备,关键是财政部及相关部门能否以《意见》为指导,转变观念,破除以下思想障碍:

1. 认为仲裁收费“收支两条线”系历史造成,不可能短期解决。其实,历史是人创造的。如果当初在制定29号文时,能够按照《仲裁法》规定和中国加入世贸组织的承诺将民商事仲裁与行政仲裁区别开(这在技术上不难处理),就不

会产生随之而来的严重后果。同样，如果财政部及相关部门从善如流，及时修改29号文，这种后果不至于愈演愈烈，延续至今。“解铃还须系铃人”，关键是直面问题的态度和知错必改的负责精神。

2. 认为相当一部分仲裁机构仍作为事业单位管理，事业单位体制改革前，“收支两条线”问题难以解决。其实，“作为事业单位管理”的仲裁机构并不是铁板一块。现有的仲裁机构中就有因实行“事业单位企业化管理”或因定性为“公益组织”而不再实行“收支两条线”的。有些自收自支仲裁机构申请转为“事业单位企业化管理”，因财政部门未批而不成（财政部门批准的前提是仲裁收费“转为经营服务性收费管理”）。因此，真正的障碍不是“相当一部分仲裁机构仍作为事业单位管理”，而是29号文的错误规定。财政部和相关部门对纠正该文件的错误不是“不能”而是“不为”。当然，已实行“参公管理”的仲裁机构情况相对复杂，但是，鉴于《意见》已对事业单位改革提出明确思路：“按照政事分开、事企分开和管办分离的原则，对现有事业单位分三类进行改革。主要承担行政职能的，逐步转为行政机构或将行政职能划归行政机构；主要从事生产经营活动的，逐步转为企业；主要从事公益服务的，强化公益属性，整合资源，完善法人治理结构，加强政府监管”，财政部应按照《意见》的改革思路逐步放权，缩小“收支两条线”的管理范围，否则，将在以下几个方面影响行政体制改革的顺利进行。

一是财政部门管理范围太大，战线过长，削弱预算监管的执法力量。根据减贫与经济管理局、东亚和太平洋地区世界银行起草的《中国：深化事业单位改革，改善公共服务提供》的报告，2005年中国有100多万个事业单位，职工总数接近3000万，其“家底”及收益情况至今是个谜。对这样庞大的资产及收益实行“收支两条线”管理，势必耗费大量的人力、物力和精力，从而导致对行政经费的预算监督管理投入不足。根据《意见》“建设服务政府、责任政府、法治政府和廉洁政府”要求，对行使或代行政府职能的罚没收入、收费等，不仅要严格实行“收支两条线”管理，还要逐步纳入预算内管理，列入人大监督范围；要提高财政预算管理透明度、规范性、科学性、民主性，把纳税人的钱管好用好，有效制止政府机构的膨胀和浪费，平息人民群众作为纳税人对行政开支日益膨胀的强烈不满。但是,近些年,行政部门的年底“突击花钱”,每年9000亿元左右的公款吃喝、公车消费、公费出国,以及大量预算资金闲置造成浪费等,充分暴露出财政部门预算管理上的监督不力,执法疲软。尽管上述问题有诸多原因,但是,财政部门自己是否存在“该管的”没有切实管好,“不该管的”却管了不少的问题呢?及时放弃“不该管的”,不仅是为自己松绑、卸担子,也为国务院各部委的职能转变做出表率。

二是对“微观经济运行行为”管理过细、干预过多,财政部门事实上成为事业单位“国有资产”的经营者、管理者、监督者,“既当运动员又当裁判”,很容易导致“政企不分”“政事不分”“政府和中介组织不分”,从而增加了权力“寻租”、滋生腐败的机会。

三是抑制服务业的健康发展。在目前外贸不顺、内需不足的情况下,政府各部门应根据《意见》要求,努力实现从“社会管理型”到“公共服务型”的转变,将工作重点放在“创造良好发展环境、提供优质公共服务、维护社会公平正义”[1]上。不“承担行政职能”的事业单位,大多从事服务业务,因其专业、性质、目标、服务对象、内容各不相同,需要有相对灵活、符合各自特点的资金管理方式。“收支两条线”的“单位开票,银行代收,财政统管”单一管理方式,无异于削足适履,影响服务业的健康发展。中央提出科学发展观,鼓励自主创新。但是创新的起点是自主,创新就是没有先例可循。“收支两条线”管理剥夺了事业单位财务管理自主权,没有先例成为新项目不予批准的理由,这就削弱了我国服务业的自主创新能力。

四是随着事业单位“国有资产”增长,“收支两条线”管理任务日益加重,势必带来行政部门机构膨胀,形成尾大不掉之势,不仅增加了行政成本,而且增大了行政体制改革的难度。

有人认为为保证国有资产的“保值增值”,防止“私分”国有资产和国有资产的“流失”,政府需加强监督,严格实行“收支两条线”管理。这种说法似是而非。

---

〔1〕 见《意见》。

首先，财政对仲裁机构的财政资助是为了满足社会对仲裁的需求，而不是作为投资追求国有资产的“保值增值”。

其次，何为“私分”？未经财政部门和相关部门批准，分配、使用国有资产，就构成“私分”。其隐含意思是：财政部门和相关主管部门拥有统管所辖仲裁机构、事业单位国有资产的绝对权力，从这个意义上，“收支两条线”与其说是为防止国有资产流失，倒不如说是为了保障并强化财政部门和相关部门对这些国有资产的管理权。否则，“收支两条线”给中国仲裁事业造成如此严重损失（损失的何止是国有资产，还有中国仲裁的信誉和国际竞争力），包括政协委员、人大代表在内的专家、学者对此多次强烈呼吁，那些负有责任且有能力纠错的部门，何曾为防止国有资产的“流失”，主动关心、过问并认真予以解决？其实，国有资产是人民创造，为人民所有，无论是政府部门、仲裁机构还是其他事业单位，都是受人民委托管理国有资产。人民委托谁管理国有资产，不是看其地位和权力而是看其管理效果能否“更好地改善民生和改善生态环境”，[1]能否实现社会公平正义。据政协委员、国务院参事任玉岭《关于党政机关带头发扬艰苦奋斗传统的建议》，我国从改革开放初期的1978年至2003年的25年间，我国行政管理费用已增长87倍。行政管理费占财政总支出的比重，在1978年仅为4.71%，到2003年上升到19.03%，这个比重，比日本的2.38%、英国的4.19%、韩国的5.06%、法国的6.5%、加拿大的7.1%、美国的9.9%分别高出16.65、14.84、13.97、12.53、11.93和9.13个百分点。而且近年来行政管理费用增长还在大跨度上升，平均每年增长23%。另外，据财政部长谢旭人介绍，2007年政府直接涉及老百姓的医疗卫生、社会保障和就业福利上的开支，总共约6000亿元，相当于财政总开支的15%；“相比之下，美国上述三项的开支约为15,000亿美元，相当于联邦政府总开支的61%。也就是说，即使仅以财政收入来比较，中国财政收入占GDP的比例也已经超过美国，但是在民生方面的支出却不到美国的1/4”[2]。“虽然现在一年的财政开支4万亿元，但公共产品和公

---

〔1〕 引自温家宝总理在2008年“两会”结束时记者招待会上的讲话。

〔2〕 李炜光：《财政攻击》，载中国战略与管理研究会：http://www.cssm.org.cn/view.php! id = 18982，最后访问日期：2010年7月30日。

共服务还欠缺,行政开支、形象工程占绝对大头,花在国民福利上的钱只占小头”。[1] 事实说明,由财政部门和相关部门集中管理支配国有资产,不见得比仲裁机构、其他事业单位自主管理国有资产,更能改善国计民生,实现公平正义。特别是“对行政权力的监督制约机制还不完善,滥用职权、以权谋私、贪污腐败等现象仍然存在”[2]条件下,“收支两条线”这种对事业单位国有资产实行高度集中的计划管理方式,更容易使“以权谋私者的寻租活动日益猖獗,行政腐败广泛蔓延”。[3]

需要说明的是,仲裁机构财产虽是“国有”性质,但有相当部分是仲裁员、仲裁机构工作人员辛勤劳动创造出来的。以北仲为例,北仲自 1995 年 9 月 28 日成立,在北京市政府的支持下,在广大仲裁员、仲裁机构工作人员的努力下,业务发展蒸蒸日上,1999 年实现自收自支,2002 年实行“事业单位企业化”管理,截至 2008 年 9 月底,已向国家纳税 6600 多万元(是北仲组建之初政府财政拨款的 15 倍多),并用自有资金购置了近 7000 平方米办公用房、停车车位等。由于仲裁机构财产是仲裁事业发展的基础,且与大家的利益密切相关,因此,没人愿意将财产“分光”,而使机构后继无力。因此无论从促进事业发展,还是从提高国有资产效益,最有效的办法是让管理者把国有资产当作自己的资产那样精细管理。而这样做的前提是管理者必须拥有资产管理自主权。值得注意的是,仲裁收费中有一部分用于仲裁员、仲裁机构工作人员的服务报酬,属于仲裁员、仲裁机构工作人员的合法权益,应依法予以保护,没有法律明确规定,政府部门以不得以“国有资产”为名随意限制或剥夺。

为防止出现“内部人”控制,少数人侵犯大多数人利益现象,仲裁机构应建立并完善法人治理结构、权力制衡机制,强化仲裁委员会的决策、监督职能,提高资产管理使用的透明度、公开性、民主性,鼓励仲裁员、工作人员参与管理和监督。其实,造成国有资产“私分”“流失”的原因,多是权力缺乏有效监督和制

〔1〕 陈志武:《中国到了非民主不可的时候》,载天涯博客:http://blog. tianya. cn/blogger/post_show. asp? BlogID = 1402098&PostID = 12744585,最后访问日期:2010 年 7 月 30 日。

〔2〕 见《意见》。

〔3〕 吴敬琏:《中国的市场化改革从哪里来到哪里去》,载《中国经济时报》2008 年 8 月 31 日。

约所致。在“政府职能转变还不到位”，政府部门存在权力扩张冲动，出现回归计划经济体制倾向的情况下，要警惕那些以“防止国有资产流失、加强监督”为名，行权力扩张、设租、“寻租”之实，使公共权力“部门利益化”“部门利益私有化”的倾向。因为此种现象不仅已经造成国有资产大量流失，更重要的是损害了党和政府公信力，直接影响社会稳定。

最后，政府要加强监督，但监督目的是“创造良好发展环境”促进仲裁事业健康发展；监督的重点是政府部门对仲裁的行政干预，而不是以“审批”“核准”等方式直接插手机构的内部管理；监督方式应该法治化、民主化、规范化。政府部门监督应有法律依据，并在法律授权范围内行使权力，不得自设权力、滥用权力、扩张权力；监督程序要公开、透明，政府部门在制定涉及公民、法人和其他组织利益的规章、规范性文件时，要广泛听取意见，让各利害攸关方“充分地表达声音和利益关切，并于彼此之间展开正大光明的博弈”，[1]集中民智、保障民利，避免行政的随意和专断。监督者也要接受监督，权责相等，对滥用权力或监督不力的，群众有权质疑、问责，并要求责任人承担责任。

四、关于解决仲裁收费“收支两条线”问题的建议

解决仲裁收费“收支两条线”问题，应本着如下原则，一是要促使仲裁机构尽快与行政机关脱钩，淡化其行政色彩，使其成为真正独立、民间性的仲裁机构；二是要有利于建立并健全仲裁机构法人治理结构和自我约束、激励的机制，发挥市场配置资源作用；三是有利于厘清权利与权力界限，“以人为本”，“以民为重”，打破部门利益独大的封建格局，弱化那些包揽社会事务的管理功能，加强监督权力和制约权力的功能，降低权力“寻租”的概率。[2] 具体建议是：

1. 由财政部牵头与相关部门共同修改29号文，纠正其违反《仲裁法》，影响仲裁发展的相关规定。

---

〔1〕 江渚上：《以公开博弈祛除立法腐败》，载《新京报》2008年9月5日。

〔2〕 王海光：《漫谈政治体制改革的蛙步》，载360doc个人图书馆：http://www.360doc.com/content/09/0531/17/37874_3726784,shtml，最后访问日期：2010年7月30日。

2. 仲裁机构已实现自收自支的,改变对其“收支两条线”管理方式;已经实行“事业单位企业化管理”的,应借鉴一些国家、地区对仲裁机构给予相应免税优惠待遇的做法,对仲裁收费予以减税或免税。

3. 按照《办法》修改仲裁收费办法,扩大仲裁机构制定仲裁收费标准的自主权。

4. 2009 年全国人大组织《仲裁法》执法检查时,将“收支两条线”问题作为检查重点,要查清该问题没有解决的真实原因,对知错不改、拖延不办的责任部门、责任人进行问责。

改革开放与仲裁法*

(2008 - 12 - 6)

各位领导、专家、学者:

早上好!根据今天论坛的题目“改革开放与国际法”,我的发言题目是“改革开放与仲裁法”。我觉得在评价一部法律时,做实际工作的与搞理论研究的视角不同。搞理论尤其是研究国际法理论的,爱横向比较——比较世界各国在立法上的差异,我国的法律与其他国家的法律在法律条款、内容上的差异性。但我们搞实际工作的,更愿意做纵向比较,这个法与此前的法律相比是否有进步,进步之处是什么?为什么要这么规定?立法的背景是什么?因为我们是法律的执行者,也是仲裁法确立的仲裁制度在中国发展历史的亲历者,我们见证了仲裁法从立法到实施的过程。从这个角度我想谈几个问题:

一、从改革开放角度评价仲裁法的历史功绩

仲裁法的颁布实施是我国商事仲裁发展的一个里程碑,是我国仲裁由计划

* 为保留文章的历史性,体现对作者当时观点的档案性记录,本书文章均完整保留发文时的内容。全书同。

经济下的行政仲裁朝着市场经济条件下现代商事仲裁制度转变的一个拐点。从改革的角度,仲裁法对过去的行政仲裁体制进行了根本变革,确认了仲裁的民间性,将行政仲裁改为民间仲裁,将仲裁机构定位为独立于政府行政体系之外的仲裁服务组织,并促使其与行政机关脱钩,摆脱行政干预。仲裁法立法过程、法律内容本身充分体现了改革的精神。比如仲裁法直接由人大常委会法制工作委员会组织专家起草,广泛征求意见,没有沿袭部门起草的惯例,保障了立法过程的超脱与中立,减少了部门利益干预。仲裁法关于仲裁委员会的性质、设置、人员组成等的规定都是在淡化、消除仲裁机构的行政色彩。仲裁机构重新组建,一下子撤销了3400多家旧仲裁机构等。其改革力度之大,程度之深,涉及之广,前所未有。从开放的角度,仲裁法吸收了《国际商事仲裁示范法》的基本制度、基本原则和做法,如当事人意思自治、仲裁庭独立裁决、或裁或审、一裁终局等,直接与国际通行的商事仲裁制度接轨。这些即使放在今天,也需要来自立法机关领导层的勇气与魄力。仲裁法起草之时,正值邓小平同志"南方谈话"不久,全国上下一片改革之声,充满着改革的热情。这是当时仲裁法出台的历史背景。尽管仲裁法有些内容尚需完善,但是其历史功绩不可抹杀。这些历史功绩主要是:

其一,为独立的、民间性的仲裁机构提供了发展机遇和条件。以北京仲裁委员会(以下简称北仲)为例。北仲自1995年9月28日成立至2006年年底11年共受理案件10,167件,其中,2006年受理案件2463件,标的104亿元。而原北京市工商局所属19家经济合同仲裁委员会自1983年成立至1994年11年间,共受理仲裁案件7000余件,其中1994年1年受理案件1404件,争议金额6亿元。这些机构无论在案件数还是争议金额上无法与前者相比。最为重要的是,这些业绩是在不依靠行政权力,不耗用国家财政经费条件下取得的。北仲自1999年开始实现了自收自支,2002年开始实行事业单位企业化管理,比照同类市场主体向国家缴税。截至2008年11月底,纳税超过6800万元——是当初财政拨款(430万元)的15.8倍多。北仲在位于北京CBD中心的招商局大厦购置了近7000平方米的办公用房和70个停车车位。先进的理念,良好的信誉,雄厚的实力,使北仲在引导社会多元争议解决机制理念和制度创新上更加具有主动性和创造精神。继2009年4月1日推出独立的商事调解制度后，又开始配合国家发改委等九部委制定的建筑施工合同标准文本，北仲又起草了与合同文本争议评审条款相配套的《北京仲裁委员会建筑工程争议评审规则》(征求意见稿)，为建设工程评审制度的实施创造条件。可以说，没有仲裁法的颁布实施，就没有北仲的这类民间性仲裁机构的生存和发展。毋庸讳言，像北仲这样的仲裁机构在全国是少数，但已展示了仲裁法确立的新仲裁制度被社会认可程度及强大生命力。

其二，推动了仲裁体制改革的深入。改革涉及观念的转变和既得利益的调整，由于政府职能转变不到位，行政权力缺乏制约，仲裁体制改革中自然会遇到各种阻力，甚至在某段时期会出现一些倒退现象。但是仲裁法毕竟为改革者，为仲裁机构、仲裁员维护权利提供了有力的法律支持。相对于一些其他领域没有法律规范，仅凭领导的勇气和魄力“摸着石头过河”推进改革的情形，仲裁领域的体制改革要幸运、稳定、可靠得多。

其三，仲裁法将涉外仲裁制度与国内仲裁制度统一起来，打破垄断，发挥市场在仲裁领域中的资源配置作用，促进了竞争，给仲裁机构带来压力和动力，从而促使仲裁服务质量和效率的提高。

其四，培养了一批仲裁人才。目前全国仲裁员人数超过40,000多人，这些来自不同行业、具有不同专业背景的专家通过仲裁实践，积累了大量的知识、经验，提高了办案能力。而且，仲裁事业发展使仲裁员职业群体的发展成为可能。在仲裁实践中，仲裁员的主人公意识、主体意识、参与意识和责任意识也大大加强，成为推动仲裁发展的中坚力量。这种人才与事业发展的良性互动，是仲裁事业持续发展的保障。同时，仲裁员来自法学界、经济领域的专家、学者背景，也增强了理论界、学术界与实务界的融合，促进了法学教育的改进。

其五，宣传了现代商事仲裁理念。

其六，提高了我国仲裁制度的国际地位和声誉。

二、仲裁法执行面临的困境和问题

仲裁法的顺利实施涉及政府职能转变、行政体制改革和事业单位体制改

革,在后者改革滞后情况下,仲裁体制改革难以孤军深入,目前仲裁法执行面临的困境和问题主要是:

一是现行体制及相关政策措施不配套,甚至与《仲裁法》规定相抵触,如2003年财政部、国家发展和改革委员会、监察部、审计署联合颁发的《关于加强中央部门和单位行政事业性收费等收入"收支两条线"管理的通知》,将仲裁界定为"强制实施"的具有"垄断性质"的"政府职能",对仲裁收费实行"收支两条线"管理,不仅违反了仲裁法"仲裁委员会独立于行政机关,与仲裁机关没有隶属关系"的规定,而且,导致仲裁机构管理体制僵化,缺乏生机与活力。

二是政府职能转变不到位,行政权缺乏制约。一些行政部门在仲裁机构成立后,把着权力不放,将仲裁机构作为自己的附属,行政领导和工作人员在仲裁委员会办事机构兼职、干预机构工作、侵占机构利益,挫伤了仲裁机构工作人员积极性,损害了仲裁的独立与公正。

三是一些地方盲目组建仲裁机构,仲裁机构成立后陷入人才匮乏、管理不善、案源不足、难以为继的困境:或者一些仲裁机构沿用行政机关管理制度、管理习惯及做法,效率低下、服务差,无法实现经济自理,希望进入行政序列,实行参照公务员管理;有的已进入行政序列。这与仲裁制度的改革方向背道而驰。随着体制改革的深入,这些仲裁机构将来的去向及人员安置又成为改革必须面对并须慎重解决的难题。

四是仲裁法关于仲裁程序规定采用了诉讼的一些做法,不利于体现仲裁灵活、便捷的特点。实践中,一些法官对此的机械理解和执行,助长了仲裁中的诉讼化倾向;另外,关于不予执行仲裁裁决的司法监督制度,主要沿袭行政仲裁体制下对行政仲裁裁决进行司法审查的做法,已不适应当前的形势。

五是一些仲裁机构领导及与仲裁相关行政部门领导缺乏现代商事仲裁理念,官本位思想严重,习惯用行政思维、行政理念和习惯做法推行仲裁工作,不仅使仲裁机构工作带有较强的行政色彩,而且,仲裁界在一些基本原则、常识性问题上,认识混乱,缺乏共识,增加了改革的阻力。

三、仲裁法的未来发展

尽管仲裁法实施面临很大困难和阻力,但时代在发展,人心思变,因此,仲裁法的实施及修改完善也面临很大的机遇。一是2009年2月中共中央十七届二中全会通过的《关于深化行政管理体制改革的意见》(以下简称《意见》),其核心内容是"深化行政管理体制改革""加快政府职能转变"。政府部门职能转变,权力受到相应制约,仲裁机构的外部环境会相对宽松。二是事业单位体制改革即将全面实行,《意见》已提出事业单位分类改革的明确思路。三是在全球经济危机影响下,中国财税收入锐减,缩减行政事业经费势在必行。有关部门已下文,停止审批行政事业单位,仲裁机构重返行政序列将受到限制。另外,政协委员、人大代表、著名学者梁慧星教授所提的关于解决"收支两条线"问题的议案、提案,也引起有关部门的重视,为解决这个问题创造了良好的条件。因此,我们应该按照仲裁法规定和《意见》精神,尽快推进仲裁机构体制改革。具体是:

(一)根据《意见》"政事分开、政府与市场中介组织分开"的原则,理顺行政机关与仲裁机构的关系,清理行政机关领导和工作人员在仲裁委员会办事机构中兼职问题,纠正制止行政部门侵占仲裁机构利益、干预仲裁机构工作问题,保证仲裁机构的独立性。

(二)根据仲裁法规定、《意见》关于事业单位分类改革的思路,编制管理部门制定的具体政策,进一步明确仲裁机构法人类型,应将其定性为"具有一定公益属性,可基本实现由市场配置资源的事业单位",改变"用管理党政机关工作人员的办法"管理仲裁机构的做法,扩大仲裁机构自主权,建立健全仲裁机构的法人治理结构,权力制衡和利益均衡机制。

(三)提高行政机关对管理监督的法治水平。相关行政部门要贯彻落实国务院《全面推进依法行政实施纲要》(2004年)的精神,即"凡是公民、法人和其他组织能够自主解决的、市场竞争机制能够调节的、行业组织或中介机构通过自律能够解决的事项,除法律另有规定的外,行政机关不要通过行政管理去解决",要为仲裁机构健康发展,创造良好的外部环境。

(四)尽快改变仲裁收费"收支两条线"财务管理方式,保证仲裁机构财务管理的自主性和仲裁工作的独立性。仲裁机构也应按照1995年8月1日国务院办公厅《重新组建仲裁机构方案》(国办发〔1995〕44号文)中"仲裁委员会应当逐步做到自收自支”规定,努力实现经费自理,摆脱对财政的依赖。财政对仲裁机构的资助,应从拨人头费向购买服务方式转化。促进仲裁机构提高绩效,“从制度上”发挥市场在仲裁领域中的资源配置作用,提高仲裁行业的整体水平。

(五)仲裁机构改革到位,仲裁机构与行政机关彻底脱钩后,可逐步放开市场准入,允许部分行业协会,商会团体根据需要和可能组建仲裁机构,满足社会对仲裁的多样化需求。

(六)修改仲裁法,完善仲裁裁决的司法监督制度。

(七)加强仲裁法的宣传工作,尤其是加强对相应行政机关和仲裁机构领导的仲裁法培训工作,宣传现代仲裁理念。建议全国人大常委会相关部门能够组织仲裁法执法检查,对于仲裁法执法效果进行客观评估,撰写文章,宣传仲裁法的立法背景基本原则,正本清源,纠正错误的思想和观点。

希望法学界的专家学者能够关注仲裁体制改革问题,撰写文章普及仲裁常识、阐述仲裁法的精神实质,宣传现代商事仲裁理念,积极推进仲裁体制改革。可能有人认为,这些属于常识性问题,不值得学界如此耗费精力。但在现实中,不仅仲裁机构民间性问题常常遭到公开的质疑和否定,而且,一些仲裁行政化的做法在不断得到肯定并逐步强化。其中,除了利益因素外,还因为这些常识性问题,在我国并未成为常识。如果我们了解常识背后所包含的复杂而微妙的背景及可以实际说出的普遍可能性,能说出常识也需要勇气和良知。但是,法律人只有忠实于自己对法律的信仰,才能在推动社会文明进步过程中赢得自己的地位和尊严。可能有人认为,仲裁机构性质问题属于仲裁机构内部问题,是利益之争,与学界无关。其实即使从利益角度,也要区分通过诚实劳动为社会创造价值的合法利益与利用权力掠夺他人合法利益的非法利益。维护前者、打击后者恰恰是维护社会公平正义的应有之义。作为法律人连自己的利益受到侵犯都不敢维护,别人怎么能相信你有勇气、有能力为别人伸张正义呢?仲裁机构的性质关系我国仲裁的性质,关系仲裁事业发展方向,关系到国家民族利益,学界也不能置身其外,搞学术研究,需要相对超脱,但一味回避社会重大现实问题,也容易使自己边缘化。在这方面,北仲愿意与学界合作进行课题调研,学术研讨,推进我国仲裁事业发展。

关于仲裁机构的税收问题

(2010－10－15)

2010年6月25日,财政部回函对人大代表梁慧星教授提出的《关于财政部应迅速纠正继续将“仲裁费”作为“行政事业性收费”进行预算管理》的议案[1]作出答复。财政部“赞同”梁教授提出的“仲裁委员会收取的仲裁收费应纳入‘中介服务收费管理’范围,不宜作为行政事业性收费,实行‘收支两条线’管理”的建议,认为“随着社会主义市场经济体制的不断完善,以及全球经济一体化进程的加快,仲裁行业发展情况有了明显变化,初步形成了仲裁竞争市场”,“有关仲裁机构和仲裁收费管理的相关规定和制度需要相应做出调整和完善”,应“将贸仲委收取的仲裁收费转为经营服务性收费”,并认为“地方仲裁委员会的仲裁收费与贸仲委的仲裁收费性质相同,也应逐步转为经营服务性收费”。这是财政部对人大代表的议案以及长期以来困扰中国仲裁机构发展的财务管理体制问题作出的正面、积极、建设性的回应。首先,财政部明确表态仲裁收费应纳入“中介服务收费管理”范围,而“不宜作为行政事业性收费”,实行“收支两条线”管理,这相比过去坚持“仲裁收费”是“代行政府职能、强制实施具有垄

[1] 全国人大三次会议十一届第6049号议案。

断性质”的“行政事业性收费”[1]来说是一个明显的进步。其次,财政部认为:“地方仲裁委员会的仲裁收费与贸仲委的仲裁收费性质相同”,均应“逐步转为经营服务性收费”。这就是说,在仲裁收费性质及管理体制上,是全国一盘棋,不存在过去业内人猜测的“一国两制”——部分仲裁机构的收费按“行政性事业收费管理”,部分仲裁机构的收费按“经营性服务收费”管理的问题。最后,尽管“考虑到各地发展情况差别较大”,因而“由省级财政、价格主管部门自行决定是否转为经营服务性收费”;但最终目标是仲裁机构都要转为“经营服务性收费”,使仲裁机构全部成为“市场竞争主体,并完全遵照自愿、平等、协商的市场经济原则收取仲裁费用”。这使那些以“仲裁收费作为行政事业性收费管理”论证仲裁收费就是“行政性事业收费”,进而推论仲裁机构是“代行政府职能”的行政性机构,要“参照公务员管理”的主张失去立论的依据。同时提醒仲裁机构未雨绸缪早做打算。这有利于抑止仲裁机构行政化倾向,推动仲裁机构的改革和发展。

“仲裁收费转为经营服务性收费”后,仲裁机构使用税务发票,实行企业的财务管理制度,拥有很大财务管理自主权,这实际上是仲裁机构推行“事业单位企业化管理”,转变管理机制的一种转制行为。但是仲裁机构转制后须依照企业标准“依法纳税”,这就带来以下几个新的问题。

一、不合理的重复征税方式从根本上损害当事人的利益

首先,在按企业标准纳税条件下,仲裁员报酬除了按20% ~40%的税率计征个人所得税外(这已然是很高的税率),还要征收营业税、城建税、教育费附加等。实际上,仲裁员报酬是仲裁员为当事人提供的争议解决服务的劳动所得。虽然作为仲裁收费的一部分。但这是仲裁机构作为“中介组织”为仲裁员代收代支的款项,不应纳入机构的总收入。国外存在临时仲裁和机构仲裁两种模式,但仲裁员报酬无论是由当事人直接支付,还是由仲裁机构代为收取和支付,税务部门只征其个人所得税,不重复征其他税种。其次,仲裁员是仲裁的主人,仲裁好坏取决于仲裁员,目前我国仲裁员报酬普遍偏低(国外仲裁员报酬占仲

[1] 参见2003年5月9日,财政部、国家发改委、监察部、审计署四部委下发《关于加强中央部门和单位行政事业性收费等收入“收支两条线”管理的通知》(财综[2003]29号)。

裁收费比重超过一半以上)，影响了仲裁员的积极性、主动性和创造精神。这种状况，应随事业发展逐步改变；但是，重复征税，导致仲裁员报酬比例越大，重复征收的数额越大，机构的负担越重。这种做法，使仲裁机构不愿或不能逐步提高仲裁员报酬，这不利于提高仲裁员的责任心和专业素质。再次，仲裁员通过公正及时解决争议，已为社会和谐发展做出贡献，并且已缴纳个人所得税，履行了公民义务，再要求承担营业税、城建税、教育费附加等，就很不合理。最后，由于仲裁员报酬由当事人支付，重复征税的后果最终要转嫁到当事人头上，这损害了仲裁当事人的利益，对仲裁当事人来说很不公平。因为法院的经费全部由财政提供，当事人选择诉讼，可享受纳税人对其争议解决的财政补贴，选择仲裁，不仅没有补贴，还要缴纳税款，这实际上是鼓励当事人选择诉讼，让“各种矛盾、纠纷更加集中于法院”，违背了建立仲裁制度的初衷。

二、税赋过重影响仲裁机构的正常运营

以北仲为例，北仲除按照全部收入的5.5%税率缴纳营业税、城建税、教育费附加外，还按照利润的25%缴纳企业所得税，加之印花税、车船使用税、残疾人保障金、个人所得税等，纳税占收入的23%。以2009年为例，北仲仲裁收入减去税款及各项开支后盈余4.27万元，若不是北仲拥有自己的办公用房并能通过出租部分用房获得租金，将出现“支”大于“收”的情况。北仲自1995年9月28日成立，经过十五年积累，拥有近7000平米办公用房和70个停车车位。北仲的绩效水平一直在全国位居前列。以北仲的条件尚感税负沉重。对于那些刚刚实现自收自支，没有任何积累的仲裁机构来说，过重的税负无疑会成为“压倒骆驼的最后一根稻草”。制定仲裁税收政策，必须从大多数仲裁机构实际状况出发，而不是以少数发展好的仲裁机构为标准。即令对转为“经营性服务收费”仲裁机构征税，也要掌握一个原则，即税负水平不能影响到仲裁机构自身提高和发展。现在的税负令大多数仲裁机构无法维持正常生存，遑论提高和发展。另外，将欲取之，必先予之。减轻税负并不意味国家税收减少：仲裁事业发展了，做大做实了税基，不仅不会减少财政收入，反而会带来税收的长久增长。目前的做法等同于杀鸡取卵，竭泽而渔。

三、税负过重阻碍仲裁体制改革的深入进行

《仲裁法》规定“仲裁委员会独立于行政机关,与行政机关没有隶属关系”。与之衔接,国务院办公厅《重新组建仲裁机构方案》规定,“仲裁委员会设立初期,其所在地的市人民政府应当参照有关事业单位的规定,解决仲裁委员会的人员编制、经费、用房等。仲裁委员会应当逐步做到自收自支”。其目的是淡化仲裁机构的行政色彩,加快仲裁体制改革,使仲裁机构成为民间性、独立性的仲裁机构。在现行体制下,仲裁机构独立,必须建立在经济上自立基础上。能否实现自收自支,已成为仲裁机构独立及仲裁体制改革的重要前提。但是,从1995年9月1日《仲裁法》实施到现在,历经15年“过渡”,全国211家仲裁机构中实现“自收自支”的是少数,自收自支并“依法纳税”的,更是少而又少(估计不超过仲裁机构总数的5%)。这说明全国仲裁机构的收入普遍偏低,经济状况不佳。究其原因,一是国务院办公厅制定的《仲裁委员会仲裁收费办法》的收费标准较低。该标准基本参照诉讼标准取费,未考虑仲裁机构自收自支的需求。我国诉讼费标准偏低是公认的事实。曾有学者指出偏低的诉讼收费,降低了诉讼成本,助长了滥诉、缠诉行为,增加了法院的办案量。尽管如此,法院经费全由财政承担,诉讼费收多收少不影响法院工作的正常开展。而仲裁机构则是靠仲裁收费维持,如果“收”小于“支”,仲裁机构根本不能生存。实际上,《仲裁法》实施初期,社会对仲裁缺乏了解和认同,很多仲裁机构为吸引当事人,在制定收费办法时采取中档偏下的标准,这导致大多数仲裁机构积累不足,后续乏力,不得不长期依赖财政。二是《仲裁法》实施后相当一段时间里,仲裁收费作为“行政事业性收费”实行“收支两条线”管理,限止过多、管理过死,扼杀了仲裁机构的生机与活力。尽管仲裁收费转为“经营性服务收费”后,仲裁机构将有较大的管理自主权,利于其实现自我激励、自我发展;但由于积累不足,仲裁机构实现自收自支已感艰难,再要其承担过重的税负,就会使多数仲裁机构视转为“经营性服务收费”为畏途,非但不去实现自收自支,还要想方设法挤入“行政序列”,实行“参公”管理,加大了财政开支和改革阻力。与其如此,为什么我们不能让实现自收自支的仲裁机构,在享受扩大的自主权的同时享受“非营利组

织”的税收政策,让其从“行政事业单位”从容过渡到独立的“市场竞争主体”。这种“非此即彼”——要么将仲裁机构收费作为“行政事业性收费”实行“收支两条线”管理,要么转为“经营性服务收费”按照企业标准纳税的极端做法,不符合科学社会发展观,不利于仲裁机构朝着“自收自支”方向顺利过渡,改变其长期“吃财政”的状况。既然我们知道“仲裁机构由行政事业单位重组成为市场竞争主体”,“客观上还需要一个过程”,允许未实现自收自支的仲裁机构在《仲裁法》实施后十五年乃至今后若干年内享受和继续享受财政拨款,为什么就不能给予实现自收自支的仲裁机构以相等的期限内的税收优惠政策呢?后者是在不断减少财政开支的情况下,鼓励仲裁机构朝着《仲裁法》指引的方向健康发展,其良性示范作用及对改革的重要意义远远大于前者。诚然,即便享受税收优惠政策,一些仲裁机构也会因管理不善被淘汰出局;但是,这是市场自然选择的结果,而非不合理制度造成的后果。我们设计和执行制度,要从仲裁事业发展大局和国家长远利益出发,尽可能促使更多的仲裁机构焕发生机与活力,而不是相反。

四、税赋过重抑制多元争议解决机制的形成和发展

当前我国正处在社会转型期,社会矛盾进入了易发、多发期,纠纷的类型增加,处理的难度加大,纠纷的数量也呈上升趋势。新时期社会矛盾的特点决定了纠纷解决不能仅仅依靠法院一家,而应当充分发挥诉讼和各种非诉讼纠纷解决方式的优势、特点,构建科学、系统的诉讼和非诉讼相衔接的矛盾纠纷调处机制,防止“各种矛盾、纠纷更加集中于法院”,因而必须“促进非诉讼纠纷解决机制的发展”。[1] 2009年7月,经中央批准,最高人民法院颁布《关于建立健全诉讼与非诉讼相衔接的矛盾纠纷解决机制的若干意见》(以下简称《纠纷解决机制意见》)。《纠纷解决机制意见》第2条规定:“4. 认真贯彻执行《中华人民共和国仲裁法》和相关司法解释,在仲裁协议效力、证据规则、仲裁程序、裁决依据、撤销裁决审查标准、不予执行裁决审查标准等方面,尊重和体现仲裁制度的特

---

〔1〕 2009年8月4日,最高人民法院新闻发言人孙军工就最高人民法院发布《关于建立健全诉讼与非诉讼相衔接的矛盾纠纷解决机制的若干意见》的发言,载《人民法院报》2009年8月5日。

有规律,最大限度地发挥仲裁制度在纠纷解决方面的作用。对于仲裁过程中申请证据保全、财产保全的,人民法院应当依法及时办理。"可以说,仲裁等非诉争议解决机制的地位、作用从未像今天这样为中央和法院系统所重视,这是国内社会经济发展变化的必然。但是,发展多元化争议解决机制不能只靠人民法院一家,而且,对仲裁的鼓励和扶持不能只停留在文件上,必须切实解决制约仲裁机构发展的体制问题。《仲裁法》实施前,国内长期实行行政仲裁。《仲裁法》实施后,建立了现代商事仲裁制度并有一定程度的发展,但由于相关制度不配套,体制改革滞后,仲裁发展缓慢,每年全国仲裁案件不足法院案件的3%,与社会对仲裁的需求相差甚远。财政部答复虽然明确了仲裁机构财务管理体制改革的方向;但是,过重的税负,会使刚刚自收自支的机构很快陷入困境,削弱我国仲裁行业的竞争力和可持续发展能力,抑止了多元化争议解决机制的形成和发展。

五、解决仲裁机构税收问题的建议

(一)根据仲裁机构的性质,而不是仲裁收费性质界定其纳税主体并参考适用相应的税收政策

《企业所得税法实施条例》(以下简称《实施条例》)第84条第1款规定,"非营利组织"是指同时符合下列条件的组织:(1)依法履行非营利组织登记手续;(2)从事公益性或者非营利性活动;(3)取得的收入除用于与该组织有关的、合理的支出外,全部用于登记核定或者章程规定的公益性或者非营利性事业;(4)财产及其孳息不用于分配;(5)按照登记核定或者章程规定,该组织注销后的剩余财产用于公益性或者非营利性目的,或者由登记管理机关转赠给与该组织性质、宗旨相同的组织,并向社会公告;(6)投入人对投入该组织的财产不保留或者享有任何财产权利;(7)工作人员工资福利开支控制在规定的比例内,不变相分配该组织的财产。从法理上,仲裁机构符合"非营利组织"的上述特征:第一,仲裁机构是依据《仲裁法》经地方政府批准并向司法行政机关登记的事业法人。第二,仲裁机构是公益型组织,不以营利为目的,通过解决纠纷,促进社会和谐和经济发展。第三,仲裁机构的收益和结余除用于仲裁业务支出

外,还用于仲裁、调解等争议解决的培训、研究、宣传推广等公益事业。第四,按照有关规定,仲裁机构的财产及孳息,只能用于仲裁事业而不得用于个人分配。第五,根据国务院办公厅印发的《仲裁委员会章程示范文本》第 27 条,“仲裁委员会终止,应当对财产进行清算。清算后,剩余财产归国家所有”。第六,仲裁机构重新组建时,政府对其予以一定程度的财政资助,但这是政府向纳税人履行其公共服务义务的行为,而不是为国有资产增值的投资行为。政府对仲裁机构的财产不享有“分红”的权利。第七,仲裁机构人员工资福利开支,一直按国家相关规定办理,接受仲裁委员会、政府有关部门的监督检查,不得“变相分配”机构的财产。因此,即使对仲裁机构征税,也应以“非营利组织”为参照系,而不是以“营利企业”为参照系。实际上,政府有关部门在制定仲裁机构的收费标准时,要求仲裁机构提供解决争议的社会公共服务,一直强调仲裁机构是非营利的社会公益型组织,要仲裁机构服务于社会公共利益而不能以追逐利润为目标。为什么确定征税政策时就全然不考虑仲裁机构的“非营利性”特点呢?当然,仲裁机构是伴随《仲裁法》实施出现的新生事物,由于相关体制改革未能配套同步进行,有关部门将其作为“行政性事业性单位”,实行“收支两条线”管理,有客观原因;但是,时至今日,有关各方对仲裁制度、仲裁机构性质已有了比较深入和相对一致的理解,我国行政管理体制已经发生了很大的变化,继续沿袭那种“非此即彼”的做法已不合时宜,必须根据形势变化进行制度创新——比照“非营利组织”对仲裁机构采取更为宽松的税收政策。

(二)根据仲裁的社会价值和作用确定相应税收扶持政策

税收优惠政策历来是国家鼓励扶持对国民经济发展具有重要意义的产业、项目的有效手段,是促进国家经济发展的润滑剂。我国为吸引外资、发展高新技术产业采取一系列税收优惠政策。与之相比,仲裁对社会的贡献及“技术密集”“知识密集”的程度均远超前者。首先,仲裁是在不动用财政经费和国家公权的前提下,利用民间力量解决纠纷,化解矛盾,缓解法院压力,不但其争议解决的社会成本低廉,而且避免了公权裁判带来的责任、压力和风险,在维护社会稳定和谐,促进经济发展中发挥着诉讼无法替代的作用。仲裁解决的争议越多,对社会的贡献越大。其次,现在,商事仲裁是解决国际经济纠纷的主要途径。仲裁发展的好坏,不是仲裁行业自身生存发展问题,还关系我国民族利益在国际贸易、投资领域中能否受到有效保护的问题,关系我国法律国际地位和影响问题——仲裁国际竞争力是综合国力的组成部分。由于我国仲裁未在国际商事仲裁中确立相应的地位和信誉,我国企业、个人通过国外仲裁机构、仲裁员仲裁国际贸易、投资争议时,屡屡受到不公正待遇,损失惨重。根据2010年1月中国海关总署发布的最新数据,我国出口额世界第一,成为名副其实的国际贸易大国。因此,发展仲裁对我国对外经济的发展具有重要的战略意义。最后,仲裁不占用空间、能源、资源,不污染环境,其发展好了还能带动律师、咨询、旅游、餐饮等相关产业发展,解决社会就业问题,成为我国经济新的增长点。英国2007年仲裁收入400亿英镑,超过其保险业收入。为此,一些国家、地区为了鼓励仲裁发展,对仲裁机构实行免税、减税优惠制度。如香港特区政府对香港国际仲裁中心不仅长期以来对其实行免税政策,而且以1港元为对价,让其租用位于香港繁华地段2000多平米的办公用房。美国政府对美国仲裁中心长期实行免税政策。日本国际商事仲裁协会政府不仅对其免税,还给予部分财政支持。这些都是在保证仲裁机构独立性前提下所给予的扶持政策。我们可借鉴这些国家、地区的做法,为鼓励我国仲裁制度发展,对仲裁机构实行相应的税收优惠政策。

(三)关于仲裁机构的税收政策修改方案

为了推动仲裁机构的体制改革,促进仲裁机构的健康发展,对已实现自收自支、不享受财政拨款的仲裁机构建议采取以下税收优惠政策:

1. 对仲裁机构参考“非营利组织”税收政策给予其一定期限内免征和减半征收企业所得税待遇(具体期限由各省、自治区财政、税务部门根据当地仲裁发展的实际需要确定)。

2. 参照《营业税暂行条例》第8条第4项规定,对仲裁员报酬比照“学校和其他教育机构提供的教育劳务”免征营业税。

3. 仲裁机构实行税收优惠政策后,其业务收入扣除成本后的余额,应作为仲裁机构的事业发展的资金,用于仲裁、调解等多元争议解决的研究、培训和宣传或按照仲裁机构的章程所规定的用途进行使用。

仲裁机构在事业单位分类改革中的困境及建议（节选）

——以北京仲裁委员会为例

（2012－8－2）

二、北仲在事业单位分类改革中面临的困境

北仲在本次分类推进事业单位改革中遇到的最大困境是没有与其性质、职能相近的事业单位分类类型和适应其发展的相关政策。如果按现行标准和相关政策，北仲的发展将会受到很大的限制甚至损害。

1. 根据《国务院办公厅关于印发分类推进事业单位改革配套文件的通知》《中共中央、国务院关于分类推进事业单位改革的指导意见》文件精神，事业单位只有公益一、公益二两类，北仲既不属于“不能或不宜由市场配置资源”的“公益一”，似乎也不属于“承担高等教育、非营利医疗等公益服务，可部分由市场配置资源”的“公益二”。因为，根据《北京市关于事业单位分类的实施意见》，“公益二”认定条件是“按照中央、市、区县和政府确定的公益目标和相关标准开展公益服务”。北仲的公益目标是《仲裁法》规定的，能否被视为“按照中央、市、区县和政府确定的公益目标和相关标准开展公益服务”还值得商榷。即使勉强列入“公益二”，与之对应的财务制度也存在以下问题：按照《关于分类推进事业

单位改革中财政有关政策》规定,“对事业单位利用国家资源、国有资产等提供特定公共服务取得的政府非税收入,要严格按照‘收支两条线’规定的要求,上缴国库或财政专户。对事业单位向社会提供经营服务取得的收入,要全额纳入单位预算,统一核算、统一管理,主要用于公益事业发展”。这里的关键是由“谁”来“统一核算、统一管理”,又如何进行“统一核算、统一管理”。

按《关于分类推进事业单位改革中财政有关政策的意见》第18条规定,“对改革后仍保留在事业单位序列的事业单位,各级财政部门要切实履行财政管理职能……进一步健全事业单位财务管理制度,强化预算约束,规范收支管理,加强财务监督检查”,“各事业单位及其主管部门要进一步加强单位内部管理……要加强对事业单位经济活动的财务控制和监督……”根据《关于分类推进事业单位改革中加强国有资产管理的意见》第5条规定:“保留在事业单位序列的事业单位,要严格按照《事业单位财务规则》(财政部8号令)、《事业单位国有资产管理暂行办法》(财政部36号令)的规定加强国有资产管理……要加强事业单位对外投资、出租出借和自用资产管理,探索建立资产共享共用机制,规范资产处置行为……”由此看来,仲裁机构的资产及财务收支状况,主要是由财政部门和仲裁机构的主管部门——地方政府法制部门和中国仲裁协会(国务院法制办几次筹建方案,都提到由协会对中国仲裁活动实行统一管理)对仲裁机构进行“统一管理”管理的模式,依然是微观干预,严格管制。由于财政部和主管部门不可能全部掌握不同类型事业单位千变万化的信息,这种管理模式不仅会“一刀切”地将机构管死,而且会强化机构对行政部门的依附,损害机构的独立性,这是倒退而不是改革。同时,该制度赋予主管部门对事业单位内部进行管理,而对这种管理未做任何约束,容易造成一些主管部门的权力寻租和腐败现象。

另外,根据《深化事业单位工作人员收入分配改革的意见》第2条第2项规定,“各地综合考虑经济发展、财力状况、物价消费水平……公务员规范后津贴补贴水平等因素……确定当地事业单位本年度绩效工资水平控制线,各事业单位绩效工资水平原则上不得高于控制线”。这种“一刀切”的做法也会导致优秀人才的流失,影响中国仲裁的国际竞争力。

2. 如果将仲裁机构直接划为企业，将会出现下列问题：

（1）违反《仲裁法》设立仲裁机构的宗旨和目的。《仲裁法》立法设立仲裁机构目的是“保证公正、及时地仲裁经济纠纷，保护当事人的合法权益，保障社会主义市场经济健康发展”，而不是为了营利。因此，《仲裁法》规定“仲裁机构向司法部门备案”，而不是向工商部门登记。国际上，由于仲裁化解矛盾、维护社会稳定方面的重要作用，很多国家政府将仲裁机构作为非营利组织，从英美法系和大陆法系两大法系的模式来看：英美法系主要采取有限担保公司的形式，而大陆法系则多为注册的社团法人，或为商会下设的仲裁机构，并给予相应免税减税待遇。将仲裁机构归类为企业，既不符合国际惯例，也不符合《国务院办公厅关于事业单位分类的意见》规定的“以社会功能为依据，合理划分现有事业单位类别……不以机构名称、经费来源、人员管理方式等作为分类依据”的原则。

实际上，2007 年事业单位分类改革方案中，还有一个可由市场配置资源的“公益三”类型，这本是事业单位分类改革中的一个亮点，限制行政部门对事业单位进行微观管理的有益尝试，也是事业单位在要么实行“收支两条线”财务制度，要么比照企业依法纳税这种非此即彼政策中的一个过渡区间。其实确实存在大量既从事公益服务职责，又“所提供的产品或服务可以由市场配置资源”，且完全有别于营利性企业的事业单位。这些组织也需要政府的扶持和政策引导。但本次事业单位分类推进改革中取消了这个类别，这多少让人感到这种分类依据的矛盾和指导原则的偏差。我们认为，事业单位分类推进改革的重点是改革，正确的原则应该是搞活事业单位，规范限制行政部门对事业单位微观干预的权力，大力发展公共服务事业。

（2）根据《关于分类推进事业单位改革中从事生产经营活动事业单位转制为企业的若干规定》，“转制单位与原主管部门脱钩的，由财政部门履行监管职责，其国有资产管理除国家另有规定外，由履行国有资产出资人职责的机构负责”，同时要“按有关规定及时办理国有资产产权登记和工商登记”。仲裁机构的独立性是保证仲裁公正的基础，将仲裁机构作为国有企业划归国资委管理，外企、民企及其他部门所属企业会因担心机构的中立性、独立性而不敢再选择仲裁。这使仲裁机构失去了超脱和独立地位,影响仲裁的公信力。

(3)根据《关于分类推进事业单位改革中从事生产经营活动事业单位转制为企业的若干规定》第7条规定,转制单位要由"同级财政部门依法核定国家资本金"。问题是如何核定"国家资本金",根据2007年6月7日财政部制定《事业单位国有资产管理暂行办法》,事业单位国有资产是指"事业单位占有、使用的,依法确认为国家所有,能以货币计量的各种经济资源的总称"。而国有资产范围包括"国家拨给事业单位的资产,事业单位按照国家规定运用国有资产组织收入形成的资产,以及接受捐赠和其他经法律确认为国家所有的资产",也就是说只要事业单位运用国有资产"组织收入"形成的资产就是国有资产。按此逻辑,北仲成立之初,财政曾资助430万元。尽管北仲已累积纳税1亿多元,是财政资助的24.5倍,但鉴于北仲目前积累了1.5亿元固定资产,系由430万元"组织收入"形成,因而很可能被界定为国有资产,这于法于情于理都说不通。这些资产是北仲全体仲裁员、工作人员通过公正、高效的仲裁服务创造的,应该是机构财产,机构解散了也应作为社会公共资产用于社会公共事业。

(4)将仲裁机构归类为企业,就得适用企业标准依法纳税,税负过重,会影响仲裁机构的正常运行。北仲经过16年积累,拥有雄厚的经济基础,其绩效水平全国一流。即便如此,北仲尚感税负沉重,对于那些刚刚实现自收自支,没有任何积累的仲裁机构来说,企业的税赋无疑会成为"压倒骆驼的最后一根稻草"。仲裁机构按企业标准纳税,不仅税负重而且很不合理。首先,在按企业标准纳税条件下,仲裁员报酬除了按20%～40%的税率计征个人所得税外,还要征收营业税、城建税、教育费附加等。实际上,仲裁员报酬是仲裁员为当事人提供的争议解决服务的劳动所得。虽然作为仲裁收费的一部分,但这是仲裁机构作为"中介组织"为仲裁员代收代支的款项,不应纳入机构的总收入。国外存在临时仲裁和机构仲裁两种模式:仲裁员报酬无论是由当事人直接支付,还是由仲裁机构代为收取和支付,税务部门只征其个人所得税,不重复征其他税种。其次,仲裁员是仲裁的主人,仲裁好坏取决于仲裁员,目前我国仲裁员报酬普遍偏低,影响了仲裁员的积极性、主动性和创造精神。这种状况,应随事业发展逐步改变。但是,重复征税,导致仲裁员报酬比例越大,重复征收的数额越大,机构的负担越重。这种做法,使仲裁机构不愿或不能逐步提高仲裁员报酬,不利于提高仲裁员的责任心和专业素质。再次,仲裁员通过公正及时解决争议,已为社会和谐发展作出贡献,并且已缴纳个人所得税,履行了公民义务,再要求承担营业税、城建税、教育费附加等,就很不合理。最后,由于仲裁员报酬由当事人支付,重复征税的后果最终要转嫁到当事人头上,这损害了仲裁当事人的利益,对仲裁当事人来说很不公平。因为法院的经费全部由财政提供,当事人选择诉讼,可享受纳税人对其争议解决的财政补贴;选择仲裁,不仅没有补贴,还要缴纳税款,这实际上是鼓励当事人选择诉讼,让“各种矛盾、纠纷更加集中于法院”,违背了建立仲裁制度的初衷。

更为严重的是,仲裁机构分类为国有企业,不仅要纳税,还要按照《企业国有资产法》第18条第2款规定“国家出资企业应当依照法律、行政法规以及企业章程的规定,向出资人分配利润”。这就形成由机构工作人员、仲裁员创造的财富成为政府向其收取利润的资本金,不符合《仲裁法》精神和政府设立仲裁机构的目的。

(5)实际上在现行法律框架内仲裁机构享受“非营利组织”税收政策完全有法可依。根据《企业所得税法实施条例》第84条对“非营利组织”的规定,仲裁机构可以界定为“非营利组织”。根据条例规定,“非营利组织”指同时符合下列条件的组织:“(一)依法履行非营利组织登记手续;(二)从事公益性或者非营利性活动;(三)取得的收入除用于与该组织有关的、合理的支出外,全部用于登记核定或者章程规定的公益性或者非营利性事业;(四)财产及其孳息不用于分配;(五)按照登记核定或者章程规定,该组织注销后的剩余财产用于公益性或者非营利性目的,或者由登记管理机关转赠给予该组织性质、宗旨相同的组织,并向社会公告;(六)投入人对投入该组织的财产不保留或者享有任何财产权利;(七)工作人员工资福利开支控制在规定的比例内,不变相分配该组织的财产。”从法理上,仲裁机构符合“非营利组织”的上述特征:第一,仲裁机构是依据《仲裁法》经地方政府批准并向司法行政机关登记的事业法人。第二,仲裁机构是公益型组织,不以营利为目的,通过解决纠纷促进社会和谐和经济发展。第三,仲裁机构的收益和结余除用于仲裁业务支出外,还用于仲裁、调解等争议解决的培训、研究、宣传推广等公益事业。第四，按照有关规定，仲裁机构的财产及孳息，只能用于仲裁事业而不得用于个人分配。第五，根据国务院办公厅印发的《仲裁委员会章程示范文本》第 27 条规定，“仲裁委员会终止，应当对财产进行清算。清算后，剩余财产归国家所有”。第六，仲裁机构重新组建时，政府对其予以一定程度的财政资助，但这是政府向纳税人履行其公共服务义务的行为，而不是为国有资产增值的投资行为。政府对仲裁机构的财产不享有“分红”的权利。第七，仲裁机构人员工资福利开支，一直按国家相关规定办理，接受仲裁委员会、政府有关部门的监督检查，不得“变相分配”机构的财产。综上所述，将仲裁机构定为“非营利组织”并给予相应的税收减免政策，没有任何法律和制度上的障碍，关键是有关部门对仲裁的认识和选择。

实际上，过去政府有关部门在制定仲裁机构的收费标准，要求仲裁机构提供解决争议的社会公共服务上，一直强调仲裁是非营利的社会公益型组织，要仲裁机构服务于社会公共利益而不能以追逐利润为目标。为什么确定征税政策时就全然不考虑仲裁机构的“非营利性”？仲裁机构是伴随《仲裁法》实施出现的新生事物，由于相关体制改革未能配套同步进行，以及人们对仲裁机构性质特点认识不清，因而，有关部门在制定涉及仲裁机构制度政策时，要么将其作为“行政性事业性单位”，实行“收支两条线”管理；要么将其当作企业，依法纳税。但是，现在形势已经发生了很大的变化，在这次分类改革中，我们必须本着实事求是的精神，参考国际惯例，从仲裁实际出发，认真解决仲裁机构的法人定位，落实配套制度和政策。

三、建议

事业单位改革必须以发展社会公共事业，增进社会福祉为根本目标。为了更好地发展我国仲裁事业，建议在事业单位分类推进改革中，增加一种事业单位类型，类似 2007 年事业单位改革中的“公益三”，让仲裁机构既能保持非营利社会公益组织身份，享受相关税收政策，又实行企业化管理的灵活机制，保持其独立与活力。这不仅对推动仲裁机构改革而且对推动所有既从事社会公益事业，又“所提供的产品或服务可以由市场配置资源”的事业单位都具有重要意义。

从漏油事故处理看第三方主导赔偿模式的优势*

(2012 - 8 - 29)

一、墨西哥湾漏油事故处理与渤海湾漏油事故处理的基本情况

墨西哥湾漏油事故与渤海湾漏油事故,由于发生时间相近,以及在事故特征上有很多相似性,人们很容易对两者的赔偿处理程序及效果进行比较。

墨西哥湾事故处理简况:

2010 年 4 月 20 日,英国石油公司(British Petroleum,以下简称 BP 公司)在墨西哥湾地区的钻井平台发生泄漏,成为美国历史上最严重的一次原油泄漏事件。6 月 16 日开始,经 BP 公司委托,奥巴马政府指定,由肯尼斯 · 费恩伯格先生负责 200 亿美元赔偿基金的处理。费恩伯格组织成立海湾沿岸索赔机构(Gulf Coast Claims Facility, GCCF),并负责处理漏油事故的索赔事宜。GCCF 自 6 月 16 日成立,第二个月 GCCF 就迅速地赔付了 8 亿 4 千万美元,平均每天赔付 2700 万美元。至 2011 年 12 月 21 日,GCCF 已妥善处理超过 100 万份索赔案件,向 22 万个索赔主体赔付了超过 62 亿美元。美国司法部经过评估认

* 本文是 2012 年 8 月 21 日在北京大学法学院与美国得克萨斯大学法学院联合主办的“海上石油和天然气开采:以比较法的视角审视防止漏油和责任问题”国际研讨会上的发言。

为,GCCF 对索赔的处理是公正、透明、高效的。其在群体性争议发生的第一时间对矛盾的化解作用是非常卓越的。

渤海湾事故处理简况:2011 年 6 月 4 日,由中国海洋石油总公司(以下简称中海油)与康菲石油中国有限公司(以下简称康菲公司)合作开发的蓬莱 19 - 3 油田发生溢油事故。2011 年 9 月 2 日,国家海洋局联合调查组公布事故调查结果,初步认定蓬莱 19 - 3 油田溢油事故是由于康菲公司没有尽到合理审慎作业者的责任,属于责任事故,据此要求康菲公司需加紧制定排液泄压方案和封堵方案。2012 年 1 月 25 日,农业部发布公告称经行政调解后,康菲公司、中海油、农业部和有关省份达成总计为 13.5 亿元的协议。其中,由康菲公司出资 10 亿元,用于解决对河北省、辽宁省部分区县养殖生物和渤海天然渔业资源损害赔偿和补偿;康菲公司再与中海油分别列支 1 亿元和 2.5 亿元,用于天然渔业资源修复和养护、渔业资源环境调查监测评估和科研等工作。4 月 27 日,国家海洋局宣布,国家海洋局积极推进蓬莱 19 - 3 油田溢油事故海洋生态损害索赔工作,目前已取得了重大进展。康菲公司和中海油总计支付 16.83 亿元,其中,康菲公司出资 10.9 亿元,赔偿本次溢油事故对海洋生态造成的损失;中海油和康菲公司分别出资 4.8 亿元和 1.13 亿元,承担保护渤海环境的社会责任。

受害者索赔:2011 年 11 月 17 日,山东省烟台市牟平区的 30 户渔民向青岛海事法院递交了诉状,请求康菲公司和中海油赔偿因此次溢油事故而造成的损失合计 3000 万元。2011 年 12 月 7 日,河北省唐山市乐亭县 29 名海产养殖户向天津海事法院递交了诉状,请求康菲公司、中海油赔偿因溢油事故而对其造成的养殖损失 2.347 亿元,支付 703 万元的鉴定费用,并承担诉讼费用。天津海事法院已于 2011 年 12 月 30 日受理此案。2011 年 12 月 13 日,另有 107 名河北省养殖户也向天津海事法院递交了诉状,索赔经济损失 4.9 亿余元。12 月 29 日,该 107 名养殖户根据天津海事法院的要求递交了修改后的起诉状。

2012 年 2 月 6 日,代理河北 107 户养殖户的律师要求了解农业部确定康菲公司 10 亿元赔偿养殖户的测算依据、分配比例等信息。3 月 20 日,农业部的正式复函称,目前,河北、辽宁两省正在加紧开展逐户损失调查核实工作,并将在做好公示的基础上,“将赔偿补偿资金发放到愿意接受调解的养殖户手中”,并建议律师向当地有关部门咨询具体的调查进展情况。

据7月10日《21世纪经济》报道,“目前,河北、辽宁的渔民还没有拿到钱,而山东干脆不在补偿之列”。7月2日,山东30户渔民向美国地方法院得克萨斯州南部地区休斯敦(康菲公司总部所在地)部门递交了诉讼状,要求康菲公司支付赔偿。又有《潇湘晨报》报道,同期有500位中国渔民通过美国律师团给德克萨斯州联邦法院递交索赔诉状。

相比墨西哥湾漏油事故的处理,渤海湾漏油处理存在几个问题:

一是赔偿进展缓慢。事故发生一年多,无论是诉讼、行政调解,尚未有受害者得到实际赔偿的情况报道,与墨西哥湾漏油事故出现后,其中在GCCF成立的第二个月(事故发生第四个月)就迅速地赔付了8亿4千万美元,平均每天赔付2700万美元,形成鲜明对比。

二是赔偿范围、标准不公开、不透明,利益相关人无法及时得到信息,表达自己的诉求并参与协商谈判。一方面,使受损害者不能及时得到救济;另一方面,缺乏必要的社会监督和参与,在这种情况下制定的补偿方案,可能因与实际相去甚远而得到利益相关方的质疑,容易产生不公和腐败。

三是负责赔偿的组织、规则、程序不统一。索赔资金的发放由相关省、市农业主管部门负责,处理赔偿人员的专业素质参差不齐,实践中很难执行统一的赔付规则和标准,容易出现该赔未赔、同损不同赔情形,引起受害人的不满,引发新的矛盾和纷争。

四是政府部门包揽索赔的结果会使政府承担无限责任和风险,稍有不慎就会将原属于侵权人的责任转变为政府责任。而且,行政协调方式并不具有终局性,当事人很可能在基层政府解决后,再逐级上访,不断增加社会维稳的成本。

二、墨西哥湾处理事故赔偿的经验启示

美国政府墨西哥湾溢油事件的处置措施,给我们提供了值得借鉴的经验:

1. 通过独立第三方组织专家团队解决争议,避免直接通过诉讼或行政手段解决争议。墨西哥湾溢油事故发生后奥巴马政府和BP公司共同设立“墨西哥湾海岸索赔工具”,管理、调解、处理特定的损害索赔请求。美国总统奥巴马指

定肯尼斯·费恩伯格(Kenneth Feinberg)作为GCCF的管理者,由其制定赔偿规则,负责处理所有向GCCF提起的索赔请求。GCCF分别在4个州设立35个地方索赔办公室,选聘程序管理专家、律师事务所、会计师事务所、调查员、损失评估专家、经济学者、其他专业人士和其他社区代表4500多人处理赔偿争议,处理经费由赔偿基金拨付。专家团队专业、高效,在很短时间内处理大量纠纷,成功地缓解了事故发生后群体性矛盾的爆发,同时,有效地减少了争议处理的社会成本。美国司法部的评估报告认为,由专家组织管理赔偿的模式相较于行政机构组织管理赔偿的模式确实降低了许多不必要的成本。

2. 事故处理模式、基金监督者和GCCF负责人等关键人物都由奥巴马政府与BP公司直接商议决定,既保障了GCCF机构的独立性和公正性,又保障了索赔处理机构的统一和权威,避免政出多门的掣肘、扯皮和内耗。

3. 建立赔偿基金,赔偿基金和GCCF运作受多部法律严格监控,政府设置了严密的监督机制。赔偿基金一共是二百多个亿,上不封顶。基金托管既不是政府部门,也不是英国石油公司,而是BP公司和政府共同委托的花旗银行下的特拉华州信托公司。BP公司和政府还委托了纽约州联邦地方法院一名已经退休的法官Johns. Martin. Jr. 和圣路易斯华盛顿大学法学院院长Kent D. Syverud,负责监督资金的运行,此二人与BP公司、石油行业或美国政府没有任何关联。他们的监督是确保BP公司提交的资产是充足与安全的。而费恩伯格律师负责的GCCF虽然代表BP公司履行赔偿义务,但其是作为独立的第三方作偿付决定,不受BP公司及任何主体的影响。美国司法部对索赔处理程序进行监督评估,并将监督结果向公众公布。

4. 赔偿范围、标准以及处理方案、程序公开、透明,当事人可通过政府网站查询相关信息,办理申请等事宜,公众也可通过网站了解进展情况。

5. 索赔程序便捷,尽量一次性终局解决问题。GCCF向受害者提供了三种救济选择:(1)最终赔付(A Final Payment)。赔付能以书面证据证明的、已经发生的和将来可能发生的所有损失。但是申请者必须放弃将来针对BP公司或是其他责任主体的索赔权。(2)快速支付(A Quick Payment)。申请人申请快速支付而不需要提供任何书面证明。提出此申请的个人可在14天内获得5000

美元的一次性赔偿,公司可获得2.5万美元赔偿。但申请者也需要放弃将来针对BP公司或是其他责任主体的索赔权。实际上,绝大部分受害者通过这种方式得到赔偿。(3)暂时赔付(An Interim Payment)。损失必须能以书面证明的已经遭受的损失,受害者如果不同意GCCF对于索赔的决定,或者GCCF没有在申请递交后的90天内作出裁决,还可以向负责评估与裁判《油污法》下索赔申请的海岸警卫队办公室提出索赔请求或向法院提起诉讼。总之,这样的赔偿处置机制,原则上需要利益损失人放弃未来的索赔权,一劳永逸地解决纠纷。

三、北仲的努力和尝试

北仲历来重视履行自己的社会责任,很快注意到墨西哥湾漏油事故索赔处理经验,我们认为这种由第三方主导的索赔机制公正、透明、高效、社会成本低,对社会维稳成本不断提高的中国有非常重要的意义,因此,我们尝试将这种做法引入中国并为此做了一些工作。

一是我们与康菲公司共同探讨通过调解、仲裁解决其漏油事故索赔纠纷的可能,并向其介绍了美墨西哥湾索赔处理经验。其实,处理这样高度复杂、敏感、疑难的群体性纠纷,风险压力非常大。但是,我们又觉得这种具有开创性价值和历史意义的事,应该有人去做。如果成功,则开辟了一条通过社会力量处理公共事件的新途径;如果失败,我们也会知道问题在哪儿,从而为下一步行动积累经验。后来康菲公司选择与农业部签订协议,但我们并没有因此放弃关注和努力。

二是收集研究相关资料。我们从白宫网站上摘录有关墨西哥湾处理过程的信息资料。与费恩伯格取得联系,学习其处理墨西哥湾事件的经验。

三是2012年2月11日北仲与中央党校战略研究所共同组织召开“重大公共事件和谐处理暨墨西哥湾漏油事件处理经验和启示”,会议邀请最高人民法院、农业部、环保部、国务院法制办、中央和国务院政策研究室的相关部门领导及一些资深专家参加了会议。会议上北仲介绍了美墨西哥湾的经验并提出勃海湾漏油事故处理方案和建议。与会者认为在当前形势下用行政手段处理索赔事宜有一些弊端,且易留下后遗症,应该尝试利用社会力量通过采取第三方组织专家团队模式处理争议。会后,新华社以内参形式向中央政治局成员、国务院及国务院各部门领导反映了这方面的情况。

四是我们与中央党校政法部教授联合撰写"'康菲'溢油重大公共事件处置的思考"报告,递交国务院关部门和领导。2012年两会期间,曾有政协委员据此提出关于公正处理渤海湾漏油事件的议案。

五是2012年6月18日,我们专门拜访费恩伯格先生,表达了与他合作的愿望。费恩伯格对北仲的合作很感兴趣,并授权北仲翻译其著作《补偿的正义》[1]。

总之,通过社会力量采用独立第三方的模式解决社会群体性争议,不仅是多元化争议解决的创新,也是社会治理的创新。在中国处在社会转型,各种群体性事件急剧上升的今天,我们要格外重视、借鉴市场经济发达、法治完善国家的经验和做法,使社会通过法治的渠道走向和谐和稳定。这也是北仲持续关注墨西哥湾溢油事件处理,并积极向国内介绍其中经验的目的。我们希望政府有关部门和社会各界继续关注此事,在自己职责范围内,尽量做一些有利于人民和社会的善举、好事,推动社会朝着文明进步的方向健康发展。

---

〔1〕《补偿的正义——美国如何应对灾难》一书已于2014年1月1日由法律出版社出版发行。

仲裁:价值重估与体制深改

(2015-12-22)

中国对外开放和改革发展到新的阶段,社会矛盾、经济结构、国家治理模式发生了深刻变化。在新形势下如何认识仲裁、发展仲裁,已不是仲裁行业内部问题,而是关系深化改革、建设法治国家、优化经济结构,实现国家全球发展战略的大问题。

对于政府,仲裁作为民间自治解决争议的方式,在不动用纳税人税收和国家公权的前提下,利用民间的力量裁断纠纷、化解矛盾、缓解法院压力,不但社会成本低廉,而且避免了公权裁判经济纠纷带来的责任和风险,在促进社会和谐、经济发展中发挥着诉讼无法替代的作用。

为此,许多国家通过立法赋予仲裁裁决强制执行的效力,使之成为一种诉讼制度之外比较普及的解决争议的法律制度。

随着经济全球化发展,特别是《承认及执行外国仲裁裁决公约》(以下简称《纽约公约》)得到大多数国家的接受——目前已有156个国家、地区加入《纽约公约》,仲裁成为国际上解决投资贸易纠纷的主要方式。

一、定分止争作用凸显

十八届四中全会通过的《中共中央关于全面推进依法治国若干重大问题的决定》(以下简称四中全会《决定》)提出,“健全社会矛盾纠纷预防化解机制,完善调解、仲裁、行政裁决、行政复议、诉讼等有机衔接、相互协调的多元化纠纷解决机制”,其目的是通过多元化争议预防解决机制分流诉讼案件,及时解决矛盾纠纷。

据最高人民法院统计,近十年我国民商事案件异军突起,持续保持高速增长的态势。仲裁既有当事人意思自治的优势,又具有法律强制执行的效力,在我国诚信意识缺乏、信用机制尚未建立情况下,仲裁在化解民商事纠纷,推广多元化争议解决方面发挥着更为重要的作用。

其一,仲裁可分流诉讼案件。仲裁发达国家,仲裁、调解是解决民商事纠纷的重要途径。如美国有临时仲裁和机构仲裁,在机构仲裁中,仅美国仲裁协会一家机构 2002 年就受理仲裁案件 23 万多件。而据国务院法制办统计,2014 年全国 235 家仲裁机构共受理仲裁案件 113,660 件,虽然与同类诉讼案件相比显得微不足道——2014 年全国法院经济合同案件 5,068,838 件,但这也恰恰说明仲裁的作用尚未发挥,需要通过深化改革释放潜力。

其二,仲裁员由当事人选择,受当事人信赖,仲裁程序符合当事人意思自治要求,仲裁结果更能得到当事人认可和履行。案件仲裁后,很少再发生争议,既降低了当事人解决争议的成本,又减轻了法院执行的压力。

其三,随着经济发展,当事人对争议解决质量、效率、专业化、精细化的要求不断提高。仲裁员是法律、经济贸易领域内的专家,且时间相对充裕,能很好满足当事人的这些要求。在立法相对滞后,新法律关系、问题层出不穷情况下,仲裁可凭借其在人才、经验、熟悉国际惯例方面的优势,解决那些前沿、复杂、尖端的新型案件,为解决同类诉讼案件提供新的思路、经验和教训。

其四,仲裁是由市场配置资源的行业。为提高竞争力,许多仲裁机构积极探索商事调解、建设工程争议评审等争议解决新服务模式,从事大量政府部门无法承担的多元化争议解决人才培训、理论研究、学术交流和普及推广工作,为推动多元化争议解决机制发展作出了重要贡献。

二、促进社会管理创新

仲裁与诉讼不同,当事人选择仲裁必须签订仲裁条款。因此,当事人在设计仲裁条款时就要考虑风险概率及纠纷解决成本,把争议当成研究、分析的对象着力预防和控制,因而避免了纠纷和风险。

美国仲裁协会的追踪调查表明,一个行业普遍加入仲裁条款之后,经过几年运行,行业变得有序,纠纷明显减少,即便发生纠纷也容易达成和解。

北仲从2010年开始与北京市城建主管部门合作,在建筑工程领域推广仲裁、调解。政府搭台,北仲提供专业技术指导,规范合同,培训人员。经过六年努力,行业合同管理水平明显提高,合同纠纷大大减少,行业发展更加规范有序,成效十分显著。可以预见,该做法若能推而广之,社会管理水平会有明显改善。

经济结构调整是经济可持续发展的保障,发展现代服务业,提高服务产业在国民经济结构中的比重,是经济结构调整的重要方面。

《中共中央关于制定国民经济和社会发展第十三个五年规划的建议》提出,"开展加快发展现代服务业行动,放宽市场准入,促进服务业优质高效发展"。仲裁、律师、鉴定、咨询、旅游等均属人才密集型现代服务业。仲裁发展不仅能产生良好的经济效益,成为支柱性产业,还能够带动律师、公证、咨询、旅游等相关服务业的发展。

英国2007年仲裁收入400亿英镑,英国法律服务创造的价值甚至超过其传统的金融服务价值。在我国,一方面,持续爆发性增长的纠纷给社会带来巨大压力;另一方面,仲裁、调解等多元争议解决机制发展水平很低,远不能满足现实需要。鼓励支持仲裁业发展,不仅能将社会压力转化为社会经济增长的新动力、新途径,而且能为高端服务人才创造更多的创业和就业机会。

三、增强国际话语权

四中全会《决定》强调,"积极参与国际规则制定,推动依法处理涉外经济、社会事务,增强我国在国际法律事务中的话语权和影响力”。中共十八届五中全会公报进一步提出,“积极参与全球经济治理和公共产品供给,提高我国在全球经济治理中的制度性话语权”。这反映出中央对外开放理念、战略的深刻变化。

中国是世界第二大经济体,是全球性国家,国家在规划全球经济战略的同时必须有与之配套的法律战略;如果中国全球性法律服务跟不上,就难以产生“国际法律事务中的话语权和影响力”,就无法掌握经济主权。提高中国参与国际法律事务能力已不是简单的经济行为而是政治行为。

国际性法律事务主要包括两个方面:一是规则制定,二是争议解决。今天的国际商业秩序不是靠简单几个国际公法,而是靠渗透到整个商业贸易日常活动里的商业规则构建的。

商业规则是全球经济治理中最重要、最高级的“公共产品”。美国在国际事务中的强势地位,基于国际普遍接受其制定推销的商业规则。美国在全球金融市场中推销的产品只有一个,那就是法律规则、法律服务模式。

商业规则不是靠国家立法者制定的,而是由商务律师在国际法律服务和商事纠纷解决中逐步形成的。能够设计商业规则的人都是国际顶尖的商业律师。美国政府凭借其全球化服务能力、顶尖的商业律师,设计极其复杂而精致的规则体系,通过国际谈判强加给其他国家,要求其他国家接受其投资等商业活动的同时,接受美国的法律体系和法律服务。这不仅大大提高了美国话语权和国际影响力,还为其高端法律服务人才的发展、提高创造了更多的机会。

仲裁没有地域管辖、不受国家司法主权限制,当事人可在世界范围内自主选择仲裁地、仲裁机构和仲裁员。而仲裁好坏取决于仲裁员,哪个国家拥有众多世界一流仲裁员、仲裁机构,形成国际仲裁中心,哪个国家就能吸引全球最多的优质案源,拥有解释规则,决定国际商事争议是非曲直的主导权。不仅如此,在当事人没有明确约定情况下,仲裁地在哪个国家,仲裁程序就适用哪个国家的法律。英国凭借其仲裁实力和优势地位将司法管辖权延伸至更大的国际范围。

因此,无论是规则制定还是争议解决关键靠人才。中国是国际货物贸易第一大国和对外投资第二大国,每年都产生大量的国际投资和贸易纠纷,由于高端法律服务人才匮乏,全球法律服务跟不上,付出惨痛代价和损失。这一状况如不尽快扭转,改革开放创造的红利会在这个缺口中白白流失掉。

发展仲裁是解决人才短板的有效途径。首先,“法律的生命不在逻辑,而在经验”。优秀的仲裁员、商务律师不仅要专业精湛、学识渊博,更要有丰富的实践经验、办案技巧和能力,这就需要有办理国际仲裁案件的机会。

由于国际仲裁是高端法律服务,专业门槛高。中国人进入这个门槛需要付出大量时间、精力和金钱;而且,即使进入,由于缺乏经验,也很难得到当事人选定、仲裁机构指定的机会。如果国内能出现若干具有国际信誉的仲裁机构,形成区域甚至国际仲裁中心,就可以吸引一批优质案源,起码能将涉及中国企业的国际仲裁案件吸引到国内解决。这不仅可有效地维护我国经济利益和安全,而且能为国内仲裁员、商业律师提供宝贵的实践机会。

通过这些机会,中国优秀的法律人才不仅可深入了解商业规则的精髓和实际运作,还可与国际知名仲裁员、律师同台切磋,从而迅速提高。

其次,仲裁的专业性、实务性及不断发展变化的特点,对仲裁培训工作提出很高的要求。目前,高校、政府培训部门很难满足这种要求,实际上大部分的培训交流是由仲裁机构来承担的。目前,我国仲裁员有五六万,代理仲裁业务的律师则更多,没有各地仲裁机构在培训上的努力,这些人的培训很难完成。

最后,国际仲裁与商业律师密不可分。国际仲裁中心、国际知名仲裁机构所在地也是国际知名律所、跨国律所的聚集地。长期以来,中国有大批法律院校学生出国留学,有的学成后留在西方律师事务所工作,成为处理中国业务的骨干,形成西方律所中的“隐匿的中国法律军团”。这些人熟悉国际商业规则、惯例,又有很强的实战经验和能力,是国内急需的人才。如果国内仲裁真正发展起来,加之如果国家有鼓励商务律师发展的政策,相信他们中很多人愿意回国创业和发展。

四、机构行政化问题突出

中国《仲裁法》已实施 20 年,现在提发展仲裁,不是政府加大仲裁投入而是要简政放权，以促进仲裁发展为导向解决制约仲裁发展的体制、机制问题。

这些问题主要有：一是仲裁机构法人定位不清，政策不配套，机构行政化问题突出——全国仲裁机构多被定性为事业单位。

虽然《仲裁法》第14条规定"仲裁委员会独立于行政机关，与行政机关没有隶属关系"，但是，实际上仍有一批仲裁机构被定性为行政事业单位，实行参公管理。在公益类仲裁机构中，也存在委员会成员官员比例过高、行政部门对机构干预过多的现象，少数地方存在行政部门与仲裁机构合署办公，一套人马两块牌子，行政部门向机构安插人员、侵占机构利益的情况。

二是事业单位实行的收支两条线及预算编制管理制度，严重束缚机构发展，导致机构管理体制僵化、人才流失，机构的独立性、中立性广受质疑。

三是事业单位分类改革使一批发展好的仲裁机构面临新的困境。

根据《中共中央、国务院关于分类推进事业单位改革的指导意见》，现有事业单位将按社会功能划分为承担行政职能、从事公益服务和从事生产经营活动三大类别。

从事公益服务的事业单位"不能或不宜由市场配置资源"的划入公益一类，可"部分由市场配置资源"的划入公益二类。仲裁属于"可由市场配置资源"的竞争性行业，划入"公益类"事业单位，就要实行严格的预算编制管理，这对那些已经实行事业单位企业化管理改革、发展势头良好的仲裁机构来说，是走回头路。而转企就要按国有企业管理，不仅要纳税还要上缴利润。这两种方式都不能很好适应仲裁机构独立、公正、公益特点和运行规则，都不利于仲裁业健康发展，损害我国仲裁的国际竞争力。

四是仲裁机构税负过重，实行"企业化管理"的仲裁机构一直按企业标准纳税，并且是重复纳税——仲裁员报酬不仅缴纳个人所得税还要与机构其他收入一起缴纳营业税等。

五是仲裁收费科目设置不够合理，且全国实行统一标准，不适应仲裁服务竞争性的特点。

五、亟须全面深化仲裁改革

前述问题的存在其实是体制改革不深入、不配套、不到位引起的，必须进一步全面深化仲裁体制改革。

首先,改变政府部门对仲裁机构实行的收支两条线及严格预算管理制度,改变仲裁机构内部僵化的运行管理机制。在事业单位分类改革中,允许各地探讨不同管理模式。对已经自收自支、实现“企业化”管理的仲裁机构,在没有更利其发展的管理模式下,允许其继续按原管理模式运行,不能再走“回头路”。

建议在民法典编纂时,立法部门参考国际经验,设计符合仲裁机构特质的法人类型,彻底解决仲裁机构法人定位不清问题。

其次,清理整顿党政机关干部在仲裁机构中兼职、政府部门与仲裁机构合署办公,以及行政部门侵占机构利益的现象,保障仲裁机构独立仲裁。

再次,清理相关行政审批事项,修改不符合简政放权改革方向的部门规章、制度和政策,扩大仲裁机构自主权,包括机构收费、人员聘用、物资采购、薪酬分配以及对外交流等方面的自主权。有能力参与国际仲裁市场竞争的仲裁机构,应允许其使用国际仲裁中心、国际仲裁院等国际化的名称,提升机构的竞争力。

又次,推动仲裁机构建立协调运转、有效制衡的治理结构,探索符合仲裁机构高层管理者特点的管理方式、选聘和退出机制。深化机构内部管理人员能上能下、员工能进能出、收入能增能减的制度改革。

最后,国家对仲裁给以政策支持,税收上尽快解决仲裁员报酬重复纳税问题,并作为现代高端服务业给以税收优惠待遇。同时,政府在对外投资、对外贸易上,应鼓励企业在合同中签订选择中国仲裁地、仲裁机构、仲裁员的仲裁条款,为国内仲裁员、律师创造机会,提升中国全球化法律服务的能力。

第二编

北仲文化建设

BEIZHONG WENHUA JIANSHE

知识就是力量

——在内蒙太仆寺旗万寿滩小学的发言

(2005 - 8 - 21)

谢谢各位领导和学校的各位师生，我们来是向全校师生学习来的，今天是我们北仲党支部的一次党课教育活动。扶贫助教是我们北仲的一个传统，过去我们开展类似的活动都是在北京的郊区县。后来我们听段旗长介绍，太仆寺旗是国家级贫困县，这里非常缺水，条件比较艰苦，但是，我们的教师都非常热爱学生，兢兢业业地工作，无怨无悔地奉献着自己的青春、热血和汗水。我们的学生，虽然年纪尚小，但充满着对知识的渴望，在艰苦的条件下，依然努力学习，因此，我们从北京走到这里来了。

我们之所以选择这种方式进行教育。因为，我们工作人员都是来自普通劳动人民的子女，我们小的时候也有与在场学生一样艰苦奋斗的经历，但是，我们又是幸运的，我们享受着国家纳税人的钱读完了大学、研究生，留在了北京，又在北京仲裁委员会这样的单位工作。来这里，看到学生们淳朴的笑脸我们会回想起自己的儿童时代，想想我们自己从哪里来到哪里去，提醒我们自己不要忘本，不要忘记在成长过程中关心、爱护、帮助过自己的亲人、老师和所有人，不要忘记在国家补贴自己的资金中，还有来自包括太仆寺旗这样贫困地区人民的支持和贡献,怀着一颗感激之心,感恩之心,更加投入地工作。

我们之所以要与学生师生座谈,因为大家都是同龄人,有着类似经历,相同的追求和向往。回顾我们的个人发展历程,我们的成功在很大程度上来自少年时代那些甘为人梯,燃烧自己照亮别人的老师们的启蒙。中国是发展中国家,像我们这样的,毕竟是少数,很多人一辈子在平凡的岗位上,在艰苦的环境中,默默地坚持着自己的追求和理想。通过座谈我们能更加真切地感到老师对学生那种无私的爱,真诚的善,能够使我们更好地保持一个人的朴素情感,保持对他人命运的关注与同情,保持一颗同情之心,恻隐之心、关爱之心,在为当事人提供服务的过程中,多一些热忱与主动,少一些冷漠与麻木。

我们之所以选择贫困地区的学校,因为这也是一种中国国情,是我们这一代人应该去努力改变的国情。作为一名共产党员,心里要装着这种国情,只要多想想这些贫困地区的孩子和群众,我们就会多一些忧国忧民的赤子之心,多一些对国家、社会的责任感,多一些艰苦奋斗的作风和固执择善精神。在这个纸醉金迷、消费主义、拜金主义盛行的社会维持自己的精神不堕。

我们搞这次活动,大家参与的热情很高,不仅踊跃捐款,而且还四处联系,希望买到同学们最有用、最喜欢的用品。每个同学的书包、铅笔盒、文具上都有动漫人物,希望同学在紧张、枯燥的学习之余,有一份童趣、童心和浪漫;我们购买的图书,有童话、科普、励志图书,希望培养同学们课外阅读的良好习惯。当然,物质的帮助是有限的,我们希望同学不要忘记对知识的渴望和追求。要相信,知识就是力量,知识可以改变人的命运,为了使自己将来成为自己家庭、学校、社会、国家的栋梁之才,成为家庭、社会的骄傲和希望,就要学习,学习,再学习。知识也是快乐的源泉,我看你们教室里有李大钊烈士一句名言,“知识是引领人生进入光明和真实境地的蜡烛”,知识能带我们发现世界的奥妙和无穷的乐趣,能使我们更多地感受生活的美好,无论在什么条件下,无论遇到什么样的困难和挫折,只要不放弃对知识的追求与渴望,心中就会充满憧憬与梦想。

最后祝各位同学,好好学习天天向上!

建立独立公正专业高效的仲裁员队伍

——从北京仲裁委员会的实践谈起

(2005 - 10 - 19)

一、强化仲裁员制度建设

北京仲裁委员会(以下简称北仲)自提出要在21世纪将北仲建成“在国际上有一定地位和影响的仲裁机构”目标后,非常注重对国际商事仲裁惯例、经验的借鉴与学习。现行《仲裁员守则》(以下简称《守则》)、《仲裁员聘用管理办法》(以下简称《办法》)就是通过对国际商会仲裁院、伦敦国际仲裁院等国际知名仲裁机构的考察和对国外国际商事仲裁立法、仲裁规则及相关资料的研究,本着最大限度与国际惯例接轨的原则,在反复商讨、论证之后制定出来的。《守则》与《办法》充分体现了现代仲裁员制度发展的国际化趋势,对于培养专业化的仲裁员队伍,彰显北仲“独立、公正、高效”的宗旨具有极为重要的意义。

(一)关于《守则》

《守则》的制定考察了英国皇家御准仲裁员学会制定的《仲裁员道德行为规范》、美国仲裁协会与美国律师协会制定的《商事争议中仲裁员的行为道德规范》、国际律师协会制定的《国际仲裁员行为准则》等文件,主要内容包括:

1. 从三个阶段强调仲裁员的道德操守。

《守则》将仲裁员在整个仲裁过程中应具备的职业操守分为三个阶段表述：一是接受选任时应披露“可能引起当事人对其公正性或独立性产生合理怀疑的任何事由”；二是审理案件过程中，应平等对待双方当事人，独立、公正、毫不迟延地推进仲裁程序；三是公正独立地制作裁决书，并对整个案件审理情况承担保密义务。

2. 规定仲裁员不得代理北仲的案件。

我国实行的是机构仲裁，当事人只能从机构的仲裁员名册中选择仲裁员，而仲裁机构的仲裁员人数有限，范围较窄，加上仲裁员之间合作共事、经验交流日益频繁，因而很可能产生在此案担任代理人，在他案中又与此案仲裁员共为仲裁庭组成人员的情况。这会影响仲裁的公正性。鉴于公正是仲裁的灵魂和生命，维护当事人的合法权益是北仲考虑一切问题的出发点，经过权衡利弊，我们还是决定明确禁止仲裁员代理北仲的仲裁案件(包括代理执行与撤销北仲仲裁裁决的案件)。

3. 对仲裁员独立、公正方面的要求更为严格。

《守则》第 4 条规定：“仲裁员为谋求选定而与当事人接触的，属于不符合仲裁员道德规范的行为。”仲裁员为谋求选定而与当事人进行接触的行为，使仲裁员处于“有求于人”之境地，有违仲裁员的独立性和公正性。第 7 条规定“仲裁员不得以任何直接或间接方式接受当事人或其代理人的请客、馈赠或提供的其他利益”。因为，仲裁员在“任职期”外接受当事人、代理人请客、馈赠或提供的其他利益行为同样违反仲裁员道德，损害仲裁员的形象。

4. 首次提出仲裁员应当诚实信用。

实践中，当事人对一些仲裁员的不满多因其未能付出相应的时间和精力、未能勤勉尽责及时结案所引起。《守则》将仲裁员认真履行义务行为提高到“诚实信用”的高度来阐述，再次强调北仲一贯坚持的原则——仲裁员应本着诚信行事，在不能确信自己有相应时间、精力、能力的前提下，不接受选定或指定；一旦接受选定或指定，就应付出相应时间、精力，尽职尽责、毫不迟延地审结案件。

（二）关于《办法》

《办法》制定的一个基本指导思想是，根据北仲业务不断发展及仲裁优秀人才不断涌现的实际情况，以当事人对仲裁员的期望为标准，以建立高素质仲裁员队伍为目标，提高仲裁员选聘标准，对仲裁员的选聘管理、不予续聘及解聘的情形进行相应细化，使之更具合理性和可操作性，进一步提高仲裁员聘用管理的透明度。仲裁员要顺利推进仲裁程序、正确裁断仲裁案件，必须具有相应的专业知识与办案能力，故《办法》特别强调仲裁员知识、能力的专业性，具体体现如下：

1. 对仲裁员的专业进行合理划分并提高选聘标准。《办法》在第 3 条中对选聘仲裁员的专业进行了合理的划分。原《办法》第 4 项“在国家机关工作和从事行业管理工作的”变为第 5 项“其他法律事务工作者”，这主要是考虑到选聘仲裁员，不是因其在“国家机关”工作的身份，而是因其具有的专业知识、经验和能力，而“国家机关”概念过于宽泛，无助于体现这些人所从事工作的专业性质和领域，这使相应的聘用标准针对性不强，不能反映该类别不同于其他类别的特殊性，而且，容易与其他类别相重合。重新调整后，将使北仲的仲裁员选聘标准更具针对性和可操作性，也避免了原聘用标准之间可能产生的交叉或遗漏。《办法》关于仲裁员的选聘标准普遍有所提高。如从事法律教学与研究领域的仲裁员以“教授、研究员”为基本标准；从事经济贸易工作的仲裁员以“本科学历”“正高或副高职称”“处级”等标准为基本选任条件；从事“立法、执法、法律事务工作的专业人士”以“本科学历”“高级经济师、高级工程师”“处级”标准为选任条件，且增加了从事上述工作须满 8 年的时间限制；“曾任审判员的”，以“具有法律专业本科或本科以上学历”“信誉良好，业务水平高，办案能力强，曾任审判长、副庭长、庭长等职的资深法官”为条件。

2.《办法》对来自教学、研究领域的仲裁员要求其必须是“直接从事民商法律的教学或研究工作”，注重理论与实践的直接关联性。毕竟仲裁受案范围为民商事纠纷，由“术业专攻”的民商法律学者担任仲裁员更符合案件对专业知识的背景要求。

3. 对律师仲裁员强调其从事或曾从事诉讼或仲裁业务的经验与其能够胜

任首席或独任仲裁员的能力。实践中,很多律师申请担任仲裁员,律师由于职业关系,其法律专业知识和专业技能普遍比较好,但是,北仲的仲裁员不可能全部由律师担任,律师仲裁员只能占一定比例。因此,对申请担任仲裁员的律师,只能好中选优,不仅在律师行业"有较高的专业水准和良好信誉",而且,还需有从事诉讼或仲裁实务的经验及胜任首席或独任仲裁员工作的能力。从而使北仲能够从律师中选聘最适合仲裁工作的优秀人才。

二、大力开展仲裁员培训项目

尽管有比较健全的制度保障,不少仲裁员在仲裁审理中依然缺乏实践经验。有鉴于此,北仲于2004年年初开始策划仲裁员培训考核制度。制度设置初衷为:通过委托具有深厚理论研究能力和职业培训经验的高等院校、科研机构,对北仲仲裁员及对仲裁制度感兴趣的其他专业领域人士进行仲裁员业务培训,从而提高仲裁员领会仲裁理念、增强仲裁实践能力的水平,也为其他有志于从事或参与仲裁工作的专业人士提供了解仲裁的有效途径。

2004年8月25日,委员会正式通过了"关于加强仲裁员培训、考核的决定",该决定确立了"优先聘用经过培训考核的人士为仲裁员"与"优先指定经过培训考核的仲裁员办理案件"两大原则。同时仲裁员的培训情况,将作为仲裁员专业背景的一项内容,列入北仲仲裁员计算机查询系统,供当事人选择仲裁员时参考。决定通过后,仲裁员培训制度正式开始实施。2005年1月,经过认真的前期分析与研究,北仲与清华大学法学院签订合作协议,正式委托清华大学法学院作为培训机构,具体策划、运作仲裁员培训项目。截至2005年10月,培训机构共举办三期仲裁员培训班,参加人数超过100人。从目前的培训效果看,参与培训的学员对既注重理论讲解,又注重实务操作的培训班课程给予了高度评价,不少参加了培训的仲裁员都称参加过培训后再参与仲裁实践,对一些问题的认识和推进程序的水平有了不小的提高。目前100多名参加培训并通过考核的学员均由培训机构颁发了考核合格证书,其中大多数已经成为北仲仲裁员并已实际从事仲裁案件的审理工作。仲裁员培训项目运作取得了初步成功,在仲裁员队伍中产生了积极影响。我们将与清华大学法学院合作,继续开展仲裁员培训项目。第四期仲裁员培训班拟定于2006年年初举办,欢迎各界精英人才报名参加。

三、定期举办仲裁员沙龙活动

北仲聘用的仲裁员皆为社会各界的佼佼者,仲裁员之间的业务交流对于提高仲裁员的办案能力和综合素质极为有益,经部分仲裁员倡议,北仲曾不定期举办若干次仲裁员沙龙活动,沙龙活动产生了积极影响并在仲裁员中颇受好评。为将沙龙活动深入持久地开展下去,提高沙龙活动质量和效率,应广大仲裁员的要求,北仲决定定期举办仲裁员沙龙活动。从2005年7月开始,沙龙活动定于每月的最后一个周四下午举行。沙龙活动将邀请国内外知名专家、学者、法官以及仲裁员作专题讲座。每期讲座后,主讲人与听课人间将进行讨论和交流。主讲题目包括但不限于法律理论与实务问题、社会热点问题等。目前北仲已经成功举办了三期仲裁员沙龙活动,第一期由北京市第二中级人民法院院长王振清主讲,演讲主题为“司法审判的社会效果”;第二期由北京市高级人民法院民二庭庭长刘兰芳主讲,详尽探讨了经济合同纠纷审判实务中存在的几个问题;第三期由原商务部条法司司长张玉卿主讲,对国际商事合同纠纷的法律问题进行了深入探讨。

我们希望通过沙龙活动的开展使其成为以仲裁员为核心的社会各界精英合作、发展、沟通、互动的平台,实现仲裁员与社会各界精英之间的信息共享、知识共享、智慧共享、经验共享,提升仲裁员队伍的整体素质,建立独立公正、专业高效的仲裁员队伍,扩大北仲的社会影响,推动仲裁事业健康发展。

北京仲裁委员会十年回顾

(2006-2-1)

北京仲裁委员会(以下简称北仲)于1995年9月28日成立。十年来,北仲由1995年受理案件7件,争议标的额0.44亿元跃升为2004年受理案件1796件,争议标的额61亿元[1]。截至2005年12月15日北仲共受理案件7578件,总标的额305亿元。北仲从一个新组建的仲裁机构成长为有信誉、有实力的现代化仲裁机构。北仲的成功既是北仲人彻底贯彻仲裁法精神,自力更生、艰苦奋斗的结果,又验证了仲裁法所确立的基本原则、发展方向的正确性。本文拟从仲裁机构的民间化、现代仲裁员制度建设和仲裁的国际化三个视角,总结回顾北仲十年发展历史,以坚定我们按仲裁法精神办事的自觉性,引发社会各界对建设现代化仲裁机构的路径,探索中国仲裁制度发展规律的思考。

一、坚持独立性、公正原则,建设民间性的仲裁机构

改革旧的行政仲裁体制,突出仲裁机构的民间性,保障仲裁机构的独立与

[1] 以2004年为统计年度。

公正,是仲裁法的一个基本原则[1]。由于计划经济下行政仲裁体制形成的思想观念、思维习惯、管理制度、运作模式所具有的惯性作用,加之仲裁法实施后,在保障仲裁机构独立的问题上,缺乏相应的配套措施和政策,在要不要坚持以及如何坚持仲裁机构的民间性上,始终存在困惑和争论。这说明,任何重大制度的改革,不仅需要正确的目标和基本原则,而且需实现目标的具体、可行、系统且与时俱进的配套政策、措施和办法,需要持之以恒的执行力。如果仅有目标和原则,缺乏配套政策、措施和办法,或者配套的政策、措施和办法与目标、原则相去甚远,甚至南辕北辙,则不仅改革难以成功,而且,人们事后在评价改革成败时甚至会怀疑改革目标的正确性与可行性。北仲认为,仲裁法关于"仲裁委员会独立于行政机关,与行政机关没有隶属关系"规定,是原有旧行政仲裁体制改革的重要内容和一项基本原则。其明确了仲裁机构"非行政"属性及民间化发展方向,即仲裁机构不仅在组织上"独立于行政机关,与行政机关没有隶属关系",而且,在承担职责的性质上与行政机关以及依法行使行政权力的"行政性事业单位"的职责有本质区别。尽管根据国务院文件精神,地方政府在仲裁机构组建初期对其给予必要的财政支持,但仲裁机构"非行政"属性及民间化方向不因此而改变。仲裁机构的民间化是仲裁机构独立、公正的保障,是仲裁克服长官意志、行政干预、地方保护主义弊端,提高公信力的制度基础。因此,坚持仲裁机构民间化,不仅是贯彻落实仲裁法的需要,也是仲裁机构提高自身信誉,保持长久生命力的客观要求。当然,仲裁机构民间化不是抽象的理论概念,而是具体的,循序渐进的、动态的实践过程。在这一过程中,仲裁机构不仅要实现人、财、物上与行政机关脱钩,摆脱受政府控制的物质条件,独立自主地开展仲裁工作,而且,要创造出一套符合仲裁特点、规律和发展方向,成本小,效率、效益高的制度、机制、模式、手段、方法,以及支持前者良性运行的组织文化等。为此,北仲以改革精神采取以下做法:

1. 保持仲裁委员会成员的专家、学者特色。北仲共有委员 13 人,主任由中国著名民商法学家江平教授担任,副主任及委员中有来自清华、北大、人民大学、中

---

[1] 全国人大常委会法制委员会:《中华人民共和国仲裁法法律述评》,法律出版社 1997 年版,第 6 页。

国社会科学院的著名学者,2/3以上的成员均是“法律、经济贸易领域的专家”。北仲成立十年历经三次换届,这一特点始终不变。委员会成员深厚人文精神、专业素养和对法律精神的深刻理解,使北仲在各项决策中,能够始终坚持独立、公正的价值取向。

2. 北仲办事机构——北仲办公室(以下简称办公室)在仲裁委员会领导下开展工作,其人、财、物管理由办公室自主决定,政府及行政机关不干预。当年负责仲裁委员会重建工作的北京市政府法制办公室(以下简称法制办)的领导曾明确提出“政府对仲裁最大的支持就是不干预”,“但是,不干预不等于不支持,在仲裁机构遇到困难的时候,政府部门应给予必要的帮助”。这种理念为以后历届法制办领导认同并坚持,为北仲独立自主地开展工作奠定了坚实的基础。为了实现经济自立,达到国务院文件规定的仲裁机构“几年后逐步实行自收自支”[1]要求,办公室发扬自力更生、艰苦奋斗的精神,在积极开拓业务的同时精打细算,勤俭节约,革新挖潜,成立三年就实现了“自收自支”的目标,五年后实现了事业单位企业化管理,通过纳税获得更大的管理自主权。截至目前,北仲除了向国家缴纳相当数量的税款外,还在北京位于CBD中心的招商局大厦拥有3000多平方米的办公用房、59个停车车位及现代化的办公设备、设施。

3. 建立健全符合仲裁发展规律和市场需求的用人机制和管理制度,进行理念创新、制度创新,向管理要效益。为了彻底改变行政性的管理制度、机制和模式,克服人浮于事、效率低下、“门难进、脸难看、事难办”的衙门作风和假公济私、损公肥私、以权谋私等腐败现象,办公室成立伊始便采取了一系列改革措施:其一,办公室工作人员均从社会上公开招聘,公平竞争,择优录取,杜绝人才录用中的“后门”和“关系”。其二,因事设岗,按岗聘人,保持工作人员的精干、高效。北仲成立十年,年受理案量由1995年的7件上升为2004年的1796件,工作人员由7人逐步增长至25人。秘书是办公室业务工作承担者,现有的20名秘书来自北京大学、清华大学、人民大学、政法大学、武汉大学、吉林大学、外交学院、对外经济贸易大学、香港城市大学等11所著名高等院校法学院,平均

---

〔1〕 参见国务院办公厅〔1995〕44号文件《重新组建仲裁机构方案》:“市人民政府应当参照有关事业单位的规定,解决仲裁委员会的人员编制、经费、用房等。”

年龄不到28岁,其中,15人具有硕士研究生学历,正直、诚实、勤奋、扎实,充满朝气与活力,是一个具有职业认同感高素质的年轻群体。来自多所院校不同学术环境的背景,有助于形成秘书多维的思考方式,以及通过交流达成共识、容忍分歧的精神素养。这不仅有利于激发工作人员的想象力、创造力,提高工作绩效,而且,有利于办公室的民主管理。其三,打破"铁饭碗",实行全员聘任制,通过劳动合同明确单位和工作人员的权利、义务关系。工作人员假公济私、损公肥私、以权谋私,违反廉政要求或工作懈怠不负责任,或者不思进取,"不求有功,但求无过",其绩效未能满足岗位责任要求的,予以辞退或不再聘任,严肃纪律,防止出现腐败、涣散等消极不良现象。其四,根据工作性质实行岗位年限制,保持人员的合理流动及岗位的合理设置和调整,办公室在更大范围内选拔培养人才,使工作人员队伍在流动中保持较高的水准。其五,建立并逐步完善"责""权""利"统一,"德""才""绩"明确的岗位责任制和绩效考核制,打破"大锅饭",实行以人才市场工资价位为参照系,收入与单位效益、岗位业绩挂钩的竞争、激励、约束机制,通过有效的薪酬激励,吸引优秀人才,留住关键人才,增强工作人员的责任感、积极性和主动性,提升北仲的可持续发展能力。其六,建立民主、合作、自我管理的团队管理模式。单位与工作人员在共同目标、价值观基础上创造认同,将等级化、官僚化行政管理模式,变为联合互动、优势互补,不断演进的团队管理模式:赋予工作人员自我管理,对自我负责的权力,实行项目负责制,引导工作人员"通过解决所面对的个人挑战和问题,找到适当的方法提高自己及所在组织的影响力"[1],将自己的职业发展建立在自己职业口碑、能力、素养的积累和提高上;鼓励工作人员在相互尊重、理解、信赖的气氛中,坦诚交流,相互学习,相互帮助,相互支持,形成亲密和睦的人际关系和宽松和谐职场氛围,使每个人感受到"工作的满足、成就的自豪、过程的享受,以及贡献的感觉、联合的快乐、新挑战的刺激"[2],达到单位事业与员工职业发展共同提高的"双赢"效果。其七,"以人为本"关心爱护工作人员。所谓"以人为本",不仅指对人的物质条件的满足,更指对人的心灵及命运的关注。办公室在不断改善工

---

〔1〕[美]史蒂芬·柯维:《高效能人士的八个习惯》,中国青年出版社2005年版,第99页。

〔2〕[美]肯尼思·史洛克、琼·戈德史密斯:《管理的终结》,中信出版社2004年版,第32页。

作人员福利待遇的同时,注重其心灵塑造和性格培养。通过多种形式的素质培训,思想交流、对话,党团组织活动,帮助工作人员树立正确价值观,形成健康心态和健全人格,学会"做事"的同时学会"做人",成为"视野高远、境界博大,内心世界极其丰富的真正的人"[1]。为丰富工作人员业余文化生活,办公室工会成立了足球队、篮球队,每年组织乒乓球、足球、篮球、游泳、打字等比赛活动,活跃了气氛,促进了员工的身心健康。

4. 大胆采用电子信息技术革新成果,加快办公现代化步伐,提高服务质量与效率。(1)北仲在筹建之时,就与电脑公司共同研究开发了用于仲裁程序管理的仲裁案件管理软件,并随着管理软件的应用,不断修改、升级换代,使其功能日益强大,管理的范围越来越广:从开始的立案、组庭、开庭、结案仲裁全过程管理,以及案件统计、时间控制、仲裁员、秘书情况查询、档案、费用等仲裁各环节管理,逐步发展到对办公室人、财、物等全方位管理。这种企业E化管理方式,不仅将日常大量琐碎、繁复、重复性的文书编辑、打印、统计、通知等工作,通过计算机管理程序自动完成,减轻劳动强度,避免遗忘和疏忽,而且将众多人的经验、智慧、灵感、创造力转化为容易掌握和操作、透明、规范的工作流程,提高了服务质量和效率。(2)办公室与国内前沿的专业论坛软件公司,对以PHP语言及MySQL数据库为基础的先进的论坛系统Discuz加以改制,应用到办公室局域网系统中,建立了网上办公室,实现了全体工作人员之间实时互动交流与沟通,保障了办公室内部上情下达,下情上达,促进了同志间信息、知识、经验、技术共享和思想情感交流。(3)办公室与北大网通公司合作,开发了以网络通信Socket技术及以Java语言为基础的即时消息系统(以下简称即时消息系统),该系统可实现办案全程各阶段自动提示,通过手机短信、电子邮件、手机及固定电话留言等方式自动向当事人及仲裁员发送程序通知,提高秘书办理仲裁程序事项的效率和准确性。(4)为满足仲裁技术纠纷、国际商事纠纷的需要,扩建了办公室、改造了仲裁厅。北仲现有13个仲裁厅,均配有电脑、数字录音、录像系统,有4个仲裁厅和一个国际会议室(可容纳100多人),采用了便于会议、

---

[1] 钱理群:《我的研究与思考——与油画界的朋友聊天》,载世纪中国网:http://www.cc.org.cn/newcc/browwenzhang.php?articleid=2310,最后访问日期:2010年7月30日。

开庭的辅助多媒体方案，包括综合布线系统、智能门禁系统、中央控制系统、音视频系统、无线网络系统，其中3个仲裁厅和国际会议室均配有同声传译系统、远程会议系统、电子白板及实物投影仪等系统及设备，可以使远在不同地区、国家的仲裁员、当事人、代理人同步进行开庭、调解、会议等活动，为当事人提供更为经济、便捷的服务，加强仲裁员与国际同行间学术合作与交流。(5)开设中文、英文、日文、韩文网站并及时更新，加强北仲与社会各界的联系，积极宣传推广仲裁制度。

二、坚持仲裁员专业性原则，建立现代仲裁员制度

根据仲裁法，仲裁委员会“独立于行政机关，与行政机关没有任何隶属关系”；仲裁员均是兼职，从法律和经济贸易领域中的专家、学者中选聘，与仲裁机构没有隶属关系；仲裁员由当事人选定或当事人委托仲裁委员会主任指定；仲裁裁决由仲裁庭独立作出等。这种仲裁机构与行政机关、仲裁员与仲裁机构之间彼此独立的关系，仲裁庭审裁统一、权责一致的模式，以及当事人对仲裁员、仲裁员机构的选择和制约，形成仲裁所独有的运行机制。其中，仲裁庭独立仲裁是运行机制中最关键、最核心的环节。而仲裁员素质与当事人对仲裁制度的信赖、对裁决效力的尊重与否有着重要联系。“对正义的实现而言，操作法律人的质量比操作法律的内容更重要”[1]。“仲裁的好坏取决于仲裁员”(arbitration is only as good as arbitrators)是国际仲裁界的经典格言。“从某种意义上，仲裁员是仲裁吸引力之所在，是活的仲裁法，是仲裁的水源”，“没有当事人满意的仲裁员制度，绝不会有令人满意的仲裁制度”[2]。因此，能否建立当事人满意的仲裁员制度，能否发现培养一批德才兼备胜任仲裁工作的仲裁员，也是衡量仲裁制度改革是否成功，仲裁制度是否健康成熟的重要标志。为了保障仲裁员素质，仲裁法特别规定了仲裁员的任职资格，确立了仲裁员专业化原则。由于我国实行机构仲裁，因此，建立健全仲裁员的制度，选拔培养仲裁人才既是仲裁机

〔1〕 王利明：《司法改革研究》，法律出版社2000年版，第20页。

〔2〕 宋连斌：《中国仲裁员制度改革初探》，载韩德培等主编：《中国国际私法与比较法年刊2001》(第4卷)，法律出版社2001年版，第575～604页。

构不可推卸的责任,也是仲裁机构保持自己的竞争力、信誉的客观要求。由于仲裁正日益成为解决国际经济贸易纠纷的重要方式,随着中国融入世界经济的加快和对外贸易摩擦的加剧,选拔培养高素质仲裁人才,具有长远的经济发展战略意义。十年来,北仲在"什么样的人适合做仲裁员"以及"如何选聘培养仲裁人才"问题上,一直不断思考和探索。北仲认为,仲裁员应该是社会的精英,具有较高的道德修养和职业操守、信望素孚,是业内出类拔萃之士,良好的信誉是仲裁员不断保持职业操守和自律精神的力量。仲裁员应该是专家,是能力全面的特殊人才,不仅精通专业,而且熟悉仲裁理论、仲裁规则、仲裁程序和实务;不仅有理论、有知识,更要有智慧、有经验、有能力。仲裁员应该是有志于仲裁之人士,不仅对仲裁的价值、意义有着深刻理解和高度认同,而且,对仲裁工作充满兴趣和热情(而不是仅对仲裁员的身份、荣誉感兴趣),对自己仲裁方面的职业发展有着长远打算和考虑。尽管这些认识不无理想成分,但是,这正是推动北仲大刀阔斧、勇往直前、不遗余力建立现代仲裁员制度的思想基础。为了选拔培养一支精英化、专业化、职业化仲裁员队伍,北仲制定并修改完善《仲裁规则》《仲裁员守则》《仲裁员聘用管理办法》以及相应的规定、措施和办法,逐步建立健全仲裁员制度:

1. 制定仲裁员聘用标准和办法,提高仲裁员选聘透明度,吸引优秀人才。"仲裁挖掘优势的有效路径就是通过聘任优质的仲裁员,以强化仲裁员的个人权威","仲裁委员会作为一个机构在行业中所获得的整体评价,也构成仲裁的权威性的一部分,而仲裁委的声誉则是由该机构的规则及其在选聘仲裁员方面的鉴赏力来保证的"。[1] 从管理学角度,人才选聘重于人才培养。北仲历来认为,选聘高素质仲裁员人才,通过控制"人"的质量来控制"案件"质量,对深化仲裁制度改革,保障仲裁机制良性运行具有重要价值和意义。尽管这需要面对各种挑战、风险和压力,需要长时期坚持不懈的艰辛努力,但这是现代仲裁制度发展的必由之路,仲裁机构应该也只能朝着这个方向努力。为了将仲裁法规定的仲裁员条件具体化,提高仲裁员选聘工作的透明度和规范性,1998 年 9 月第

---

〔1〕 傅郁林:《多元纠纷解决机制中的商事仲裁》,载《人民法院报》2004 年 8 月 4 日。

二届北京仲裁委员会第一次会议讨论通过了《关于仲裁员选聘标准》(以下简称《选聘标准》),明确提出"选聘仲裁员标准,应根据仲裁法和北京仲裁委员会发展需要,结合北京地区的人才状况综合考虑",将选聘标准与仲裁委员会发展目标和地区人才状况相联系,并且按照"律师""经济、贸易领域里专业人员""从事法学教学、法律研究人员""行政机关或行业管理部门的人员""原从事仲裁工作人员"、"离退休法官"分类,规定不同职业的专业人员担任仲裁员的具体标准(如仲裁员教育背景、专业经历、经验、行业评价等)。1999 年 12 月第二届北京仲裁委员会第四次会议通过《选聘标准》修订,将其更名为《仲裁员选(续)聘标准》,规定仲裁员应该"品行端正、公道正派、认真勤勉、谦虚谨慎"充实了仲裁员选聘标准的道德内容,增加了对仲裁员办案能力的要求,即仲裁员应"头脑清晰,思维敏捷,明察善断,具有较强的语言和文字表达能力,能审、能调、能裁,办案效果好",完善了仲裁员不予续聘方面的规定。而后,北仲又于 2001 年 4 月、2003 年 9 月两次修订该标准,将其更名为《北京仲裁委员会仲裁员聘用管理办法》(以下简称《仲裁员聘用管理办法》),增加了仲裁员选聘管理的程序性规定,并"以当事人对仲裁员的期望为标准,以建立高素质仲裁员队伍为目标","更强调仲裁员专业性背景、办案能力和经验"[1]。如 2003 年修订的《仲裁员选聘管理办法》规定:法律教学、研究领域的仲裁员,不仅以"教授、研究员"为基本标准,而且要"直接从事民商法律方面的教学研究工作",并"具有相应办案经验";从事经济贸易工作的仲裁员,不仅以"本专业正高职称"为基本条件,而且要"从事经济贸易或专业技术工作满八年,具有相关法律知识、经验丰富";离退职法官作仲裁员,不仅要"具有法律专业本科或本科以上学历",而且是"曾长期从事民事、经济审判或研究工作","信誉良好,业务水平高,办案能力强,曾任审判长、副庭长或以上职务的资深法官";从事律师工作的仲裁员,不仅"在律师行业中具有较高的专业水准和良好信誉,无任何违纪行为或不良反映",而且"能够胜任首席或独任仲裁员工作";港澳台地区及外籍人士作仲裁员,除符合上述标准外,还"应具有丰富的仲裁实践

---

〔1〕 王红松:《关于北京仲裁委员会〈仲裁员守则〉、〈仲裁员聘用管理办法〉、〈关于提高仲裁效率的若干规定〉的修改说明》,载北京仲裁委员会:http://www.bjac.org.cn/arbiter/2004smn.html,最后访问日期:2010 年 7 月 30 日。

经验"等。选聘标准、办法的制定和修改过程,反映出北仲对仲裁员职业特殊性认识上的不断深化和成熟,是北仲坚持仲裁员专业化原则的重要体现,为北仲科学合理地选聘人才奠定了基础。

制度不是一种教条,而是一种实践。制度的价值、生命力必须也只能在执行制度中体现。仲裁员选聘标准办法出台后,北仲始终坚持严格执行,一方面,积极吸收优秀人才,提供机会,促其早日成才;另一方面,将不能符合仲裁员道德规范及专业素质要求的,调整出仲裁员队伍,吐故纳新,保持队伍的纯洁性和专业性。十年来,北仲历经三次换届,共选聘仲裁员 589 人,共中 275 人未被继续聘任。未被续聘的仲裁员,并不都是因违反道德规范或专业素质不逮,还有职务变动、工作繁忙等其他因素。但这在一定程度上反映出仲裁发展迅速,新人辈出,竞争激烈程度,以及仲裁"受到其市场属性和管辖权的非强制性和非垄断性的潜在控制"[1]状况。

2. 建立仲裁员培训考核制度,促进仲裁员不断学习提高。北仲是一个学习型组织,深知"学习速度小于变化速度就等于死亡"[2],清楚仲裁员的学习态度、能力和效果,对提高仲裁员专业素质和机构信誉的重要意义。"放眼当今知名国际商事仲裁机构,无不以能够推荐高素质、高效率的仲裁员取信于当事人。北仲下一步的发展目标是将自己建成具有一定国际影响的仲裁机构。要实现这一目标,首先要建设一支具有接近或达到国际水平的仲裁员队伍。而培训工作,是实现这个目标的基本途径"[3]。在经济技术发展日新月异,相关法律、仲裁规则不断制定和修改,当事人、代理人法律知识、仲裁水平不断提高的情况下,仲裁员如果不能与时俱进学习研究仲裁的新情况、新问题、新知识、新信息,不能在实践中扎扎实实不断积累,就难以满足当事人、代理人对仲裁员不断提高的期待和要求。因此,北仲在严格选聘高素质人才的同时,始终高度重视仲裁员的培训考核,投入大量人力、物力、财力分三个层次开展培训考核工作:

---

〔1〕 傅郁林:《多元纠纷解决机制中的商事仲裁》,载《人民法院报》2004 年 8 月 4 日。

〔2〕 此为美国学习型组织的倡导者彼德·圣吉提出的生存公式。

〔3〕 参见《关于〈北京仲裁委员会加强仲裁员培训、考核工作的决定〉的说明》,载《北京仲裁》2004 年第 3 期。

第一,关于仲裁员职业道德、仲裁程序和仲裁实务等方面的仲裁业务知识。这是北仲要求仲裁员应知应会、必须掌握的内容。因为,仲裁是一门专业性、技术性、实践性很强的学问,有自己独特、完整的知识体系;仲裁是一项解决矛盾、纷争、“化干戈为玉帛”的工作,充满风险、压力和挑战,“仲裁员既要积极推进仲裁程序发挥仲裁的效率优势,又要给予双方当事人陈述和辩论的合理机会,保障仲裁程序的正当及裁决的公正。这不仅需要对仲裁理论、仲裁规则、仲裁程序的深入了解,而且,需要具有运用仲裁规则、证据规则、仲裁实务技巧解决纠纷的经验、智慧和能力。仲裁员虽是来自各个领域的专家、学者,但是‘隔行如隔山’,在今天案件日趋复杂,争议日趋激烈,相关法律、仲裁规则不断修改变化的情况下,未经必要培训就办理案件,如同医生未经必要的专业训练就给病人看病一样危险。因此,对仲裁员进行培训既是满足仲裁员工作中的需要,也是仲裁委员会对当事人负责任的表现”〔1〕。北仲成立以来,不仅每年组织仲裁业务知识培训,而且,不断强化仲裁员参加这类培训的要求。2002 年 2 月,第三届北京仲裁委员会第二次会议决定“实行新仲裁员培训制度,新聘任或往届聘任而没有经过培训的仲裁员,应参加仲裁委员会组织的《仲裁员守则》、《仲裁员聘用管理办法》、办案规范和裁决书制作标准等方面的培训”〔2〕,将参加培训作为对仲裁员的一项要求明确下来。2003 年 11 月北仲修订的《仲裁员聘用管理办法》(以下简称 2003 年《仲裁员聘用管理办法》),增加了“仲裁员应参加有关《仲裁规则》、《仲裁员守则》、仲裁实务方面的培训及必要考核;未参加培训的,北仲主任将不指定其审理仲裁案件”,“不参加北仲仲裁员业务学习,缺乏仲裁工作经验,且长期未承办仲裁案件的”,“本会将不予续聘”等规定〔3〕,将仲裁员参加培训同委员会主任对其的指定以及仲裁委员会对其聘任相联系。2004 年 8 月 25 日,第四届北京仲裁委员会第一次会议讨论通过了《关于加强仲裁员培训、考核工作的决定》(以下简称《决定》)。《决定》除了重申“北仲主任将优

〔1〕 参见《关于〈北京仲裁委员会加强仲裁员培训、考核工作的决定〉的说明》,载《北京仲裁》2004 年第 3 期。

〔2〕 参见第三届仲裁委员会二次会议通过的《北京仲裁委员会 2001 年工作总结 2002 年工作设想》。

〔3〕 参见《仲裁员聘用管理办法》第 8 条、第 12 条。

先指定通过培训机构培训、考核的仲裁员审理案件”原则外,还规定了以下内容:

(1)规定北仲“将优先聘用符合《仲裁员聘用管理办法》且经过培训机构培训、考核的人士担任本会仲裁员”[1],将培训考核工作放在仲裁员选聘前(过去是放在仲裁员选聘后进行),作为申请者被北仲选聘的重要条件,使培训考核与仲裁员选聘有机地结合在一起,提高了选聘工作质量;将过去北仲的内部培训改为面向社会的外部培训,扩大了参加培训人员的范围,拓宽了人才选聘的渠道。因为,“仲裁委员会要成为具有国际水平的仲裁机构,就应广纳贤才。北京地区人才济济,不是缺少人才,而是缺乏发现人才的机制。《决定》的制定,也是想在这方面进行尝试和探索,通过这种培训考核方式,去发现和培养更多的优秀人才加入仲裁员行列”。

(2)突出了考核作用,将考核与培训并重。因为,参加考核的过程也是消化吸收培训内容的过程,光有培训没有考核,培训容易流于形式。而且,通过考核,仲裁机构可掌握直接反映本人仲裁业务知识、分析判断和语言文字表达能力的材料,提高仲裁员选聘工作质量。

(3)规定“仲裁员仲裁业务方面的培训、考核工作”,由仲裁委员会委托“培训机构”[2]组织进行。这是因为“仲裁业务的发展对培训工作本身提出了系统化、专门化的要求”。虽然,仲裁委员会过去在培训方面取得一些经验,但培训内容不够全面系统,培训方式比较单一,“以会代训”的模式,缺乏必要的研讨、交流和考核,使培训效果大打折扣。因此,需要探索新的培训方式,增强培训效果。另外,近两年仲裁案件激增,办公室工作人员整日忙于日常事务,已没有相应时间、精力研究并组织落实仲裁员培训考核工作,“国际上的经验表明,随着仲裁产业化发展,势必会出现专事仲裁员培训的机构(如英国皇家御准仲裁员学会)。仲裁机构没必要把所有工作自己全部承担起来,‘小而全’的发展理念

〔1〕 参见《北京仲裁委员会加强仲裁员培训、考核工作的决定》第2条。

〔2〕 指高等院校法学院,北仲原定北京大学法学院和武汉大学法学院,后改为清华大学法学院。

已经落伍”。[1] 北仲将此项培训委托出去，可腾出精力从事其他形式的宣传培训工作。

(4)规定“仲裁员培训情况，将作为仲裁员专业背景的一项内容，列入北仲仲裁员电脑查询系统”，以便当事人了解仲裁员培训情况。

《决定》公布后，北仲即委托清华大学法学院组织开展培训工作，并与其研究充实了培训内容，优化培训课程，强调授课老师的实践经验，增设模拟仲裁庭等。同时，为鼓励仲裁员参加培训，北仲承担仲裁员2/3培训费用。到目前为止，培训班举办了三期，共有仲裁员、退休法官、律师、企业法律顾问，以及爱好仲裁的专业人士人129人参加了培训。大家普遍反映培训内容充实，实务性强、教学互动效果好。经过培训，仲裁员对仲裁理论、仲裁规则的理解及把握仲裁程序的能力有比较明显的提高。

仲裁员培训制度实行以来，北仲严格执行“优先指定通过培训机构培训、考核的仲裁员审理案件”规定，从2002年至现在，北仲办理案件仲裁员占在册仲裁员总数比例平均在70%左右(见表1)，经过培训仲裁员被指定、选定办案的，占90%左右。

表1　2002～2005年仲裁员办案人数统计

年度	办案仲裁员(人)	仲裁员总数(人)	办案仲裁员比例
2002年	184	235	78.30%
2003年	199	289	68.86%
2004年	221	334	66.17%
2005年	224	301	74.42%

第二，关于新颁布法律法规、司法解释和相关法律专业理论、知识学习及案例分析、经验交流活动，由仲裁员根据自己的专业、兴趣爱好自愿参加，北仲从不硬性要求。从2001年开始，北仲根据法律法规、司法解释修改、颁布情况和业务需要组织了“仲裁法实施中的问题”，“最高人民法院关于民事诉讼证据若干规定”“英美证据法”“仲裁裁决审核若干问题”“审理商品房买卖合同纠纷案

〔1〕 参见《关于〈北京仲裁委员会加强仲裁员培训、考核工作的决定〉的说明》，载《北京仲裁》2004年第3期。

件司法解释的理解与适用”“国际建筑合同的理解及争议解决研讨会”“国际工程合同纠纷解决与仲裁研讨会”“建筑合同纠纷解决研讨会”“国际商事仲裁实例研究讲座”“国际投资融资保护论坛”“仲裁鉴定工作研讨会”大中型会议10余场,参加会议的仲裁员、法官、政府部门相关负责人、律师、企业法律顾问等共1500多人次。同时,在办公室协助下,仲裁员自发组织的“建筑工程专业的仲裁员沙龙”“房地产专业仲裁员沙龙”“金融专业委员会”共召开案例分析会、专题研讨会、经验交流会等16场,参加会议的仲裁员达200多人次。

为吸引更多的仲裁员参与学习活动,提高仲裁员积极参与仲裁员学习管理事务的自治精神,“使沙龙成为以仲裁员为核心的社会各界精英合作、发展、沟通、互动的平台,实现仲裁员与社会各界精英之间的信息共享、知识共享、智慧共享、经验共享,提升仲裁员队伍的整体素质,扩大仲裁员和北京仲裁委员会的社会影响,推动仲裁事业健康发展”[1]。从2005年7月开始,北仲改良了仲裁员沙龙活动方式:一是由过去不定期的沙龙活动改为定期举行(每月最后一个周四下午),事先向全体仲裁员公布半年度沙龙活动计划,每期沙龙活动前,通过网站和电子邮件形式通知活动的具体内容;二是沙龙活动的内容根据仲裁员的建议设置,尽量满足仲裁员多样化的兴趣和要求;三是沙龙活动的主讲嘉宾由办公室根据仲裁员提议聘请社会上专家或由仲裁员毛遂自荐担任,活动主持人由仲裁员轮流担当,突出仲裁员在沙龙活动中的主体地位;四是参加活动的人员,由过去专业相同的部分仲裁员扩大到全体仲裁员,并根据活动内容、场地等情况,将参加活动人员由仲裁员逐步扩大到对沙龙活动感兴趣的高等院校老师、法官、律师、企业法律顾问等社会专业人士。截至目前,仲裁员沙龙共举办了五期,参加活动的仲裁员和社会其他专业人士为200多人次。目前,沙龙活动开始引起越来越多仲裁员、其他社会专业人士的兴趣和关注,要求参加沙龙活动或愿意担任主讲嘉宾的人,都十分踊跃,沙龙活动的“平台”作用日益显现。

第三,制定仲裁员工作的指导性意见和规范,发放学习资料,引导、鼓励仲裁员自学成才。北仲高度关注仲裁实践不断涌现的新情况、新问题、新型法律

---

〔1〕 参见《2005年7—12月份仲裁员沙龙活动安排》,载北京仲裁委员会:www. bjac. org. cn,最后访问日期:2010年7月10日。

关系，发现问题及时解决，及时总结经验和教训，并将之上升为理论性认识，起草仲裁员工作的指导性意见和规范，为仲裁员熟悉工作程序、仲裁实务提供业务指导。1996年2月，办公室起草了《北京仲裁委员会办案规范（讨论稿）》、《北京仲裁委员会裁决书制作规范（讨论稿）》，两个讨论稿经过多次修改，日臻完善，成为仲裁员工作“入门”的参考。两个讨论稿修改情况见表2、表3：

表2　仲裁员办案规范修改情况

版本	修改（制定）时间	章节条文
第一版	1996年6月	共5章21条
第二版	1996年10月	同上
第三版	1999年12月	共10章53条
第四版	2001年12月	共9章36条
第五版	2004年12月	共10章44条

表3　裁决书制作规范修改情况

版本	修改（制定）时间	章节条文
第一版	1996年6月	共3章30条
第二版	1996年10月	同上
第三版	1999年12月	同上
第四版	2001年12月	同上

根据建筑工程纠纷中涉及工程造价鉴定多的特点，办公室于2000年4月起草了《北京仲裁委员会建设工程造价鉴定试行办法》（以下简称《试行办法》）[1]，明确了参加工程造价鉴定工作的鉴定机构的资格和责任，对鉴定机构的选择和管理进行了规范。2004年8月办公室在广泛征求仲裁员和工程造价鉴定人员意见基础上，将《试行办法》更名为《关于工程造价鉴定机构及其鉴定工作的暂行规定》[2]，该规定在内容上由原来的16条规定增加到30条规定，充实了鉴定机构在造价鉴定中的权利、义务内容，增加了选定鉴定单位的原则、程序，以及鉴定单位开展鉴定工作的程序、费用、鉴定报告标准等。2005年1月办公室根据部分仲裁员的要求，起草了《关于审理建设工程纠纷案件造价鉴定程

〔1〕 参见《北京仲裁通讯》2000年第2期。
〔2〕 参见2005年《北京仲裁》第3期。

序一般规范》(讨论稿)[1],就仲裁庭决定进行工程造价鉴定的原则、范围(包括不宜进行造价鉴定的情形),委托造价鉴定单位的程序、手续,鉴定过程中仲裁庭与鉴定机构之间的衔接,鉴定报告提交后相关问题的处理等,提出了具体意见,这是北仲首次就仲裁庭如何处理仲裁中工程造价鉴定问题进行规范。

为便于仲裁员自学,北仲定期向仲裁员发放《北京仲裁通讯》(北仲的内部刊物,双月刊,内容包括仲裁法律、司法解释、仲裁规则、规范、案例分析、经验交流、理论文章、动态等)。2004 年 6 月《北京仲裁通讯》更名为《北京仲裁》,由北仲与法律出版社合作公开发行,并继续向仲裁员免费发放。刊物的内容由原来的 2 万字增至 10 万字左右,在保留其务实风格基础上,增强其理论性和学术性,推动仲裁理论实务研究向纵深发展。北仲还将仲裁法律、司法解释、仲裁规则、仲裁员守则、工作规范及人民法院关于申请撤销仲裁裁决裁定等汇编成《仲裁员手册》[2002 年编撰《仲裁员手册》(一),2005 年编撰《仲裁员手册》(二)]发放给仲裁员作为学习参考资料。同时,北仲在举办各类培训班、专题讲座向与会仲裁员赠送《国际商事仲裁资料精选》[2]《国际商务仲裁》《禁令》《国际商务游戏规则:英美证据法》[3]。

3. 制定完善仲裁员行为准则,为仲裁员自我完善提供道德指引。仲裁本质是服务,但与其他服务不同,仲裁是以公正裁判为特征,没有哪个行业像仲裁业这样对从业者的道德水准有极强的依赖性和极高的要求。公正是仲裁的灵魂和生命,仲裁员的人格、良知、道德水准是仲裁公正的重要保障。在消费主义,拜金主义盛行的社会条件下,仲裁员在仲裁中面临各种诱惑,干扰、风险和压力。因此,一个符合仲裁规律性要求和社会实际,便于操作执行仲裁员行为准则,不仅是当事人评价监督仲裁员的依据,而且是仲裁机构"给仲裁员以他律的制约,从而弥补自律的不足,达到彰显仲裁员人性中的善及为抑制其人性弱点

---

〔1〕 参见 2005 年《北京仲裁》第 3 期。

〔2〕 宋连斌、林一飞:《国际商事仲裁资料精选》,知识产权出版社 2004 年版。

〔3〕 此三本书皆为杨良宜著,中国政法大学出版社出版,出版时间分别为 1997 年、2000 年和 2002 年。

多一层屏护的目的”[1]的标准。基于上述认识,北仲于1995年,制定了《北京仲裁委员会仲裁员守则》(以下简称《仲裁员守则》)。而后,随着实践发展和对仲裁员道德规范问题认识的不断深化,北仲四次修订《仲裁员守则》,见表4:

表4 仲裁员守则修订情况

	时间	条文
制定	1995年10月	共14条
第一次修改	1996年12月	共16条
第二次修改	1998年9月	共20条
第三次修改	2001年4月	共26条
第四次修改	2003年9月	共13条

前期《仲裁员守则》主要参考国内其他仲裁机构相应规范和最高人民法院对法官的相关管理规定。自从北仲提出“在本世纪,要成为在国际上有一定地位和影响的仲裁机构”的目标后,守则的修改更多地吸收了国际仲裁界仲裁员道德规范和行为准则,如2003年的《仲裁员守则》,明确了仲裁员“应当公正、公平、勤勉、高效地为当事人解决争议”的基本道德要求,并按照仲裁过程先后顺序分为三个阶段对该基本要求进行具体表述:一是仲裁员在接受选任时,应该确信自己能够“毫不偏袒地履行职责”,“付出相应的时间、精力”,按照《仲裁规则》与《北京仲裁委员会关于提高仲裁效率的若干规定》(以下简称《若干规定》)要求的期限审理案件,并且,“参与审理且尚未审结的案件不满10件”;将“仲裁员为谋求选定而与当事人接触的”行为,界定为“不符合仲裁员道德规范的行为”等。二是在审理案件过程中,仲裁员应“平等、公允地对待双方当事人”,“不得以任何直接或间接方式接受当事人或其代理人的请客、馈赠或提供的其他利益”,“不得私自会见一方当事人、代理人,接受其提供的证据材料”,“不得以任何直接或间接方式”,“单独同一方当事人、代理人谈论有关仲裁案件的情况”,以及“应认真勤勉地履行自己的全部职责,在规定的期限内尽可能迅速审结案件”等。三是仲裁员“应当独立地审理案件,不因任何私利、外界压力

[1] 宋连斌:《中国仲裁员制度改革初探》,载韩德培等主编:《中国国际私法与比较法年刊2001》(第4卷),法律出版社2001年版,第575~604页。

而影响裁决的公正性”,对整个案件审理情况承担保密义务等。针对国内实行仲裁员名册制,仲裁员范围窄,相互交流、接触频繁等实际情况,《仲裁员守则》专门规定了“仲裁员不得在北仲的仲裁案件(包括申请撤销或不予执行本会仲裁裁决的案件)中担任代理人,亦不得代人打听案件情况或代人向仲裁庭成员实施请客送礼或其他提供好处和利益”,以避免仲裁员因代理案件而导致仲裁员之间、仲裁员与仲裁案件当事人、代理人的利益冲突和不公正行为。为了对仲裁中消极、腐败不公正行为进行有效制约,北仲在《仲裁员选聘管理办法》中将违反仲裁员道德规范、职业操守行为归纳为“有违诚信义务”“有违勤勉义务”“违背仲裁员独立、公正立场”三大类24种情形,配之以“不予续聘”“解聘”等处理措施,使之更具合理性和可操作性。与此同时,北仲还通过宣传册、报纸、杂志、网站等各种方式和渠道,将《仲裁员守则》《仲裁员聘用管理办法》公之于众,广而告知,有力地维护了仲裁员队伍的信誉和利益,因此,《仲裁员守则》《仲裁员选聘管理办法》得到了包括广大仲裁员在内的社会各界的理解和支持。

4.保障当事人对仲裁员相关信息的知情权、完善仲裁员监督机制。当事人了解掌握仲裁员专业背景信息,有利于当事人行使仲裁程序权利(选择仲裁员的权利是当事人在仲裁程序中的一项重要权利),增强当事人对仲裁庭的信心,充分体现当事人意思自治原则;有利于“具有解决案件所需的知识、经验和能力”的仲裁员获得办案机会,使仲裁专家办案特色得以充分体现;有利于仲裁员回避制度的实行,从而使当事人对仲裁员的监督落到实处,保持仲裁员队伍的公正性。为使当事人更好地了解掌握仲裁员专业背景信息,北仲从1998年开始与某IT公司合作开发研制仲裁员信息电脑查询系统。该系统2000年正式投入使用,而后,为了保障信息的准确性、完整性、有效性,北仲于2002年、2003年,先后两次向仲裁员发调查表,请仲裁员填写擅长专业及与之相关的教育背景、专业资历和学术成就、成果等,并将这些信息录入查询系统。该查询系统经过不断完善,当事人可以从中查询到仲裁员基本情况、教育背景、专业特长、经历、正在审理和已经审结的案件数、担任仲裁员类型(首席、独任或一般仲裁员),以及仲裁员办案意愿等。另外,要求仲裁员“只有确信自己”“具有解决案件所需的知识、经验和能力”，方可接受当事人选定或本会主任指定[1]，并将违反这一要求的行为视为“有违诚信义务”，将导致“不予续聘”的后果[2]。实行仲裁员披露制度，在《仲裁规则》中规定仲裁员“决定接受选定或者指定”时，应书面披露自己知悉的“与案件当事人或者代理人存在可能导致当事人对其独立性、公正性产生怀疑的情形”[3]，披露持续于仲裁全过程。同时，为了“平衡当事人自己选定仲裁员的利益与维持国际仲裁中公正、独立的信心的重要性之间的关系”[4]，兼顾必要与可行，北仲在《仲裁员守则》中具体列明了披露的事项，使仲裁员披露制度更具合理性和可操作性。为保障仲裁员披露制度的顺利执行，北仲于2005年8月在仲裁员电脑查询系统中专门增设了仲裁员办案情况查询项目，案件当事人，只要输入案件号、首席仲裁员姓名，便可迅速查询到首席仲裁员曾被一方或双方当事人、代理人选定的时间和次数。

5.坚持仲裁员独立履行职责，保证仲裁员独立仲裁。仲裁独立原则与仲裁机构独立、仲裁员独立仲裁之间具有内在逻辑联系，其中，仲裁机构独立是仲裁庭独立仲裁的前提，仲裁庭独立仲裁是仲裁机构独立的价值所在，是仲裁独立原则在仲裁过程中的具体化。权力与责任是同一事物的两个方面，两者不可分割。仲裁权是通过仲裁员独立仲裁来体现，仲裁员独立仲裁是仲裁独立的必然要求，也是仲裁法规定的仲裁独立原则的应有之义。仲裁员独立仲裁，意味着仲裁员独立、全面履行职责，付出办案所需的时间、精力，认真勤勉地完成仲裁审理中的各项工作，并“必须细心掂量并运用公平无私的判断对提交的全部争议作出裁断”[5]。如果仲裁员将起草裁决书或调查取证、组织质证等职责交由他人完成，则是违反了自己的诚信义务，造成仲裁权旁落，损害了当事人权利和仲裁独立性原则。仲裁员独立履行职责，是保障案件质量的客观要求。如果仲

---

[1] 参见北京仲裁委员会《仲裁员守则》第3条。

[2] 参见北京仲裁委员会《仲裁员聘用管理办法》第9条、第12条。

[3] 参见2004年3月1日实施的《北京仲裁委员会仲裁规则》第20条。

[4] 初丛艳译:《国际律师协会关于国际仲裁中利益冲突指导原则》，载《北京仲裁》2004年第1期。

[5] 见英国皇家御准仲裁员协会于1999年制定的《仲裁员道德行为规范》第2条，该文件收录于宋连斌、林一飞译编:《国际商事仲裁资料精选》，知识产权出版社2004年版，第216~217页。

裁员“只审查秘书起草的案情乃至裁决全文,难免只了解过滤后的事实,很可能因有所忽略而发出失之毫厘谬以千里的裁决”[1]。仲裁员独立履行职责,也是仲裁员提高专业素质的重要途径。仲裁的目的是公平合理、及时地解决争议。高学历是仲裁员专业素质的充分条件,而不是必要条件;职称和头衔只是一种外在的专业资格,不代表也不能真正反映出仲裁员的实际办案水平和能力。仲裁员是通过自己的“劳动”,而不是通过权力、地位、关系赢得当事人的尊重和信赖。公正公平的仲裁裁决,是仲裁员经验、学识、智慧以及其追求公平正义理念的结合品,结合程度越高,仲裁员的素质也越高。在众多的法律部门、法律条文甚至是互相冲突的法律规范中去寻找、发现、运用应当适用的规则与原则,不仅需要仲裁员有仲裁的职业敏感,丰富的法学知识、法理根基,还需要他拥有对社会、人生、人性、价值和利益等深刻理解。从这个角度讲,缺乏独立办案经历,或者虽有办案经历但不能独立、全面履行自己职责的人,是无法把自己的知识、经验进行充分融合,一个无法充分融合自己的知识经验的人,也就无从提高自己的素质,久而久之,将会面临被淘汰的命运。仲裁机构只有在仲裁员独立履行职责过程中,才能考察其所真正具有的道德操守、专业素养和办案能力,才有可能鉴别发现仲裁优秀人才。为了贯彻上述理念,北仲始终强调仲裁员必须全面履自己的职责,积极推进仲裁程序,认真制作裁决,并将此作为考核其是否符合仲裁员道德规范、是否具备办案能力的重要依据。如北仲2003年修订的《聘用管理办法》第8条规定,“仲裁员违反《若干规定》[2]第9条不提供制作裁决的书面意见”或“将制作裁决的职责委托给仲裁庭以外的人”,将“被视为有违勤勉义务”;仲裁员“不能按本会要求制作裁决或提供制作裁决的书面意见的”,或者“缺乏庭审能力”,“不能推动仲裁程序顺利进行的”,“将被视为不具备办案能力”并会导致“不予续聘”的后果。同时,在仲裁员报酬中,对制作裁决书的劳动及首席仲裁员推进仲裁程序的重要作用给予充分考虑。

6. 提高仲裁员报酬支付标准和仲裁员报酬支付透明度。仲裁不仅是业务

---

[1] 宋连斌:《中国仲裁员制度改革初探》,载韩德培等主编:《中国国际私法与比较法年刊2001》(第4卷),法律出版社2001年版,第575页。

[2] 指北京仲裁委员会于2003年9月修订的《北京仲裁委员会关于提高仲裁效率的若干规定》。

性、技术性工作,更是精神与人文的工作,它涵盖了伦理、哲学、审美、道义、法律等诸多文明因素。担任仲裁员,应对从事这项工作抱有高尚的理解。只有这样,才能在仲裁质量与经济效益是难成正比的情况下,其才华、技术、热忱与付出不会大打折扣。但是,这并不意味仲裁劳动应该是低报酬。仲裁是一项具有很高的技术知识含量、高智能、高强度、十分复杂的脑力劳动。从制度层面,低报酬不是仲裁员制度发展方向,应该逐步改革。根据权利义务对等原则,仲裁员付出了自己的时间和劳动,就应该得到相应的经济回报,这是对仲裁员主体地位及权利的尊重,是对当事人利益的维护——仲裁员是当事人选择的解决争议的"公断人",更是仲裁责任制落实的客观要求。提高仲裁员报酬,不仅有利于激发仲裁员的责任感、进取心和创造精神,而且有利于仲裁员真正感受到自己在仲裁机构、仲裁事业中的主体地位,热爱并积极推动仲裁事业发展。提高仲裁报酬有利于改善仲裁员的学习和生活条件,使仲裁员真正感到成就和尊荣,从而对自己在仲裁方面的发展有着更为长远的规划和考虑,更加努力地钻研仲裁业务,积累信誉,摒弃一切影响仲裁公正和信誉的"短期行为"。同时,这种名利双收、积极的、正面的示范效应,可以吸引更多品行高洁,学识渊博、专业精深,精明强干,出类拔萃之士加入到仲裁员队伍,使仲裁事业后继有人,兴旺发达。

当然,仲裁员报酬问题涉及仲裁收费体制改革且受仲裁机构仲裁收费水平的制约,是一个"牵一发而动全身"的复杂、微妙和敏感问题。而且,在目前仲裁收费办法不尽合理,各仲裁机构的案件数量、类型、争议金额、收费情况相差悬殊情况下,仲裁机构应该结合自己的实际情况,缜密测算,慎重处理,不可盲目攀比,"一刀切"。由于仲裁案件的千差万别及由此引起的仲裁劳动质和量上的不同,以及报酬受收费制约的状况,仲裁机构制定仲裁员报酬标准时,不仅要考虑报酬如何科学合理地反映仲裁劳动的质和量,还要考虑仲裁机构过去历年的案件收费水平及未来发展趋势,办案成本等因素,正确处理当事人、仲裁员、仲裁机构间的关系,把握眼前利益与长远利益的平衡,保持仲裁机构的可持续发展能力。因此,仲裁员报酬不仅要能体现仲裁劳动的价值,还要形成有利于激发仲裁员责任感,提高办案质量和效率的激励、约束机制。

基于上述认识,北仲从成立以来,一直随着经济效益的增长逐步提高仲裁员报酬;2003 年,在进一步提高仲裁员报酬的基础上,北仲制定《仲裁员报酬支付办法》(以下简称《办法》)明确报酬支付标准和原则。考虑到小标的案件虽然收费标准较低,但其复杂程度和劳动强度未必低的情况,北仲规定了仲裁员报酬最低标准,在收费低于报酬情况下,由北仲予以补贴;考虑到裁决的重要性以及制作裁决劳动在实际案件审理中占较大比例,《办法》专门规定了裁决书制作费及其在仲裁庭报酬中所占比例;考虑到首席仲裁员与一般仲裁员在案件审理中的作用及付出劳动的不同,《办法》参考国际上通行做法规定了首席仲裁员与一般仲裁员在报酬上的分配比例。同时,该办法针对仲裁员履行职责情况还规定了相应的奖惩措施。该办法经仲裁委员会讨论通过后及时发放给仲裁员,以便仲裁员对办公室执行《办法》情况进行监督,维护自己的权利和利益。《办法》的制定实施受到仲裁员与社会各界好评,不仅提高了仲裁员的办案质量和效率,而且,提高了北仲对社会优秀人才的吸引力。

总之,通过建立现代仲裁员制度,北仲形成了仲裁员队伍建设与仲裁事业共同发展的大好局面,实现了"靠成功吸引人才,靠人才维持成功"的良性循环。仲裁员队伍变化情况图、北仲各届仲裁员学历统计图,北仲历届仲裁员队伍情况,案件量增长情况见图 1。

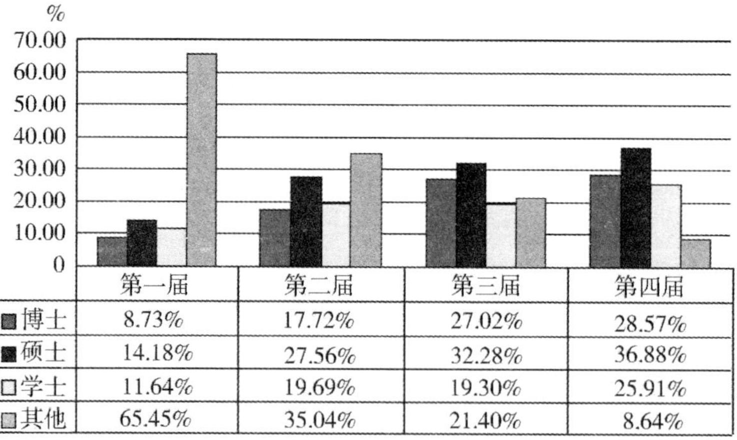

	第一届	第二届	第三届	第四届
博士	8.73%	17.72%	27.02%	28.57%
硕士	14.18%	27.56%	32.28%	36.88%
学士	11.64%	19.69%	19.30%	25.91%
其他	65.45%	35.04%	21.40%	8.64%

图 1　历届仲裁员学历分布

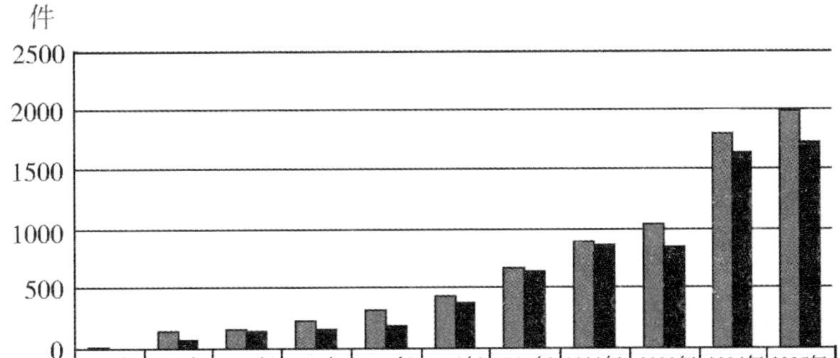

	1995年	1996年	1997年	1998年	1999年	2000年	2001年	2002年	2003年	2004年	2005年
■受理案件	7	149	168	233	326	449	666	891	1029	1726	1979
■审结案件	5	76	143	160	188	391	643	853	850	1633	1730

图 2　历年受理案件和审结案件

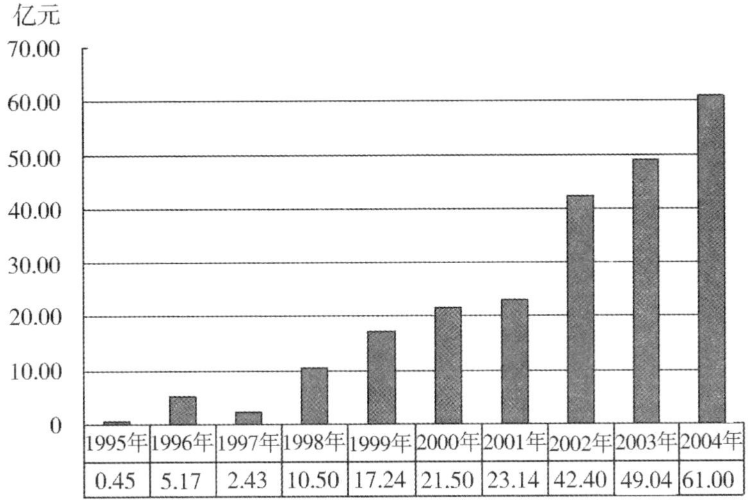

1995年	1996年	1997年	1998年	1999年	2000年	2001年	2002年	2003年	2004年
0.45	5.17	2.43	10.50	17.24	21.50	23.14	42.40	49.04	61.00

图 3　受理案件标的额

三、坚持吸收国外现代仲裁制度的原则，建设具有国际水平的仲裁机构

“吸收国外现代仲裁制度”“使中国的仲裁制度与国际现代仲裁制度同步发展”是仲裁法立法的重要目的和原则。仲裁是一个“注重国际化并敏于适应商业变迁的领域”[1]，作为一个仲裁机构，要想在强手如林的国际仲裁界争得自

[1] 宋连斌:《理念走向规则:仲裁法修订应注意的几个问题》,载《人民法院报》2004 年 7 月 21 日。

己的一席之地,就必须以国际同行中佼佼者为目标,大胆吸收借鉴国际商事仲裁制度、惯例和普遍做法,尽快缩短自己与国际同行的差距。在这个问题上,一定要防止不顾实际,照抄照搬,简单、机械、教条主义的做法。首先要明确的是,国际商事仲裁制度、惯例和做法内容丰富、庞杂,我们要吸收借鉴的,应该是经过比较鉴别分析和研究,确信比国内已有的正在实行的制度、惯例和做法更能改善仲裁服务状况,更能体现仲裁的独立、公正与效率,更能维护当事人的合法权益,更能实现仲裁的功能与价值,促进仲裁事业的健康发展的制度、惯例和做法。对这些制度、惯例、做法,我们不仅要"知其然",更要"知其所以然",在全面深入了解这些制度、惯例、做法产生的社会经济、政治、文化环境,经过对我国"国情"对照分析后加以改造付诸实践,根据实践反馈情况不断调整改良,使之逐步完善,而不是简单的生搬硬套。但是,我们也要防止以"国情"特殊为由,盲目排斥外国仲裁制度、惯例和做法。所谓"国情"《现代汉语词典》中的解释是"一个国家的社会性质、政治、经济、文化等方面的基本情况和特点",这是一个内容十分宽泛的概念。"国情"中,既有新兴的、文明进步、正面、健康的成分,也有腐朽、愚昧、落后的负面因素,对前者应该提倡、鼓励、支持其发展,对后者应该大胆改革,不断抑制、削弱,直至消除。因此,对于什么是"国情",什么是"中国特色",以及研究"国情""中国特色"与解决仲裁界所面临的、迫在眉睫的实际问题之间的关系等,要进行实事求是的分析。切忌以"国情"回避矛盾,虚化问题,贻误改革的大好时机,更不要以"中国特色"为名,迁就保护那些不符合仲裁法精神,不利于仲裁制度发展的陈规陋习。既然仲裁的本质是服务,考虑"国情"首先要考虑当事人对仲裁服务的要求。当事人的要求就是社会对仲裁的需求、是仲裁的发展机遇,仲裁机构满足这种需求的程度就是机构不断发展,做大、做强、做长的能力。在中国经济融入世界经济过程中,不仅国内外当事人对仲裁服务的需求日益趋同,而且,仲裁机构本身也要面对越来越多的,来自不同国家和地区,有着不同文化背景的当事人、代理人。过分强调"国情"特殊,排斥那些符合当事人要求,且经过长期历史筛选,为世界多数国家普遍采用的国际商事仲裁惯例和做法,不仅会使仲裁机构失去国际竞争力,而且会使中国企业在国际商事仲裁中失去相应的保障和平等待遇。为此,北仲从实际出发,在现有的法律的框架内,参考联合国国际贸易委员会《国际商事仲裁示范法》、国际上一些国家、仲裁机构的仲裁立法、仲裁规则、规范,对仲裁收费制度、章程、仲裁规则、仲裁程序进行了大胆改革和尝试:

1. 为了使仲裁收费更为合理、透明,修订仲裁收费办法。"效益是仲裁的基本价值目标之一"[1],"仲裁因其追求效益而体现出别于和优于诉讼,从而在社会冲突救治体系中谋得一席之地"[2]。仲裁的效益优势不仅体现在其解决纠纷方式的"简便、快捷",而且也体现在其低廉的制度成本。因为仲裁是当事人自愿选择的行为,通常情况下,本着"谁受益,谁支付"的原则,仲裁费用由当事人承担。因此,在不需动用国家财政和纳税人税款条件下,化解矛盾和纠纷,缓解法院压力,促进社会和谐与稳定。这也是世界多数国家大力支持和推广仲裁制度的一个重要原因。因此。仲裁收费既是仲裁员报酬来源,也是仲裁机构生存基础。仲裁收费应体现仲裁效益原则和仲裁机构民间性原则。现行仲裁收费办法不尽合理:一是收费标准透明度低,不能反映出费用实际用途及各类费用所占比例。二是收费科目设置不合理,只有案件受理费和处理费两个科目,且未说明其具体内容,容易使人感到重复收费。国际上,收费科目大体分为三部分:(1)立案费和管理费,这些费用是仲裁机构的财产。凡到仲裁机构立案者,均应缴纳一定数目的立案费,概不退还;管理费参照争议金额大小及案件复杂程度按比例计收。(2)仲裁员报酬,按照争议金额及案件复杂程度,由仲裁机构按比例代收。(3)其他实际开支:包括仲裁机构设施使用费、仲裁庭差旅费、膳食费、调查费、会议费及鉴定费、专家报酬等。三是收费支出项目中未列明仲裁机构本身行政管理费用[3],使仲裁机构的开支缺乏相应合法性依据。其实,国内仲裁机构往往比国外仲裁机构承担更多、更繁重的任务,除了仲裁程序的服务管理、机构内部的行政事务,仲裁机构还要承担仲裁员培训、选聘、管理,仲裁制度推广,仲裁理论研究、学术交流,以及与法院和政府相关部门的协调等许

---

〔1〕 赵健:《国际商事仲裁的司法监督》,法律出版社 2000 年版,第 10 页。

〔2〕 赵健:《国际商事仲裁的司法监督》,法律出版社 2000 年版,第 6 页。

〔3〕 参见《国务院办公厅关于印发〈重新组建仲裁机构方案〉、〈仲裁委员会登记暂行办法〉、〈仲裁委员会仲裁收费办法〉的通知》及《北京仲裁委员会仲裁收费办法》第 7 条。

多工作,需要相应的经费投入,未列明机构的开支,无异于"既要马儿跑,又要马儿不吃草",这不仅违背常理,实际也行不通。而且,这使仲裁机构费用的支取使用无章可循,不利于机构自身建设和发展。四是小标的额案件收费标准偏低(有的甚至低于仲裁员报酬),既不利于调动仲裁员办理小标的额案件的积极性,对大标的额案件当事人也不公平,由于仲裁机构没有其他经费来源,小标的额案件的亏损均由大标的额案件收费弥补。这无异于牺牲一部分人的利益满足另一部分人的利益,不符合"谁受益、谁支付"的原则。而且,如果仲裁机构受理的小标的额案件过多,小标的额案件所占比例过大,在没有财政支持情况下,仲裁机构难以为继,但长期依赖财政,又将失去仲裁机构的独立性。五是大标的额案件收费偏高,不仅增加了案件当事人负担,而且,因此导致大小案件收费上的差距,会形成"因机遇的不同造成报酬上差距的情况"[1]。

为克服上述弊端,经市物价主管机关批准,北仲在保持原有收费科目基础上[2],于2002年、2003年修订了仲裁收费办法,逐步提高了小标的额案件收费标准,降低了大标的额案件的收费标准。如根据2003年北仲的仲裁收费办法,仲裁处理费最低为5000元,仲裁标的额7800万元以上的案件收费标准,则低于法院一审诉讼费。根据专业会计机构对北仲历年案件结构、收费情况的分析测算,收费调整后,仲裁收费整体水平降低,使当事人得到实惠。同时,北仲通过多种形式公布了仲裁收费办法,通过计算机查询系统、网站公布了仲裁退费标准,以及收费、退费快算程序软件,提高北仲仲裁收费的透明度。

2. 修订《北京仲裁委员会章程》(以下简称章程)将工作人员不担任仲裁员的做法制度化。在北仲成立的早期,由于历史原因,办公室个别工作人员曾担任过仲裁员,但办案数量受到严格控制(总共8件)。从2001年3月开始北仲禁止工作人员担任仲裁员。因为,尽管工作人员"一般比较熟悉仲裁程序,有充足的时间处理仲裁程序中需要及时应对的事项,有利于快速结案",尽管在仲裁员专业素质参差不齐且办案时间难以保证情形下,让工作人员担任仲裁员有为

---

〔1〕 参见2003年9月第三届北京仲裁委员会第五次会议讨论的《北京仲裁委员会"收费办法"调整说明》。

〔2〕 收费科目的变动有赖于《北京仲裁委员会仲裁收费办法》的修改。

了保证案件质量与效率,“不得已而为之”的成分。但是,从仲裁事业长远发展看,这种做法“弊大于利”:其一,这不符合国务院文件中“仲裁委员会不设专职仲裁员”的规定和国际商事仲裁的通行做法,影响仲裁庭独立办案。其二,案件有输有赢,判断失误总是难免的,如果工作人员做仲裁员,工作人员与机构的关系会使其办案过程中的道德风险直接转移到机构头上,损害了仲裁机构的中立性和超脱地位。其三,在办案机会相对不足情况下,这种做法客观上会形成工作人员与仲裁员争“案”的局面,使仲裁机构在仲裁员中失去“人心”和凝聚力。而且,机会不等容易造成工作人员之间的矛盾,影响仲裁机构的内部团结和战斗力。其四,容易助长仲裁机构对工作人员办案的过分依赖,忽视对其他仲裁员的锻炼和培养,不利于仲裁员队伍的形成和发展。其五,工作人员本身承担大量的程序服务管理工作,办案与服务同时进行,难免顾此失彼,影响服务质量和效率,引发仲裁员、当事人、代理人的不满,影响仲裁机构的业务开展。当然,工作人员通常任务重、压力大,其合理的利益应该满足,但是这种满足应通过事业的发展去争取。实践证明,工作人员不担任仲裁员的做法,深受广大仲裁员、当事人、代理人欢迎和支持,促进了业务发展,工作人员的待遇得到相应提高,仲裁机构发展进入良性循环。鉴于此,同时也为了保障仲裁委员会委员在仲裁员选聘、管理、考核中的公正立场和超脱地位,北仲参考国际商事仲裁院内部规则[1]修订了章程。章程第 11 条规定:“本会主任及办公室工作人员不兼任仲裁员;副主任及委员不接受一方当事人选定担任仲裁员,北仲不指定其担任仲裁员,双方当事人共同指定其担任仲裁员的除外”,将此作为一项制度固定下来,长期坚持下去,不以人的变化而变化。

3. 不断修改完善仲裁规则。仲裁规则是仲裁庭推动程序进行的重要依据。十年来北仲根据实际问题一直不断修改仲裁规则。修改情况见表 5:

---

〔1〕 参见《国际商会国际仲裁院内部规则》第 2 条第 1 项、第 2 项,该文件收录于《国际商事仲裁资料精选》,宋连斌、林一飞译编,知识产权出版社 2004 年版,第 116 ~ 118 页。

表5 修改情况

	修改时间	施行时间	章节条文
制定	1995年10月	1995年10月	共5章,60条
第一次修改	1996年7月29日	1996年9月1日	共7章,81条
第二次修改	1997年3月13日	1997年4月1日	共7章,86条
第三次修改	1998年1月26日	1998年3月1日	共7章,86条
第四次修改	1999年2月25日	1999年4月1日	共8章,94条
第五次修改	2001年4月25日	2001年8月1日	共10章,107条
第六次修改	2003年9月16日	2004年3月1日	共9章,65条

2002年2月北仲提出要“在本世纪,要成为在国际上有一定地位和影响的仲裁机构”后,加快了改革的步伐,加强了对国外仲裁立法、仲裁机构及规则的考察和学习。为了进一步体现当事人意思自治原则、保障仲裁程序公正,北仲参考国际商事仲裁的立法、规则和最高人民法院的司法解释,2003年北仲修订了《仲裁规则》,在不违背仲裁法规定前提下,进行以下创新:

(1)规定“当事人就程序事项或者仲裁适用的规则另有约定且北仲同意的,从其约定”[1]扩大当事人选择仲裁程序的权利。

(2)增加双方当事人选定首席(独任)仲裁员的方式和程序,如第18条第2款规定“双方当事人可以在第(一)款规定的期限内,各自推荐一至三名仲裁员作为首席仲裁员人选;本会也可以提供五至七名首席仲裁员候选名单,由双方当事人在第(一)款规定的期限内从中选择一至三名仲裁员作为首席仲裁员人选。推荐名单或者选择名单中有一名相同的,为双方当事人共同选定的首席仲裁员;有一名以上相同的,由主任根据案件具体情况在相同人选中确定,确定的仲裁员仍为双方当事人共同选定的首席仲裁员”,提高当事人“共同”选择首席(独任)仲裁员的比例。据不完全统计,2004年3月1日前(新规则实施前),北仲受理的4091件案件中,双方成功选择首席或独任仲裁员的案件有七八件,占案件的1.9‰。2004年3月2日至11月中旬,北仲受理案件1357件,当事人双

〔1〕 参见2004年3月1日施行的《北京仲裁委员会仲裁规则》第2条。

方以《仲裁规则》第18条第2款规定的程序成功选定首席或独任仲裁员的4件；另外双方经协商直接共同选定首席或独任仲裁员的9件，两项加起来共13件，占同期全部案件的9.5‰，高于新仲裁规则实施前的比例。

（3）增加了当事人选择确定"开庭地点"的权利。如《仲裁规则》第25条规定"开庭审理在本会所在地进行。当事人另有约定，或者当事人共同要求并经秘书长同意，也可以在其他地点进行"。

（4）在国际商事仲裁程序中，允许当事人以"避免裁决结果可能受到调解影响为由"[1]请求更换仲裁员，尊重当事人将调解人与仲裁员分开的意愿和习惯，增加了仲裁程序的弹性和包容性。

（5）规定"当事人对仲裁协议或者仲裁案件的管辖权提出异议的，可由北仲或者由北仲授权仲裁庭作出决定"[2]，授予仲裁庭对仲裁管辖权异议的决定权，使仲裁程序更符合国际通行做法，更易于国内外当事人认同并接受。

（6）规定"仲裁标的为同一种类或者有关联的两个或者两个以上的案件，经一方当事人申请并征得其他当事人同意，仲裁庭可以决定合并审理"。在不违背当事人自愿原则前提下，通过案件的合并审理，降低解决纠纷成本，促进纠纷及时解决[3]。

（7）规定仲裁员不在裁决书签名的，应出具书面意见，该意见不是裁决书的组成部分，但要"附随裁决书送达当事人"，提高仲裁裁决的透明度，保障程序的公正性[4]。

（8）缩短国际商事案件的审理期限，普通程序的国际商事案件，由过去规定的8个月改为6个月。简易程序的国际商事案件由过去规定的"开庭审理的，应当自开庭审理或者再次开庭审理之日起30日内作出裁决；书面审理的，应当自仲裁庭组庭之日起90日内作出裁决"[5]，改为"国际商事案件，应当自组庭

---

[1] 参见2004年3月1日施行的《北京仲裁委员会仲裁规则》第56条第2款。
[2] 参见2004年3月1日施行的《北京仲裁委员会仲裁规则》第6条第4款。
[3] 参见2004年3月1日施行的《北京仲裁委员会仲裁规则》第26条第1款。
[4] 参见2004年3月1日施行的《北京仲裁委员会仲裁规则》第41条第3款。
[5] 参见2001年8月1日施行的《北京仲裁委员会仲裁规则》第78条。

之日起90日内作出裁决"[1],不再按开庭审理和书面审理方式确定不同的审理期限。

(9)参考《最高人民法院关于民事诉讼证据的若干规定》,在《仲裁规则》充实了"证据提交""质证和认证"等内容,明确了当事人的举证责任、期限及后果,防止当事人滥用权利,无故拖延,保障仲裁审理的顺利进行。

4.制定相关规定加强仲裁程序的时间管理,提高办案效率。"迟延的正义为非正义"[2],"为了维护当事人合法权益,加强对仲裁审理期限的管理,提高办案效率"[3],2002年2月,第三届北京仲裁委员会第二次会议讨论通过《北京仲裁委员会关于加强仲裁审限管理若干规定》(以下简称《若干规定》)。该规定作为仲裁员行为规范,界定了仲裁庭"迟延"与"超审限"概念内容,"迟延"责任的分担和计算方法;增加了仲裁员与秘书或仲裁庭其他成员随时保持联络的义务要求和办案督促程序。第6条规定:"审理迟延满20天的,仲裁委员会向有迟延情形仲裁员发《案件催办通知》。因仲裁庭共同迟延导致超审限满一个月的,仲裁委员会向仲裁庭发《案件催办通知》。"参考1998年《德国民事诉讼法典》第1052条(2)[4]、1997年《美国仲裁协会国际仲裁规则》第11条[5]规定,《若干规定》第5条规定,仲裁员未遵守《守则》和《若干规定》,"致使秘书或仲裁庭其他成员无法与之联络,造成案件在规定期限内无法正常审理的,该仲裁员将视为无故缺席,其他仲裁员可在其缺席的情况下,对除开庭以外的程序性问题作出决定"。同时,《若干规定》还明确北仲对迟延行为所采取的处理措施包括:因迟延导致案件超审限的案件数字"将记录在电脑查询系统中,供当事人查阅"[6],"迟延达到《仲裁员守则》和《北京仲裁委员会聘用管理办法》规定的

〔1〕 参见2004年3月1日施行的《北京仲裁委员会仲裁规则》第49条。

〔2〕 参见关于制定《北京仲裁委员会关于加强仲裁审限管理若干规定》的说明。

〔3〕 参见2002年3月1日起施行的《北京仲裁委员会关于加强仲裁审限管理若干规定》。

〔4〕 该条规定"如某仲裁员拒绝参加对决定的表决,则除非当事人另有约定,其他仲裁员可以在其缺席的情况下作出决定"。

〔5〕 该条规定"三人仲裁庭之一名仲裁员非因第10条所列明的理由未能参加仲裁时,另外两名仲裁员应有权自行继续仲裁作出任何决定、裁定或裁决"。

〔6〕 参见2002年3月1日起施行的《北京仲裁委员会关于加强仲裁审限管理若干规定》第7条。

不予续聘和解聘情形的,按其规定办理"[1]。2003 年 9 月,第三届北京仲裁委员会第五次会议讨论通过了修订的《若干规定》,其更名为《北京仲裁委员会关于提高仲裁效率的若干规定》,将原《仲裁员守则》有关办案期限规定充实其中,"对开庭审理与裁决制作时间予以明确规定,要求每一个环节均按时间要求进行,以保证整个程序高效、顺畅的展开"[2],并且,该规定第 9 条第 2 款规定"仲裁庭未经合议或经合议对裁决未达成基本共识的,仲裁员应自审理终结之日或合议之日起 5 日内,就案件事实、证据、定性、责任、适用法律、裁决意见和理由等提出制作裁决的书面意见,由首席仲裁员或其指定的仲裁员进行汇总,拟定裁决书草稿"。为了落实《若干规定》,北仲在仲裁管理软件系统中设置了"仲裁时间统计""仲裁员迟延统计",以及提醒仲裁员及时制作裁决的即时消息系统,仲裁庭办案时间不断缩短,办案效率大大提高。截至目前,北仲审结案件,每件案件从组庭到结案平均办案时间不足 70 天。

回顾历史,过去的十年是北仲不断探索、验证国际商事仲裁惯例"是否可能"及"如何可能"在中国得到成功实践的十年,是北仲探索如何按照仲裁法精神办事,加快中国仲裁制度现代化进程的十年。在这十年中,北仲既感受到仲裁法实施对仲裁制度所产生的巨大推动作用以及现代仲裁制度在中国发展机遇和潜力,也感受到新旧仲裁体制变革中所产生的矛盾、问题和压力,北仲希望国家立法、执法、司法部门继续关注仲裁制度的发展,在修改完善仲裁法、相应规定、政策时,能够明确仲裁机构的民间组织性质,并参考国际惯例,制定有利于其机构独立、民间化发展的财政、税务、人事等配套措施和办法。北仲愿意继续以自己的实践探索为这种修改完善做贡献。

---

〔1〕 参见 2002 年 3 月 1 日起施行的《北京仲裁委员会关于加强仲裁审限管理若干规定》第 7 条。

〔2〕 王红松:《关于北京仲裁委员会〈仲裁员守则〉、〈仲裁员聘用管理办法〉、〈关于提高仲裁效率的若干规定〉的修改说明》,载北京仲裁委员会:http://www.bjac.org.cn/arbiter/2004smn.html,最后访问日期:2010 年 7 月 30 日。

爱的奉献

——在喻观村小学开学典礼讲话

(2009-6-15)

各位老师、同学,各位领导:早上好!

我们北京仲裁委员会是一个以仲裁的方式解决经济纠纷的仲裁机构,国内外仲裁员371名。本来我们与江油市三合镇喻观村小学相隔千里,仲裁与小学教育更是跨行跨界。但是“5·12”汶川大地震将我们联系在一起。当我们看到那么多的师生因校舍坍塌而罹难,感到非常震惊和痛心。同时,也为灾区教师舍己救人的精神所感动。为了灾区学校师生的安全,大家纷纷捐钱奉献爱心。这次重建校舍的经费,既有北京仲裁委员会的机构捐款,也有126名中外仲裁员、35名工作人员和2名在北仲实习的学生的个人捐款。这些钱对于灾区校舍恢复重建来说,无异于杯水车薪,但它饱含着我们北仲人关爱灾区师生的一片真情。本来我们可以把钱向红十字会或有关部门一捐了之。但是,经过研究,我们决心负责到底!经过遴选,请来北京信誉优良的北京市第三建筑工程有限公司进行施工。三建公司出现过李瑞环、张百发这样后来走上重要领导岗位的劳动模范,有着辉煌的历史。我小时候看过一个电影《青年鲁班》,讲的是他们的故事。2007年三建公司承建的九洲体育馆非常坚固结实,在地震中成了北川群众躲避地震的场所。三建公司的领导听说是北仲援建灾区校舍，非常爽快地接受了这个千里之外、毫无利润可言的小项目，精心组织、精心施工，按照预定计划完成全部任务。施工期间，由北仲高其琳仲裁员任董事长，具有甲级造价鉴定单位资质的北京求实建设工程有限公司，义务承担了工程的管理工作。在项目的筹划和施工期间，绵阳仲裁委员会何主任和工作人员，一直忙前忙后，与江油市红十字会、教委、建委等有关部门沟通、协调，保障各项工作的衔接和顺利进行。江油市委、特别是江油市教育体育局领导对这一施工项目给予高度重视和支持。虽然，重新修建一座学校比单纯捐款更费周折，需要投入更多的时间、精力和金钱。但是，当这样一座美丽崭新的校园展现在面前时，望着孩子们纯真、开心的笑脸，我们由衷地感到欣慰和满足——我们为此付出的一切都是非常有价值、有意义的！这座学校是北京仲裁委员会、北京市第三建筑工程有限公司、北京求实工程管理有限公司、绵阳仲裁委员会，以及江油市委、教育体育局、市红十字会等有关部门共同努力的结果，是大家“爱”的结晶，是人类“善”的见证，它承载着我们对师生们的关心和期待。

我们希望同学们能够远离地震的威胁、惊扰和伤害，安心地学习玩耍，无忧无虑地度过自己金色的童年。

我们希望同学们远离尘世的喧嚣和烦恼，无拘无束、自由自在、健康快乐，怀着童贞的好奇、烂漫的梦想，探险的精神，在知识的天地里自由地翱翔，感受生活中的真、善、美。

我们希望同学们在大自然美的怀抱里，在家长和老师爱的滋润中茁壮成长，懂礼貌、有教养，知善恶、明是非，诚实正直、乐观开朗，努力学习，不断进步，做一个有思想、有良知、有人格、有正义感和社会责任感，心地光明、纯洁，有益于家庭和社会的人。

最后，我们也向学校的老师、领导表示我们最诚挚的感谢！小学教育是人生重要的启蒙阶段，你们的言传身教将影响孩子的一生。因此，你们对国家未来的影响，远远超过我们每个人。你们长期扎根基层、兢兢业业，尽职尽责地从事教育工作，就是在为国尽忠，是高尚的爱的奉献。在此，我代表北仲的全体仲裁员、工作人员向你们致以最崇高的敬意！同时，也祝你们身体健康，工作愉快！

现代商事仲裁理念与原则在中国的实践

——以《北京仲裁委员会仲裁规则》的修改为例

(2010-5-22)

1995年9月1日《仲裁法》开始实施。仲裁法是一部改革的法,更是一部"吸收国外现代仲裁制度""使中国的仲裁制度与国际现代仲裁制度同步发展"[1]的开放的法。仲裁法规定的仲裁庭独立仲裁、当事人协议管辖以及或裁或审、一裁终局制度等,体现了现代商事仲裁理念与原则的核心内容。回顾仲裁法实施后,有关部门对该法理解与执行上的反复与倒退,使我们对贯穿于仲裁法的改革精神及其对现行体制带来的震荡与冲击有了更深的体会。从理论上讲,商事仲裁理念与原则是世界各国在长期仲裁实践中总结发展出来的,反映了仲裁的内在规律和本质特征,是人类共同智慧的结晶,是文明社会的共同财富。无论一国国情有何"特殊",偏离这些理念和原则,仲裁将不成其为仲裁。但在实践中,由于长期计划经济下行政仲裁体制形成的思想观念、思维习惯、管

[1] 全国人大常委会法制委员会:《中华人民共和国仲裁法法律释评》,法律出版社1997年版,第6页。

理制度、运作模式所具有的惯性作用[1]和权力背后的利益考量，现代商事仲裁理念和原则是否符合“国情”、能否应用于中国实践以及能否获得成功却一直是被担忧、质疑并争论不休的问题。这里，笔者试图以北京仲裁委员会（以下简称北仲）仲裁规则的修改为例，具体展现一个仲裁机构如何将现代商事仲裁理念和原则应用于中国仲裁实践的过程。

北仲成立于1995年9月28日，在当年制定《北京仲裁委员会仲裁规则》（以下简称《规则》）之后，分别于1996年、1997年、1998年、1999年、2001年、2004年和2008年对《规则》进行了7次修改（以仲裁规则实施日期为准，下同），现行文本是2008年《规则》。

纵观北仲《规则》的历次修改，总体上有三个特点：一是实践需要和客观形势变化是促使规则修改的动力；二是从2002年北仲提出创建国际化仲裁机构的战略目标[2]后，“仲裁规则已经逐步由被动地弥补程序缺陷转为主动地为实现先进的仲裁理念而服务”[3]；三是尽管每次修改的内容不同，修改的条款有多有少，但方向始终不变——就是以现代商事仲裁理念和原则为指导，与仲裁实践紧密结合。特别是2004年《规则》的修改不仅在内容上大量借鉴示范法和各国立法的先进经验，在条文和体例上也参考了国际知名仲裁机构的仲裁规则的表述。从内容上看，《规则》修改主要围绕三条主线进行：一是仲裁庭独立仲裁；二是当事人意思自治；三是程序简便、快捷，提高仲裁效率。具体分述如下：

一、仲裁庭独立仲裁

根据仲裁法，仲裁机构“独立于行政机关，与行政机关没有隶属关系”；仲裁员从法律和经济贸易领域中的专家、学者中选聘，与仲裁机构没有隶属关系；仲裁员由当事人选定或当事人委托仲裁委员会主任指定；仲裁裁决由仲裁庭独立

---

〔1〕 王红松：《北京仲裁委员会十周年回顾》，载杨润时主编：《商事仲裁理论与实务》，人民法院出版社2006年版，第253页。

〔2〕 王红松：《在2002年春节茶话会上的发言》，载北京仲裁委员会：http://www.bjac.org.cn/rule/2002sm.htm，最后访问日期：2010年7月30日。

〔3〕 王红松：《2004年北京仲裁委员会仲裁规则修改说明》，载北京仲裁委员会：http://www.bjac.org.cn/rule/2004sm.htm，最后访问日期：2010年7月30日。

做出等。这种仲裁机构与行政机关、仲裁员与仲裁机构之间彼此独立的关系,仲裁庭审裁统一、权责一致的模式,以及当事人对仲裁员、仲裁员机构的选择和制约,形成商事仲裁独特的运行机制[1]。其中,仲裁庭独立仲裁是基础、是前提。有人认为仲裁庭独立的目的是仲裁公正,因此,只要达到公正的目的,可以采取其他相应措施——包括某种程度的审核,以防止仲裁庭独立仲裁权力过大所带来的风险。北仲认为,其一,仲裁庭独立仲裁是仲裁法确立的基本原则,仲裁员由当事人选择其信赖的专家、学者担任,基于当事人意思自治的原则,如果由仲裁庭以外的人参与决断,当事人没有机会直接与这些判断者进行陈述或辩论,这就违背了法律规定和自然公正原则。其二,仲裁庭成员要在裁决书上签名,其独立仲裁也意味着独立承担法律责任。如果由其他无须在裁决书上签字的人参与判断,就直接打破了这种权责一致的对应关系,反而造成约束机制的软化。其三,即便参与审核的其他人比仲裁员更专业,但其是在没有参加审理的情况下,依据汇报对案件发表意见,而这种经过加工的汇报会过滤掉许多有价值的信息,依据这种汇报形成的判断难免产生偏差。其四,审核会助长依赖,从长远看不利于提高仲裁员的专业素质和能力。其五,从实践看审核权更集中,权力更大,审核者同样存在道德风险,而且,这种权力出了问题纠正起来更困难。如果真是出于仲裁庭专业判断上的担心,解决的方法就是在仲裁员聘用和使用上对仲裁员品行、能力严格把关,"对正义的实现而言,操作法律人的质量比操作法律的内容更重要"[2]。因此,保障仲裁庭独立仲裁,是北仲历次修改《规则》的重要内容,北仲是从完善对仲裁员监督制约机制和扩大仲裁庭程序中的权力两个方面进行的:

(一)完善对仲裁员的监督制约机制

1.完善仲裁员回避制度。北仲是国务院重新组建仲裁机构的7个试点城市之一[3]。1995年成立伊始,由于缺乏实践经验,七个试点城市新组建的仲

---

〔1〕 王红松:《北京仲裁委员会十周年回顾》,载杨润时主编:《商事仲裁理论与实务》,人民法院出版社2006年版,第253页。

〔2〕 转引自王利明:《司法改革研究》,法律出版社2000年版,第20页。

〔3〕《国务院办公厅关于进一步做好重新组建仲裁机构工作的通知》(国办发〔1995〕38号文件)七个试点城市为:北京、上海、天津、广州、深圳、西安、呼和浩特。

裁机构的仲裁《规则》基本按照国务院《仲裁委员会仲裁暂行规则示范文本》(以下简称示范文本)制定。但北仲在其制定的《规则》中就增加了仲裁员回避方面有针对性的内容,如示范文本规定:仲裁员有下列情形之一的,必须回避,当事人也有权提出回避申请:(1)是本案当事人或者当事人、代理人的近亲属;(2)与本案有利害关系;(3)与本案当事人、代理人有其他关系,可能影响公正仲裁的;(4)私自会见当事人、代理人,或者接受当事人、代理人的请客送礼的(见文本第19条)。北仲1995年《规则》在此基础上增加一款规定即"在前款(三)中'其他关系'系指:(1)对于承办的案件事先提供过咨询的;(2)与当事人、代理人在同一单位工作的;(3)曾任或者现任当事人法律顾问或代理人的;(4)因介绍案件谋取利益的;(5)其他可能影响公正仲裁的事项"(1995年《规则》第20条),反映了北仲对可能发生的问题的预见和警觉。同时,北仲1995年仲裁员守则(以下简称守则)规定,仲裁员有《规则》所列情形之一的"应当向仲裁委员会说明,并主动请求回避"(见1995年守则第4条)。从1996年开始,北仲实行仲裁员公正声明制度。即仲裁员在接受指定或选定后,要签署一份仲裁员声明书,要仲裁员向仲裁委员会声明自己"在收到选/指定通知前未向本案件的任何一方当事人或代理人就争议发表过自己的意见,与当事人、代理人之间无任何其性质足以影响案件审理的亲属、财产、职业关系,与本案的结果无私人的利害关系,亦无《北京仲裁委员会仲裁规则》和《北京仲裁委员会仲裁员守则》规定的其他必须回避的情形",并保证"独立、公正、勤勉、高效地履行仲裁员职责,不与当事人及其代理人进行任何形式(包括电话、电传、E-mail等)的单方面的联系、不向当事人透露对案件的看法和仲裁庭合议的情况。本人将平等地对待各方当事人,毫不偏袒,始终如一,确保办案时间,尽可能迅速审结案件(见北仲'仲裁员公正声明书')"。这说明北仲在当时条件下,不仅对仲裁员公正仲裁问题有很深的研究和思考,而且,已在力所能及的范围内采取了相应防范措施。为了加大仲裁员披露及回避的力度,1997年《规则》修改,将这一条修改为仲裁员"应自行向仲裁委员会披露并请求回避"(第22条),从《规则》上增加仲裁员向委员会披露的要求。仲裁机构成立初期由于缺乏经验,《规则》有些条款脱离实际的情况在所难免。例如,《规则》中关于"与当事人或其代理人在同一单位工作”和“曾任或者现任当事人法律顾问或代理人”的规定,“在仲裁员与当事人或者当事人的代理人具有上述关系的情况下,不论仲裁员离任时间的长短均构成其回避事由。在实践中发现这种规定过于宽泛,易造成实际操作中的困难”[1]。因此,北仲在1999年《规则》修改时,将此款改为“现任当事人的法律顾问或代理人,或者曾任当事人的法律顾问且离任不满两年的”(1999年《规则》第23条第2款第2项)。同时,“考虑到仲裁员‘与当事人或其代理人在同一单位工作’的影响不亚于其担任‘当事人法律顾问或代理人’,为保证仲裁的公正,将该项改为‘与当事人或其代理人在同一单位工作,或者曾在同一单位工作且离开不满两年的。’”[2](1999年《规则》第23条第2款第3项)这等于将仲裁员披露回避的情形扩大到其与当事人、代理人“曾在同一单位工作且离开不满两年”的情况。由此可以看出北仲在仲裁员回避问题上,一直本着实事求是的精神,试图在保障仲裁员公正仲裁与保障当事人选择仲裁员的权利之间保持一种平衡。

上述措施,还停留在仲裁委员会对仲裁员监督制约,属于内部制约机制。但是,仲裁员作为当事人选择的解决争议的服务者,其在仲裁过程中表现如何当事人心里最清楚。因此,如何提高仲裁员纪律要求的透明度,从外部加强监督制约作用,成为北仲考虑的新问题。尽管北仲的《规则》、守则对外公布并且在立案时,守则与《规则》同时送达当事人,但2001年北仲修改《规则》时,又进一步明确“仲裁员在接受选定或指定时应签署声明书以保证公正、勤勉审理案件,仲裁员声明书应当转交各方当事人”(见2001年《规则》第26条),以使当事人了解仲裁员承诺的内容,强化外部的约束力量。同时,在披露回避事项中删去1999年《规则》中“因介绍案件谋取利益”的规定。在借鉴2000年1月30日《最高人民法院关于审判人员严格执行回避制度的若干规定》第2条第2款和第1条第3款的规定内容基础上,增加两款“为本案当事人推荐、介绍代理人”

---

[1] 王红松:《1999年关于〈北京仲裁委员会仲裁规则〉修改说明》,载北京仲裁委员会:http://www.bjac.org.cn/rule/1999zs.htm,最后访问日期:2010年7月30日。

[2] 王红松:《1999年关于〈北京仲裁委员会仲裁规则〉修改说明》,载北京仲裁委员会:http://www.bjac.org.cn/rule/1999zs.htm,最后访问日期:2010年7月30日。

与“担任过本案或与本案有关联的案件的证人、鉴定人、勘验人、辩护人、诉讼代理人”(2001年《规则》第28条第2款第4项、第5项),即不论仲裁员是否“谋取利益”,只要有上述行为即可。

2. 设置仲裁员披露制度。仲裁员披露制度是保障仲裁程序公正,维护当事人对仲裁庭信赖关系的重要制度。国外许多国家允许临时仲裁,虽然立法上对仲裁员的资格没有限制,但都设有对仲裁员披露制度进行某种制衡,实现仲裁的公正。可见,仲裁员披露制度是防止利益冲突,保障当事人权利和仲裁程序公正的重要制度。联合国贸易法委员会的《国际商事仲裁示范法》(以下简称示范法)、德国的《民事诉讼法典》、国际商会仲裁《规则》、伦敦国际仲裁院、斯德哥尔摩商会仲裁院、意大利仲裁协会等机构的仲裁《规则》均有关于仲裁员披露的规定。我国仲裁法规定了仲裁员回避制度,但没有规定披露制度。虽然,北仲2001年《规则》规定仲裁员签署声明书送交双方当事人,并规定仲裁员“应自行向仲裁委员会披露并请求回避”(2001年《规则》第28条),出现了仲裁员“披露”的字样。但这种“披露”与国际通行的仲裁员披露制度有较大区别:一是这种“披露”是仲裁员向仲裁机构披露,国际的披露制是仲裁员向当事人披露,透明度高,披露的目的“在于允许当事人判断他们是否与仲裁员的判断相一致”[1],满足当事人了解仲裁员这方面情况的权利要求。二是这种“披露”仅限于《规则》列举的回避情形,而国外披露的披露范围要宽得多。三是国外披露采取的是第三人的标准,即“如果一位有正当理性的、了解情况的第三人认为,仲裁员可能受到当事人为达成其结论而提交的争议陈述以外的其他事实的影响,则其怀疑是正当的”[2],而不是仲裁员的主观认识。正如英国大法官丹宁所说“在考虑是否存在偏袒的现实可能性时……法院不考虑一个人是否会或事实上会作出牺牲一方而有利于另一方的事情的可能性。他考虑的是给其他人造成的印象。即使他尽可能地做到不偏不倚,但是如果正直的人认为在这种情况下他可能有偏袒,那么他也不应审案……法院不会去调查他偏袒一方是否是事实,只要有判断能力的人这样想就足够了。原因很简单,正义必须来源于信任:

---

〔1〕 初丛艳:《国际律师协会关于国际仲裁中利益冲突指导原则》,载《北京仲裁》2004年第1期。

〔2〕 初丛艳:《国际律师协会关于国际仲裁中利益冲突指导原则》,载《北京仲裁》2004年第1期。

而当正直的人认为'法官偏袒'时,信任即遭到破坏"[1]。四是这种"披露"时间仅限于"仲裁员在接受选定和指定时",而国外披露则是从仲裁员接受指定或选定至案件审理的全过程。五是国外披露制仲裁员披露后是否回避,由当事人决定,而我们的"披露",虽然规定的是"必须"回避,看似严格,但实际上回避的落实取决于仲裁员的自律和诚信。

其实,北仲在组建之时,其负责筹建工作的领导曾考察过美国和日本等国的仲裁情况,对国外仲裁员披露的做法略有了解。但在当时情况下:一是法律没有规定;二是国内未有仲裁机构进行过这方面的探索和实践,对于如何搞仲裁员披露制毫无经验,心中无底,不敢贸然实行;三是担心当事人,尤其是负有债务的当事人利用披露程序拖延程序,影响仲裁效率;四是由于国内实行机构仲裁,当事人只能从机构的仲裁员名册中选仲裁员,而仲裁员人员有限。担心实行披露制后,出现名册中无人可选的情况。因此,在当时没有实行仲裁员披露制度。

2002 年,经过 7 年实践,北仲在仲裁员披露问题上有了一定经验,对国外披露制的了解更为深入。在当年北仲也提出创建国际仲裁机构的战略目标[2]。为提高国内外当事人对《规则》的认同度,北仲决定参考国际商事仲裁的规则、惯例,全面修改《规则》。增加仲裁员披露程序是《规则》修改的重要内容。虽然国际仲裁员披露制度实行了漫长的时间,有丰富经验和成熟做法。但将这套制度运用于国内实践还需解决好三个问题:第一是披露的范围。中国是机构仲裁,仲裁员资源有限,披露范围过宽,仲裁员回避过度,当事人可能面临无人可选的境地;过窄又失去披露的意义。而且,披露问题十分复杂,存在多种不确定因素。因此,稳妥的做法是在实施披露制度初期,可先将披露的范围控制在一定程度,等有经验,可视形势发展不断调整。第二是关于披露范围的表述,如果采取列举的方式,难免挂一漏万,况且有的情形表述不准,产生理解上的歧义,带来实践中的扯皮。弄不好,会拖延审理,影响裁决的终局性。但表述得过于

---

[1] [英]丹宁勋爵:《法律的训诫》,杨百揆等译,法律出版社 1999 年版,第 99 页。

[2] 王红松:《在 2002 年春节茶话会上的发言》,载北京仲裁委员会:http://www.bjac.org.cn/rule/2002sm.htm,最后访问日期:2010 年 7 月 30 日。

笼统，又缺乏可操作性，不利于制度的执行。第三是披露与回避的关系。国外是仲裁员披露后，除违反自然公正原则的极少数情况，只要双方当事人同意，仲裁员可以继续审理。但按我国仲裁法规定，我国的回避情形是刚性的，还需将国外这种仲裁员披露与国内法定的仲裁员回避制度衔接。为解决这一问题，2004 年《规则》第 20 条第 2 款笼统规定“仲裁员决定接受选定或者指定的，知悉与案件当事人或者代理人存在可能导致当事人对其独立性、公正性产生怀疑的情形，应当书面披露”，以及“仲裁员在审理案件过程中知悉应予披露情形的，应当立即书面披露”（第 20 条第 3 款）。同时，把披露事项列在守则中。守则列了 11 种情形，而且，在守则第 1 条第 2 款规定“本守则属于仲裁员道德准则，不是《北京仲裁委员会仲裁规则》（以下简称《仲裁规则》）的组成部分”。增加披露制度的弹性，避免歧义与扯皮。针对国内仲裁员回避制度与国外的差别，《规则》也采取了区别对待的做法。《规则》第 21 条规定，仲裁员有仲裁法规定的回避事项，必须回避，当事人也有权提出回避申请；不属于仲裁法规定的回避事项，仲裁员披露后，《规则》规定当事人必须在收到之日起 5 日内就是否申请回避提出书面意见。否则，不得再以仲裁员曾经披露的事项申请回避。而且，双方同意，或者一方提出且仲裁员同意退出的，该仲裁员不参加审理，但不意味回避理由成立。仲裁员的退出是尊重当事人的意思，便于仲裁审理的顺利进行。如果一方提出，另一方及仲裁员不同意退出的，由主任决定。该决定是终局的。这样使披露程序与仲裁法规定的回避制度衔接，同时保持一定的弹性和灵活度。既尊重当事人对仲裁员的知情权，又使仲裁程序不致因披露程序而拖延。

为防止当事人滥用程序权利，2004 年《规则》在第 21 条第 7 款规定：“当事人在获知仲裁庭组成情况后聘请的代理人与仲裁员形成本章规定的应予回避情形的，视为该当事人放弃就此申请回避的权利，但另一方当事人就此申请回避的权利不受影响。因此导致仲裁程序拖延的，造成回避情形的当事人承担由此增加的费用。”

总之，2004 年《规则》关于仲裁员披露制度的设置，既贯彻了“每一位仲裁员接受选任时都应是公正并独立于当事人的，而且这种公正和独立应贯穿于整个仲裁程序，直至作出裁决或程序终止”这一披露制的基本原则，又与中国仲裁实际情况紧密结合,在保证仲裁公正,提高当事人对仲裁制度的信心方面发挥了积极作用。

3. 规定仲裁机构对仲裁员的更换权。虽然,仲裁员披露和回避制度能够解决仲裁员不独立、不公正的一些问题。但实践中也出现了“仲裁员虽不具备回避事由,但却没有按照《规则》的规定履行勤勉公正的职责或者存在其他不称职的情形,从而导致当事人对仲裁庭不满”[1]的情形。2004 年仲裁《规则》修改时,在借鉴了一些国际仲裁机构的经验后规定“本会认为仲裁员在法律上或者事实上不能履行职责或者没有按照本《规则》的要求履行职责时,也可以主动更换仲裁员”(2004 年《规则》第 22 条第 2 款),强化了机构对仲裁员履行职责的监督,从效果方面强调了仲裁员认真履行职责,恪尽职守。当然,“考虑到主动更换仲裁员可能对当事人选择仲裁员的权利造成消极影响”,《规则》“对更换权的行使规定了严格的替换程序,以保证在实践中谨慎适用”[2]。

4. 规定拒绝签字的仲裁员必须出具书面意见并送达双方当事人。实践中,仲裁庭就裁决出现意见分歧并不少见,也是正常。仲裁法根据示范法和国际仲裁普遍实践规定持不同意见的仲裁员有权拒绝在裁决书上签名。这是保障仲裁员独立仲裁以及仲裁庭内部制衡的重要措施。但仲裁员拒绝签字应以诚信善意为基础。针对“个别仲裁员拒绝签字又拒绝说明任何理由的情况”[3],2001 年《规则》规定不签名的仲裁员“应当通过书面形式向仲裁庭表明自己的意见及理由”(第 62 条第 3 款)。但由于这仅限于向仲裁庭说明,而“赋予仲裁员权力的当事人来说却无从知晓该仲裁员的意见”[4],执行力度还是有限。2004 年《规则》将此修改为“不签名的仲裁员应当出具个人意见,个人意见将随裁决书送达当事人”,拒绝出具书面意见将被视为“无正当理由拒签”(第 41 条

---

〔1〕 王红松:《2004 年北京仲裁委员会仲裁规则修改说明》,载北京仲裁委员会:http://www.bjac.org.cn/rule/2004sm.htm,最后访问日期:2010 年 7 月 30 日。

〔2〕 王红松:《2004 年北京仲裁委员会仲裁规则修改说明》,载北京仲裁委员会:http://www.bjac.org.cn/rule/2004sm.htm,最后访问日期:2010 年 7 月 30 日。

〔3〕 王红松:《2004 年北京仲裁委员会仲裁规则修改说明》,载北京仲裁委员会:http://www.bjac.org.cn/rule/2004sm.htm,最后访问日期:2010 年 7 月 30 日。

〔4〕 王红松:《2004 年北京仲裁委员会仲裁规则修改说明》,载北京仲裁委员会:http://www.bjac.org.cn/rule/2004sm.htm,最后访问日期:2010 年 7 月 30 日。

第3款)。一方面提高了仲裁裁决对当事人的透明度,维护双方当事人了解不签名仲裁员意见的权利,另一方面也督促仲裁员谨慎行使仲裁权力。

5. 在《规则》中增加对仲裁庭正当程序的要求。程序正当是仲裁制度贯穿始终的价值取向,仲裁员的行为"对于程序正当性的实现起着至关重要的作用"。北仲在仲裁实践中非常注重程序正当要求并在有关仲裁员办案规范中提出指导性建议。"考虑到正当程序对整个仲裁过程的重大意义",2004年北仲修改《规则》时,增加一款规定"无论采取何种审理方式,仲裁庭均应当公平、公正地对待双方当事人,给予双方当事人陈述和辩论的合理机会"(2004年《规则》第23条第3款)。

为了使《规则》对仲裁庭的约束机制进一步落实,北仲还采取了其他相应措施:(1)北仲从仲裁委员会成立起,就设立了"仲裁员纪律监察机构",该机构由"仲裁委员会和仲裁员的代表组成"。纪律委员会的权力不断扩大,先是负责查处仲裁员违反仲裁员守则等违纪行为——"仲裁员有私自会见当事人、代理人,或者接受当事人、代理人的请客送礼,或在仲裁案件时有索贿受贿、徇私舞弊、枉法裁决以及其他严重违反仲裁《规则》或者仲裁员守则情形的",由"纪律监察机构提出处理意见,报委员会会议决定"[1],而后扩大到"负责仲裁员资格评审"[2]。目前,北仲正在起草纪律委员会工作条例,在进一步发挥该机构监督作用的同时提高其运作的透明度和规范性。(2)不断提高仲裁员聘用标准,对不符合标准的,不予续聘。北仲成立14年,经历5次换届,共聘用仲裁员679人,没有续聘的达308人。当然,不予续聘的仲裁员并非是因为违纪问题,而是由于身体、工作时间或者知识、能力等其他原因。但这种与时俱进地吐故纳新,对提高仲裁员队伍的纯洁性、专业性产生重要作用。(3)为了保障仲裁机构管理的超脱性、公正性,北仲在成立之初期,就采取委员会主任及工作人员不担任仲裁员的做法,在仲裁员内获得好评。2003年北仲在章程修改时明确规定"本

---

〔1〕 见2001年《北京仲裁委员会章程》第22条,载北京仲裁委员会:http://www.bjac.org.cn/organize/2004.html,最后访问日期:2010年7月30日。

〔2〕 见2008年《北京仲裁委员会章程》第18条,载北京仲裁委员会:http://www.bjac.org.cn/organize/2008.html,最后访问日期:2010年7月30日。

会主任及办公室工作人员不兼任仲裁员;本会副主任及委员不接受一方当事人选定担任仲裁员,本会不指定其担任仲裁员,双方当事人共同指定其担任仲裁员的除外”(2003 年章程第 11 条),使这一做法制度化、经常化。(4)2003 年北仲修订仲裁员守则,规定“仲裁员不得在本会的仲裁案件(包括申请撤销或不予执行本会仲裁裁决的案件)中担任代理人,亦不得代人打听案件情况或代人向仲裁庭成员实施请客送礼或其他提供好处和利益”,以防止出现仲裁员之间互为指定,形成特殊利益群体,影响仲裁公正。虽然这种做法在国际范围内比较罕见,可能因此影响案源,但公正仲裁永远是北仲最高的价值取向,即便因此会失去某些利益。实践证明,这些做法,增强了当事人对仲裁的认同度,得到广大仲裁员的理解和认同。

(二)通过《规则》修改逐步扩大仲裁庭权力

仲裁员是当事人自己选择的解决其争议的公断人,尊重并保障仲裁庭在仲裁程序中的各项权力,是尊重当事人意愿的体现,也是仲裁庭独立仲裁的重要基础。晚近以来,各国仲裁立法实践表明,仲裁庭的权力呈逐渐扩大的趋势。联合国国际贸易法委员会制定的国际商事仲裁示范法(以下简称示范法)第 19 条规定“在不违背本法规定的情况下,当事各方可以自由地就仲裁庭进行仲裁所应遵循的程序达成协议。如未达成此种协议,仲裁庭可以在本法规定的限制下,按照它认为适当的方式进行仲裁”,赋予仲裁庭广泛的程序上的权力。我国仲裁法在这方面比较保守,并未充分赋予仲裁庭上述程序权力。一方面可能是因缺乏经验,另一方面可能是出于对仲裁员可能滥用权力的担心。其实,为了防止仲裁员滥用权力,可以通过建立仲裁员监督制约机制来解决,如果因此限止、削弱仲裁员仲裁的权力,不仅解决不了所想解决的问题,反而会延缓仲裁审理的进程,使仲裁无法发挥其应有的功能和作用。鉴于此,北仲在《规则》修改过程中,借鉴国际上仲裁立法的先进经验,参考最高人民法院相关司法解释从以下几个方面扩大仲裁庭的权力:

1. 授权仲裁庭对案件管辖异议作出决定。

现代国际商事仲裁的主导观点认为,仲裁庭有权对当事人提出的管辖权异议作出决定[1]。示范法、英国、德国等许多国家仲裁立法均有这方面规定。仲裁法仅规定仲裁委员会和法院对仲裁协议效力异议的决定权,没有规定仲裁庭的相应权力,这不能不说是一种遗憾。实践中,仲裁委员会只能是针对协议表面反映出的问题对协议效力作出决定。但涉及争议性质、当事人主体是否适格,请求的内容是否属于协议的范围,以及是否涉及一事不再理这些管辖权异议问题,必须经过实体审理方能查清,而仲裁委员会对案件进行实体审查,缺乏法律依据。因此,北仲早在 1996 年就通过《规则》修改明确"当事人对争议是否涉外有异议的,由仲裁庭作出决定"(1996 年《规则》第 7 条)在 2001 年《规则》修改时,就在《规则》增加"当事人对仲裁案件的管辖权提出异议的,可以由仲裁委员会或仲裁委员会授权仲裁庭作出决定"的规定。一方面扩大了仲裁庭的权力,另一方面由仲裁委员会授权仲裁庭作决定,从根本上说并没有突破仲裁法的规定。

2. 扩大仲裁庭决定程序事项的权力。

其一,赋予仲裁庭决定案件合并审理的权力。2001 年《规则》第 38 条规定"两个或两个以上的仲裁案件,其仲裁标的为同一种类或者有关联的,经一方当事人申请并征得其他当事人同意后,可以申请合并审理。是否合并审理,由仲裁庭决定"。

其二,赋予仲裁庭采取庭前准备程序的权力。2001 年《规则》第 48 条规定:"仲裁庭认为有必要的,可以在正式开庭前委托首席仲裁员召集双方当事人交换证据,共同确定双方争执点和审理范围,并由秘书记录在案"(第 48 条)。2004 年《规则》进一步规定为"仲裁庭认为必要时可以在开庭审理前或者审理进行中的任何阶段,要求当事人提供证据、回答问题"(第 32 条)。

其三,赋予仲裁庭限期当事人举证回答问题的权力。2004 年《规则》第 32 条第 2 款借鉴伦敦国际仲裁院仲裁《规则》的做法,规定"仲裁庭认为有必要的,也可以在开庭审理前或者审理进行中的任何阶段,要求双方当事人提供证据、回答问题"。

---

〔1〕 宁敏、宋连斌:《评国际商事仲裁中的管辖权原则》,载《法学评论》2000 年第 2 期。

其四,赋予首席仲裁员“经当事人同意或者其他仲裁员授权”,“可以就程序事项作出决定”的权力(2004 年仲裁《规则》第 39 条第 2 款)。这样规定可以保证仲裁程序不会因个别仲裁员的原因而出现障碍,有利于提高庭审效率。

其五,赋予仲裁庭裁定“败诉方应当补偿胜诉方因办理案件所支出的合理费用”(2001 年《规则》第 68 条第 2 款),以及仲裁费以外“实际发生的其他费用”(2004 年《规则》第 42 条第 1 款),这其中也包括“当事人在获知仲裁庭组成情况后聘请的代理人与仲裁员形成本章规定的应予回避情形的”,“导致仲裁程序拖延”(2004 年《规则》第 21 条第 7 款)而增加的费用。

二、当事人意思自治

当事人意思自治是仲裁制度的基础。示范法及多数国家仲裁立法关于仲裁程序的规定弹性较大,充分尊重当事人在仲裁中的自主权[1],以保持仲裁程序的灵活性、自治性。为满足当事人仲裁程序上的权利要求,体现仲裁当事人自治原则,北仲在《规则》修改中从以下几个方面扩大完善当事人的程序权利:

(一)关于《规则》的适用

2001 年仲裁《规则》明确规定:“当事人协议向仲裁委员会申请仲裁的,即视为同意按照本《规则》进行仲裁。但当事人另有约定且仲裁委员会同意的,从其约定。”(2001 年《规则》第 5 条)开始允许当事人在征得北仲同意的情况下,对《规则》进行修改。2004 年《规则》又进一步规定“当事人协议将争议提交本会仲裁的,适用本《规则》。但当事人就仲裁程序事项或者仲裁适用的《规则》另有约定且本会同意的,从其约定”(第 3 条),从而赋予了当事人“另行约定”本《规则》以外其他仲裁规则的权利。

---

〔1〕 参见《示范法》第 19 条第 1 款规定:“在不违背本法规定的情况下,当事各方可以自由地就仲裁庭进行仲裁所应遵循的程序达成协议。”台湾地区“仲裁法”第 19 条规定:“仲裁程序首先应由当事人自由约定,当事人未作约定时,则适用仲裁法的规定,仲裁法未规定者,仲裁庭可准用民诉法有关诉讼程序或采取其认为适当之仲裁程序。”1999 年《瑞典仲裁法》第 21 条规定“仲裁员应以公正、实用和快捷的方式处理案件。仲裁员应按照当事人的约定行事,只要该约定不被禁止”。1996 年《中国澳门核准仲裁制度》第 21 条规定:“当事人得在仲裁协议内或在随后之书面协议内约定仲裁应遵守之程序规则”,“当事人就仲裁应遵守之程序规则或仲裁之运作地点无约定时,由仲裁员确定之”。1996 年《英国仲裁法》第 33 条规定,仲裁庭应“对特定的案件采用适当的程序”。

（二）关于选择仲裁员

2004 年《规则》对首席仲裁员的选任方式进行了变革。按此前仲裁规则规定，凡是当事人未在规定时间内共同选定首席仲裁员，一律由主任指定。2004 年《规则》修改为：当事人可各自推荐三名首席人选，推荐名单中如有一名相同，则该仲裁员为首席；推荐名单中如有一名以上相同，则由主任根据案件具体情况在当事人共同推荐的人选中确定；也可由北仲提供五名至七名首席候选名单，由当事人从中选择三名仲裁员作为首席人选，确定首席方法同上（2004 年《规则》第 18 条第 1 款、第 2 款）。同时，规定了相应的时间限制，这样既尊重了当事人自行选择“纠纷裁断者”的意愿，又避免了仲裁期限的延长。2008 年《规则》修改，进一步明确，在国际商事仲裁案件中“当事人可以从本会提供的仲裁员名册中选择仲裁员，也可以从仲裁员名册外选择仲裁员”（2008 年《规则》第 55 条第 1 款）。增加了当事人选择仲裁员的权力，尊重当事人的意愿，增加《规则》“对国际案件当事人的吸引力”〔1〕。实际上，早在 2004 年北仲对《规则》进行修改时，就曾考虑《规则》中增加允许国际商事仲裁案件中在名册外选择仲裁员的权利，并为此向有关部门进行咨询和请示，后因一些原因委员会没有通过。2005 年，中国国际贸易经济仲裁委员会在仲裁规则率先采用了这一做法后，北仲在 2007 年的《规则》修订时，采用了这一规定。

（三）关于仲裁代理人

1995 年制定《规则》时对代理人人数没有限制。北仲成立初期，由于当时开庭条件比较局促，1996 年《规则》修改时，将当事人的代理人限制在“最多不超过二人”（1996 年《规则》第 16 条）。实践中，当事人反映该规定在一定程度上限制了当事人参加仲裁活动，建议修改。北仲考虑“没有必要的代理人数的限制，在某些情况下可能造成当事人相关权利的滥用和反复行使，影响庭审的有序进行和案件的及时审结”〔2〕。因此，1999 年《规则》修改体现出原则性规定

---

〔1〕 王红松：《2008 年〈北京仲裁委员会仲裁规则〉修改说明》，载北京仲裁委员会：http://www.bjac.org.cn/rule/2004sm.htm，最后访问日期：2010 年 7 月 30 日。

〔2〕 王红松：《1999 年关于〈北京仲裁委员会仲裁规则〉修改说明》，载北京仲裁委员会：http://www.bjac.org.cn/rule/1999zs.htm，最后访问日期：2010 年 7 月 30 日。

和灵活性规定相结合的特点,“当事人、法定代理人可以委托律师和其他代理人进行仲裁活动,一般不超过三人。当事人有正当理由申请增加仲裁代理人数的,经仲裁庭同意,可以适当增加”(见1999年《规则》第17条)。考虑到是否委托代理人以及委托多少代理人均属当事人意思自治范畴,《规则》不宜多加干涉,因此,随着条件进一步的改善,2004年仲裁《规则》取消了这一限制(2004年《规则》第16条)。

(四)关于变更仲裁请求与反请求

1997年《规则》将变更的时间限制在“第一次开庭之日起30日内”,否则仲裁庭可以拒绝(第14条)。1999年《规则》增加规定“另一方当事人应当自收到变更仲裁请求申请书或变更反请求申请书之日起十五日内就变更的请求事项向仲裁委员会提交书面答辩”(1999年《规则》第14条第2款)。因为此前《规则》规定“当事人可于一定期限内变更仲裁请求或反请求,但没有明确规定另一方当事人对此进行答辩的权利。虽然在实践中,仲裁庭一般都给予另一方当事人答辩的机会,但由于没有相应规定,容易造成双方当事人在此问题上权利不对等的表象”[1],这样修改从《规则》上使双方当事人在请求、答辩问题上权利平等,2001年《规则》取消了这一时间限制,当事人可自由决定变更请求或反请求的时间,但是要由仲裁庭根据情况决定是否接受(2001年仲裁《规则》第17条)。

(五)关于仲裁员回避

2004年《规则》规定了仲裁员披露义务,并规定仲裁员履行披露义务后由当事人决定该仲裁员是否退出程序,扩大了当事人对仲裁员的知情权、监督权。同时,考虑到中国的调解制度与许多国家不允许仲裁员与调解员身份竞和的观念和惯例存在显著差异,为消除国际商事案件当事人的疑虑,2004年仲裁《规则》增加规定:“因调解不成导致调解程序终止的,如果双方当事人以避免裁决结果可能受到调解影响为由请求更换仲裁员的,主任可以批准。双方当事人承担由此增加的费用”(2004年《规则》第56条),扩大了当事人更换仲裁员的

---

〔1〕 王红松:《1999年关于〈北京仲裁委员会仲裁规则〉修改说明》,载北京仲裁委员会:http://www.bjac.org.cn/rule/1999zs.htm,最后访问日期:2010年7月30日。

权力。

(六)关于开庭地点

2001年仲裁《规则》规定“开庭审理在仲裁委员会住所地进行,经仲裁委员会秘书长同意也可以在其他地点进行”,虽然规定了“可以在其他地点开庭的问题”,但须“经秘书长同意”。2004年仲裁《规则》规定:“当事人另有约定,或者当事人共同要求并经秘书长同意,也可以在其他地点进行。”即只要“当事人另有约定”,不需“秘书长同意”,也可以在其他地点进行,增加了当事人共同确定“开庭地点”的权利(第25条)。

(七)关于选择适用简易程序

1996年《规则》规定“争议金额不超过30万元(指人民币,下同)或者争议金额超过30万元、事实清楚、权利义务关系明确的简单经济纠纷,经征得双方当事人同意,适用本章规定的简易程序”(第55条)。将超过简易程序案件标的而适用简易程序的条件为“事实清楚、权利义务关系明确的简单经济纠纷”与“当事人同意”;1997年修改为“争议金额超过30万元且双方当事人同意的,也可适用本简易程序”,可适用简易程序(第59条),取消了“事实清楚、权利义务关系明确的简单经济纠纷”的条件限制。2004年《规则》进一步规定“争议金额超过100万元,双方当事人约定或者同意的,也可适用简易程序,仲裁费用予以减收”(第44条第2款),鼓励当事人选择适用简易程序,促进案件及时顺利解决。

三、程序简便、快捷,提高仲裁效率

当事人对仲裁的公正要求与其对仲裁效率的要求一致的,仲裁的公正应该是高效率的公正,“迟到的正义为非正义”(英国法谚)。这种要求体现在程序设计上,就是将程序正当性与程序自治性、灵活性有机统一,保持平衡。不能强调一面,忽略、偏废另一面。而且,追求仲裁效率是现代仲裁法的一个重要观念[1]。在仲裁制度所有区别与法院诉讼制度的特征中,对效益价值的追求具

---

〔1〕 杨崇森等:《仲裁法新论》,台湾地区“中华民国”仲裁协会1999年版,第130页。

有明显的地位。仲裁法参考示范法确立了我国现代商事仲裁制度的框架结构。但是,在个别具体问题上,如仲裁协议生效条件相对苛刻,仲裁一些程序性规定照搬诉讼的做法,刚性有余,弹性不足,实践中对仲裁发展产生了一些消极影响。因此,如何在制度约束条件下,尽量体现仲裁的效率原则,也是北仲在《规则》修改中始终考虑的一个重要问题。在这方面,北仲不仅借鉴了示范法、国际商事仲裁的立法经验和实际做法,而且,在很大程度上也吸收了人民法院有关仲裁法执行的司法解释和《最高人民法院关于民事诉讼证据的若干规定》(以下简称《若干规定》)。相对于国内其他仲裁机构的仲裁《规则》,北仲的《规则》不仅包含有更多最高人民法院司法解释及《若干规定》内容。而且,其修改时间,也与这些司法解释、规定公布时间紧密衔接。这已成为《规则》的一个特色。有人曾质疑这种做法是否会造成仲裁程序诉讼化,损害仲裁的效率。我们认为:首先,制定仲裁《规则》不能脱离国情。如果说仲裁程序存在诉讼化的倾向,其根源不在仲裁机构的仲裁《规则》,而在于法律本身的缺憾,以及一些法官用诉讼程序标准(甚至比诉讼程序的更为严格的程序标准)审查仲裁裁决的实际做法。其次,北仲在《规则》中采用的司法解释,都是最高人民法院从鼓励支持仲裁制度推广大原则出发制定的批复函、司法解释等,符合国际商事仲裁发展的潮流,对推动国内仲裁事业发展产生了积极的作用。《若干规定》是人民法院审判方式改革的一个重要成果,是为了保证"人民法院审判工作的公正与效率目标的实现",体现了理念的更新与进步。《规则》吸收这些内容,不仅能更好地体现仲裁的效率原则,而且便于当事人、代理人、法官的理解与认同。最后,我国《民事诉讼法》对证据的规定比较原则,长期以来,由于缺乏可供遵循的具体的证据《规则》,不利于对当事人诉讼权利的平等保护。《若干规定》的出台不仅提供了弥补这方面的空白,而且,提供了一种更为严谨、科学的逻辑推理和思维方法。仲裁的证据《规则》虽然应与诉讼有所不同,相对"柔性"和"弹性",但也需要严谨、准确、逻辑、连贯的判断推理方法,吸收《若干规定》的相关内容,不仅有助于解决这个问题,也提高了《规则》的系统性和可操作性。总之,《规则》有关审理的规定是以提高仲裁效率为目标,围绕扩大对协议有效性解释、强化当事人举证责任、缩短程序期限、加强程序灵活性等方面进行的。

（一）关于仲裁范围

仲裁法规定仲裁范围是“平等主体的公民、法人和其他组织之间发生的合同纠纷和其他财产权益纠纷”，但相对于仲裁法实施前涉外案件只能由中国国际贸易经济仲裁委员会一家受理的情况，重新组建的仲裁机构能否据此受理涉外案件，人们依然认识分歧。1996年6月8日《国务院办公厅关于贯彻实施〈中华人民共和国仲裁法〉需要明确的几个问题的通知》（以下简称《通知》）第3条规定“新组建的仲裁委员会的主要职责是受理国内仲裁案件；涉外仲裁案件的当事人自愿选择新组建的仲裁委员会仲裁的，新组建的仲裁委员会可以受理”，体现了尊重当事人意思自治的原则。1996年7月29日北仲第一次修改《规则》，根据《通知》规定，增加“涉外仲裁程序的特别规定”一章（见1996年《规则》第六章），将受案范围扩展至具有涉外因素的仲裁案件。

（二）关于仲裁管辖权

1. 扩大对协议有效性的解释。《仲裁法》第16条规定，“仲裁协议应当具有下列内容：（一）请求仲裁的意思表示；（二）仲裁事项；（三）选定的仲裁委员会”。第18条规定仲裁协议对仲裁事项没有约定或者约定不明确的“仲裁协议无效”。在仲裁法实行初期，有些法官机械理解上述规定，将仲裁机构仅有一字之差（如“某某仲裁委员会”写为“某某市仲裁委员会”）的仲裁协议认定无效。1998年7月6日，最高人民法院在函复某省高级法院请示时明确“合同中虽未写明仲裁委员会的名称，仅约定仲裁机构为‘甲方所在地仲裁机关’，但鉴于当地只有一个仲裁委员会”故“该约定应认定是明确的，该仲裁条款合法有效”[1]。1999年2月25日，北仲第四次修改《规则》时，增加规定“仲裁协议订明由北京仲裁委员会或北京市仲裁委员会仲裁的，均视为双方当事人一致同意由北京仲裁委员会仲裁”。“国内纠纷案件当事人在仲裁协议中写明由北京（市）的仲裁机关（机构）或者其他不会产生歧义，可以推断为北京仲裁委员会仲裁的表述，均视为双方当事人一致同意由北京仲裁委员会仲裁”（1999年《规则》第92条）。

---

〔1〕 最高人民法院函（法经〔1998〕号文）。

为扩大对仲裁协议书面形式的解释,2004 年《规则》借鉴合同法对合同书面形式的表述,增加一款规定"仲裁协议应当采取书面形式。书面形式包括但不限于合同书、信件和数据电文(包括电报、电传、传真、电子数据交换和电子邮件)等可以有形表现所载内容的形式"(2004 年《规则》第 4 条)。

2006 年 8 月 23 日,最高人民法院颁布《关于适用〈中华人民共和国仲裁法〉若干问题的解释》,其第 4 条规定"仲裁协议仅约定纠纷适用的仲裁《规则》的,视为未约定仲裁机构,但当事人达成补充协议或者按照约定的仲裁《规则》能够确定仲裁机构的除外"。2007 年 9 月 20 日,北仲在第七次修改《规则》增加规定"当事人约定适用本《规则》但未约定仲裁机构的,视为双方当事人同意将争议提交本会仲裁"(2008 年《规则》第 2 条)。

2. 明确当事人逾期提管辖权异议的后果。根据程序法理论,法律规定行使权利的期限,按照法律的逻辑,该权利未在期限内行使,则应视为放弃,否则期限的规定毫无意义。仲裁法规定当事人提出仲裁协议效力异议的期限,如果允许当事人在仲裁庭开庭后的任何阶段,包括仲裁裁决作出之后提出异议,势必造成对仲裁程序的任意拖延或破坏。在此情况下,即便异议的理由成立,也因不合理的延迟导致对他方当事人的不公平,并造成仲裁资源的浪费[1]。国外一些国家、地区立法对当事人未在规定期限提出异议的失权后果作出明确规定[2]。相比之下,由于我国仲裁法没有规定当事人未在期限内提出异议的失权后果,以至于有的法院认为,逾期提出异议既不会导致异议权的丧失,也不影响法院

---

〔1〕 郭晓文:《论仲裁法对我国仲裁制度的改革》,载《仲裁与法律通讯》1995 年第 3 期。

〔2〕 见瑞典《1999 年仲裁法》第 34 条规定:"当事人参加仲裁程序且对不当情况提出异议或采取其他措施,则被认为对不当情况放弃了异议,因此无权主张异议情况的存在"。英国《仲裁法》第 73 条规定"如仲裁程序的一方当事人参与或继续参与仲裁程序,而没有立即或在裁协议约定或仲裁庭允许或本编规定的时间内提出下列异议",则"其后不得向仲裁庭或法院提出异议,除非证据表明在其参与或继续参与仲裁程序时并不知晓且以合理谨慎无法发现得以提出异议的理由"。1998 年德国《民事诉讼法典》第十编第 1027 条规定:"本编任何可被当事人放弃的规定或仲裁程序的任何被约定的条件没有被遵守而继续进行仲裁,当事人一方对此不及时或不在规定期限内提出异议,则不得在其后对此提出异议,此前未知悉前述不符点的除外"。

对该异议效力的认定〔1〕。无形中助长当事人滥用异议权拖延审理,损害裁决终局性的不诚信行为。因此,北仲 1999 年《规则》规定:“当事人未依照规定对仲裁协议的效力提出异议的,视为承认该仲裁协议的效力”(1999 年《规则》第 6 条)。2001 年《规则》将此修改为“当事人对仲裁协议的效力或仲裁案件的管辖权有异议,应当在首次开庭前以书面形式提出”,“当事人未依照前述规定对仲裁协议的效力或仲裁案件的管辖权提出异议的,视为承认该仲裁协议的效力或仲裁案件管辖权”(2001 年《规则》第 9 条),将失权效果从“对仲裁协议的效力”的异议扩大到对“仲裁案件管辖权”的异议上。2004 年《规则》又将不开庭审理的案件当事人提管辖权异议的期限由“首次提交答辩书前”修改为“首次答辩期限届满前”(第 6 条第 1 款)。这样,通过不断修改,《规则》对此的表述更加完善。

(三)关于请求、受理、请求变更及开庭通知时间

1. 仲裁申请与受理。关于仲裁开始时间。1995 年《规则》规定仲裁委员会“可以要求当事人补正;逾期不补正的,视为未申请”(第 10 条第 2 款),2001 年《规则》修改为仲裁委员会“可以要求当事人补正;补正完备之日视为立案之日”(第 14 条第 2 款)。2004 年《规则》将“立案之日”修改为“仲裁申请之日”(第 8 条第 2 款),并规定“仲裁程序自本会受理仲裁申请之日开始”(第 8 条第 3 款)。

2. 提出反请求时间。1996 年《规则》将提交反请求的时间限定在“收到仲裁通知之日起四十五天内”(第 13 条第 1 款);1997 年《规则》赋予了这一期限一定的灵活性,规定“仲裁庭认为有正当理由可以适当延长被申请人提出反请求的期限”(第 13 条第 1 款);2001 年《规则》将被申请人提交反请求的时间缩

〔1〕 参见北京市高级人民法院在《关于审理请求裁定仲裁协议效力、申请撤销仲裁裁决案件的若干问题的意见》(1999 年 12 月 3 日)规定:“当事人在仲裁庭首次开庭前未对仲裁协议效力提出异议,且进行了实体答辩,仲裁庭作出裁决后,当事人以没有仲裁协议为由申请撤销仲裁裁决,应如何审理?仲裁协议是仲裁成立的前提,依照《仲裁法》的规定,仲裁协议必须是书面的、明示的。《仲裁法》第 58 条第 1 款第 1 项赋予了当事人在仲裁庭作出裁决后以没有仲裁协议为由申请撤销仲裁裁决的权利,在法律未规定允许当事人以默示方式接受仲裁管辖的情况下,不论当事人是否在仲裁庭首次开庭前对仲裁效力提出异议或者进行了实体答辩,均不影响人民法院对当事人所提事实和理由依法进行审理。”

短为“收到仲裁申请书副本之日起十五日内,逾期提交的由仲裁庭决定是否受理”(第16条第1款);2004年《规则》规定对“逾期提交反请求”的“仲裁庭组成前由本会决定是否受理;仲裁庭组成后由仲裁庭决定是否受理”(第12条)。

3. 变更仲裁请求或反请求时间。1997年《规则》将变更时间限定在“第一次开庭之日起30日内”,逾期仲裁庭可以拒绝(第14条);2001年《规则》取消了对变更的时间限制,由仲裁庭根据情况决定是否接受(2001年《规则》第17条);2004年《规则》同样区分不同阶段规定“逾期变更仲裁请求或反请求”的决定权“在组庭前归于北仲,在组庭后归于仲裁庭”(2004年《规则》第12条)。

4. 开庭审理时间的通知。1995年《规则》规定开庭日期应在开庭10日前通知双方当事人,当事人有正当理由的,可以在开庭前7日内请求延期开庭(第27条);考虑到开庭涉及仲裁庭成员、双方当事人、代理人,如果每次开庭都必须在开庭10日前通知,任何一方的变化都会改变开庭日期,导致开庭成本增加,影响仲裁效率。因此,1996年《规则》增加规定“第一次开庭审理以后开庭审理日期的通知”不受应提前10日通知当事人的时间限制(第29条第2款);2004年《规则》将延期开庭的申请时间由开庭前7日延长至开庭前5日(第27条第1款),给当事人预留了更大的变动空间。

上述期限的修改反映了《规则》在期限方面注重效率并更灵活。

(四)关于证据问题

证据问题是当事人申请撤销仲裁裁决以及法院裁定撤销仲裁裁决出现频率较高的一个问题。国际上多数国家和地区在法律中确认了当事人、仲裁庭对仲裁程序的决定权[1],示范法第19条第2款规定“授予仲裁庭的权力包括确定任何证据的可采性、相关性、实质性和重要性的权利”。国际上普遍认为只要仲裁庭给予双方当事人同等的对证据质证及陈述意见的机会和权利,就满足了

〔1〕 1999年《瑞典仲裁法》第21条规定“仲裁员应以公正、实用和快捷的方式处理案件。仲裁员应按照当事人的约定行事,只要该约定不被禁止”。1996年《英国仲裁法》第33条关于仲裁庭的一般义务规定,仲裁庭应“对特定的案件采用适当的程序”。1996年《中国澳门核准仲裁制度》第21条规定,“当事人得在仲裁协议内或在随后之书面协议内约定仲裁应遵守之程序规则”,“当事人就仲裁应遵守之程序规则或仲裁之运作地点无约定时,由仲裁员确定之”。由此看出,要不要开庭、如何开庭,以及证据是否在庭上出示、质证等,由当事人、仲裁庭决定,这些国家的立法不做规定。

仲裁程序正当的要求，至于这种机会和权利是通过当庭质证还是书面质证的方式实现，完全由仲裁庭决定。我国仲裁法不仅规定“仲裁应当开庭进行”，把开庭审理作为一般原则，而且规定“证据应当在开庭时出示，当事人可以质证”（仲裁法第 45 条）。有的法官据此认为，无论当事人提交的证据在何时提供，都“应当在庭上出示，并经过庭审辩论、质证”。否则，就是“违反法定程序”应裁定撤销〔1〕。这种做法“导致一些当事人在仲裁中多次提交证据，仲裁庭多次开庭的现象，不但降低了仲裁效率，而且增加了当事人的负担”。因此，北仲一直试图通过《规则》修改对此规制。2002 年 4 月 1 日《若干规定》实施后，北仲加大了这方面修改的力度。

1. 强化当事人的举证责任。当事人是仲裁程序的主体，提供证据既是其权利也是其责任。1995 年《规则》在示范文本“当事人应当对自己的主张提供证据”（示范文本第 28 条）的基础上增加了“当事人不提供证据的，仲裁庭可以根据已有的证据认定案件事实并作出裁决”（1995 年《规则》第 29 条）的内容。1997 年《规则》将此条修改为“经当事人的请求或仲裁庭认为有必要需当事人补充证据或其他书面材料的，仲裁庭可要求当事人在合理的期限内提交。逾期不提交的，仲裁庭可根据已有的证据认定案件事实并作出裁决”（1997 年《规则》第 39 条）。2001 年《规则》进一步要求“当事人对自己提交的证据应进行分类、编订，对证据的来源、证明对象、内容应作简要说明，并写明提交日期”（2001 年《规则》第 42 条），并明确“当事人不能在规定的期限内提出证据，或者虽提出证据但不能证明其主张的，承担举证不能的法律后果”（2001 年《规则》第 41 条第 2 款）。2004 年《规则》对当事人申请仲裁提交文件的内容作了更具体的规定，如增加“申请人身份证明文件”（第 7 条第 1 款第 4 项），要求当事人在提供“证据和证据来源”时“并付清单”，（第 7 条第 1 款第 3 项；第 10 条第 1 款第 3 项），增加了答辩书和证明文件的内容方面的要求（第 10 条第 1 款）。并且，参照《若干规定》的表述，将当事人举证不能将“承担举证不能的法律后果”改为，

〔1〕 2000 年北仲有一个工程案件，仲裁庭已经开庭审理六次，最后一次开庭，仲裁庭限期当事人对某一次要证据进行书面质证。结果法院以“仲裁庭未能对该证据进行开庭质证，故仲裁庭违反了仲裁法第 45 条的法定程序，裁定撤销该裁决”[（2000）二中京仲字第 348 号民事裁定书]。

"承担因此产生的不利后果"(第29条第3款),切实体现"谁主张,谁举证"的原则。

2. 放宽对证据的形式要求。2004年以前的《规则》均要求"书证提交原件,物证提交原物"。"考虑到实践中一律要求提供原件、原物可能会给当事人举证造成很大困难,在有些情况下也并非必要"[1],因此,2004年仲裁《规则》规定"一方当事人对另一方当事人提交的复制品、照片、副本、节录本的真实性没有表示异议,可以视为与原件或者原物一致"(第29条第5款)。同时,《规则》参照《若干规定》第47条第2款内容参考规定"当事人在证据交换过程中已经认可并记录在卷的证据,经仲裁庭在庭审中说明后,可以不经出示,直接作为认定案件事实的依据"(2004年《规则》第33条第1款),以节省成本,提高效率。

3. 明确举证时限和书面质证的方式。"实践中,有的当事人不按《规则》和仲裁庭要求提供证据,而是将证据作为秘密武器当庭提交搞突然袭击,使对方当事人因毫无准备而处于不利的地位,导致第一次庭审形同虚设;有的当事人在庭审后,证据不一次提交全,而是多次提交,导致仲裁程序滞延。"为解决这一问题,2001年《规则》第49条规定"开庭审理的案件,在开庭审理前已经交换的证据应当在开庭时出示,当事人有权发表质证意见"。"逾期提供和当庭提供的证据材料,由仲裁庭决定是否接受。仲裁庭决定接受的,应当给另一方当事人合理的质证期间。除非另一方当事人明确表示同意,否则不得纳入质证期间届满前开庭审理范围。""仲裁庭决定不再开庭审理的,质证期间即是当事人提交书面质证意见的期间"(第51条第2款)。同时规定因违反举证期限规定"导致仲裁程序延长的,提供证据材料的当事人应当承担相应费用"(第49条第3款)。一方面规定当事人举证期限及违反后果,另一方面明确了书面质证的方式。"这就使仲裁庭掌握了加快仲裁审理的主动权,也使当事人能够及时了解

[1] 王红松:《2004年北京仲裁委员会仲裁规则修改说明》,载北京仲裁委员会:http://www.bjac.org.cn/rule/2004sm.htm,最后访问日期:2010年7月30日。

对方的证据,及时准备,充分行使程序上的权利。”[1]

4. 关于鉴定。北仲受理很多工程纠纷,经常涉及鉴定问题。因此1996年《规则》就规定“仲裁庭有权要求当事人,而且当事人也有义务向专家或鉴定人提供或出示因鉴定所需的任何文件、资料、财产或其他物品”(1996年《规则》第33条第2款)。2004年《规则》增加一款规定“当事人与鉴定人之间就鉴定所需的文件、资料、财产或其他物品是否与案件有关有争议的,由仲裁庭作出决定”(见2004年《规则》第31条第3款)。明确仲裁庭在鉴定文件资料与案件关联性上的决定权,既防止仲裁庭怠于行使职权,又防止鉴定机构超越权限,越俎代庖。

5. 关于质证和认证。2004年《规则》参照《若干规定》就质证、认证中的一些特殊情况进行规定:如关于自认问题《规则》规定“一方当事人对另一方当事人陈述的事实,既未表示承认也未否认,经仲裁庭充分说明并询问后,其仍不明确表示肯定或者否定的,视为对该项事实的承认”;“当事人在仲裁申请书、答辩书、陈述以及其他书面意见中承认的对己方不利的事实和证据,仲裁庭予以确认。但当事人反悔并有相反证据足以推翻的除外”(2004年《规则》第33条第4款、第5款)。关于当事人无正当理由拒绝提供其持有证据的后果问题规定“有证据证明一方当事人持有证据无正当理由拒不提供,如果对方当事人主张该证据的内容不利于证据持有人,可以推定该主张成立”(2004年《规则》第33条第6款)。这些条规定“有利于促进当事人在仲裁程序中遵循诚实信用原则”[2]。

(五)简易程序

1996年《规则》开始专章规定简易程序。1997年《规则》将当事人选定仲裁员的期限与被申请人提交答辩书的期限均由“被申请人接到仲裁通知之日起15日内”缩短至10日内(第60条第2款、第61条);1999年《规则》将开庭通知时间由“开庭十日前”修改为“开庭三日前”(涉外案件由15日修改为10日)(第

---

〔1〕 王红松:《2001年北京仲裁委员会仲裁规则修改说明》,载北京仲裁委员会:http://www.bjac.org.cn/rule/2001zs.htm,最后访问日期:2010年7月30日。

〔2〕 王红松:《2004年北京仲裁委员会仲裁规则修改说明》,载北京仲裁委员会:http://www.bjac.org.cn/rule/2004sm.htm,最后访问日期:2010年7月30日。

65 条);2001 年《规则》增加规定了"简易程序变更为普通程序"的相关问题(第 78 条)。

适用简易程序的案件标的金额,在 2001 年《规则》中由 30 万元提高到 50 万元(第 71 条),2004 年《规则》由 50 万元提高至 100 万元(第 44 条第 1 款)。这些规定反映了北仲在简化程序、追求效率方向的努力。

(六)调解程序

与一些国际仲裁机构的将仲裁与调解截然分开的做法不同,中国的仲裁与调解是合在一起的。这样做不仅有法律的依据,而且也符合中国当事人的心理。但是,一方面,随着中国开放的加大,国内市场国际化程度的提高,许多国内案件的当事人具有外资的背景;另一方面,随着北仲受理国际商事案件的增多,境外当事人参与仲裁的数量不断增长,为了使《规则》更具弹性、包容性,2004 年《规则》允许国际商事仲裁案件当事人"以避免裁决结果可能受到调解影响为由请求更换仲裁员",表明北仲努力通过《规则》适应中国与外国当事人在心理和习惯做法上的差异性,增加了《规则》的弹性和包容性。为了"给那些担心仲裁员同时担任调解员在调解不成时可能会影响到裁决公正的当事人提供更多的灵活、经济、便宜的纠纷解决方式"[1],2007 年 9 月 20 日,专门北仲制定了独立的调解规则——《北京仲裁委员会调解规则》(该调解规则自 2008 年 4 月实施),该规则完全采用了国际商事调解制度的通行做法:调解员实行推荐制、调解程序更加灵活、机构收费与调解员报酬分开计收等。同时,2008 年《规则》第 40 条规定"案件审理过程中,双方当事人可以自行和解或者依据《北京仲裁委员会调解规则》向本会申请由调解员进行调解",以使两个程序顺利衔接,为当事人解决争议提供了更多的选择。

(七)涉外程序

1996 年《规则》增加"涉外仲裁程序的特别规定"一章。2004 年《规则》名称改为"国际商事仲裁的特别规定"。在期限方面,2001 年《规则》将反请求提出时间由"收到答辩通知之日起六十日内"修改为"四十五日内"(第 84 条),增

---

〔1〕 王红松:《2008 年〈北京仲裁委员会仲裁规则〉修改说明》,载北京仲裁委员会:http://www.bjac.org.cn/rule/2004sm.htm,最后访问日期:2010 年 7 月 30 日。

加关于变更仲裁请求或反请求及相应答辩期限的规定(第 85 条)。2004 年《规则》将裁决作出期限由组庭之日起 8 个月缩短至 6 个月(第 57 条)。

(八)期间与送达

1995 年《规则》就期间计算与送达的基本问题作了规定。1997 年《规则》增加了有关投递企图的规定“仲裁文书等如经当面递交受送达人或邮寄至受送达人营业地点、惯常住所或通讯地址即视为已经送达”(第 82 条第 1 款),并增加了“留置送达”的方式(第 82 条第 2 款)。由于有关投递企图的规定和做法,很难被当事人、法院理解接受,1998 年《规则》增加规定了“公告送达”方式;2004 年《规则》从建设国际性仲裁机构的目标考虑,对送达方式适用范围作了调整,规定“公证送达、公告送达”方式只适用于国内案件,“投递企图”的有关规定仅适用于国际商事仲裁案件,同时明确了期限的计算以送达地工作日为准(第 60 条第 2 款)。2005 年 1 月 1 日起实施的《最高人民法院关于以法院专递方式邮寄送达民事诉讼文书的若干规定》规定“因受送达人自己提供或者确认的送达地址不准确、拒不提供送达地址、送达地址变更未及时告知人民法院、受送达人本人或者受送达人指定的代收人拒绝签收,导致诉讼文书未能被受送达人实际接收的,文书退回之日视为送达之日”。2008 年《规则》取消了公证、公告送达方式(2008 年《规则》第 63 条)。

(九)其他方面

1. 关于仲裁语言,1996 年《规则》规定“仲裁委员会以中文为正式语文,当事人另有约定从其约定”(1996 年《规则》第 75 条),2001 年《规则》规定“仲裁庭开庭时,如果当事人或其代理人、证人需要语文翻译,可以由仲裁委员会办公室提供译员,也可以由当事人自行提供译员。翻译费用由当事人承担”(2001 年《规则》第 103 条第 2 款)。

2. 关于法律适用条款。2004 年《规则》规定“仲裁庭应适用当事人选择的实体法,如无此选择,依最密切联系原则确定法律适用”(2004 年《规则》第 58 条)。

3. 关于裁决制作。1996 年《规则》增加当事人申请裁决补正或补充的内容,并强调补正或补充裁决是原裁决书的组成部分(1996 年《规则》第 48 条第

2 款、第 3 款)。1999 年《规则》将有关“中间裁决”的内容予以细化规定(1999 年《规则》第 48 条)。

为了提高仲裁效率,北仲还采取了其他配套措施:(1)制定《提高仲裁效率的若干规定》明确仲裁庭推进审理的时间要求,并将此作为对仲裁员考虑标准。(2)开发设计案件管理系统软件,利用数据信息技术管理仲裁案件全过程、各环节。(3)开发仲裁员“网上办公室”提高仲裁庭成员之间、仲裁员与秘书、与办事机构之间信息沟通的效率。(4)向当事人提供包括仲裁员信息在内的信息查询系统,帮助当事人了解信息,选择合适仲裁员,熟悉仲裁程序以便及时解决争议。从 1995 年 9 月 28 日成立,到 2009 年 12 月 20 日,北仲共受理案件 15,801 件,审结 15,055 件,每件案件从组庭到结案平均审理时间不足 70 天。

从北仲《规则》的修改过程可以看出,北仲一直是在现有法律框架和制度约束条件下,最大限度地体现现代商事仲裁理念和原则——以仲裁庭独立仲裁为核心、以当事人意思为基础,尽量发挥仲裁程序简便、快捷特点,不断提高仲裁效率。这不仅为中国的仲裁制度做了很有成效的创新,其中的仲裁庭独立仲裁对法院实现公正审判也有参考价值。北仲《规则》的修改过程,是一个仲裁机构对中国仲裁重大理论和实践问题的深入思考过程,是对现代商事仲裁理念和原则执著坚守的过程,是其改革创新将国际商事仲裁的惯例、通行做法创造性地应用本土化实践的过程。北仲从组建初期的白手起家,到现在拥有固定资产逾亿元,上缴税款 8400 多万元(是当年财政对仲裁资助额的 19.5 倍),在国内外享有良好声誉,并积极推动国内仲裁、调解及其他争议解决机制的创新、人才培养,理论研究,信息交流活动,力争为仲裁事业做出更大贡献。

北仲的个案说明,现代国际商事理念原则不仅适合于国情,而且能够成功,关键看仲裁机构自己的追求和选择。改革开放,建立民间化、国际化,符合商事仲裁规律的现代仲裁制度,是每个仲裁人心中的愿景。这样的愿景需要每个人脚踏实地的努力来实现。北仲的成功,让人感受到中国仲裁事业的光明前景,对中国仲裁制度的发展充满信心和期待。

做民主法治的建设者

——2011 年 5 月 26 日在中国政法大学新人学术奖颁奖典礼发言

(2011 - 5 - 30)

北仲赞助中国政法大学(以下简称“政法大学”或“法大”)的新人学术奖颁奖活动已经四年了。不仅是因为江老师作为我们心中非常敬重的主任是这项活动的倡导者和支持者,不仅是因为这项活动在政法大学学生中的广泛影响;而且是因为同学们通过这项活动培养对知识、学术日益浓厚的兴趣,校领导、老师对这项活动的重视和支持,这使我们感受到支持这项活动的价值和意义。

我们政法大学的同学是幸运的,每次活动都有江老师这样被别人誉为“整个中国法学界的精神符号”、其道德文章为学界敬仰的泰斗级人物,为同学讲话和颁奖,这种事儿在其他学校不可想象。江老师很多的文章、讲话,不仅阐述了他的法律思想、法学理论,而且,讲了很多做人的道理。这是我们的宝贵的精神财富,需要很好地学习、继承发扬。

江老师在 1998 年在《为权利而斗争的中国律师》讲话中说过:“一个人受社会尊重的程度,主要是取决于他的职业在社会政治、经济生活中所起的作用,他能不能解决人民群众迫切需要解决的问题,能不能对社会给予推动,作为社会进步的推动力。而不是在于你挣的钱多少。”他还在 1997 年的《做人与做律师》

文章中说过:“如果我们今天要论英雄的话,我说莫以高官论英雄,莫以钱多论英雄。……在历史赋予我们使命的今天,我们能不能对得起社会赋予我们的使命和责任……我们自己做人是不是做得好,以这个论我们的英雄。”我借用江老师这些话,是想表达我对同学的一点期望。因为我们政法大学有江老师这样的大家心中“法大永远的校长”,有蔡定剑这样喻为“尘世间一颗伟大的心灵”的教授,所以我希望法大同学们将来到了社会上,无论是公务员、法官,还是律师、企业法律顾问,都能成为江老师所期望的法律人,成为具有现代法治观念,具有民主、自由开放思想的法学家、法律工作者;做中国民主法治建设的促进派,而不是促退派,起码也是能守住底线,守住做人的自尊和良知的老实人、好人,而不要随波逐流,无所作为,更不要助纣为虐,成为腐败黑恶势力的帮凶或一分子。

最后祝愿同学们学习进步!

律师的职业精神

——在北京市律师协会“律师的职业精神”座谈会上的发言

（2011－11－29）

今天会议的题目是“律师的职业精神”，这个题目很有现实意义。因为社会道德的恢复和重建，离不开各个行业职业道德、职业精神的恢复和重建。律师的职业精神包括两个层面：一是作为律师这个职业群体认为自己应该有什么样的职业精神，还有社会希望律师这个职业应该有什么样的职业精神？二是从制度层面政府主管部门和相关部门应该怎样创造条件，使这种职业精神不断发展。

一、关于律师的职业精神

我是从事仲裁工作的，经常与律师打交道，作为界外人，我想谈谈律师职业精神应该有哪些：

1. 律师要追求公平正义，维护公民的权利和法律的尊严，积极参与社会政治、经济生活，参与变革，推动民主法治建设的发展。当然，有人质疑在现在的社会条件下，对律师提出这样的要求标准太高，要求有些苛刻。我不这样认为。因为：第一，律师职业群体里的大多数人受过系统的法律教育和训练，比别人更多地了解民主法治对社会发展的重要意义,比别人能更深刻地理解法的精神和理念。这方面律师是“先知”,“先知”就应该“先觉”,而且要以“先知先觉”带动“后知后觉”,这样社会才有进步和发展。第二,相比于工人、农民和广大的普通百姓,律师职业群体占有更高的社会地位和更多的社会资源——越来越多的律师进入人大、政协,有的可能还会走上重要的领导岗位,律师在推动社会进步方面更有能力和影响力,理应有所担当,有所作为。第三,我们现在一直在努力争取提高律师职业的社会地位和尊严。但是,职业的地位和尊严不是别人赐予的,要靠自己去争取。我们北仲的江平主任曾经说:“一个人受社会尊重的程度,主要取决于他的职业在社会政治生活中所起的作用,他能不能够解决人民群众迫切需要解决的问题,能不能对社会给予推动,作为社会进步的推动力。”我们非常羡慕那些法治发达国家里律师所拥有的社会地位,我们可以清楚地说出美国、英国有几任总统、有多大比例的国家高层出身律师。那是人家争来的,因为,这些国家的律师在捍卫法律,维护公民权利和社会公平正义中表现出的正直、勇敢、奉献和牺牲精神,让社会大众感受到律师职业的价值和尊严。这些年我接触了很多的律师,感到律师行业整体进步挺大,律师素质越来越高,其中有些人,不仅业务精深,思维水平高、能力强,而且忧国忧民,愿意并努力为国家的法治建设、社会的进步发展作出奉献。他们是律师界的希望和骄傲。我希望这样的律师越来越多,形成一股主导性的力量。当然,我们不能要求律师都有济世救民的公共情怀和勇气;但是,律师应该有独善其身的自律精神,做一个遵纪守法,凭本事吃饭,认真负责的好律师。不要丧失底线,为拉客户、争案源,就不择手段,走后门、拉关系,搞腐败,权钱交易。1875 年美国著名律师吉尔顿曾经说:“如果律师事务所仅仅变成了一种挣钱的方法,一种尽可能方便而又甘冒任何风险的挣钱方法,那么律师就堕落了。如果律师事务所仅仅是试图打赢官司,并且通过向司法机关走后门而打赢官司的机构,那么这一机构不仅堕落而且腐败了。”这话对今天的中国律师依然有重要的警示作用。所以律师要团结、要自律,要共同维护行业的利益和荣誉,对那些违反职业纪律的,一定要严肃处理。

2. 诚信。律师要做到受人之托,忠人之事。律师接受当事人委托,不管是做公益,还是有偿服务,不论收费高低,都要认真、敬业,尽心尽力地履行自己的职责,不要敷衍、糊弄、忽悠当事人。律师无论在仲裁还是在诉讼中,都要遵守规则程序,不讲假话,不作伪证,不搞弄虚作假的小动作。律师应该从维护当事人利益出发,促进争议公正、及时解决,与仲裁员、法官形成良性互动,理性务实地解决问题,而不要从个人的利益、面子出发,玩弄技巧,滥用程序权利,挑讼、缠讼、拖延和阻止案件的解决。这不仅损害了自己信誉,也损害当事人的利益。江平主任过去在市律协的会议上说过,律师要有哲人的气质,要"凭智慧启迪人,而不是法律贩子,靠倒卖知识,靠一点点法律技巧来赚钱","你是点拨人家,而不是靠着他的愚昧,靠着他的法盲赚钱"。这些话值得深思。律师是靠信誉吃饭的,诚信是信誉的基础。如果你的诚信被别人质疑,信誉就不存在了。这方面,我们输不起。

3. 专业。专业指律师不仅有精深的法律知识,懂得与案件相关的业务知识,掌握法律实务技能;还要有科学思维方法,逻辑思维习惯,理性务实,客观全面,避免片面性、走极端、意气用事。律师要大度、宽容,善于与他人沟通合作,而不要心胸狭隘,睚眦必报,刚愎自用。律师是要解决争议的,不要让自己的性格弱点成为矛盾的源头。律师服务是一种高知识、高智慧含量的工作,律师行业是高度市场化的行业,只有做得专业,行业才能发展。中国那么大,又是世界贸易大国,法律服务的市场很大。国际上很多知名律所纷纷到中国设点,看中的是中国这个市场。我们不缺机会,缺的是能把握住机遇的人才。律师要克服浮夸、浮躁情绪,要静得下心、沉得住气,踏踏实实地学习新思想、新知识、新技能,研究新事物、新问题,使自己的业务水平与时俱进,赶上甚至超过国际同行的先进水准。

4. 律师要有奉献精神,热心社会公益。特别是那些功成名就,衣食无忧的资深律师,更有责任帮助那些刚刚入行的新律师,提高律师行业的整体水平。这方面,北京市律协做得不错,已经走在全国同行的前面。市律协与中国政法大学成人教育学院、北仲三家合作举办新律师培训班,开展模拟仲裁庭现场教学,由北仲仲裁员担任仲裁庭成员,由律协的资深律师辅导新律师担任代理人,实现学员参与,教学互动。从 2009 年 12 月至今共举办模拟仲裁庭 15 期,参培学员3000余人。对这项活动给予大力支持的有七八家律师事务所,参与的资深律师达数十人。这种培训的效果非常好,有的学员反映这样的培训让他们受益终生。这项活动还在继续,我们希望有更多的资深律师参与这项活动,向新律师传授知识,分享经验。

二、律师主管部门和其他相关部门如何创造有利于律师职业精神发展的外部环境

(一)律师行业主管部门——司法局

首先,司法局作为律师行业主管部门在这方面承担更多的职能和责任,今天的会议也说明司法局正在积极研究和解决这些问题。这方面我想提几个建议:

一是作为行业主管部门,要努力维护律师的合法权利,在律师利益受到不法侵害时,要敢于向有关部门反映、协调,使问题得到妥善解决。因为只有律师权利得到有效维护,律师才能很好地维护当事人的权利。另外,司法行政部门应该积极向立法、执法、司法部门反映情况,提出建议,争取有利于律师正当执业、律师行业健康发展的法律、法规、政策的出台,协调解决这些法律、法规、政策在执行中的问题,使其真正贯彻落实,为律师执业创造良好的法律和政策环境,推动行业发展。我接触到境外一些国家律政管理部门,为推动本国、本地区发展不遗余力,与他们相比我们努力的空间还很大。

二是对律师行业,既要规范和管理,又要服务和引导。律师是自由职业,律师的学历、智商普遍较高,有不同思想认识、观点、看法很正常,对这些认识问题要给予包容(包容也是北京精神的重要组成部分)。解决认识问题的最好办法是通过平等对话、讨论形成真理性的认识,要让律师协会在律师监督管理、培训、业务发展中发挥更大的作用。

三是要鼓励律师从事仲裁、调解等多元争议解决工作。实际上,积极发展多元争议解决机制已经是现代国家进行社会治理,维护稳定的重要途径。国外争议解决的思路是:能够通过非诉争议解决途径解决的,就应先通过非诉争议解决途径,避免将所有纠纷推向法院。中央已经意识到这个问题,2009年《最高

人民法院关于建立健全诉讼与非诉讼相衔接的矛盾纠纷解决机制的若干意见》出台,2010 年 8 月 28 日《人民调解法》颁布。现实中,社会对多元争议解决存在巨大的需求;但是专业调解需要前期投入,参加调解专业培训费用很高,北仲曾请国外专家进行三期专业培训,虽然效果不错,但费用很高,北仲曾承担了一部分费用。如果律师主管部门鼓励律师从事调解,参与专业调解培训,能否从宣传普法的经费中拨出一定的经费为培训提供支持。律师的专业调解是一种更积极、更有效、更有建设性的社会维稳工作,我们国家每年都要花费巨额的社会维稳费用。与其将钱花在社会矛盾爆发的善后工作上,为什么不能花在前期的预防和化解工作上?

(二)仲裁、司法与律师职业有关系的相关部门

仲裁机构和司法机关也要做到尊重律师的执业权利和活动。仲裁员、法官、检察员与律师一道努力创造公正、廉洁的执法环境。北仲与北京市律协仲裁专业委员会从 2006 年开始,就一直在通过举办讲座、论坛、座谈会、研讨会等形式,推广这一理念。去年(2010 年),北仲与律协仲裁专业委员会共同举办“律师、仲裁员共建仲裁一方净土”专题会议。会上我们倡议:在仲裁中仲裁员与当事人、律师之间形成良性互动的执业环境和氛围,使北仲成为一个公平、高效解决争议的地方,一个廉洁、正义、充满正气的地方,一个不是凭关系,而是凭着律师敬业精神和专业素质公平竞争的地方,一个使人对仲裁制度乃至中国的法治建设抱有希望、期待和信心的地方。倡议得到参加会议的律协其他 61 个专业委员会的 100 多个委员的支持。2011 年,北仲与北京市律协 10 个专业委员会合作共同召开“北仲与市律协共建公正、高效争议解决平台”专题会议。会议上我们再次倡议北仲和律师界:在共同建设北仲平台的同时,形成一股合力,让社会更多的商事争议(特别是国际商事争议)通过调解、仲裁、争议评审等这种社会自治争议解决方式来解决。总之,仲裁界与律师界合作在促进仲裁公正、推动多元化争议解决机制发展上有广阔的发展前景。

建立法律职业共同体

——2013年北仲律师论坛总结发言

(2013-7-2)

今天的会议开得很好。一是直言不讳,开诚布公,发言直奔主题,没有虚词与客套,使律师与仲裁员了解彼此的真实评价和感受,有利于我们发现问题、改进工作。仅此一点,我们的会议达到了预期的目的。二是发表的意见都很客观、中肯,极具建设性。特别是著名学者刘俊海教授的精彩发言,将今天讨论的"打造法律职业共同体"题目的意义和内容提升到前所未有的理论和学术高度。我为什么说是前所未有,因为,北仲与市律协在几年前就开始合作进行"打造职业共同体"的实践。如北仲与市律协合作对律师进行系统的培训活动。2010年召开"仲裁员、律师共建仲裁一方净土"研讨会,2011年召开"北仲、市律协共建多元化争议解决平台"研讨会。这些培训及两次会都与今天的会议内容有关,今天的会议是以前合作实践的延续,只不过我们将法律职业共同体明确提出来了。会议中很多嘉宾谈了仲裁员与律师的共性及成为法律职业共同体的可能性,说得非常好!我在这里想说明的是,我们为什么要打造法律职业共同体?其原因如下:

第一,我们需要工作上的相互配合和支持。仲裁员和律师都从事法律服务工作,都需要通过自己的努力,解决纠纷,维护当事人的合法权益,彰显公平正义。虽然角色不同,但仲裁员与律师间不存在管理与被管理、控制与被控制的关系,不是利益冲突、你输我赢的对抗关系。仲裁员与律师的理想状态,是在地位平等的前提下,相互尊重、相互信赖、包容,相互欣赏、学习的合作关系。好的仲裁裁决是仲裁员、律师良性互动的结果,共同智慧的结晶。律师希望遇到高水平的仲裁员,程序中各种程序指令、答复及时、清晰、明确,庭审控制得当,进展有序,富有效率,裁决公正、专业,令人信服。同样,仲裁员也希望遇到高水平的律师,专业、敬业、诚信,不在一些枝节上搞无谓纠缠,不搞非理性的对抗,不故意拖延程序,不为仲裁庭查明事实设置障碍,而是以法律人对当事人负责的职业态度,说服当事人配合仲裁庭,及时解决纠纷,维护自己的合法权益。既然如此,我们仲裁员何不努力去做律师眼中的"好仲裁员",我们律师何不做仲裁员眼中的"好律师"?彼此为对方提供支持,创造方便,这样双方的合作使仲裁成为一次愉快的经历,既提高了仲裁的质量和效率,又增进了友谊,促进了各自的职业发展。

记得一次学术会议上,有一位法官说现在有一种现象,法官在一起说律师的不好,律师在一起说法官的不是,法官和律师都是法律人,不是相互理解和支持,而是相互抱怨、指责和排斥。这是不好的现象,不利于诉讼制度的健康发展。我想仲裁员和律师之间应尽量避免出现这种情况,而且实际上也不应该出现这种情况。首先,仲裁员中有相当一部分人就是律师,即使不是律师,也有过当事人、代理人的经历,对律师的处境、难处有更多的同情和体谅。其次,仲裁员与律师有相同的教育背景,有共同的法治理念和追求,"本是同根生",更应该相互理解与支持。再次,仲裁机构、仲裁员取决于当事人的选择,当事人又依赖律师的专业判断和评价,因此律师圈的口碑就是当事人口碑。仲裁员和仲裁机构从自身发展出发自然要尊重律师的劳动,重视律师的意见。最后,仲裁的顺利进行需要律师的配合与合作。仲裁不是靠权力,而是靠仲裁员的专业素质、人格魅力赢得律师的尊重信赖与支持。仲裁员更愿意肯定律师的努力,调动律师的积极因素。同样,律师要想成为仲裁员,或者想在仲裁领域有更多的业务,也需要给仲裁员、仲裁机构留下好印象,在仲裁中展现自己的优秀。北仲与市律协合作,就是为了促进仲裁员与律师工作上相互配合和支持。

第二,我们需要共同创造良好的职业环境,北仲从成立之日起就决心将自己建成一个公平、高效解决争议的地方;一个廉洁、正义、充满正气的地方;一个信仰法律、崇尚法律的地方;一个不是凭关系,而是凭着律师敬业精神和专业素质公平竞争的地方;一个使人对仲裁制度乃至中国的法治建设抱有希望、期待和信心的地方。北仲不仅过去这样做,现在这样做,而且将来还要坚持这样做。打造法律职业共同体,就是想把北仲一个机构的目标变成法律共同体的目标。这既有利于北仲坚持自己的目标,又有利于扩大这个目标的实现力度和范围。因为,我们共同体既是好执法环境中的受益者,也是差执法环境的受害者。既然我们都在抱怨执法环境不好,"打官司就是打关系";既然我们都感到这种环境带来的痛苦和压抑,为什么我们不能在仲裁领域创造一个公正、公平、廉洁、透明的争议解决机制和环境?仲裁制度以当事人意思自治原则为基础,以仲裁员独立仲裁为核心,相对于诉讼,法律人在仲裁领域有更多的话语权和执行力。而且,创造一个公正、清廉的执法环境,不需要承受多么大的压力,克服多么大的困难,做出什么样的牺牲,只需要我们把自己变为一个良性的起点,从自己的良心、道德、职业伦理出发,坚守底线,廉洁自律,不贪污腐败,不搞潜规则,不通过不正当途径和手段获取非法利益,并在此基础上抵制腐败思想和行为,就可以创造一个公平、公正的仲裁环境。如果我们这样一个法律精英群体,在仲裁领域都不能为自己创造一个公正廉洁的执法环境,那就不仅是法律共同体的悲哀,也是中国法治的悲哀。所以仲裁员和律师要加强交流,提升法律职业共同体的道德水准、正义感、尊严感和是非判断力,形成共同体的价值共识与自律精神。

第三,我们需要共同推进多元化争议解决机制的发展。发展多元化争议解决机制,不仅是为仲裁、律师行业寻求更大的发展空间,而且是对社会作出有益的贡献。因为,多元化争议解决已经成为推动社会体制改革深入,增强社会自治能力的重要途径。在这方面北仲与市律协有更多的合作空间,除了共同培训法律新人、开专题研讨会、进行课题研究、宣传推广外,我们可以共同组织国际性的学术交流。前几天,我们北仲与英国高等法律研究院(Institute of Advanced

Legal Studies)共同在伦敦举办“中国商事争议解决高峰论坛”。论坛主要围绕北仲组织撰写的《中国商事争议解决年度观察(2013)》进行。该报告分中国商事仲裁、调解和建筑工程、知识产权、金融争议解决五个专题,由中国资深学者、律师撰写,全部翻译成英文,报告撰写者用英语进行介绍和交流。英国法律界对此非常重视,英国影子副首相、原内阁司法大臣兼大法官、议员 The Rt. Hon. Jack Straw, MP 致闭幕词,英国高等法院高科技与建筑工程法庭大法官 The Hon. Mr. Justice Blair、英国高等法院王座法庭大法官 The Hon. Mr. Justice Ramsey 到会并做点评发言,英国高等法律研究学院副主任兼图书馆馆长、有效争论决议中心(Centre for Effective Dispute Resolution, CEDR)执行总裁、Atkin Chambers 出庭律师、Construction Law Journal 总编辑及英国多家国际国内顶尖律师事务所的资深合伙人和御用大律师参加会议并发言。与会者对法律年度报告、高峰论坛的内容意义,给以高度评价。总之,这次活动向国外展示了中国法治建设中积极、健康、阳光、正面的信息。一个在英国工作的华人学者对我说,会议让她感到非常自豪、扬眉吐气。我们的报告将按年度继续做下去,希望对中国商事争议解决有兴趣、有研究的律师与我们合作,把这件有意义的事情做好。除此之外,我们还可以合作从事很多有益于社会、有益于行业发展的事情。

最后,让我们感谢我这次会议作出卓越贡献的张丽霞律师,北仲与市律协前两次会议也是她从中张罗积极促成的,虽然她是北仲的仲裁员,是自己人,但我想表达的是北仲对每个仲裁员的贡献都非常珍视和感激;感谢每个主讲嘉宾的精彩发言,感谢在座的各位律师朋友,会议开这么晚,你们依然坐在这里,让我内心非常感动!谢谢大家!

关于《北京仲裁委员会/北京国际仲裁中心章程(修订草案)》的说明

(2016年7月15日提交第六届北京仲裁委员会第七次会议审议)

一、关于章程修改的必要性

现行的委员会章程是2008年2月1日第五届北京仲裁委员会第二次会议讨论通过的,自2008年4月1日起施行,该章程明确了委员会的设立宗旨和机构性质,调整了委员会成员及仲裁员的任期,完善了委员会的会议职责和议事规则,对委员会的发展起到了很好的推动作用。2008年以来,委员会面临的形势和自身发生了较大变化。一是经有关部门批准委员会正式加挂"北京国际仲裁中心"名称,需要在章程中进行明确。二是委员会成立近20年,在坚持仲裁法确立的独立、公正原则,在具体实施制度和做法上做出了很多有益探索,公信力不断提升,得到法律界高度认可,需要总结并体现在章程中。三是随着仲裁事业发展和改革不断深化,北京仲裁事业面临许多新的机遇与挑战,需要根据国家改革大趋势,借鉴国内外仲裁机构经验,进一步就完善治理结构和制度,推进仲裁国际化发展作出前瞻性规定。四是对一些不合时宜的提法、文字进行修改。

二、关于章程修改的过程、依据及主要参考资料

(一)章程修改的过程

1. 成立章程修改小组

2015 年 2 月 13 日,第六届委员会第五次会议讨论通过周继东、王红松委员提出的《关于修改〈北京仲裁委员会章程〉提议》,决定“委员会组成章程修改小组(以下简称修改小组),成员由周继东、王红松、车丕照、周天勇副主任及朱江、李曙光、林志炜、张维迎委员组成”。

2. 章程修改的起草阶段

第六届委员会第五次会议上明确“修改章程作为委员会 2015 年一项重要工作,并在年底前提交委员会讨论通过”。根据决议,由周继东、王红松委员和部分办公室工作人员组成考察小组分别于 2015 年 5 月、6 月去深圳国际仲裁院、深圳仲裁委员会、广州仲裁委员和厦门仲裁委员会进行调查研究。2015 年 8 月下旬周继东、王红松委员起草出《北京仲裁委员会章程(修订草案)》(以下简称草案)。

3. 章程修改征求意见阶段

2015 年 9 月初,草案征求梁慧星主任和章程修订小组其他成员的意见并根据意见进行了修改,先后召开了两次章程修改小组会议,以及六次不同领域的章程修改征求意见座谈会,得到了大量宝贵的意见和建议。

建议汇总调整后,我们征求了北京市人民政府法制办公室的意见,法制办原则上同意并提出了具体修改意见。

(二)草案修订的依据及主要参考资料

一是《中共中央、国务院关于分类推进事业单位改革的指导意见》,特别是该意见第 16 条:“建立健全法人治理结构。面向社会提供公益服务的事业单位,探索建立理事会、董事会、管委会等多种形式的治理结构,健全决策、执行和监督机制,提高运行效率,确保公益目标实现。不宜建立法人治理结构的事业单位,要继续完善现行管理模式。”

二是由周继东、王红松两位委员在 2014 年在委员会第三次会议提出《北京

仲裁委员会关于保障机构持续发展若干规定》提议。该提议是对北仲过去长期实践经验的总结。

三是《深圳国际仲裁院章程(修订稿)》。2012 年深圳市政府以政府令的形式公布《深圳国际仲裁院管理规定(试行)》,明确“深圳国际仲裁院是不以营利为目的的法定机构,作为事业单位法人独立运作,深圳国际仲裁院建立以理事会为核心的法人治理结构,实行决策、执行、监督有效制衡的治理机制”,深圳国际仲裁院是国内第一家以“法定机构”定位并在“理事会为核心的法人治理结构”方面有实践经验的仲裁机构,这与北仲未来的改革方向非常契合,有很大的借鉴意义。

三、关于草案的指导思想和主要内容

修改草案的指导思想是坚持仲裁法的精神,坚持委员会独立、公正、高效的核心价值;完善机构治理结构,保障委员会持续健康发展;提高委员会的公信力和国际竞争力,实现机构国际化、多元化发展战略。根据指导思想、北仲实际和征求意见情况,形成了现在的修改草案。对比现行章程草案二十九条,增加为四十四条,一些条款增添了新的内容。为便于了解修改内容,依章程的章节条款顺序将主要的修改介绍如下:

(一)草案的第一章主要对北仲的发展方向、目标及业务范围进行了完善和丰富

1. 关于北仲的名称及发展目标

(1)在第一条增加了北仲又名“北京国际仲裁中心”的内容。北京国际仲裁中心已在 2016 年 4 月 1 日起实施的仲裁规则(修订)中明确,故有必要在章程中进一步明确。

机构的简称以“北仲”代替“委员会”,以便将作为机构的“委员会”与机构内部的“委员会”区别开来。

(2)草案第三条增加:“北仲以独立、公正、专业、高效的价值观,建设世界一流的多元化争议解决中心,为国内外当事人提供具有国际水准的商事争议解决服务。北仲建立完善法人治理结构,实行决策、执行、监督有效制衡的管理体

制。”这是关于委员会发展目标、使命、核心价值观及基本治理结构、制度的规定。在章程中清晰地表述北仲的愿景、使命和核心价值,是参考美国仲裁协会和新加坡国际仲裁中心的做法,旨在更好地凝集共识,为机构各项工作的开展提供一个有效指引,同时让国内外更好地认识北仲的品牌定位和价值追求,引起潜在客户的共鸣并吸引他们选择北仲。在机构治理中强化委员会的地位、作用,则主要参考了深圳国际仲裁院的做法。随着北仲办公室在事业单位分类改革中独立性的不断增强,政府部门直接监督模式的改变,北仲需要从制度上完善法人治理,建立相应的约束机制,以防止出现类似国企的“内部人控制”现象,确保章程所确立的愿景、使命及核心价值观得到有效的实践。

2. 关于北仲的业务领域

删除现行第三条“委员会不受理下列纠纷……”内容——该内容只是简单重复《仲裁法》规定内容。同时,对受理范围进行了具体规定(见草案第四条)。其中,第一项规定的“以仲裁方式解决自然人、法人和其他组织之间发生的合同纠纷和其他财产权益纠纷”更加强调了北仲业务的多元化,不受境内外的限制,是为了进一步突出北仲是“北京国际仲裁中心”的特点,第二项至第五项则体现了北仲是多元化争议解决中心以及兼顾多元化争议研究、培训、宣传推广的业务内容。

(二)草案第二章对北仲组织框架、运行管理等事项的调整

草案的第二章为章程的核心章节。明确了委员会组成、委员会主任会议、委员会会议的主要职责,根据现有工作情况规定了办事机构的职责、日常管理及监督,进一步明确了其他特设机构的设立及职责。

1. 关于委员会组成、委员会会议的职责等内容

(1)第六条增加了“委员会主任由知名法学专家担任;委员会组成人员中法律、经济贸易专家不少于三分之二”,这既是仲裁法规定,也是北仲的一贯做法。

(2)第七条增加“可以连聘连任”,“上一届仲裁委员会履行职责到新一届仲裁委员会组成为止”。这两项规定是国务院《仲裁委员会章程示范文本》第五条规定的内容,具有可操作性,规定进来有实际意义,便于委员会保持一定程度稳定性。

新一届委员会成员由上一届主任会议提出,《仲裁法》条款约定为“有关部门和商会”,法制办意见在组建初期商会是起到重要作用的,随着现在正常的工作程序,商会也是有关部门之一,不必特别突出,因此建议改为“省市政府有关部门和其他社会组织。”

(3)将原第七条“主任、副主任认为必要”改为“主任会议根据需要”,以表明临时委员会会议召开的召集人可由主任会议根据需要,或者二分之一以上委员会成员提议。(见草案第八条)根据章程修改座谈会的意见,委员会议事规则将另行制定。

(4)对原第八条内容进行较大程度的修改(见草案第九条):一是职责范围规定得更宽,包括决定秘书长人选、聘任副秘书长;审定专门委员会的设置、变更和撤销,决定专门委员会的组成人选;决定分支机构的设立和撤销;审定内设机构、岗位的设置、变更、撤销方案以及审定用人规模及其薪酬方案。对办公室绩效和秘书长、副秘书长工作进行考核,考核办法另行制定。这是本次章程修订中最重要、最具创新性的部分。既然北仲实行“以委员会为核心的法人治理结构,实行决策、执行、监督有效制衡的管理体制”,上述重大事项由委员会讨论决定也是应有之义。二是对原有类似款项,进行合并,如原该条中修改章程和修改规则等内容见原第八、九项,现为第一项并增加了其他争议解决规则内容,从而使之更为简练和准确。三是对新款项已包含其内容的条款直接删除并对原有款项顺序进行了调整。

特别说明的是,章程设想应有代表市政府联系委员会并作为委员会组成成员的政府部门领导参加并发挥重要作用。这样就能将政府部门对北仲的监督与委员会对办公室的监督有机结合起来。政府部门对委员会的监督,一是委员会及秘书长人选的确定;二是委员会决策事项的监督;三是薪酬与绩效的监督。同时可通过在委员会任职的领导发挥其相应作用来进行,既可避免行政部门对委员会工作的不当干预,又可防止对干部的监督缺位问题。

按现行干部管理体制,政府部门在聘用秘书长方面有重要的决定权。首先,秘书长是仲裁委员会的核心人物,其职业操守、履职能力不仅关系北仲的信誉和事业发展,也关系到广大工作人员、仲裁员的个人发展及切身利益。秘书长岗位权力大、责任重、风险高。政府部门对其进行监督,既是对委员会、对仲裁事业负责,也是对干部本人负责。而办公室绩效考核及秘书长、副秘书长工作考核是对干部监督管理的主要内容,政府部门领导参与此项工作,可更广泛、更充分听取仲裁委员会委员、工作人员、仲裁员的意见,全面、深入地了解干部的工作情况。其次,由于仲裁的专业性、国际性、复杂性,以及北仲的发展目标,对办公室负责人的事业心、廉洁自律及创新能力的要求应有别于一般机关领导干部标准,更能体现仲裁行业特点和要求。政府部门领导与委员会专家共同制定考核办法并主导考核,就能够将组织部对干部的一般性考核与委员会对干部的绩效考核结合起来,保障监督的客观性、专业性、针对性和有效性。最后,由于委员会与政府部门工作相互独立,政府部门领导参与此项工作,有利于对干部管理进行动态监督,发现问题及时提醒处理,避免干部选任与干部使用、监督管理脱节的情况。

(5)将原第九条"委员会成员在任期内连续两年不参加委员会会议的"改为"委员会成员在任期内连续两次,累计三计不参加委员会会议,也不提出意见的,视为主动辞去委员会成员资格"。(见草案第十条)。

(6)对第十条进行修改(见草案第十二条)对主任会议制度规定的具体化。明确了委员会主任会议的具体职责:

一是决定委员会会议议题和议程;

二是年度财务支出超过财务预算20万元,或者,新增支出累计超过100万元以上的财务开支项目;

三是办公室内设机构、岗位设置方案有重大变更的;

四是办公室用人规模和薪酬管理方案有重大变更的;

五是其他应由主任会议讨论的事项。

(7)增加一条(草案第十三条),委员会每年委托审计机构对预算执行情况进行审计,并依法律、法规规定公开审计结果。这条参考了深圳国际仲裁院的做法,也是国际非营利公益法人的通行做法,是国内公益组织未来的改革发展方向。

(8)增加一条(草案第十五条):"秘书长由委员会成员兼任,委员会其他成员,均不在办公室兼职。”这是北仲的一贯做法和成功经验,规定在章程里是将这一做法制度化。该条第二款增加“委员会根据工作需要设置并聘用二名副秘书长,协助秘书长工作”(见草案第十五条第三款)。设置副秘书长岗位,不仅是协助秘书长工作,也是为了建全办公室领导班子集体决策制,应对日益繁杂的工作情况。

2. 关于办事机构的职责

(1)在第十六条第一款增加“执行《章程》规定的职责和委员会作出的各项决定”内容。

(2)在办公室主要职责中加入负责联系处理有关政府事务和协调工作(见草案第十七条)。

(3)增加办公室编制预(决)算报告要求的规定(见草案第十八条),避免财务支出的随意和浪费现象。

(4)增加对办公室用人机制、内部管理制度的规定(见草案第二十条、第二十一条),这些机制、制度被实践证明是成功的并在委员会发展中发挥重要作用,应在章程中明确下来,保障制度的稳定性和连续性。

(5)增加关于建立良好机构文化,培养提高工作人员思想道德和专业素质方面的规定(见草案第二十二条、第二十三条),这些既是北仲20年管理实践所形成的优秀文化和传统,也是保障仲裁公正的基础。在章程中明确不仅是为了继续发扬北仲的优良文化传统,也是将来对办公室绩效考评的重要内容。

3. 关于其他特设机构的修改

(1)删除第十七条,委员会自成立以来一直未设立“专家咨询机构”,有的委员建议删除。

(2)增加设立薪酬及绩效考核委员会规定(见草案第二十五条),明确该委员会职责:即负责对年度预(决)算报告,年度工作人员薪酬机制与激励方案,仲裁员报酬支付办法修改草案,办公室绩效及秘书长、副秘书长考核办法及考核结果等事项进行初审;该专门委员会与委员会关系——受委员会委托办理上述事项并将初审意见和建议向委员会会议报告。该专门委员会的组成——由3至5名会中熟悉公司法、机构或企业管理的委员组成。

此条也是本次章程修改的一个重要内容和创新。年度预(决)算报告、仲裁员报酬和工作人员薪酬方案、办公室绩效及秘书长、副秘书长工作考核等事项专业性强、工作量大,委员会全体委员不可能全过程参与。需要熟悉这方面业务的委员进行前期初审和相关调查研究工作——2016 年 2 月委员会会议中已有委员提出相关建议。专门委员会对委员会负责,并将初审结果和建议向委员会会议报告。此条规定主要参考了《深圳国际仲裁院章程》第十条规定的内容。但也有我们自己的特点。

(3)在第十八条仲裁员纪律委员会规定中,将纪律委员会改为“纪律监督委员会”增加“仲裁员纪律监督委员会成员由委员会从仲裁员中选任”的内容(见草案第二十六条)。

(4)增加一条规定委员会可以根据实际需要,就仲裁研究、委员会发展等事项,成立专门委员会,为委员会决策提供咨询(见草案第二十七条)。北仲的发展不仅仅是北仲自己的事情,因此修改草案提出了一个原则性的条款,拟在适当的时机建立有多方面专家组成的特别工作机构,研究北仲的发展重点、方式等方向性的问题,为委员会提供决策参考。

(三)草案第三章关于仲裁员的修改,在仲裁员管理及要求方面加强规范

1. 原第十九条“委员会根据仲裁法规定的仲裁员条件和仲裁工作需要,聘任仲裁员”。改为委员会根据《仲裁法》规定的仲裁员条件和北仲《仲裁员聘用管理办法》及仲裁工作需要,聘任仲裁员(见草案第二十八条)。

2. 增加仲裁员守则中对仲裁员公平办案、履行职责、保密义务的要求(见草案第三十条、第三十一条、第三十二条、第三十三条。)

3. 增加仲裁员在规定的期限尽可能迅速审结案件的要求(草案第三十四条)。

4. 增加了对仲裁员参加培训的要求(见草案第三十六条)。实施仲裁员培训制度也是北仲提高仲裁员专业素质和仲裁质量的重要措施,应在章程中明确并固定下来。

5. 增加委员会鼓励仲裁员参与委员会业务发展工作,并对委员会工作进行监督,提出批评和建议的规定(草案第三十七条)。这是北仲长期以来的一贯做

法,有利于提高委员会对仲裁员的凝聚力,也是北仲探索实践仲裁员自我管理、自我完善的成功经验。

(四)草案第四章关于财务规定的修改,强调了北仲的财务独立核算,根据市场情况,确定支出原则

1. 在原第二十四条增加“北仲对其资产、财务收支应依照有关法律规定自主管理”(草案第三十八条)强调委员会在财务管理方面的自主权和机构的独立性。

2. 在原第二十五条“委员会的经费来源”中取消“政府的资助”,北仲在成立初期曾接受过政府资助,三年后便实现自收自支直至向国家缴纳税款十余年(缴纳的税款已是政府资助的40多倍),这款规定不仅明显过时,也不利于提升北仲的国际信誉。该条增加一项“调解及其他形式的争议解决服务收费”符合委员会经费来源的实际情况(见草案第三十九条)。

3. 增加关于仲裁员报酬、工作人员薪酬方案的规定(见草案第四十条第一款),主要明确仲裁员报酬和工作人员薪酬的确定标准和原则。

4. 增加工作人员“参加养老、医疗、失业、工伤、生育等社会保险,并按有关规定实行住房公积金、年金等制度”的规定(见草案第四十一条第二款),以体现委员会对工作人员权利的重视和保障。

(五)其他文字和技术性修改

以上为全部修改内容,请委员会审议。

北仲章程修改小组

关于《北京仲裁委员会对执行机构负责人履职的绩效考核办法(试行)》草案的说明

今年(2016年,下同)7月15日,第六届委员会第七次会议讨论通过了《北京仲裁委员会章程(修订)》。会议审议了周继东、王红松委员提交的《关于制定委员会对办公室工作进行监督考核办法的提议》,决定由周继东、王红松、朱江三位委员组成考核办法起草小组,负责考核办法的起草工作并拿出具体草案。会后,三位委员与外请专家一起研究起草考核办法并很快形成初稿,在此基础上,工作小组于8月10日、18日、30日开会就办法具体内容进一步深入探讨,8月底完成定稿,在9月6日至12日分别征求了秘书长、副秘书长以及办公室处长、副处长的意见,并根据反馈意见进行修改。10月26日第六届委员会第一次主任会会议专门讨论了考核办法,会后起草小组根据主任会议精神进行了修改。现将有关问题说明如下。

一、制定考核办法的必要性

(一)是完善委员会法人治理结构可靠保障

新修订的章程充实了委员会对执行机构的监督职责,其中,对执行机构负责人履职绩效考核是委员会履行监督职责的重要内容,是章程顺利实施的可靠保障。因此,考核办法的制定既是完善委员会法人治理结构,实行决策、执行、监督有效制衡的管理体制的基础,也是保证执行机构提高效率和服务质量、增强活力的要求。对执行机构负责人的考核是委员会在完善治理、强化监督方面的重要创新,对北仲乃至对全国仲裁事业健康持续的发展具有重要的历史价值和意义。

(二)是北仲未来发展的必然要求

北仲发展愿景之一,就是成为一个追求卓越、不断创新、管理现代、高水平发展的仲裁机构,制定执行机构负责人履职绩效考核办法既是对北仲20年来管理思路、标准、流程及实践经验的总结,还可以为北仲办公室秘书长和副秘书长工作开展提供指南,以保证北仲的制度、文化的有效传承。

二、考核办法实施的可行性与紧迫性

(一)考核办法是章程重要的配套实施规定

章程第九条第十一款规定要制定考核办法。章程于今年7月15日实施,如果考核办法没有及时跟进,章程实施效果会受影响。实际上,章程修订之时,我们已在思考酝酿考核办法。从委员会决定立项到此稿的形成,尽管时间不长但却是委员们长期深思熟虑的结果。实际上,第六届委员会第七次会议审议的《关于制定委员会对办公室工作进行监督考核办法的提议》,已经包括了考核办法的框架结构和具体设想,委员成员对考核办法的制定及其基本内容已达成共识。

(二)考核办法借鉴了多方面的经验,具有一定的权威性

对仲裁执行机构高管的考核设计需要有较为全面的知识和经验,负责起草工作的委员在政府、法院、仲裁管理方面有丰富经验,而且对绩效考核工作有深入研究和独到见解。参与起草工作的专家熟悉企事业单位法人治理及绩效考核并曾与办公室合作完成《岗位说明》、《各级各类职位的年终绩效考核指标及考核办法》和《薪酬体系评价及薪酬设计方案》等绩效考核的规章制度。该稿既体现了完善法人治理结构的一般性要求,也充分考虑了仲裁行业特点,还反映了高管考核的一般规律。考核办法充分征求了被考核人和中层管理人员的意

见,几易其稿,日臻完善,在仲裁领域的绩效考核方面具有较强的专业性、权威性和创新性。

(三)北仲多年发展形成的良好的管理体制、机制,为考核办法实施奠定了扎实基础

北仲办公室在2002年就开始实行岗位责任制;2006年开始实行中层干部竞聘上岗制度;2009年实现案件办理及绩效的信息化管理;2014年建立了所有岗位的岗位说明书和项目流程规范,完善了岗位设置和员工手册;2015年建立了各级各类职位的绩效考核办法和薪酬管理办法,并于当年在办公室进行了试评;2016年实行了与岗位价值评估结果挂钩的岗位绩效工资方案和与年度绩效考核结果挂钩的年终绩效奖分配方案。多年持续的人事管理制度的改革积累了丰富的经验,管理人员具有较强的现代管理意识和接受能力,管理信息系统可以提供考核所需要的绩效数据,保障考核的公正、客观及顺利进行。

(四)考核办法的完善需要实践

目前的考核办法并非完美,有些问题只有通过实践逐步发现并解决,办法的效果也需通过实践来验证。为了尽快出台考核办法,第六届第七次会议讨论办法时,梁慧星主任曾建议在办法名称上注明“试行”二字。由于考核是以年度为单位,主要考核工作需在年底进行,如果考核办法不能在年底前及时讨论通过,那么,不仅今年的考核工作无法开展,明年(2017年,下同)的本届委员会组织的考核工作也无法进行——明年9月将进行委员会换届工作。从现在起到考核实施不足3月,制定考核办法后续工作还需抓紧。实际上,今年办公室的绩效考核工作已在员工和中层干部中全面展开,如果秘书长、副秘书长的履职绩效考核同步进行,将有利于办公室全员绩效管理的推行。

三、考核设计的指导思想

对执行机构负责人的考核制度设计力求长远,考核的前提是明确委员会和执行机构的职责划分,考核的重点是执行机构对委员会重点关注事项和决议决策事项的贯彻执行情况,通过考核实现委员会对执行机构重要事项的监督。因

此考核办法的设计的具体原则包括：

1. 权责对等：明确执行机构负责人的职责分工和权限，按照职责要求建立绩效考核办法。

2. 突出重点：明确委员会关注的绩效重点，按照委员会关注的重点建立绩效考核指标。

3. 结果导向；明确被考核人应对所履行职责的结果负责，按照职责对应的工作结果建立绩效考核指标。

4. 有效监督：明确委员会对执行机构监督的事项，按照委员会监督的事项建立绩效考核指标。既要对委员会决议的落实和计划的执行情况行使有效的监督管理，又要防止委员会对办公室日常工作的过度干预。

5. 统筹协调：融入北仲发展战略和文化建设的具体要求，借鉴组织部门对干部考核的相关规定，明确委员会绩效考核与法制办对秘书长(办公室主任兼)考核工作的相互关系，并与机构现有的管理信息系统及其他管理制度有机结合。

四、考核办法的名称

经反复斟酌，考核办法定名为《北京仲裁委员会对执行机构负责人履职的绩效考核办法(试行)》，这里包含四层含义：一是北京仲裁委员会办公室是北仲的执行机构；二是秘书长、副秘书长是执行机构负责人；三是履职绩效考核既有对个人履职的考核，也有对绩效的评估与考核；四是考核办法属于试行，还根据需要不断改进。

五、考核的内容和体例

考核办法由《北京仲裁委员会关于执行机构负责人履职的绩效考核办法》《附件 1. 执行机构负责人履职考核指标及考核依据》《附件 2. 报告材料的内容规范和时限要求》三个文件组成。其中，考核办法规定了考核目的、指导思想、考核主体和被考核人、考核途径、流程，考核等级划分和结果应用等基本内容，两个附件明确了考核的指标和具体要求，三个文件内容丰富且相互衔接，构成一个考核体系。其中,考核指标和依据采用了表格的形式,直观反映考核指标、依据与岗位职责的对应关系。采用这样的体例是为了便于考核者与被考核者理解和执行。

考核办法起草小组

一个让我景仰的人

——杨良宜英美合约法全貌讲座主持词

(2016-12-17)

各位同学、朋友上午好!

今天,杨良宜老师给大家讲"英美合约法全貌"。杨老师是我非常景仰的人。第一,杨老师是少数被国际仲裁界认可的资深仲裁员。搞仲裁的人都知道:一个在册仲裁员与一个称职的仲裁员会有天壤之别。因为后者的声誉是凭着真才实学和过硬的案件质量累积的。而一个称职的仲裁员能成为国际商事仲裁领域资深仲裁员,更是寥寥无几。原因一方面是获取国际商事仲裁知识的掌握无论在金钱还是在时间精力上都代价高昂,另一方面由于国际商事仲裁几乎由欧美精英垄断,亚洲人特别是中国人很难获得参与的机会。杨老师是自学成才,从船员干起,干到船长,再学法律,再干仲裁,其接受选定或指定办理的国际海事、商事案件约2500件,其制作的裁决有600件左右。高贵的品行、出色的业绩、渊博的学识、令国际同行信服的专业水准和办案能力,奠定了杨老师在国际商事仲裁领域中的声望和影响力,他先后担任波罗的海国际航运公会文件委员会委员、国际海事仲裁大会主席、香港国际仲裁中心主席、亚太地区仲裁组织主席,并担任香港、内地十余所大学的客座教授,成为国际商事仲裁高端圈子里少有的亚洲人之一。这种经历让人佩服！

第二，杨老师是比较全面、系统引进英国商事法律第一人。杨老师因为自己在工作中"每天几乎都可见到、听到或碰到中方受骗，每次损失都在十万、百万甚至千万美元"。担心国家"因流血不止而大难临头"，因此从20世纪90年代初开始写书，他以英国商法作为他著作体系的核心内容，兼顾美国以及相关国家的商事法律、国际上重要的公约、规则、惯例。因为，他认为英国法是"国际商贸活动主要使用的法"，是构成国际商务游戏规则的最主要、最基本的内容，并且相对而言，是"最完整、最实用、最符合商业人士本性、和现实接轨且不断改善的法律"。到现在为止，杨老师撰写的书籍有30余部，内容涵盖英国合约法、国际货物买卖、信用证、海事法、仲裁法、英美证据法、禁令，以及造船、期租、程承租合约、提单、滞期费、海上货物保险，等等，涉及的领域之广、跨界幅度之大、知识体系之庞杂令人惊叹。可以说，从事国际商务、法律服务需要了解的英国及国际重要的国际立法、规则，惯例、判例等，书中均有涉及。而且，每个领域的介绍都相当全面、详细。比如杨老师今天所讲"英国合约法全貌"，实际上是他1998年版的《国际商务游戏规则：英国合约法》、2007年版的《合约的解释》、2013年版的《损失与赔偿救济》和2015年版的《合约的解释：规则与应用》四部书内容提炼而成的。这四部书应该是国内介绍英国合约法的大全。内容涉及合约的订立、约因、误述、胁迫、条件条款、合约的解释、弃权与禁止翻供、合约受阻、毁约、损害赔偿等从合约订立、履行、到违约救济全过程、各重要环节的法律问题。书所举的法律、判例、规则、惯例之多，种类之全，信息量之大，不仅远超过国内同类教科书；而且，许多内容是杨老师专门针对"中国商业人士相对薄弱或缺乏理念"部分所写，填补了国内同类书籍的空白。比如，在1998年版《英国合约法》之后，英国合约法在许多方面发生了重要变化，因时间、精力关系杨老师无法对合约法一书全面更新，因而选择合约的解释和损失赔偿与救济两个课题详加论述，单独出书。因为，商业法官包括仲裁员的主要工作"就是在个别争议中对商业的合约条文做出解释"，"合约法尤其是合约的解释是整个中心"的"灵魂"。而"损失计算也是合约法最复杂、最重要的课题"，因为"任何商业决定与发生纠纷后的和解或诉讼都免不了涉及，而最终的赔偿金额就是各种商业决定”的底线。这些内容不仅是商业人士在国际贸易中维护自身利益的利器,也是法官、仲裁员在处理复杂、疑难、新型案件,面临规则不明、相关裁判经验匮乏挑战时可资借鉴的“他山之玉”。杨老师希望读者通过他的书能够全面、系统了解英国商法体系的大框架,能够更长远、更全面、更精密、更逻辑与更连贯地思考问题,提高思维水平。

杨老师写书目的是培养人才,他了解实务工作者的阅读习惯,他从实际出发、从问题出发,根据问题进行整理和编排目录,使读者对书的内容一目了然,可根据目录的线索寻找答案。为了使文章易懂,杨老师避免使用艰深的概念、术语,尽量用浅显直白的语言诠释深刻的道理、常识背后的逻辑。即使非科班出身,外语不是很好的实务工作者,只要肯学、肯钻,也能理解掌握书的内容。杨老师在《禁令》一书中介绍过“跳板说法”——“街知巷闻”的公开资料,经过专业的编辑整理,“能对获得者起到跳板的作用”,可借此轻易地向前跨一步,这些资料就会被视为“机密”得到保护。杨老师书中引用的法律、规则、判例虽然都是公开的资料,但却包含了95%的杨老师个人知识、经验和透彻感悟。他的书取材于英美国家法学家和法官教学、研究与审判实践中的优秀成果和成熟经验。书中所提问题,引用的判例,是杨教授凭着他几十年仲裁工作中与世界顶尖高手过招的经历,凭着他对中国人常见误区的了解而精心挑选的。这些由精通国际游戏规则、经验丰富的律师、当事人在商战中提出,并由博学、智慧的英国大法官、仲裁员经过深思熟虑予以解答的问题和案例,经过杨老师的分析梳理,中国读者可以发现隐蔽国际仲裁神秘面纱中的“穴位”“门道”,从而深入了解法律条文、仲裁规则在实践中的体现和应用。了解国际最优秀的法律人士运用法律、规则过程中展示的睿智和思维方法,包括杨老师本人的真知灼见。杨老师的书都是简装,字小、书厚、内容丰富且价格低廉,体现出杨老师为国内经济尚不宽裕的年轻人买得起书的照顾和考虑。杨老师希望他的书可以成为读者的“跳板”,让那些勤奋有为的年轻人踏着他的背,比他“跳得更高更远”,迅速为中国“培养一批可去抵挡西方国家经济‘侵略’的世界级人才”。遗憾的是,杨老师这些书的价值很长时期内未被人认识。面对西方这方面教育发达、人才鼎盛的局面,杨老师倍感“势单力孤”。今天,当我国企业、个人依然因为无知而损失惨重的时候，当我国已成为世界贸易大国，中央明确提出要增强我国"在国际法律事务中的话语权和影响力"、提高"在全球经济治理中制度性话语权"的时候，我们发现国内像杨老师这样既有精忠报国之心，又具有一流水准的国际商务法律高端人才极度匮乏的时候，才开始意识到杨老师的书和他从事的教学活动的重要意义和价值。

第三，杨老师是国内积极普及推广英国商事法律第一人。虽然杨老师清楚"凭一己之力""难以大面积地帮助中国青年提高思维"，但他几十年为此不懈努力。杨老师不是富商大款，但他通过赠书、设立奖学金、赞助海商法论文评选等方式为内地学子捐赠的款项近千万元。早期那些给内地大学购置的价格昂贵劳氏法律报告等国外法律资料，是他用分期付款的方式用工资收入逐步偿还的。从 1979 年到现在，长达 30 多年的时间里，杨老师每年都到内地义务讲学，光是授课就达 600 多场。为了不耽误学生上课，杨老师的课程通常在周末，且一个题目连续讲两天。这些授课是杨老师在办案、写书、从事繁忙的学术、社会活动之余完成的，这种长期超负荷的工作，非常人所能承受。近年来杨老师也渐感力不从心，时不我待，他动员自己的儿子、朋友、学生参与写书、讲学工作。可以说，杨老师的善行义举我们无论怎样评价都不会过高。但杨老师对此却看得淡然，他认为这是一个公民对国家、社会的一份担当，是一个系统学习英美商事法律知识的先知先觉者对后来人的一份责任，是一个普通人应该做也可以做的事。他不图名利的回报，只希望中国更多的年轻人通过学习使用他的书，尽快成为社会的有用之才、栋梁之才，他只希望内地有更多的人支持他的事业。相比杨老师我们常常感到汗颜。我想，如果国内哪个法学院能够以杨老师撰写的英国合约法、仲裁法、英美证据法、禁令等书籍为教材开展教学工作，将是这个法学院的学生之福；而且，我和北仲的同事、仲裁员也愿意奉献自己的绵薄之力。我讲这些似乎超出主持人对主讲嘉宾一般性的介绍。杨老师讲课的精彩众所周知，无须我多言。但我希望在座的同学、朋友在了解杨老师的为人、贡献后，不仅更认真地听讲，还要研读杨老师的书，奋发图强努力成为杨老师期望国际商事法律服务的高端人才。

国际商务仲裁实务课程开场白

(2018-3-7)

各位同学:

晚上好!

在国际商务仲裁实务课程开课前,我利用点时间讲讲北仲与法学院合作开设这门课程的目的、意义、内容及要求,就算是一次课前交流与动员。

一、为什么开这个课程?

主要是为社会培养精通国际商事仲裁的高端人才,为同学们今后良好的职业发展铺垫基础。商事仲裁是国际商事争议的争议解决的主要方式。中国是国际投资贸易大国,已经大范围融入国际经济,这方面的争议会越来越多。因此,无论是有涉外业务的企事业单位、律师事务所、仲裁机构,还是各级法院、政府部门、教育科研单位,对熟悉国际商事仲裁知识人才的需求越来越强烈、迫切。社会需求是个人职业发展的机遇。而机遇只垂青于有准备的头脑,这个准备就是在大学学习阶段尽量学习并掌握国际商事仲裁的知识体系。

二、为什么要用杨良宜老师的书做教材?

这个课程的使用的教材是杨良宜老师2006年版的《仲裁法:从1996年英国仲裁法到国际商务仲裁》和2010年版的《仲裁法:从开庭审理到裁决书的作出与执行》等系列专著。选用杨老师的书做教材,是我们这个课程的一大亮点,也是北仲与法学院经过慎重考虑所作的重要决定。我们认为:

第一,杨老师的书能够全面深入阐释英国仲裁法并兼顾相关的国际公约、规则。由于英国仲裁法是"相对而言最完整、最实用、最符合商业人士本性、和现实接轨且不断改善的法律",英国法官的专业素质、思维水平以及适用法律、把握分寸的恰到好处历来为当事人、律师所信服。在国际商事争议解决领域,英国仲裁法是最广泛适用的国际仲裁程序法之一。而且,英国仲裁历史悠久,声名远扬,人才济济,具有一大批专业咨询、项目管理、法律服务、争议仲裁的专家队伍,在国际商务、法律咨询和争议仲裁领域具有先发优势地位。事实上,英国仲裁法深深影响英美法国家的仲裁法和仲裁程序;很多重要的国际行业协会的合同文本和相当多国家、地区的项目交易合同都明确选择适用英国法,所以,只要涉及国际商事仲裁就绕不开英国仲裁法。我们这门课程是国际商事仲裁实务,自然要学习掌握"正宗""原汁原味"的英国仲裁法。国内有些教材讲国际商事仲裁,用国内仲裁法中涉外仲裁部分,其实,这是不全面的。选择杨老师英国仲裁法作教材,可以事半功倍。

第二,杨老师的书实务性非常强,这与我们强调这门课程的实务性非常契合。杨老师的书的实务性体现在四个方面:首先,英国商法(当然包括实体和程序)是国际商事游戏规则的基础与核心。既然是游戏规则,你不能只讲规则不讲游戏(规则的适用及判例),也不能只讲游戏不讲规则。但将这两者结合好并不容易。这需要作者既具有深厚的理论及文字功底,又具有丰富的实践经验。国内缺乏这方面的人才。国内这方面的教材多是从理论到理论,从概念到概念。谈规则部分也只是将不同国家立法、规则之间的差异进行对比分析,无法让学生了解这些规则在现实中如何应用,在应用中应该避免什么风险和问题。当然,有的教材是以案例为主但与规则脱离,虽然通过个别案例概括出若干原则,很难使学生对规则形成相对完整系统的印象。杨老师是少数被国际仲裁界认可的华人资深仲裁员,从事国际商事仲裁几十年,经验非常丰富。杨老师天赋出众,博闻强记,加之几十年的刻苦学习及对英国商法发展变化的持续追踪研究,他在这方面的学识,非常人能比。杨老师著作一个重要特点是理论与实践的完美结合,规则与游戏的融会贯通。他讲法律、规则不仅讲明每个条款的确切含义及变化,还讲明实践中律师、当事人对这些条款提出过什么样的重要问题,英国智慧的大法官又如何通过判决、裁定进行回应和处理。引导学生举一反三,追根溯源。

其次,杨老师是搞实务出身的,且自学成才,了解实务工作者的阅读习惯。他从实际、从问题出发,根据问题编排书目,使人通过目录即可对书的内容一目了然,根据目录的线索寻找答案。为了使文章易懂,杨老师避免使用艰深的概念、术语,尽量用浅显直白的语言诠释深刻的道理。而且,语言生动,毫无一般学术著作的枯燥感。从事实务工作、爱思考的人,喜欢看杨老师的书,因为书中提到的现象、问题在实践中经常遇到,书中对问题的描述分析让人感同身受,引人深思。书中解决问题的思路、技巧又容易让人产生柳暗花明、豁然开朗的感悟。即使非法律科班、外语不够精通的人,只要肯学,也能理解掌握书中的内容。为省去读者查找相关资料的时间,杨老师在每本书后都附有与该书相关的英美法判例的英文目录及相关资料。体现了杨老师对读者的用心和体贴。

再次,杨老师深谙国情,他书中针对的重点都是国内企业理念和实践都十分薄弱的地方。杨老师出书目的是培养人才,所以他在书里将自己的知识、经验、智慧倾囊相授、毫无保留。凡要害关键之处,尽量在有限的篇幅里交代清楚。书中传授的技巧,都是他几十年在强手如林的国际商事仲裁中与高手过招的心得体会,是一般人不肯轻易示人的 KNOWHOW、干货。杨老师希望更多的人分享他的知识、经验和成果,成为国家需要的有用之才。

最后,杨老师的书全面、系统。他目前出版的著作有英美合约法、仲裁法、英美证据法、禁令、国际货物买卖、信用证、海事法,以及造船、期租、程承租合约、提单、滞期费、海上货物保险等共三十余部(杨老师还计划根据英美证据法的发展变化用三年时间再版《英美证据法》的上下两册)。不仅同类书之间,而且不同类书之间均能形成比较完整、逻辑、系统的知识体系。比如我们作为教材的《仲裁法》上下两册，共270多万字，不仅包括英国仲裁法律条文、仲裁法实施后英国法院适用仲裁法的判例，相关的国际公约、规则、惯例、报告等丰富内容，而且，书中涉及仲裁协议、仲裁员、法律适用、仲裁程序、仲裁裁决、仲裁裁决的救济与执行等所有与仲裁实践相关的重要课题，可谓是国际商事仲裁之大全。不仅如此，对仲裁涉及的证据、法院强制措施、仲裁条款解释问题，杨老师还著有与之相关的《国际商务游戏规则：英美证据法》《禁令》《合约的解释——规则与应用》《损失与赔偿救济》《合约的履行、违约/毁约、弃权与禁止翻供》等。如果这些书系统读下来，同学们不仅能全面、系统了解英国商法体系的大框架，掌握国际商战之道，而且，能学会"更长远，更全面，更精密，更逻辑与更连贯"地思考问题，提高思维水平，学会过尊严而有所贡献的生活。若是在座的同学将来发达了，应懂得知恩图报，利用所学专长，在推广普及国际商事法律知识方面做些力所能及的工作。

可以说杨老师的书是同学们成为国际商务和法律服务的高端人才的"跳板"和"捷径"。我们选择杨老师的书做教材，不仅是希望同学们在有限的时间里直接学习到国际商事仲裁中最新、最实用的知识，也希望同学们以此为起点，进一步学习了解杨老师的其他著作，尽快成长为社会需要的栋梁之才。

三、关于课程设置

这门课一共八讲32学时，包括仲裁协议、仲裁员、仲裁法律和仲裁规则、仲裁程序、证据规则、法院禁令，仲裁费用、仲裁裁决、仲裁裁决的救济与执行。八讲涉及的内容都是国内仲裁与国际商事仲裁均会涉及的最基本、最重要的问题。比如，你如果不懂仲裁协议的基本内容和生效要件，签一个很差的仲裁协议，发生争议后，不仅保护不了自己，还会面临损失扩大、争议解决无门之风险。又如，你在仲裁中对仲裁员选择不当，可能很有把握胜的案件也会输得一败涂地。还有在仲裁程序，证据的收集、提供，法院禁令的申请，以及仲裁裁决的救济与执行上，一个不慎或失误，都可能造成难以弥补的损失和灾难。因此，这八讲属于从事国内与国际商事仲裁所应知应会的内容。老师们在这八讲中会注意介绍国际商事仲裁实务的程序及与国内仲裁程序的差异,让同学们从对比中更好地掌握国际商事仲裁实务的主要法律规则,掌握研究与处理国内与国际商事仲裁实务法律问题的基本技能,为将来从事国际商事仲裁实务工作奠定基础。

四、关于对同学们的要求

我们对同学最大的要求就是珍惜机会,好好学习。能够参加这门课程的同学都是非常幸运的。这种幸运是很多机遇、很多人的付出叠加在一起形成的。一是杨老师著书三十余年,他的书无论在质还是量上都足以满足同学学习之需求。听你们的学哥、学姐讲,当初他们想学习这方面的知识却苦无教材、老师、学校请几个境外的老师开讲座,几页纸的讲座提纲大家都如获至宝,争着、抢着自费复印。现在你们不但有书,而且是杨老师免费赠送并尽量赶在你们使用时送到你们手中。二是这门课程能够以杨老师的书为教材,也是因为法学院早就开设“国际商事仲裁实务”这门课。按现行体制,学校开什么课,用什么教材还得教委批,由于法学院有了这门“课资源”就可自主决定教材。这给同学带来的好处是学杨老师的书还可以“计学分”。三是我们的讲课老师不是北仲的高管就是北仲资深仲裁员。这些仲裁员老师在北仲(不含在其他仲裁机构)仲裁的案件少则几十件,多则几百件。除了办案经验丰富,这些老师都是各自领域里的佼佼者、“牛人”、“大腕”。除我之外每个老师的口才都十分了得,在外面讲课也深受欢迎,不要说听众,就老师之间也想旁听其他老师的课,毕竟这是精英精心准备的精华之作。这些老师都是“忙人”,难得有功夫外出讲课。这次,大家肯聚到一起为同学讲课,不仅是因为了解杨老师的书的价值,更是为杨老师的精神所感召——杨老师以培养内地人才为使命,三十多年里,以精卫填海之毅力,以夸父逐日之热诚,不停地写书、讲书、赠书,普及推广国际商事法律知识,倾其所有,不遗余力;不仅自己为这项事业奉献了大半生,还动员自己的两个儿子加入到这项事业中。所以老师们是想以这种方式表达对杨老师的敬意以及对他所推动的事业的响应和参与。因为怀着这样的心态和心情,相信每个老师都会尽己所能把课讲好。四是这个课程是北仲与法学院合作举办的,北仲多年来一直以提供国际一流仲裁服务为目标,锐意进取,励精图治,去年《国际仲裁评论》(*Global Arbitration Review*)杂志在2017年亚洲地区仲裁机构排名中,将北仲排在第四名(前三家均为境外亚太地区知名仲裁机构)。北仲无论从管理机制、单位文化、福利待遇、职业发展方面都是法律院校毕业生首选的工作单位。北仲也是求贤若渴,同学中优秀者我们愿意提供到北仲实习、工作的机会。除北仲外,每个老师所在的知名律所也是如此。在这一点上同学们确实有“近水楼台”之先机。总之,机会的大门已向同学们敞开,关键看同学们的学习的态度和能力。

这8讲,每一讲的内容都十分丰富。仅凭老师讲,四个课时很难完成。因此,我们采取教师课堂讲授、学生课外阅读和课堂讨论相结合的方式,每讲课程都布置了思考问题与阅读范围。我们希望阅读范围内的要精读,范围外的要尽可能选读。而且读的时候要多思、多想、多提问题(我们每个老师在课堂上会给同学们留出提问时间)。其实,老师授课也是学习,杨老师的书博大精深,教授杨老师的书对每个老师来讲也是极大的困难和挑战。但一想到最难的写书之事已由杨老师完成了,我们还有什么困难不能克服吗?同学们若是对所学内容兴趣浓厚,课堂讨论热烈,对老师也是激励。学生与老师形成良性互动,教学相长。当然,同学们这样做会很辛苦,但很值得。因为现在是同学们学习欲望、能力最强,没有负担、牵挂,学习效果最佳的时间。去年杨老师在学校讲课时很多听众来自外地,有的来自广州、深圳,已是拉家带口的年纪,他们为听杨老师的课星期五晚乘飞机来,星期天晚上乘飞机回。想想他们,同学们现在付出怎样的努力都不过分。如果说当年同学们在高考时为考上心仪的大学曾经“头悬梁、锥刺股”,那么,今天你为了自己的前程发展,更要加倍努力。

当下法律人如何“走出去”与国际商务游戏规则接轨?

(2018-3-21)

我与杨良宜先生的书结缘于1996年,那时我刚担任北京仲裁委员会秘书长不久。此前,我在政府部门从事法规、规章草案审核及行政复议工作,与仲裁毫不搭界,加之北仲又是国内第一批重新组建的仲裁机构,无“前车”可鉴,我对仲裁的性质、内容不甚了了,也是懵懵懂懂“摸着石头过河”。那时,国内介绍仲裁法和仲裁的书籍较少且偏重理论,看过后觉得不“解渴”。有人向我推荐了杨先生的《国际商务与海事仲裁》[1],我一下被该书内容所吸引。该书从仲裁及仲裁的优越性讲起,涉及仲裁协议、仲裁程序、仲裁员的权力与责任、证据、仲裁裁决等,每个章节都实质性地触到了我工作中的问题。而且,该书从实际问题出发,通过案例阐述法律、法理,内容通俗、讲解透彻。这对我这个非法律科班且半路出家搞仲裁的人来讲,简直是仲裁速成教材。我如饥似渴很快读完,并当工作指南随时翻看,业务上进步很大。1998年,杨先生随香港仲裁司学会代表团到北仲考察,我们一见如故并很快建立起联系。通过杨先生,我知道他在1998年出版了《国际商务仲裁》,该书包括了《国际商务与海事仲裁》大部分内

〔1〕 杨良宜:《国际商务与海事仲裁》,大连海运学院出版社1994年版。

容，知识更新、更充实。杨先生计划出一套与国际商事仲裁相关的系列丛书：英美证据法、禁令、英美合约等。这些书均涉及仲裁的“热点”“难点”问题，是仲裁实务工作者不可多得的教材。作为实际工作者，我更愿意从知识的实用性、有效性与现实需求的契合程度来判断书的价值，因此，我对杨先生的书的价值深信不疑。另外，杨先生的品格、精神及其善行义举也令人感动。从 1998 年开始，杨先生每年在内地高校义务讲学、捐赠图书。高峰时期，他每年在 20 多所大学义务讲学，持续了大概六七年。他捐书价值逾千万元，除了他自己的著作，还包括 40 套劳氏法律报告（价值 800 万元左右）。我认为，杨先生做的事都是有利于中国仲裁事业发展的，也是国内仲裁机构应该做的事情，如果我们无动于衷，由杨先生个人孤军奋战，未免过于冷漠与麻木，也愧对杨先生的心血和付出。从 2000 年开始，北仲就与杨先生合作，差不多每年邀请杨先生到北仲进行国际商事仲裁方面的讲座，有时也配合发书，其中涉及杨先生的有国际商务仲裁、英美证据法、英国合约法、禁令等，这些书仅占杨先生在内地出版著作的三分之一，即使我仅浏览了这些书的一小部分，已让我受益匪浅。可以说，我个人成长及北仲的发展在很大程度上得益于这些书的滋养。这些书传授的不只是知识，还有智慧的启迪，使人学会“更长远，更全面，更精密，更逻辑与更连贯”地思考问题。我认为，相比国内同类专业书籍，杨先生的书有几大特点：

一是“全面、系统”。除了前面提及的书目外，杨先生还有《国际货物买卖》《信用证》《海事法》《期租合约》《程租合约》《船舶融资与抵押》《提单及其他付运单证》《船舶买卖法律与实务》《海上货物保险》等，共数千万字。不仅涉及英美实体法、程序法的最基本、最主要的内容，而且涵盖国际贸易、货物买卖、运输、保险的各个环节和主要方面。从事国际商务及法律服务需要了解的国外立法、规则、惯例、判例等，书中均有涉及。而且每个领域的介绍都相当全面，如杨先生 2006 年、2010 年出版的两本《仲裁法》，共 270 多万字，从仲裁协议、仲裁法律适用、仲裁庭组成、仲裁员资格、仲裁员披露、回避、仲裁管辖权，到仲裁开庭程序、裁决制作、仲裁费用、裁决的执行及救济等仲裁全过程、各环节的法律问题统统囊括其中，书所举的案例之多，种类之全，范围之广，远超过国内同类教科书。再如杨先生 1998 年出版的《国际商务游戏规则：英国合约法》、2007 年出版的《合约的解释》、2013 年出版的《损失与赔偿救济》、2015 年出版的《合约的解释:规则与应用》,共 411 万字,堪称国内介绍英美合约法方面的大全。通读这些书,读者就会对国际商事仲裁方面主要适用的法律、规则、惯例有比较全面、完整的认识和理解。值得一提的是,这样庞大复杂、耗时费力的“系统工程”,即使组织国内相关专家组成团队也未必能够完成,而杨先生是在办案、讲学之余,几乎凭一己之力完成这样艰巨的任务,且硕果累累。这是怎样的意志和拼搏精神啊!杨先生在《国际商务仲裁》前言中说他有“长期的危机感”,因为他在工作中,“看到、听到中方受骗,每次损失都在数十万,甚至百万、千万美元,而且被外国人骂不守合约和信用”。这种忧患意识和帮助国内人才尽快成长的紧迫感,是他勤奋著书的不竭动力。

二是“精当、深刻”。英国法律历史悠久、制度成熟、影响广泛。因而,迄今为止,国际上不论当事人来自哪里,在跨国贸易交往中,大部分倾向于选择英国法作为合同或仲裁适用法律。但英国法律是以判例为主,上百年积累下来的判例浩如烟海,如何取舍是初学者面临的首要问题。杨先生著书所涉及的范围、每本书提出的问题、引用的判例,是其凭着自己几十年在国际商事仲裁中与世界顶尖高手过招的经历,凭着自己对东西方法律文化背景的熟稔,以及对中国人常见认识误区的了解,特意为中国读者挑选的,很有代表性、针对性、实用性和指导意义。由于仲裁保密,且国际商事仲裁长期被外国仲裁员垄断,没有杨先生这样的高手悉心点拨,毫无保留地传授,我们很难发现隐蔽在其中的“穴位”和“门道”。那些精通国际游戏规则、经验丰富的律师、当事人在商战中提出,并由那些博学、智慧的英国大法官、仲裁员经过深思熟虑予以解答的问题和案例,有些直接来自杨先生本人的亲身经历。通过对这些问题以及案例的梳理和分析,读者不仅可以了解法律条文、仲裁规则在实践中如何体现和应用,而且还可以了解其背后的法律精神和原则,了解国际最优秀的法律人士运用法律、规则中所展示的睿智和思维方法,当然也包括杨先生本人的真知灼见。书中援引的一些英国大法官判决中的原文,可能对英语初学者有一定困难。但这是杨先生刻意保持的“原汁原味”,以便读者准确理解其中的含意——在国际商战中,“一字之差”的表达,会导致“谬之千里”的严重后果。通读这些书,中国读者就像踏上腾空的跳板,在较短时间内迅速而透彻理解国际贸易中的国际游戏规则,在与国外法律界高手较量时,拥有更多的自信和底气。杨先生在其《禁令》一书介绍过“跳板说法”——资料即使是“街知巷闻”的公开资料,只要对资料获得者起到跳板作用,可借此而轻易地向前跨一步,但该资料受机密保护。杨先生希望自己的书成为国内人才的“跳板”,让那些勤奋好学的年轻人,踏着他的背,“跳得更高更远,迅速为中国建立一批可去抵挡西方国家经济‘侵略’的世界级人才”。

三是“通俗易懂”。法律本来就是很难学的一门学科,英国法律与中国法律在法律体系、法律制度、法律文化和传统上有很大区别,加之语言障碍,令很多中国读者望而却步。杨先生的书没用那些艰深的概念、术语,而是用通俗的语言诠释深刻的道理,文笔生动,不枯燥。对英语原文配有中文注释,即使不是法律专业或英语水平不高的人,只要用心,也能看得明白、学得进去。杨先生是搞实务出身的,了解从事实际工作人的阅读习惯。他写书的目的是培养人才,不是为评职称、获学术奖项。所以他总是从实际、从问题出发,根据问题进行整理和编排。书的目录使读者对书各章节的内容一目了然。对于急于寻找答案,又来不及通读的人来说,可以根据遇到的问题,“急用先学”“活学活用”,“立竿见影”。如果有时间,再潜下心来仔细通读,学习专业之余还练就了外语。

四是“新”。杨先生的书与时俱进,写书速度甚至超过我们的阅读速度。仅就仲裁一项,他于 1994 年出版的《国际商务与海事仲裁》共 37 万多字,1997 修改再版为 58 万多字的《国际商务仲裁》,2006 年的《仲裁法:从 1996 年英国仲裁法到国际商务仲裁》充实到 140 万多字,该书已总结了英国 1996 仲裁法在国际商事仲裁实践中的最新发展。但杨先生依然不满足,2010 年又撰写了 132 万字的《仲裁法:从开庭审理到裁决书的作出与执行》。他的《国际商务游戏规则:英国合约法》《合约的解释》《损失与赔偿救济》《合约的解释:规则与应用》《合约的履行、弃权与禁反言》的写作过程同样具有配合时代变化的显著特征。杨先生以夸父逐日般的执著,追踪国际商事仲裁中主要适用法律、规则的发展变化。跟着杨先生的书一路读下来,读者可与时俱进地进行知识更新。

五是“价廉”。国外法律专业书籍都比较贵,少则成百上千美元,高则上万美元。而杨先生的书价格多是不足百元,有的只有几十元,即便在纸张、人工成本不断上涨的今天,杨先生百万多字的图书也不过百十多元。这样的书价,体现了杨先生让国内学子买得起书的良苦用心。当然,这也离不开与杨先生合作的出版社的支持和帮助。

总之,从培养法律人才,提高中国仲裁、法律服务国际竞争力角度,杨先生的书无论怎么评价都不会过高。尤其是《仲裁法》《英美证据法》《禁令》《英国合约法》《损失与赔偿救济》《合约的解释:规则与应用》《合约的履行、弃权与禁反言》等书,更应成为从事国际商事仲裁、涉外法律服务、国际贸易的人员的必读书。而且,鉴于这些书对提高思维水平的重要价值,这些书也应成为国内高等院校法学院的重要教学内容。遗憾的是,杨先生的书在国内尚未得到应有的重视和推广。林语堂先生说过:“读书和婚姻一样,是命运注定或阴阳注定的……当一个人的思想和经验还没有达到阅读一本杰作的程度时,那本杰作只会留下不好的滋味。孔子在《论语》中的训言的冲淡温和的味道,以及他的成熟的智慧,非到读者自己成熟的时候是不能欣赏的。”我相信,随着国内仲裁事业的发展和法律人才的成长,会有越来越多的人对杨先生的书产生兴趣并从中获益。我写此文,既想为推广杨先生的书尽绵薄之力,也想对杨先生多年对北仲工作的支持、对中国仲裁和法律教育事业所作的贡献表达深深的敬意和感激!

仲裁员道德规范和专业标准

（2018－12）

一、北仲文化

北仲文化是指北仲的愿景、价值观、管理理念、道德行为准则的综合。案件由仲裁庭独立仲裁，仲裁好坏取决于仲裁员。仲裁机构的主要任务是对仲裁员的选拔、培养和管理。对人才的鉴赏力是仲裁机构的核心竞争力。仲裁机构有什么样的文化，便有什么样人才标准。

仲裁员通过了解北仲的文化，可以清楚北仲是一个什么样的组织，会有什么样的发展，能为仲裁员提供什么样的平台和机会，对仲裁员有什么样的要求，以及为什么会有这样的要求，等等。实际上北仲的仲裁员中有很多人在其他仲裁机构担任仲裁员，对不同仲裁机构文化上的差异性最有体会。

（一）北仲的愿景

愿景是一种自我的期许、目标和要求。一个人、一个组织只有对自己有期许、有要求，别人才会对你有期待。管理大师彼得德鲁克说："一般人是根据自己设立的目标和要求成长起来的，知识工作者更是如此。他们自己认为应该有怎样的成就，就会有怎样的成长。"北仲的愿景是期待北仲成为：

1. 一个公正、廉洁、高效的仲裁机构。公正是仲裁的灵魂和生命,北仲成立之初就立志将北仲建设成公正、廉洁、高效的仲裁机构,并将此作为一切工作的出发点。北仲历届委员会成员一致认为,在当今社会环境下,能将北仲建成公正、廉洁、高效的仲裁机构是非常值得骄傲和自豪的事。

2. 一个具有高度专业化水准和国际化程度的仲裁机构。北仲的目标是做国际一流的仲裁机构,这是机构自身发展的需要,也是国家的需要。所谓"国际化程度"是指在仲裁的质量、效率、仲裁员队伍素质、仲裁服务、管理水平等方面,达到国际先进仲裁机构标准的程度。

3. 一个追求卓越,不断创新,管理现代、高水平发展的仲裁机构。与国际仲裁相比,国内现代仲裁制度起步较晚。要改变这种"后发劣势",只能发挥机构自身的优势,通过卓有成效的管理尽快缩小与国际仲裁同行的差距。

北仲愿景反映了北仲的历史使命感和社会责任感,北仲陈福勇副秘书长有一篇文章《美国仲裁发展模式考察》介绍美国仲裁协会在美国仲裁发展过程中所起的重要作用。北仲也希望自己能像美国仲裁协会那样在中国仲裁事业发展过程中发挥重要作用。

(二)北仲的价值观

北仲的价值观主要包括:独立、公正、专业、高效。

1. 独立

为了保证机构的独立性,北仲始终坚持《仲裁法》规定的仲裁机构民间性的原则:

(1)仲裁委员会组成人员的专家、学者特色。北仲的仲裁业务以及执行机构人、财、物管理等重大事项,完全由委员会自主决策。

(2)对机构人事制度进行改革。包括打破"铁饭碗",实行工作人员聘用制,岗位责任制、绩效考核等制度,干部竞争上岗等,避免官僚习气和衙门作风。

(3)经费自理,财务独立。北仲成立3年就实现了经济上的自收自支,成立5年就实行"事业单位企业化管理",获得更大的管理自主权。北仲截至2018年年底共纳税4.7亿元,北仲在北京CBD地区招商局大厦拥有近7000平米的办公用房和70个停车位,在实现社会效益的同时,也取得良好的经济效益。

(4)业务独立北仲坚持仲裁庭独立仲裁，保障仲裁庭不受外界干扰。

2. 公正

为了将仲裁公正原则贯彻到底，北仲采取了一系列措施：

(1)北仲章程规定，委员会主任和工作人员不做仲裁员，北仲的副主任及委员，只有在双方当事人共同选择的情况下方可做仲裁员。北仲历经七次换届，该规定一直被严格执行。

(2)在全国率先实行仲裁员公正声明书和仲裁员披露制度。同时，北仲给当事人提供电脑信息查询系统，供当事人、代理人了解仲裁员的学历、专业背景、办案数量(包括已结案和正在办理的案件)等情况。

(3)要求仲裁员不得代理北仲的案件。

(4)要求拒绝在裁决书签字的仲裁员"出具个人意见"，该意见将"随裁决书送达当事人，但不构成裁决书的一部分"。

(5)制定《北京仲裁委员会仲裁员守则》(以下简称《仲裁员守则》)、《北京仲裁委员会仲裁员聘用管理办法》(以下简称《仲裁员聘用管理办法》)、《北京仲裁委员会提高仲裁效率的若干规定》(以下简称《提高仲裁效率若干规定》)等仲裁员道德行为规范，通过案件管理系统、"仲裁员网上办公室"等，对仲裁员履行职业道德情况进行提醒、监督、考核与评估。

(6)设立仲裁员纪律委员会，"负责审查申请仲裁员的候选人资格"；"审查拟不予续聘的仲裁员名单"；根据当事人的投诉，调查仲裁员违反《仲裁员守则》《仲裁员聘用管理办法》等相关管理规则规定的行为，"提出处理意见和建议"[1]。

3. 专业

北仲为保障仲裁员队伍专业素质，采取下列措施：

(1)不断提高仲裁员聘用标准。

(2)实行仲裁员培训考核制度，聘任期内仲裁员未参加培训或参加培训未达要求标准的，委员会将不予续聘。

---

〔1〕 参见《北京仲裁委员会章程》第二十六条。

(3)定期举办仲裁员沙龙、业务培训,并为仲裁员提供办案指南、规范、学习资料、刊物等。

(4)通过电脑案件管理系统,对仲裁员办案情况进行考核、评估,并在聘用期届满时根据平时考核情况决定其是否聘用。

4. 高效

迟来的正义即是非正义。对当事人来说,案件早结一天,就早解脱一天,裁决执行的可能就大一天。正因如此,北仲高度重视仲裁庭办案效率问题。制定《仲裁员守则》和《提高仲裁效率若干规定》对仲裁员安排办案时间,推进程序审理提出明确要求。

开发设计“办案管理系统”和“仲裁员网上办公系统”,利用技术手段有效控制办案进程。

(三)管理理念

追求卓越,注重绩效和贡献。

北仲成立以来的受理案件、标的、结案率、国际商事案件具体情况见图1。

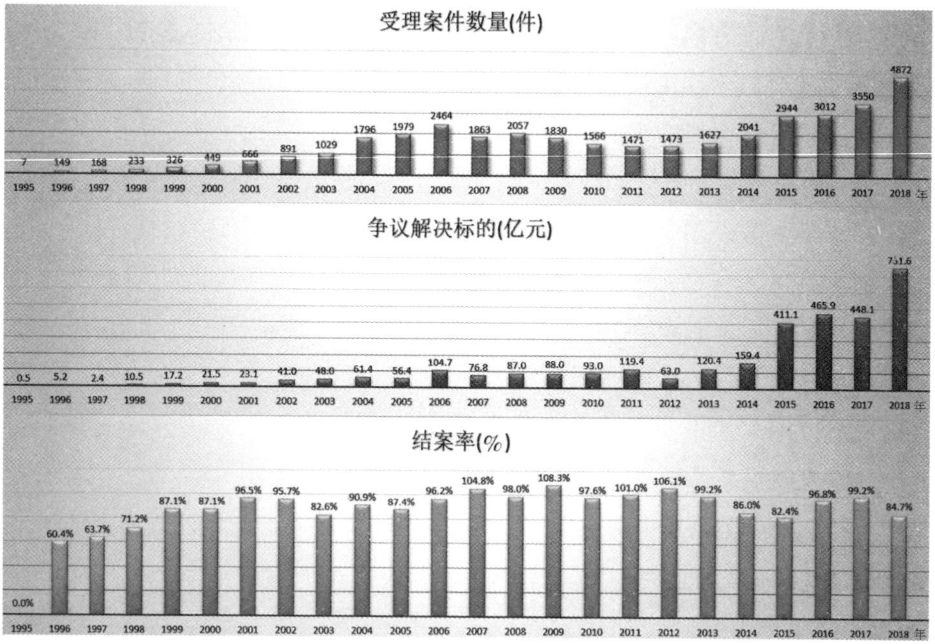

图　北仲业绩(1995~2018年)

总之，真诚的法治信仰，强烈的使命感、责任感和固执择善精神，是推动北仲文化形成发展的重要因素。北仲选聘的仲裁员不仅要有深厚的专业功底、学识、经验和办案能力，而且，更重要的是要有法治精神、良知、正义感，热爱并积极推动仲裁事业发展。

二、仲裁事业与仲裁员职业发展的关系

（一）仲裁事业发展与仲裁员个人发展的关系

1. 仲裁是充满希望、前途光明的事业，有着广阔的发展前景。仲裁不占用空间、能源，不污染环境，也没有市场饱和问题，仲裁发展了不仅可以成为国民经济的支柱型产业并带动法律服务、咨询业、旅游餐饮等相关产业发展，而且，可为法院分流减压，维护社会稳定，促进经济发展。

2. 仲裁事业发展将为仲裁员带来机会：

（1）实践理想，奉献社会的机会。现代管理学理论认为，“每个人的内心深处都有一种渴望，渴望过卓越而有所贡献的生活”，健康的人生不仅仅是生理上的满足还有心理上的提升和富足。当一个人能够按照自己认为的正确原则，从事自己喜欢、社会需要的有意义的工作，人的感觉是快乐的、幸福的。马克思在《青年在选择职业时的考虑》一文中说，“在选择职业时，我们应该遵循的主要指针是人类的幸福和我们自身的完美”；“能给人以尊严的只有这样的职业，在从事这种职业时我们不是作为奴隶般的工具，而是在自己的领域内进行独立的创造。这种职业不需要有不体面的行动（哪怕只是表面上不体面的行动），甚至最优秀的人物也会怀着崇高的自豪感去从事它”。有仲裁员讲，过去为了生存不得不去做一些违心的事，但内心深处渴望过有意义、有价值、有尊严的生活。仲裁工作满足了内心的这种渴望。有的仲裁员说，过去“虽然钱挣了不少，但没有感到成就和快乐”，但是担任仲裁员通过仲裁公正及时解决纠纷，自己从当事人的赞扬和感激的目光中感到成就、快乐和尊严，感受到生命的价值和意义。在英国，仲裁员被认为是贵族，受人尊重。秦晖教授在《少些“精神贵族”多些“贵族精神”》文章中说：“贵族”（aristocrats）在古希腊语中是“最优秀的”一词的派生词，意为贤人、大德。柏拉图、亚里士多德等都把贵族定义为道德高尚、情趣

高雅和(最后才是)富裕尊贵的人。北仲选聘的仲裁员不仅是学识渊博,专业精深,还应是道德高尚、情趣高雅、有社会担当精神的社会精英。

(2)满足专业志趣的机会。有人说如果工作能满足专业志趣,就会得到长久的快乐。仲裁的魅力在于仲裁员对案件有独立审判权,有宽松的创作环境,仲裁员能够在仲裁过程和仲裁裁决上充分地展现个人的意志和才华,快乐着创作。仲裁实行当事人意思自治,决定仲裁员"行"与"不行"的,不是领导而是当事人、代理人。仲裁员无须看别人眼色,不必为人际关系烦恼,更没有怀才不遇的遗憾。仲裁员为人正直,有真才实学,办案认真。裁决质量高的,就会得到当事人、代理人和仲裁机构的认可,机会接踵而至;反之,第一次机会也是最后一次机会。这种优胜劣汰的机制,既是对仲裁中的不公和腐败行为的制约,也是对仲裁员专业发展的促进,仲裁员通过仲裁不仅获得知识、经验,还有解决实际问题的能力。

(3)勤劳致富,提高生活质量的机会。仲裁员通过仲裁获得正当收入,在一定程度上改善了生活品质。北仲一方面要求仲裁员要诚信敬业,即使劳动与报酬不成正比也要确保证案件的质量和效率;另一方面,北仲尊重仲裁服务业的发展规律,低报酬不利于仲裁员制度发展。仲裁本身也是高智力、高知识含量、极富创造性和社会价值的劳动。从报酬上体现出对仲裁劳动的认可和尊重,有利于鼓励更多的优秀人才从事仲裁事业,促进仲裁事业发展。北仲自成立以来一直随着事业发展不断提高仲裁员报酬,同时制定并公开仲裁员报酬支付办法,增加仲裁员报酬支付的透明度。

(4)从中国走向世界的机会。仲裁是国际贸易投资争议解决的主要方式。中国是对外贸易投资大国,中国仲裁员能进入国际仲裁领域,对维护国家利益具有十分重要的战略意义;但是,中国仲裁员凭个人力量很难进入国际仲裁领域。除了门槛高(国外仲裁员专业培训考核花费的金钱、时间、精力,国人一般难以承受),即使列入国际仲裁机构的名册,中国仲裁员也很难得到指定或选定的机会。但是,如果国内仲裁事业充分发展,这些问题可迎刃而解。大量的纠纷可给中国仲裁员提供充裕的锻炼机会;同时,可吸引国际优秀仲裁员到中国进行仲裁,使中国仲裁员有机会与国际优秀同行同案切磋,同台竞技,迅速成长。

仲裁员是仲裁事业的受益者,也应成为推动仲裁事业发展主要力量。

(二)仲裁员的历史责任

仲裁事业的发展给仲裁员创造了发展的机会和空间。仲裁员也要通过自身努力提高专业水平和办案能力满足仲裁工作的需要。实际上,中国仲裁员在敬业精神、办案能力、职业口碑、信誉上与国际同行有较大差距,在仲裁程序推进上需要依赖仲裁机构、秘书,仲裁员如果不能实质性地缩短上述差距,即使将来获得委任机会,也很难在国际商事仲裁中发挥作用。因此,仲裁员应有使命感和社会责任感,尽快提高自己的专业水平和办案能力。

三、仲裁员的专业标准

仲裁员的专业水平是仲裁公正的能力保障。仲裁员专业标准包括两个方面,一是仲裁员在自己的专业领域是业务上的佼佼者、资深专家;二是在仲裁方面,仲裁员熟悉仲裁及相关的法律、法规,精通仲裁规则、程序规范和操作实务,经验丰富,办案能力强。仲裁员的专业性如同医生,仲裁员不具备专业水平去办案,如同医生不懂医疗、没有医术给人看病一样危险。过去,国内一些仲裁机构包揽了很多应由仲裁员自己完成的工作,以致人们认为只要形式上满足《仲裁法》第13条规定,自然能胜任仲裁工作,当仲裁员不需要多高的专业水准。其实,仲裁工作存在很大的风险。香港国际仲裁中心前主席杨良宜先生说仲裁是“危险的行业”,仲裁员犯错“即使很轻微”也会被“马上挑出来,因为双方都有高水平的律师每一步盯着”,“败诉一方,特别是败得不服气,会对仲裁员恨之入骨”〔1〕。强调仲裁员专业性,是提醒仲裁员对仲裁工作的艰巨性、复杂性、风险性有足够的心理准备。

仲裁员的素质决定仲裁机构的发展前途。究竟什么样的人适合做仲裁员,仲裁员到底应具备什么样的素质,一直是北仲思考的问题。1998年9月5日,北仲制定了《北京仲裁委员会仲裁员选(续)聘标准》,后历经4次〔2〕修改,更

〔1〕 杨良宜:《国际商务仲裁》,中国政法大学出版社1997年版,第252页。

〔2〕 指北仲2001年、2003年、2006年、2012年四次修订《仲裁员聘用管理办法》。

名为《仲裁员聘用管理办法》,仲裁员选聘标准不断细化,选聘标准不断提高。具体内容如下:

《仲裁员聘用管理办法》第3条对不同职业、专业仲裁员的学历、资历作出明确规定。如“从事法律教学与研究领域的仲裁员”以“教授、研究员”为基本标准;从事经济贸易工作的仲裁员以“本科学历”“高级工程师、高级经济师”“处级”等标准为基本选任条件;“离职法官”需“具有法律专业本科或本科以上学历”且“信誉良好,业务水平高,办案能力强,曾任审判长、副庭长或以上职务的资深法官”等。

《仲裁员聘用管理办法》对仲裁员的知识、专业素质作出规定。如第2条规定“仲裁员要熟悉《仲裁法》、《仲裁规则》、仲裁程序、证据规则和仲裁实务”,“明察善断、善于学习,具有较强的语言文字表达能力,能够组织开庭审理、制作裁决,办案效果好”。

“明察善断”是指仲裁员思路清晰、逻辑连贯、判断准确,能够通过现象看本质,抓住要害;有较高的情商,自信、冷静、理性、自持,既有主见,敢决断,坚持自己的立场不动摇,又善于与他人沟通交流,理解包容不同意见。仲裁员应能控制管理自己的情绪,避免情绪冲动,与当事人、代理人发生冲突。

“语言文字表达能力”,是指能依据法律规定,符合职业身份,言所当言,不言所不当言。庭审询问,下达指令应清晰、明确,要言不烦。

“能够组织开庭审理”,是指仲裁员要熟悉《仲裁规则》(包括国际商事仲裁的规则、惯例、规范)、仲裁程序、仲裁实务,及时妥善处理各种程序问题,既能保障当事人正当行使权利,又能及时制止当事人滥用权利,防止不当拖延。

能够“制作裁决”有几层含意:一是仲裁员必须自己制作裁决而不是由旁人代劳。裁决书由他人代写意味仲裁员将自己的义务转托他人完成,既损坏了仲裁员独立仲裁原则,也有违诚信原则。

二是仲裁员制作的裁决书不仅认定事实清楚,适用法律正确,符合公平合理原则,还要突出其说理性,体现以理服人的特色和专家、学者的专业水准,达到胜败皆服,起码是胜败皆明的效果。裁决质量不能单纯从法院是否撤销或不予执行来衡量,而是要看当事人对裁决的认同、信服程度。首先,裁决书要能说服当事人,应该对案件的争议点,当事人双方的主要主张、观点和理由,主要证据及质证、认证等均有交代,而且论述充分,逻辑上无懈可击,使当事人尤其是败诉一方当事人清楚自己输在哪儿。其次,裁决要能说服代理人。代理人做了工作,他要通过裁决来验证自己的代理意见、代理策略的效果,要向当事人证明自己的劳动的价值。好的裁决代理人会拿着到处宣传并作为律所新律师的培训教材。其原因不仅是裁决写得好,而且还是代理人的意见在裁决中得到充分体现。好的裁决不仅是仲裁庭的劳动成果,也是仲裁员、当事人、代理人共同智慧的结晶。最后,裁决书要能说服法官。当事人申请撤销或不予执行仲裁裁决,法官第一时间看到是撤销或不予执行裁决的事实、证据和理由。如果裁决质量高,法官能根据水平很高的裁决代理意见直接作出裁判;而裁决书水平较低,缺乏说理,法官就凭着自己对裁决的专业判断说服当事人执行裁决;如果裁决简单、武断,缺乏透明度,法官也难免对裁判过程及结果心生疑窦,即便裁决结果是公正的。

"善于学习"。仲裁员要有强烈的好奇心和求知欲,不断深入学习钻研仲裁业务,不断更新、丰富自己。学习不仅指从书本、课程中学,还要从办案实践中学,要善于总结经验,"将眼前的道理、材料系统化、深刻化",变成有用的学问,"问题来了,能认识,能判断,能抓住问题的中心所在"[1];善于发现他人的优点并把他人的优点变成自己的优点。

总之,从仲裁案件的需要和当事人、代理人对仲裁员期望角度,对仲裁员专业怎样要求都不过分。美国大律师法兰西斯·威尔曼在《交叉询问的艺术》中有一段关于诉讼代理律师的描述:"出众的天赋、逻辑思维习惯、清晰的常识认知、无穷的耐心和自制力、透视人心的直觉能力、从表情判断他人个性、察觉他们的动机、强而精准的行动力和与主题有关的丰富知识和一丝不苟的细心谨慎。"仲裁员仲裁中主要是与律师打交道,要想赢得律师的尊重,就得在思维水平、办案能力和专业素质上令他们信服。仲裁行业竞争激烈,由于网络资讯的发达,知识、经验的传递变得容易,没有谁能将自己专业优势保持长久,"长江后

---

〔1〕 梁漱溟:《谈学问》,载氏著:《梁漱溟全集》(第2卷),山东人民出版社2005年版。

浪推前浪,前浪死在沙滩上”。北仲自成立到现在,共聘任仲裁员1038人,有510人没有被续聘,占仲裁员总数的49.1%。未被续聘的,虽然很多是因年龄、身体和工作原因;但也有知识老化,能力不足的情况。仲裁员应有危机感,珍惜每次办案机会,不论标的大小、案件难易,不论担任首席、独任,还是一般仲裁员,不论资历深浅、学问高低、经验多少,都要努力将每个案件办成精品,不留遗憾。

四、仲裁员的职业道德

(一)仲裁员职业道德与仲裁事业的关系

1.仲裁员职业道德是仲裁行业健康发展的基石

仲裁员职业道德,既是仲裁职业伦理,也是仲裁员仲裁行为准则。职业道德不是抽象的教条,更不是虚伪的说教,而是内心深处的信仰,言行一致的实践。英国伟大的道德学家塞缪尔·斯迈尔斯说:“一个国家的前途,不取决于它的国库之殷实,不取决于它的城堡之坚固,也不取决于它的公共设施之华丽,而在于它的公民的文明素养,即在于人们所受的教育、人的远见卓识和品德的高下。”将这段话用在仲裁上十分贴切。

国内一些商业精英,既缺乏现代商业文明的启迪,又缺乏中国儒商诚信为本传统的熏陶,与西方国家商业精英相比,虽然其“拥有世界领先的生活水平却难以引领时代价值前行”[1]。其商业行为常与行贿权贵,鲸吞公共资产丑闻牵连,财富形成过程和支配方式屡遭诟病,快速崛起,快速沉沦,一个“三聚氰胺”,暴露了中国奶业诚信的缺失,几乎导致中国奶业的全军覆没。正如孙立平教授说,国内的一些制度、办法比国外严格,但执行效果不行,因为道德基础没了,建立不起基本的社会秩序。

中国实行机构仲裁,当事人只能从机构仲裁员名册中选定仲裁员。仲裁机构与仲裁员之间存在信誉上的连带关系。一个不公正的裁决不仅影响当事人对仲裁员的判断,也影响其对仲裁机构乃至仲裁行业的判断。建立仲裁员道德

---

〔1〕 石述思:《中国富豪的15个特质》,载QQ空间:http://blog.qq.com/qzone/622007965/1272549848.htm,最后访问日期:2010年5月30日。

规范可防止仲裁员道德风险危及仲裁行业。特别是今天,拜金主义、消费主义盛行,如果没有道德上的指引和由此进行的反思,我们很容易认为自己所做的一切合乎情理,从小的道德过失到公然的罪恶。如果一个人干什么都无所顾忌,没有任何良心上的反思和忏悔,那么任何卑鄙无耻、伤天害理的事都会干得出来。苏格拉底说,"不经省察的生活就不值得人们去过"。美国政治学教授汉娜·阿伦特对艾希曼式的"平庸的邪恶"提出了这样的问题:"善恶问题和我们区分对错的能力""与我们的思想能力有关"。建立仲裁员道德规范,是为了提高仲裁员辨别是非、自我约束,自我管理的能力,提高仲裁员按照良知,过更有意义生活的能力。我们不能现在做不到就放弃通往明天的努力;不能因为自己做不到,就消解、贬低道德规范的意义。《仲裁法》是一部良法,仲裁制度是相对宽松有利于仲裁事业发展的制度,如果仲裁员缺乏精神上的追求和自制力量,做不到独立、公正、廉洁,那么中国仲裁业也会步奶业的后尘,出现整个行业的诚信危机。那不仅是仲裁业的灾难,也是仲裁员的悲哀——失去了过更有意义和尊严生活的机会和平台。所以仲裁员都应该从自身做起,严格遵守仲裁员职业道德,坚决抵制任何违反职业道德的现象,哪怕一句谴责,一个白眼,都会彰显正气,抑制歪风邪气。

2. 仲裁员职业道德是仲裁公正的重要保障

仲裁以公正裁判为特征,没有哪个行业像仲裁对从业者有这样高的道德的要求。英国大法官培根说:"一次不公正的裁判,其恶果甚至超过十次犯罪,因为犯罪是无视法律——好比污染了水流,而不公正的裁判则是毁坏法律——好比污染了水源。"江平主任认为,"这段话包括三层意思:第一层意思就是一个不公正的裁判,也是一次犯罪,甚至比犯罪还要厉害……它本身破坏了法律;第二层意思就是法官破坏法律的影响,要比一个犯罪破坏法律影响要大得多,一个罪犯偷了一个东西,他破坏的法律只不过是他一个人,而法官的不公正裁判使人们对法律的整个理解和执行错误,他涉及的是法律的尊严,执法者违法要罪加一等;第三层意思,法官是执法的最后一道屏障,是法律能否得到公正体现的最后的一道屏障,是法律尊严的保护神,他如果破坏了法律,那么就会比一般人更危险。如果我们把今天培根的话再进一步说,法官一个不公正的裁判是因他用手中的裁判权来换取金钱造成的,那就不是污染水源,而是在水源上放毒。"[1]仲裁员在仲裁中的地位、作用如同法官。无论是仲裁机构还是当事人在选择仲裁员时,必须对其品行高度关注。北仲认为,仲裁员首先要有法治的信仰和追求。西塞罗说:"法是正义与非正义事物间的界限",学者夏敏认为,社会既然需要用法来实现正义,正说明非正义尚有强大的一面,而正义要通过法来实现,只能依靠与法有着同样品质的人来实施和执行,因此正义当然就是法律人操守的核心。守住了法就守住了正义[2]。其次,仲裁员要有诚信意识,"受人之托,忠人之事",仲裁员接受指定和选定后必须付出相应的时间和劳动,尽职尽责办好案件。再次,仲裁员要有责任感和同情心,能够设身处地为当事人着想,提高仲裁质量,尽可能使自己的审理过程和裁决结果满足当事人对仲裁的正当合理期待,定分止争。案件质量不仅反映了仲裁员的专业水平,更反映了仲裁员的良知。当事人从仲裁中感到仲裁员内心深处的信仰和人格力量。仲裁实践过程,是仲裁员播种良知,推动文明进步的过程。最后,仲裁员要有专业上的追求,有精品意识,办理的案件要经得起时间的检验。

(二)北仲仲裁员道德规范的具体内容

北仲在成立之初,"即将吸纳、建设高素质的仲裁员队伍作为工作的重心"[3]。1995年9月28日,北仲制定了《仲裁员守则》并对《仲裁员守则》进行5次修订[4]。2002年2月,北仲制定《北京仲裁委员会关于加强仲裁审限管理的若干规定》,2003年9月将其修改并更名为《北京仲裁委员提高仲裁效率的若干规定》。《仲裁员守则》、《提高仲裁效率若干规定》和《仲裁员聘用管理办法》构成仲裁员职业道德规范体系,"给仲裁员以他律的制约,从而弥补自律的

---

[1] 江平:《为权利而斗争的中国律师——漫谈律师形象与使命》,载氏著:《江平文集》,中国法制出版社2000年版,第647页。

[2] 夏敏:《法治的文化养成:从法律人做起》,载法制网:http://www. legaldaily. com. cn/bm/co-tent/2006-04/27/content-307590. htm,最后访问日期:2010年5月30日。

[3] 王红松:《关于北京仲裁委员会〈仲裁员守则〉、〈仲裁员聘用管理办法〉、〈关于提高仲裁效率的若干规定〉的修改说明》,载北仲官网:http://www. bjac. org. cn/arbiter/2004smn. html,最后访问日期:2010年7月30日。

[4] 北仲在1996年、1998年、2001年、2003年、2006年五次对守则进行修订。

不足,达到彰显仲裁员人性中的善及抑制其人性弱点”[1]的作用。仲裁员道德规范的具体内容包括如下几点。

1.独立、公正

独立是指仲裁员与案件、案件当事人之间没有利益冲突;公正是指公平、正直,没有偏私。其具体要求:

(1)仲裁员与案件,与当事人、代理人没有利益冲突。一是仲裁员与当事人、代理人有利益冲突的,应主动选择回避,避免利益冲突。二是仲裁员不论是当事人选定还是主任指定,不论是做首席仲裁员还是一般仲裁员,都应本着公正、公平原则进行裁决,不能偏袒一方,更不能作为一方代理人行事。

(2)仲裁员不得以任何直接或间接方式接受当事人或其代理人的请客、馈赠或提供的其他利益。需要注意的是,仲裁员“不得接受”“请客、馈赠或提供的其他利益”的时间,既包括办案前、办案期间,也包括审结后相当长的时间。这是为了防止那些事先的暗示及“事成之后”的付诸实施,干扰仲裁员公正仲裁。英国皇家御准仲裁员学会《仲裁员道德行为规范》(以下简称《道德行为规范》)第2条第4款规定:“除非有另一方仲裁当事人在场或经双方同意,仲裁员不得以直接或间接方式接受任一方礼物或实质性款待。”美国仲裁协会与美国律师协会共同制定的《商事争议中仲裁员的行为道德规范》(以下简称《行为道德规范》)1D款规定:“接受指定后或担任仲裁员期间,人们应当避免建立金钱、商业、职业、家庭或社交联系,或谋求金钱或私利……在案件裁决后的相当一段时间,担任仲裁员的人们应当避免建立上述关系。”

(3)仲裁员不得为谋求选定而与当事人接触。仲裁员为谋求选定与当事人接触,会使仲裁员处于有求于当事人的境地,接受选定后难免会“投桃报李”,影响仲裁的公正审理。此规定借鉴了《道德行为规范》第6条“仲裁员可公开其专长或经验,但不得主动谋求指定”,以及《行为道德规范》第1条仲裁员“自己谋求指定任职,与仲裁程序之廉政不符”。为了便于当事人了解仲裁员

[1] 王红松:《关于北京仲裁委员会〈仲裁员守则〉、〈仲裁员聘用管理办法〉、〈关于提高仲裁效率的若干规定〉的修改说明》,载北仲官网:http://www.bjac.org.cn/arbiter/2004smn.html,最后访问日期:2010年7月30日。

教育、专业背景和办案情况,北仲特别设置了仲裁员信息查询系统,供当事人查询。

(4)仲裁员在仲裁期间不得私自会见一方当事人、代理人,接受其提供的证据材料;“不得以任何直接或间接方式(包括但不限于谈话、电话、信件、传真、电传、电子邮件等方式)单独同一方当事人、代理人谈论有关仲裁案件的情况”。“如果是仲裁工作需要,经双方当事人同意,仲裁庭可授权某一仲裁员(通常为首席仲裁员)单独与一方接触,但该仲裁员应及时将谈话的情况相关资料告诉仲裁庭其他成员。”[1]

此规定参考了国际律协《仲裁员行为准则》(以下简称《行为准则》)第5.3条规定“在仲裁全过程中,仲裁员应当避免与任何一方当事人或其代理人就案件单独接触。一旦发生接触,该仲裁员应将谈话的实质内容告诉另一方或几方当事人及仲裁员”,以及《道德行为规范》第8条的相关内容。首先,仲裁员单独与一方当事人讨论案件情况,使当事人一方在明,一方在暗,对另一方当事人很不公平,损害了当事人的合法权益。其次,这种“撒气漏风”行为导致仲裁庭成员之间相互提防,缺乏信任和安全感。最后,也是更重要的是,这种行为严重损害了仲裁的公正性。仲裁员有此行为,会被当事人看轻,也会因此受制于人。不诚信者人恒不诚信之,一旦事情暴露,则名誉扫地。当然,仲裁员与一方当事人接触也可能是因缺乏经验或疏忽大意造成。在办案过程中,一方当事人或其代理人可能通过各种方式向仲裁员反映案件的情况。当事人、代理人这样做的心情可以理解,但仲裁员必须小心处理。杨良宜先生说他常遇到一些莫名其妙的电话,突然提到他正在仲裁的案子。他会马上阻止对方,并要其将书面陈词送交另一方当事人,如果对方继续谈论案件,则马上放下电话。

(5)仲裁员不得在仲裁委员会的案件中担任代理人,亦不得代人打听案件情况或代人向仲裁庭成员、秘书实施请客送礼或其他提供好处和利益。

禁止仲裁员代理案件这是《仲裁员守则》中比较有特色的规定。2001年北仲修订《仲裁员守则》时,“考虑到国际上并没有禁止仲裁员做仲裁案件代理人

[1] 见《仲裁员守则》第八条。

的通例，因而只是对仲裁员担任代理人的行为进行了规范，并未一律禁止”[1]。实践中，一件案件因仲裁员没有披露其与代理人在同时审理的另一仲裁案件中同为仲裁庭成员情况，导致裁决被裁定撤销。北仲“考虑我国实行的是机构仲裁，当事人只能从机构的仲裁员名册中选择仲裁员，而仲裁机构的仲裁员人数有限，范围较窄，加上仲裁员之间合作共事、经验交流日益频繁，因而很可能产生在此案担任代理人，在他案中又与此案仲裁员共为仲裁庭组成人员的情况。这会影响仲裁的公正性。虽然多年的工作经验表明，仲裁庭能否公正审理取决于仲裁庭成员的自身素质，而不是代理人是否是仲裁员。而且，随着仲裁员披露制度的实行，这种情况可通过仲裁员回避等措施来避免。但是，因仲裁员担任代理人，造成仲裁庭组成人员的回避，延缓案件审理进程，这对回避的仲裁员以及当事人来说很不公平，在一定程度上降低了当事人对仲裁公正的认同。鉴于公正是仲裁的灵魂和生命，维护当事人的合法权益是本会考虑一切问题的出发点[2]，经过权衡利弊，2003 年，北仲修订《仲裁员守则》“明确禁止仲裁员代理本会的仲裁案件（包括代理执行与撤销本会仲裁裁决的案件）”[3]。北仲认为，“牺牲自身利益，对容易引发当事人合理怀疑的行为进行规避，维护仲裁委员会的公信力和仲裁员队伍的整体形象，也是仲裁员的责任。而且，作还是不作仲裁员是一种自愿的可选择的行为”[4]。

仲裁员“代人向仲裁庭成员、秘书实施请客送礼或其他提供好处和利益”，不仅违反了《仲裁员守则》，也是对其他仲裁员、秘书的不尊重。

---

〔1〕 王红松：《关于北京仲裁委员会〈仲裁员守则〉、〈仲裁员聘用管理办法〉、〈关于提高仲裁效率的若干规定〉的修改说明》，载北仲官网：http://www. bjac. org. cn/arbiter/2004smn. html，最后访问日期：2010 年 5 月 30 日。

〔2〕 王红松：《关于北京仲裁委员会〈仲裁员守则〉、〈仲裁员聘用管理办法〉、〈关于提高仲裁效率的若干规定〉的修改说明》，载北仲官网：http://www. bjac. org. cn/arbiter/2004smn. html，最后访问日期：2010 年 5 月 30 日。

〔3〕 王红松：《关于北京仲裁委员会〈仲裁员守则〉、〈仲裁员聘用管理办法〉、〈关于提高仲裁效率的若干规定〉的修改说明》，载北仲官网：http://www. bjac. org. cn/arbiter/2004smn. html，最后访问日期：2010 年 5 月 30 日。

〔4〕 王红松：《关于北京仲裁委员会〈仲裁员守则〉、〈仲裁员聘用管理办法〉、〈关于提高仲裁效率的若干规定〉的修改说明》，载北仲官网：http://www. bjac. org. cn/arbiter/2004smn. html，最后访问日期：2010 年 5 月 30 日。

(6)仲裁员在仲裁过程中应平等、公允地对待双方当事人,避免使人产生不公或偏袒印象的言行。

英国休厄特大法官说,“不仅要主持正义,而且要人们明确无误地、毫不怀疑地看到是在主持正义,这一点不仅是重要的,而且是极为重要的”。公正不是仲裁员个人的主观体验,而是当事人、代理人从仲裁员行为中感受到的客观效果。重要的不是仲裁员主观动机,而是仲裁员的言行给使他人造成的印象。“原因很简单,正义必须来源于信任:而当正直的人认为‘法官偏袒’时,信任即遭到破坏。”

杨良宜先生在《国际商务仲裁》列举了一些英国法院认定仲裁员“不良行为”(misconduct)(“不良行为”不是指仲裁员“徇私枉法”,而是指仲裁员程序上出现瑕疵,违反自然公正原则)的判例。如(1)仲裁员私下问专家找专家提意见,当事人不知情;(2)仲裁员拒绝一方当事人找律师代表他;(3)一部分文件证据是意大利文,未翻译成英语,仲裁庭有一个仲裁员不懂意文,纯粹依赖其他仲裁员的解释;(4)开完庭仲裁员接受新的证据材料;(5)仲裁员在双方尚未争辩的情况下就作出一个中间裁决;(6)仲裁员自说自话,令裁决给予时,双方大感意外;(7)仲裁员太早去表达他对意见的看法。仲裁员“自说自话,不是根据双方所争辩的去裁决,而是去私下用自己的计算方法,或自己经验谈”,令裁决书给予时,双方“大表意外”[1]等。1996年英国仲裁法中取消了“不良行为”一词,代之以“严重不正常情况”(serious irregularity)。仲裁员违反自然公正原则,也可被视为“严重不正常情况”。这些情形在国内仲裁中或多或少存在。根据北仲对当事人、代理人反馈意见的整理,容易引起当事人对仲裁员公正性怀疑大体在以下几个方面:

①随便发表对案件敏感问题的看法。

②纠问意识过强,直接代一方质证或直接与一方当事人争论。

③在问题没查清前,过早发表结论性意见,事后发现意见不对又更改,给当事人留下“出尔反尔”之印象。

---

〔1〕 杨良宜:《国际商事仲裁》,中国政法大学出版社1997年版,第263页。

④好插话，发表与审理无关的意见看法。

⑤给双方质证、辩论的时间、机会不均等，一方多，一方少。

⑥态度生硬，教训、挖苦当事人、代理人，引起当事人、代理人不满与反感。

⑦急躁、冲动，与一方当事人产生对抗和冲突，影响仲裁庭中立性。

⑧对一方当事人热情，对另一方冷漠。

⑨庭上直接否定其他仲裁员的意见。

⑩庭上接打电话，看手机，发信息。

⑪开庭迟到、早退。

北仲2001年修订的《仲裁员守则》第14条规定，“开庭审理时，仲裁员应当客观、公正、耐心地听取当事人、代理人的陈述及辩论意见，语言规范、准确，避免随意性和倾向性。除调解程序外，仲裁员在事实未查清前，不得对案件性质、是非责任发表意见，不得与当事人争论”。2003年修改《仲裁员守则》时，为了“使文本更简洁”[1]将此规定删除，其实，这些内容来自教训，值得重视。

(7)仲裁员应独立地审理案件，不因任何私利、外界压力而影响裁决的公正性。打官司总有输赢，不可能两方都不得罪，只要仲裁员相信裁决是凭着良知，凭着事实和法律，凭着公平、公正原则作出的，就应该毫不迟延地作出，“当断则断”，“当断不断必受其乱”。

(8)《仲裁员聘用管理办法》第15条第4项列举了仲裁员违反独立、公正立场的情形，并明确“情节严重”的“予以解聘”。这些情形是：

①借故拖延办案时间的；

②拒绝说明理由，坚持有利于一方当事人的裁决意见；或者故意曲解事实和法律，坚决支持或反对一方当事人的请求和主张的；

③在开庭审理中，违背公正原则，代替一方向另一方质证、辩论、提出要求的；

④无正当理由不在裁决书上签字的；

---

〔1〕 王红松：《关于北京仲裁委员会〈仲裁员守则〉、〈仲裁员聘用管理办法〉、〈关于提高仲裁效率的若干规定〉的修改说明》，载北仲官网：http://www.bjac.org.cn/arbiter/2004smn.html，最后访问日期：2010年5月30日。

⑤具有其他偏袒倾向的行为。

仲裁员对选定自己的当事人心存感激,对其有利之处关注较多,实属正常,只要仲裁员的意见是根据事实、法律,本着公正、公平原则作出的判断,即使该意见有利于选定自己的当事人,也应该提出并坚持,不能害怕被认为“偏袒”而有问题不讲。北仲反对的是明显偏袒一方,不讲道理或讲歪理情况:“拒绝说明理由,坚持有利于一方当事人的裁决意见”。说明仲裁员清楚自己的理由站不住脚,说不出口。仲裁员“故意曲解事实和法律,坚决支持或反对一方当事人的请求和主张的”,说明其公正立场出现了问题。2003 年北仲修订规则专门规定“对裁决持不同意见的仲裁员,可以签名,也可以不签名;不签名的仲裁员应当针对裁决出具个人意见。本会将其个人意见随裁决书送达当事人,但该意见不构成裁决书的一部分”。此规定是为促进仲裁员审慎履行职责。

(9)2006 年北仲在修改《仲裁员聘用管理办法》时,建立了“仲裁员暂不列入名册制度”。仲裁员“在聘任期内,如有证据使本会有理由怀疑其存在违反《仲裁员守则》及本办法有关公正、独立规定,应予解聘但需要查证核实之情形的,由纪律委员会进行调查。纪律委员会调查期间,该仲裁员暂时不列入仲裁员名册(以下简称名册)”,“在不列入名册期间,该仲裁员不得接受当事人的选定办理新的案件,本会主任亦不再指定其担任仲裁员,其正在审理的案件按照《章程》第 18 条第 3 款规定:先由仲裁委员会书面通知本人。本人应自收到通知之日起七日内决定是否退出。如果本人不明确表示主动退出的,委员会将如实告知当事人,双方当事人均同意其继续审理案件的,其职责可履行至案件审理完毕”。

上述规定基于三点考虑:其一,由于我国实行机构仲裁,当事人只能在仲裁机构提供的仲裁员名册中挑选仲裁员,因此,出于对当事人负责,仲裁委员会只有对仲裁员的公正廉洁品行深信不疑,才能将其列入仲裁员名册推荐给当事人,如果仲裁委员会对仲裁员公正廉洁品行已经产生怀疑,且一时无法排除,就不应该将其推荐给当事人,而应将其暂不列入名册,直至怀疑的事由得到澄清和排除。其二,国外仲裁员名册一般只是仲裁机构推荐名册,当事人既可从名册中选仲裁员,也可从名册外选仲裁员。仲裁机构发现名册中人有不适宜担任仲裁员情形的,可随时将其从名册中取消。相比之下,我国仲裁机构的仲裁员名册带有一定的强制性,而且,仲裁员聘期相对固定(一般为3年),缺乏弹性。尽管《仲裁员守则》《仲裁员聘用管理办法》规定了仲裁员解聘和不予续聘的情形,但是,解聘的情形需要相当精力查证核实,难度大,效果不理想;不予续聘需要仲裁委员会换届时才能执行,期限太长,不能及时解决问题。而"暂从名册取消制度"可以弥补前两者的缺陷,探索一条防止仲裁员腐败和不公正行为的新路。需要说明的是,随着仲裁委员会信誉的提高,我们受理的大标的额案件也在不断增长,由于利益的驱动,在当前社会条件下,一些腐败和不良风气也会侵袭仲裁员队伍。确立这一制度,也是进一步表明仲裁委员会在抑制腐败、维护仲裁公正性方面的坚定决心和对当事人、对仲裁事业负责的态度,彰显正义,弘扬正气。其三,出于对仲裁员本人负责,仲裁委员会对执行"暂不列入名册制度"持非常慎重的态度:一是怀疑要有一定的证据,而不是仅凭臆想和猜测。二是怀疑要有合理的限度——"以一个公正第三方的标准来判断仲裁员的行为是否构成合理怀疑"[1]。英国丹宁大法官讲:"在这种情况下,任何一位有判断能力的人都会认为,只要有可能,法官或主席可能会在不公平地牺牲一方利益的情况下偏袒另一方。法院不会去调查他偏袒一方是否是事实,只要有判断能力的人这样想就足够了。原因很简单,正义必须来源于信任:而当正直的人认为'法官偏袒'时,信任即遭到破坏。"[2]因此,"我们认为,判断一个行为是否构成'违反独立、公正原则',不应当以行为人内心的自我感觉,而应当以中立、公正第三人的判断作为衡量标准。因为当事人对仲裁员的高度信赖是仲裁的基础,如果仲裁员的言行导致中立第三人对其公正性产生合理怀疑,则仲裁的基础就会受到严重破坏。提出这一标准,一方面是重申仲裁的应有之义,提高当事人、代理人对仲裁委员会和仲裁制度的信心,促进仲裁制度社会公信力的形成;另一方面,也是考虑此事的复杂性、敏感性以及对仲裁员影响的严重性,避免在问题未查清前过早下结论,出现'错案''冤案',伤及无辜。需要强调的是,无论

---

〔1〕 王红松:《2006年8月关于〈仲裁员聘用管理办法〉、〈章程〉、〈仲裁员守则〉的修改说明》,载北仲官网:http://www.bjac.org.cn/arbiter/2006smz.htm,最后访问日期:2010年5月30日。

〔2〕 [英]丹宁勋爵:《法律的训诫》,法律出版社1999年版,第99页。

是解聘仲裁员,还是将仲裁员从名册中暂时取消,仅涉及仲裁委员会对仲裁员行为是否符合仲裁员道德规范,是否值得信赖的判断,是仲裁委员会对仲裁员内部管理措施。鉴于事物的复杂性、多样性以及仲裁委员会查证手段、方法、能力的有限性,仲裁委员会对仲裁员行为作出的判断,既不代表仲裁委员会对当事人指控仲裁员具体事实的认定,也不涉及对案件的判断。如此强调,是因为仲裁委员会对自己认识事物的局限性有清醒的认识,避免在认识及处理问题上存在片面性,一种倾向掩盖另一种倾向,保持各方利益的平衡与和谐发展。三是实行这一制度要有严格的程序,需要经过纪律委员会调查核实、讨论并报仲裁委员会批准。而且,经过调查核实能够排除合理怀疑的,则恢复到仲裁员名册中"[1]。

有关独立、公正义务的规定,是北仲仲裁员道德行为规范中最主要,最核心的内容。仲裁员履行独立、公正义务需要勇气和担当。

一是有勇气拒绝诱惑。仲裁也是一项权力。权力具有腐蚀性。社会学者孙立平教授在《中国社会的腐败扩散令人心惊》一文中说:"由于权力腐败现象在向整个社会蔓延,导致了一系列我们必须予以关注的现象:首先是腐败和非腐败的边界在模糊。这不仅在社会认知的层面上如此,甚至在法律层面上也如此。""由于腐败与非腐败之间界限的模糊,历来被抨击或被谴责的腐败似乎在社会中开始具有某种'正当性'在这种腐败文化中,人们不得不接受和认同腐败,不得不习惯用腐败的观点看问题,用腐败的观点指导生活,最后导致社会生存基础彻底被瓦解。"在腐败风气下当事人、代理人向仲裁员请客送礼、提供好处和利益并不鲜见。无论以什么样的理由,仲裁员应一概拒绝。如果仲裁员接受其请客送礼和好处,即便裁决是公正的,当事人、代理人也会认为这是金钱的力量而不是公正仲裁的结果并因此鄙视仲裁员,不会对仲裁产生信赖。天下没有免费的午餐,仲裁员接受了好处和利益,使自己受制于人,事情败露则身败名裂;即使没有败露,也会因此担惊受怕,寝食难安——为一时贪念透支长久的安宁。廉洁自律反映了仲裁员的耻辱感和尊严意识。有尊严感、爱惜羽毛的人自

〔1〕 王红松:《2006年8月关于〈仲裁员聘用管理办法〉、〈章程〉、〈仲裁员守则〉的修改说明》,载北仲官网:http://www.bjac.org.cn/arbiter/2006smz.htm,最后访问日期:2010年5月30日。

重、自律，绝不会骂这个“黑”那个，轮到自己得到机会也来捞一把，甚至比别人更“黑”。公正裁判是中国老百姓千百年的追求，仲裁员应该努力满足这样的期盼和要求。

二是有勇气拒绝人情关系。有人说中国“是处于宗法人伦的传统氛围里”，国人的经济活动和其他社会活动掺杂着太多的人情色彩，“熟人好办事”。“情大于法”的观念在人们心中根深蒂固，法制精神远未形成。也有人说中国文化讲恕道，不讲正义，容易形成乡愿主义。因为你有裁决权，当事人、代理人会通过亲朋好友、各种关系找到你，希望你看在亲情、友情、交情、关系面子上“网开一面，给予关照”。在这种情形下拒绝“人情”“关系”比拒绝物质利益的诱惑、拒绝权力的干扰更困难。仲裁员也是人，有常人的情感和关系，在办案过程中难免会遇到人情关系的困扰。因此，仲裁员必须选择，如果无法做到“毫不偏袒地履行职责”，就应拒绝接受指定或选定；如果接受指定或选定，就要克服干扰，秉公办案。有所得就有所失，放弃应该放弃的也是一种智慧。任东来教授在《法官的职责与不明智的裁决》文章中写道：民主党总统杜鲁门称，总统一旦把自己的朋友送上最高法院，“他就不再是你的朋友了”。接任他的共和党总统艾森豪威尔说，提名加州州长沃伦为首席大法官，是他“执政 8 年犯下的最傻帽的错误”。而做出要尼克松交出有关水门事件录音带、从而葬送其政治前程的最高法院的 8 位大法官，其中的四位是尼克松任名的。正像辜负艾森豪威尔期望的沃伦所言，穿上法官袍，坐上法官席后，一个人很难不会改变。“正是这种‘六亲不认’中所体现出来的法治严肃性以及对法律的绝对忠诚，才使法官在美国历年职业声望的民意测验中永远高居榜首。”仲裁工作的性质也需要仲裁员具备这种“法治严肃性以及对法律的绝对忠诚”。其实，“徇私枉法”中的“私”，就包括“人情”“关系”，裁判者因照顾“人情”“关系”枉法裁决，与因贪图利益、屈从权势枉法裁决本质是相同的，都是在“水源上投毒”的行为，同为社会公众所深恶痛绝。因此，仲裁员应该有固执择善精神，拒绝各种人情、关系的干扰，秉公办案。

三是有勇气排除干扰，不因任何私利、外界压力而影响裁决的公正性。西塞罗说"法是正义与非正义事物间的界限"[1],学者夏敏认为,"社会既然需要用法来实现正义,正说明非正义尚有强大的一面,而正义要通过法来实现,只能依靠与法有着同样品质的人来实施和执行","因此正义当然就是法律人操守的核心。守住了法就守住了正义"[2]。龙应台说"社会秩序不仅只要求我们自己不去做害人利己的事,还要求我们制止别人做害人利己的事。你自己不做恶事才只尽一半的责任;另一半的责任是,你不能姑息容忍别人来破坏这个社会秩序"。当事人、代理人素质参差不齐。多数当事人、代理人对仲裁员是尊重的、配合的。但确有少数人为拖延履行债务、获取不正当利益,滥用权利,甚至胡搅蛮缠、无理取闹。在这种情况下,仲裁员既要小心、耐心,又要有决心、有毅力、保持自己的立场不动摇。不要谁厉害、谁闹得凶,谁有背景、有势力,谁扬言找领导、申请撤销、诉诸报端,就偏向谁。不要因害怕批评、质疑,就畏首畏尾不作判断。其实,越怕麻烦,麻烦越大,越不敢得罪人,越可能让双方当事人都不满意。做仲裁员就应该有承担风险和压力的心理准备。

四是有勇气承认并改正自身的弱点不足。自身的弱点不足可能给案件带来不利影响,仲裁员对此应有足够的认识和警惕。一要防止因自己知识贫乏判错案。对自己不熟悉专业的案件,应拒绝接受委任,防止因知识的欠缺影响案件质量;接受委任就要虚心学习与案件相关的知识,不要盲目自信,对自己不懂的事务一概排斥。西方谚语"你不知道自己不知道的东西",人对自己的无知往往不易察觉。二要防止主观臆断判错案,仲裁员在仲裁裁决中认定的证据、事实,应该言之有据、有出处,力求准确无误,不要凭印象、凭记忆下判断,想当然。三要防止缺乏主见,优柔寡断,当断不断,贻误时机。四要防止思维方式僵化,机械、教条、拘泥,不能在符合法律前提下公平裁断当事人的利益,导致"案结""事不了",甚至为而后的审理带来麻烦。五要防止先入为主,偏听偏信,不能全面掌握案情,出现判断失误。六要防止疏忽、草率造成裁决不公。遇到案情复

---

[1] [古罗马]西塞罗:《法律篇》,载《西方法律思想史资料选编》(中译本),张学仁等译,北京大学出版社1983年版,第78页。

[2] 夏敏:《法治的文化养成:从法律人做起》,载法制网:http://www.legaldaily.com.cn/bm/content/2006-04/27/content-307590.htm,最后访问日期:2010年5月30日。

杂、仲裁庭内部分歧大,或当事人、代理人无理纠缠,仲裁员更要保持冷静、耐心和审慎。七要防止"大而化之,笼而统之"简单化做法,审理粗放导致裁决不公。八要防止急躁、冲动,感情用事,与当事人、代理人发生不必要的矛盾冲突。仲裁员是定分止争,解决矛盾的,要管理控制好自己的情绪,不能让自己的不当言行成为矛盾焦点。九要防止以自我为中心,狭隘、偏执,不能与他人合作共事,影响仲裁效率。十要防止刚愎自用,知错不改。仲裁员应该有自信但不能自负。自信的人能够以开放的态度听取不同意见,并用自己的头脑去思考,对自己相信的东西仍然保持警惕。同时,他不会一听到不同的声音就焦虑,立即改变想法,而是在不同的声音面前,用逻辑、常识、常理、直觉、经验及科学的方法再重新检验一次。自信的人能平等与人相处,从善如流,即使认为别人的意见是错误的,也会本着"我不同意你的观点,但誓死捍卫你发表意见的权利"态度,接受分歧。自负是认为自己比别人强,将别人的不同意见看作是对自己"权威"的挑战,容不得不同意见。在自负心理下,争论的目的不在于查明真相,发现真理,而是证明自己比别人强,甚至已经意识到错误,为了自己的面子、权威或害怕担责,仍然坚持错误。我国很多冤假错案,之所以在纠正难,不是因为案件复杂,而是制造冤假错案的人,不愿意否定自己。这种为了维护面子不惜牺牲他人的利益甚至生命自由的心理十分可怕。

2. 诚实信用

诚实信用是文明社会非常看重的品质。西方学者认为:由于现代社会"高度分化和相互依赖"、社会的存在"依赖于许许多多个人无法追踪和确认其根源,但又必须相信的承诺",不诚实导致的信任崩溃是"最严重的社会秩序的颠覆"。因此,"说谎者和伪善者威胁着社会的道德结构"[1]。仲裁员是公道正派之人,诚实信用是仲裁员应有的品行。《仲裁员守则》《仲裁员聘用管理办法》对诚实信用的规定主要是:

(1)仲裁员必须确信自己具备下列条件,方可接受选定和指定。

①能够毫不偏袒地履行职责;

---

[1] [美]史蒂夫、夏平:《真理的社会史》,赵万里等译,江西教育出版社2002年版。

②“具有解决案件所需的知识、经验和能力”。现代社会分工越来越精细,专业日趋复杂、尖端,“隔行如隔山”。仲裁员“不具有案件所需的专业知识、经验和能力”却接受指定或选定,不仅是不诚信行为,而且会影响仲裁的质量和效率——有时案件的迟延是仲裁员不熟悉案件专业造成的。仲裁员不懂专业还固执己见,对其他仲裁员、当事人、代理人就是一场灾难。有仲裁员认为,接受自己不熟悉专业的案件,有助于学习新知识。但是,这种“学习”是以当事人的时间、金钱、耐心为代价的。有的国家立法规定,仲裁员不具备当事人约定资格的,当事人可以向法院提出撤换,法院一般会考虑这种要求。

③“能够付出相应的时间、精力,并按照《仲裁规则》与《北京仲裁委员会关于提高仲裁效率的若干规定》(以下简称《若干规定》)要求的期限审理案件。”鉴于仲裁员都是兼职,且来自不同行业和单位,仲裁庭成员时间配合十分重要。仲裁员工作忙就不要接受委任,接受委任就不能以“忙”为由拖延审理。

④“参与审理且尚未审结的案件不满10件。”仲裁员办案不仅涉及自己也涉及其他仲裁员以及当事人、代理人的时间安排。手中的案件太多,不仅会与他人的时间安排冲突,而且,难免产生混淆和遗忘,影响案件质量。

(2)仲裁员要自觉履行披露义务。需要注意的是:其一,仲裁员披露的时间是在决定接受选定或指定时,而不是临近或已经开庭时(除非仲裁员在接受选定或指定不知道需要披露的事由)。“在仲裁过程中,如果发生可能引起此类怀疑的新情况,仲裁员应继续履行披露义务。”其二,仲裁员披露的事项是“可能引起”当事人对其独立性、公正性产生合理怀疑的情形。如果仲裁员存在需要回避或其他已经影响其独立、公正仲裁情形的,应拒绝接受指定或选定。仲裁员披露“可能引起当事人对其独立性、公正性产生合理怀疑的情形”是满足当事人对仲裁员背景信息的知情权,提高仲裁审理的透明度。根据《仲裁员守则》仲裁员披露的事由包括但不限于:

①是本案的当事人、代理人或当事人、代理人的近亲属的;

②与本案结果有利害关系的;

③对于本案事先提供过咨询的;

④私自与当事人、代理人讨论案件情况,或者接受当事人、代理人请客、馈

赠或提供的其他利益的；

⑤在本案为当事人推荐、介绍代理人的；

⑥担任过本案或与本案有关联的案件的证人、鉴定人、勘验人、辩护人、代理人的；

⑦与当事人或代理人有同事、代理、雇佣、顾问关系的；

⑧与当事人或代理人为共同权利人、共同义务人或有其他共同利益的；

⑨与当事人或代理人在同时期审理的其他仲裁案件中同为仲裁庭的组成人员，或者，首席仲裁员两年内曾在其他仲裁案件中被一方当事人指定为仲裁员的；

⑩与当事人或代理人有较为密切的交谊或嫌怨关系的；

⑪其他可能影响公正仲裁的情形。

(3)“忠实履行保密义务”。仲裁员“不得向当事人或外界透露本人的看法和仲裁庭合议的情况，对涉及仲裁程序、仲裁裁决、当事人的商业秘密等所有相关问题均应保守秘密”。

仲裁员违反诚信义务的后果，见《管理办法》第十一条、第十四条和第十五条第(一)项规定。

3. 认真、勤勉

认真、勤勉是北仲选聘、指定仲裁员所考虑的重要因素。因为，首先，认真、勤勉是仲裁质量、效率的重要保障。认真、勤勉体现了一个人的责任心和荣誉感。有责任心和荣誉感的人，对结果负责，力求完美，工作精益求精，不论案件报酬高低，都会将工作做到极致。北仲一些仲裁员讲，他们每次办案都会有“如临深渊，如履薄冰的感觉”，仲裁员这种认真、勤勉的精神，铸造了北仲的公信力。英国仲裁员协会前主席哈特威尔教授(Geoffrey M. Hartwell)说：“法官享有全部的荣誉，是国家职权上层人物……也值得当然的敬仰；而仲裁员只是劳动者，其责任是将工作做到极致，除了当事人的授权，他们一无所有。但是在国际商事领域中，没有什么荣誉会高于你被专业同事们或商业伙伴们选作为仲裁员。”

其次，“基于信赖的权力是最有权力的权力”。认真、勤勉有利于增强当事人、代理人对仲裁庭的信赖感,愿意并积极配合仲裁庭推进案件审理,即使裁决结果不利于一方当事人,但认真、勤勉也能在一定程度上化解其对仲裁员的不满和抱怨。

最后,认真、勤勉有助于仲裁员职业发展。仲裁实践性强,不仅需要法律专业知识,更需要经验和办案能力,后者需要实践的积累和磨炼,仲裁员无论在自己专业领域里获得什么样的成就,无论资历多深,学问有多大,都代替不了这种积累和磨炼。认真、勤勉的人会珍惜每个机会,把办案过程变成学习提高过程,最大限度地从办案过程、从他人身上汲取经验教训,迅速提高专业水平。

根据《仲裁员守则》《仲裁员聘用管理办法》认真、勤勉义务包括:

(1)认真阅卷、评议、开庭并裁决,根据北仲仲裁员办案规范要求参与案件审理的全部工作。案件审理要在查明事实上下功夫,应该并能够查清的事实、证据,要通过审理调查清楚,不要怕麻烦用举证责任(举证责任的适用有前提)敷衍了事。

(2)裁决要在辨法析理上下功夫,不仅要讲明法律、法理,还要讲事理、情理,做到交易逻辑与法律逻辑的统一,使双方当事人胜败皆明,最好是胜败皆服。

裁决的事项应规范、具体、准确,使裁决能够得到法院的顺利执行。

(3)尽量全面彻底解决当事人的争议,能一次解决的,不要分次解决;能全部解决的,不要部分解决,避免增加诉累,真正做到案结事了、定分止争。

(4)仲裁员"在规定的期限内尽可能迅速审结案"。为提高仲裁效率,《提高仲裁效率若干规定》,将仲裁程序时间要求具体化,明确仲裁员按期审理案件的义务、"迟延的责任、超审限的后果等问题",其主要内容是:

①仲裁员"在组庭后连续满 20 天不能参加案件审理的,应及时告知本会,并视情况决定是否接受选定或指定,或者退出案件审理;仲裁员在审理期限内连续满 60 天不能参加案件审理的,应拒绝接受选定或指定,或者退出案件审理"。[1]

---

〔1〕《北京仲裁委员会关于提高仲裁效率的若干规定》第三条。

②“仲裁员收到组庭通知时,应将自己可供办案的时间(在审限内每月应不少于10日),及时告知秘书或首席仲裁员。”[1]

③“仲裁庭审理日程或开庭日期确定后,仲裁员应尽量避免因个人事由影响审理日程或开庭。仲裁员能够预见或应当预见自己不能参加开庭的,应于首次开庭5日(再次开庭3日)前通知首席仲裁员和秘书并作出合理补救,否则视为无故缺席。”[2]

④“仲裁庭应自审理终结之日(最后一次开庭审理结束或当事人最后陈述或质证期限届满之日,下同)起30日内,完成裁决书制作。”

“首席仲裁员应在审理终结之日或最迟不超过7日,以适当方式就案件事实、证据、定性、责任、适用法律、裁决意见和理由等组织仲裁庭合议。仲裁庭对裁决达成基本共识的,首席仲裁员或其指定的仲裁员应自合议之日起7日内,拟定裁决书草稿;仲裁庭未经合议或经合议对裁决未达成基本共识的,仲裁员应自审理终结之日或合议之日起5日内就案件事实、证据、定性、责任、适用法律、裁决意见和理由等提出制作裁决的书面意见,由首席仲裁员或其指定的仲裁员进行汇总,拟定裁决书草稿。其他仲裁员应自接到裁决书草稿之日起5日内,提出审核意见。”[3]

⑤“仲裁员应按时参加开庭、合议、调查及其他审理工作,不得无故缺席、迟到、早退。案件审结前,仲裁员外出、开会、联络方式变化,或者因其他原因可能影响案件正常审理或裁决制作的,应当及时通知秘书并告知相应的联系方式。”[4]

⑥“未遵守前款规定,致使开庭、合议、制作裁决迟延的,承担迟延责任;其他仲裁员可在其缺席的情况下,对除开庭以外的程序性问题作出决定。”[5]

⑦仲裁员“因迟延满20天导致案件超审限的,或者因仲裁庭各成员共同原因导致案件超审限满两个月的,该案件将记录在电脑查询系统中,供当事人查

[1] 《北京仲裁委员会关于提高仲裁效率的若干规定》第六条。
[2] 《北京仲裁委员会关于提高仲裁效率的若干规定》第八条。
[3] 《北京仲裁委员会关于提高仲裁效率的若干规定》第九条。
[4] 《北京仲裁委员会关于提高仲裁效率的若干规定》第十条。
[5] 《北京仲裁委员会关于提高仲裁效率的若干规定》第十条。

阅";"仲裁员迟延致使案件超审限、情节严重的,本会有权在征得当事人同意后予以更换";"仲裁员审理迟延,本会将视情况减少其办案报酬,达到不予续聘或解聘程度的,本会将不予续聘或予以解聘"[1]。

4. 合作共事

合作共事既是仲裁员的义务也是仲裁员的能力。在合作共事中,仲裁员应注意:

(1)仲裁员要有民主素养,待人平等,谦逊有礼,尊重、理解、包容他人,能够推己及人,换位思考,与其他仲裁员合作,公正、及时地裁决纠纷。

(2)仲裁员应善于沟通交流,对仲裁程序决定、仲裁裁决有不同意见的,应直接与仲裁庭其他成员进行沟通,不要通过秘书从中转达。通过秘书从中转达,不仅无法做到准确、完整地转达意见,而且会延长沟通时间。国际仲裁中,仲裁程序的推进和裁决书的制作,均由仲裁员自己完成(境外仲裁机构通常不为仲裁庭提供秘书服务),仲裁员不善于沟通,很难在办案过程中真正发挥作用。

(3)仲裁员在仲裁庭评议、交流过程中,要敢于表达自己的不同意见。由于知识、经验、认知能力的限制,个人的判断难免主观和片面。仲裁庭成员如果都能敢于提出自己的不同意见,并就不同意见充分讨论,就能对证据、事实形成客观、全面的判断,准确适用法律。如果仲裁员碍于情面,有了问题也不说,就会使仲裁庭失去发现并纠正错误的机会,损害了仲裁的公正性。

(4)仲裁员学会以包容的精神理解和接受分歧。由于仲裁员、当事人、代理人来自不同的行业、职业、不同文化背景的国家和地区,仲裁员之间、仲裁员与当事人、代理人之间,可能因角度、方法的不同对证据的判断、事实的认定、法律条文的理解出入很大,谁是谁非,正确程度有多大,在学术上往往也有争论,不宜以偏概全,应该允许有探讨的余地。仲裁员听到不同意见,要冷静分析不同意见依据的证据、事实是否有自己不知或忽略的地方,认为意见有道理,就虚心接受,从善如流;认为意见没道理,也要坦诚讲明自己的理由和依据,切忌将对

[1] 《北京仲裁委员会关于提高仲裁效率的若干规定》第十二条。

不同意见的讨论上升为对意见者动机的猜测和质疑,上纲上线,影响仲裁庭理性判断。

(5)仲裁员与他人合作共事中,应本着建设性的态度,不能只是质疑、否定他人建议、意见,自己拿不出任何解决的方案,导致仲裁庭久议不决。仲裁员要宽容、宽厚,能够求同存异,在非原则问题上过于纠缠,偏激、偏执。仲裁员拒绝在裁决上签字的,要及时出具个人书面意见。

以上是仲裁员道德规范的主要内容。1970 年美国密西根西区联邦法院恩格尔法官的就职演说,可以看作法官的职业道德宣言,对仲裁员提高道德修养有很强的指导意义,摘录如下,与大家共勉:

"我希望能够有效、有序地主持庭审,使其不但成为一个能够作出公正判决的法庭,同时也能让所有的人感到公正和客观;我希望我能永远牢记,最重要的案件就是我正在审理的案件,因此我必须注意力高度集中;我希望对自己的法律知识永不感到满足、懈怠,我将避免由于过于自信而不再对相关法律进行认真的研究的现象;我将不在法庭上进行讽刺和挖苦,因为我知道法官的一言一行,无论对治愈创伤还是造成创伤都将有深远的影响;我希望在解决重大疑难案件时,我有决心和能力,并且能够保持立场,不动摇;我将永远不会过于自信,以至于停止寻自身的偏见和成见;我祈祷,当我法官生涯结束时,无论在明天的早晨还是在 30 年以后,别人都会说我的工作是完美的、为人是诚实的;我为人类的生命和正义贡献我微不足道的力量。"

第三编

执行机构（办公室）

ZHIXING JIGOU（BANGONGSHI）

坚持源于信念,追求源于梦想*

——谈北京仲裁委员会的共同价值理念

(2001-2-1)

北京仲裁委员会(以下简称北仲)从1995年9月28日成立到现在,从无到有,从小到大,从一个默默无闻的机构到一个具有良好的社会信誉,案件数量、质量、工作效率,管理和服务水平位居全国同行前茅的仲裁机构。回顾这些年的发展,确实有很多经验值得总结。在外界,特别是在同行眼中,北仲取得这些成绩是源于北仲灵活的机制,科学的管理以及现代化的设施、技术和手段。这些也对也不对。说对,因为这些是事实,是北仲区别于一般仲裁机构的一个明显特征。说不对,是因为这种评价不全面,没有看到支撑我们励精图治、开拓进取,不断发展的深层次东西。我们是最早组建的7个试点城市的仲裁机构之一。许多仲裁委员会在组建时就来北仲参观学习,有的在组建后还几次过来考察。他们一致认为北仲的做法符合仲裁法的精神,是中国仲裁未来发展方向。但是,真正实行北仲的制度和做法的机构又有多少?除了软件管理系统,有少数机构开始用,更多的仲裁委员会一来,就打听我们的工作人员的收入有多少,

* 本文为王红松秘书长2001年办公室年度工作总结。——编者注

福利怎么样。也许,他们心里认为,北仲工作人员的干劲是从钱里来,而且,还会将此作为重要因素。我们是唯物主义者,不否认物质的力量。但是,在北仲创建之初,其工作条件、收入水平,福利待遇与同时组建的仲裁机构的水平相差无几,甚至还低。起码财政一开始就说明北仲实行差额拨款,3 年后财政不再管,其他同期成立的机构现在当地财政还在拨款,有的机构一年的数额超过我们拨款的总数。当时,一些在原行政仲裁机构工作的人,一心想到北仲工作,北仲筹建时跟我说过几次,后来听到这个条件,就不再提来北仲的事了。那么,到底是什么力量推动我们建立机制、完善制度,实行科学管理,创造了今天的局面呢? 到底是先有物质,还是先有精神? 我认为,是先有精神,正是在这种精神的指导下,我们形成了有自己特色的制度和办法。我们建立完善这些制度,也是为了保持和发扬光大这种精神。这种精神用现在的名词讲是企业文化,是一种大家认同并共同遵守的价值理念。这种价值理念可以归纳为:

一、忧患意识,就是我们埋藏于心底的,挥之不去的危机感、紧迫感

我们知道,在这个充满竞争的社会,没有永远的赢家。今天我们超过了别人,明天别人也可能超过我们。我们的信誉虽然经过若干年辛勤努力,一点点积累起来,但毁于一旦也很容易。逆水行舟不进则退,我们只有不断拼搏,只有持之以恒,毫不懈怠,才能在维持生存的基础上不断发展壮大。我们知道,“生于忧患,死于安乐”,人在逆境中,能够做到奋发图强艰苦奋斗,但是在顺境中,在优越的条件下,人很容易满足,从而失去创业的精神和进取的激情。所以无论我们取得多少成绩,获得多大的荣誉,我们对自己的不足和问题要始终保持清醒和自觉,用我们可能达到的标准来要求自己,不断地寻找差距,缩短差距,永远保持着进取的精神与活力,保持着朝气蓬勃的精神面貌。

二、责任感和使命感

我们选择了仲裁事业,仲裁事业也选择了我们,这是历史给我们的机遇,也是历史给我们的责任。从人类历史长河看,历史是人民创造的,但从一个局部,一段时间看,一个单位的历史就是由这个单位的全体工作人员创造的,我们做得好坏直接决定仲裁委员会发展的进程。而且,我们努力的意义不仅仅对仲裁委员会,对整个仲裁事业都会有积极的影响。全国仲裁机构的筹建和运作五花八门,大部分机构现在仍是依赖财政,内部管理沿袭行政机关的做法。而北仲则是认真按照仲裁法精神,按照市场经济规律和国际惯例做事。无论是机构的筹建,委员会的换届还是仲裁委员会日常运作和管理,都在不断摸索符合仲裁本质特点的制度和办法。北仲是想证明,在中国现在的社会条件下,按仲裁法要求做事不仅应该,而且也能够取得成功。由于北仲地处首都,北仲的成功自然对其他仲裁委员会产生积极影响。现在,仲裁同行已公认北仲代表了中国仲裁未来发展方向。我们亲身经历了这样一个奇迹创造过程,应该感到欣慰和快乐。从这个意义上说,我们努力工作,远远超越了挣钱谋生的层次,而是履行一个正直知识分子的历史使命和社会责任。我们热爱仲裁事业,愿意为她付出自己全部的心血和汗水。因此,我们所保持的那种满腔热忱的敬业精神,绝不是钱所能刺激出来的。

三、忧国忧民的赤子之心和以天下为己任的境界和情怀

人活着就应该有所追求,我们来到这个世界上,不能枉活一世。特别是一个受过高等教育的现代知识分子,更应该有自己的人生理想和追求。有人说,没有人生目标的人是精神上的流浪者。余杰在《丑陋的大学生》一文里曾描述现在的大学生是:有青春没热血,有文化没教养,有知识没智慧,有前(钱)途没理想。这段话比较尖酸刻薄,确也揭露了当代大学生的不健康的现象。北仲的工作人员不是这样的。我们的人生追求是什么的呢?就是在岗位上勤勉工作,尽可能地多做有益于人民群众的事,为推动民主法制建设和社会文明进步做贡献。江平主任在给北京律师做报告时说:“如果我们今天要论英雄的话,我说莫以高官论英雄,莫以钱多论英雄。现在,在世界上,在我们的社会里,一个钱,一个官,这可能是最迷人的。在历史赋予我们使命的今天,我们能不能对得起社会赋予我们的使命和责任,在我们的民主与法制建设上,我们律师看到了什么样的责任,我们自己做人是不是做得好,以这个论英雄。”他还说:“一个人受社会尊重的程度主要是取决于他的职业在社会政治、经济生活中所起的作用,他

能不能够解决人民群众迫切需要解决的问题,能不能对社会给以推动,作为社会进步的推动力。而不是在于你挣钱的多少。”这些话应该成为我们人生设计参考的坐标。工作岗位就是我们为人民服务的人生舞台。现在有那么多企业不景气,那么多工作了多年的工人连医药费都不能报销。我们多做一些工作,把案件办得好一些,快一些,就能多减轻企业的负担,缓解一些社会的压力。我们是在为当事人排忧解难的过程中实现自己的价值。有这样的情怀,我们会艰苦奋斗,扎扎实实地做好每一件事,不慕虚名,不搞浮夸,不铺张浪费,永远保持着勤奋扎实的工作作风。

四、疾恶如仇的正义感,以及只向真理低头的勇气和毅力

我们搞仲裁工作,不仅是及时解决纠纷,促进经济发展,也是主持公道、伸张正义,弘扬正气,创造精神文明。现在,人们对吏制腐败、司法腐败,甚至文化腐败深恶痛绝。如果我们建立一个公正、公平、廉洁高效的仲裁机构,就会让人民群众对仲裁乃至对社会多一些信心和希望,就会更多地激发起人们对真、善、美的追求和向往,使社会环境朝着健康文明的正确方向发展。对法治、公平、正义的坚持就是对邪恶的抵制和打击。这种将法治、公平、正义坚持到底的信念,是我们抵制腐败,顶住压力,不畏权势,秉公办案的底气,是北仲保持住纯洁、公正的精神力量。

五、亲密和睦的人际关系

北仲的工作人员大多数是高等院校法学院的毕业生。与一些单位专门招聘有工作经验的人的做法不同,北仲更愿意招聘应届毕业生。北仲看中应届学生的淳朴与真诚。一是容易接受正确的价值观,可塑性强。二是新人没有什么是非。北仲现在的工作氛围,证明了这个选择是正确的。在我们的人际关系中,纯真和友善是主旋律,没有什么是是非非、尔虞我诈的小动作。大家和睦相处,互相关心,互相爱护,互相帮助,互相支持。凡是在这工作实习过的人,都十分留恋、羡慕我们这里的人际关系和工作氛围。这也是北仲的工作人员安心、舒心、专心干工作的良好环境。

以上是我个人对北仲文化的几点概括。在我们发扬光大北仲文化过程中,下面几点要求是北仲全体工作人员必须严格遵守,努力实践的:

一、公正廉洁

廉洁与公正不是并列关系,廉洁是公正的前提,但廉洁不等于公正,做到廉洁不等于就做到了公正。人们之所以将廉洁与公正并列,是因为,现在许多的不公正都因不廉引起。自古就有"公生明,廉生威"的提法,可见廉洁在人们心中的位置,没有廉洁威信无从谈起。提到公正廉洁的意义,从两个层次认识。第一个层次从自身的利益角度。仲裁不是靠强制,而是靠信誉,一个不公正、不廉洁的仲裁机构,没有信誉可讲。仲裁与诉讼相比有许多局限和不足,许多当事人、代理人选择仲裁,除了仲裁保密、灵活、专业等优势外,还有一个原因是人们对司法腐败感到失望,希望寻找更公正的解决争议方式。如果哪一天,人们感到仲裁腐败,仲裁就穷途末路了。从这个角度讲,公正是仲裁的生命,失去公正,仲裁机构就失去生存的基础,大家将失去饭碗。因此,任何不公正、不廉洁行为,都是砸大家饭碗的行为。北仲的聘用合同规定,工作人员违反了廉洁纪律,单位将终止其聘用合同。古人讲"衣食足,知荣辱",以工作人员享受的条件和待遇,没有理由再去收受礼品和好处。人们犯错误在所难免,因为经验不足,认识水平有限犯错误,可以原谅。但是,违反廉政纪律是不能原谅的。因为这是一种主动的作为,是能够预见后果,完全可以避免的行为。第二个层次从人的耻辱感和尊严意识角度。江平主任说,有些学生"在学校慷慨激昂反对腐败,你可以说反对这个反对那个,这个不满,那个不满,可是当了法官之后比老法官还黑。学校的时候赤子之心是满腔热忱,但是,一到了官场,一到了某些职业,他的赤子之心就麻木了,我觉得现在学法律的人很大一个危险就是缺少赤子之心"(转引自《为权利而斗争的中国律师》)。这些话令人深思。有人说,现在除了吏制腐败,司法腐败,还有文化腐败。文化腐败是指对黑社会,对邪恶势力,对腐败现象,不是揭露,批判,而是带着欣赏和把玩的态度。还有人说现在除了有贪官文化,还有"贪民"文化,这些民恨腐败,但是恨的动机,是因为自己没有机会搞腐败,或者,腐败的机会苦乐不均。一旦自己得到机会,自己也会去贪,而且贪婪的程度毫不亚于其所恨的贪官。如行政机关的一些工作人员,一些行业垄断部门掌管某种垄断权的办事员,“一朝权在手,便把令来行”,有点权力就拿捏得不行,刁难得不行。正是“贪民”文化造就了一批批贪官污吏。处在这样一个环境,必须对腐败保持警觉,不能麻木不仁,随波逐流。仲裁案件,处在利益冲突中心和矛盾焦点上,当事人、代理人或者其他与我们工作相关的人,或者是因为有求于我们,或者是因为对我们努力工作的感激,对我们送一些礼品,意思意思。他们这样做可以理解,但我们绝不能接受。你不收,就会受人敬重。虽然社会风气不好,但人们判断是非的标准没有变。尽管有些人自己不能做到公正廉洁,但是,他们希望社会多一些正直廉洁之人。因此,拒绝接收礼品和好处,就会为自己、为机构赢得信赖和尊重。但是,如果你接收了,就会被人看轻,而且,被看轻的不仅是你个人,而是全体工作人员。人们说你们说得好听其实不过如此。作为秘书长,我很清楚工作人员在工作过程中经常会面临的压力与诱惑。令人欣慰的是,绝大多数工作人员经受住考验,战胜了压力和诱惑。我们应该永远保持下去。

二、工作效率

效率是仲裁的优势,也是北仲取得成功的重要经验。当事人选择仲裁时,对仲裁效率的要求一点不亚于对仲裁公正的要求。众所周知“迟延的公正就是不公正”,没有效率,公正也要大打折扣。实事求是地说,我们与国内其他优秀仲裁机构相比,在公正方面没有太大区别。我们强项在效率和服务上。即使是这一项,国内其他仲裁机构也在迎头赶上。有的机构实现了全部当庭录入,有的仲裁机构结案率 94% 以上,还有的仲裁机构,办案时间平均在 40 多天。当然,案件的复杂难易之分,案件多少及各类案件所占比例也很重要。但是,通过有效的程序管理,缩短办案时间的可能性也是很大的。现在,法院搞审判方式改革,判决的公正及办案效率在不断提高,如果仲裁比诉讼的效率低,当事人凭什么要选仲裁?另外,国内其他仲裁机构也在拼命追赶北仲。北仲作为一个年轻的仲裁机构,没有老本可吃。因此,大家应有这样的共识:效率也是仲裁的生命,效率上不去,同样危及仲裁机构的生存发展。在北仲的岗位责任制中,效率问题是岗位责任的重要内容。

三、认真敬业

认真就是要严谨、细致、扎实,一丝不苟。我们都是搞法律的,要重事实、证据,判断要符合法律规定。法律是哪条?证据是什么?能否作为认定事实的依据?都要一一搞清楚,做扎实。对案件分析是否准确,不在于理论功底多深,智商多高,而在于你研究案件的深入程度,对证据材料的熟悉程度。要做到这点,靠的是认真。有时,忽略一个证据、一个案情细节,往往会导致对整个案件的判断错误,"失之毫厘,谬之千里"。秘书天天做程序管理服务,比仲裁员更清楚容易出现的程序问题和错误,应及时提醒仲裁庭。秘书在发通知、组织开庭,庭审笔录、案件归档等,也要谨慎从事,避免因某个细节的疏漏带来工作上的被动,造成损失。北仲是一个信息化管理程度非常高的机构,对全体工作人员电脑录入的完整准确程度,要求很高。因为,一个人录入的信息失真(案件数量、案件时间、案件类型),机构的全部信息都会失真。认真是一种优秀的个人习惯,既有利于提高工作质量和效率,也有助于提高个人能力。常有这种现象:大家同一年毕业,学历相同,经历一样,但几年后,彼此在业务上的差距泾渭分明。究其原因,不在智力水平,而在认真的习惯上。不认真的人,习惯于做什么事都不上心,几年过后,头脑空空。余杰有一篇专门论述认真的文章。他说,认真是对自己生活的每一瞬间都完全负责任的生活态度。确定,认真是对生命负责的表现。人的一生由众多时间单位组成,认真的人,在单位时间内的收获,实现的价值和生命意义要比一般人多很多。

敬业指追求完美,精益求精,以及主动性和创造精神。敬业比认真多了主动、热爱、奉献的成分。敬业的人站得高看得远,不会计较付出与收获的对应关系,在意分内与分外,只要对事业有利,就会积极奉献。北仲成立以后,随着服务领域的扩大,除办案外,还增加了许多宣传、培训、软件开发、网站建设、外事交流等工作,工作任务很重,但又难以量化。大家都是主动承担,而且尽心尽力地将其做好,体现出可贵的敬业精神。希望我们将这种精神发扬光大。

四、勤奋学习

现在法律发展很快,不要说我们这些从学校毕业不久的学生,就是一些资深且著作等身的教授、专家也有一种知识不够用,学不过来的危机感、紧迫感。单位鼓励大家学习,不是提高工作人员中硕士、博士比例,对外炫耀。而是在鼓励一种进取的精神,一种朝气蓬勃的精神状态,一种求真务实的态度。学习首先,为了提高,在学习内容上要选择与工作密切相关的知识经验,如仲裁规则、仲裁员守则、管理办法、工作规范,不仅要知道,而且能熟练应用,将死的知识转化为解决实际问题的能力。这样才能达到事半功倍的效果。其次,要处处留心,仔细观察周围优秀的人(包括专家、学者、律师和同事)在法律问题特别是重大疑难问题如何分析和判断,从中吸取经验教训。不能"左耳朵听,右耳朵冒",成天与名师高手打交道,却啥都没学着。最后,要注意积累,包括书本知识、仲裁员、当事人、代理人的智慧、经验和技巧,也包括自己的心得体会和灵感的火花,持之以恒,那么,经过若干年努力我们的学识就很可观了。不仅"士别三日,当刮目相看",而且,要成为某一领域中的"大家",成为专家、学者型的秘书,成为既有理论功底,又有实践能力的优秀仲裁人才。当然,外面的世界太精彩,诱惑太多,静心学习,尤其是坚持不懈的学习不是件容易的事。但既然"天将降大任于斯人",自然要"苦其心志,劳其筋骨,饿其体肤,空乏其身"了。

五、团结合作

我们说团结并不是因为存在什么不团结问题。而是要求大家在工作中相互配合更加默契。新老同志之间、上下级之间、后勤与一线人员之间要相互理解和尊重,能够换位思考,设身处地为他人着想。同志之间能坦诚交流,信息交流顺畅、大家愉快合作,不搞小动作、小圈子。大家以壮大北仲,发展仲裁事业为目标,齐心协力干工作,在事业的发展中求得个人的发展,享受快乐和成功。

六、结语

我想用本篇文章的题目来最终结束我对北仲共同精神价值理念的一些简

单的总结和感悟。北仲成立至今,外界的人看到的是我们的迅速发展,看到的是我们目前良好的发展条件;但是在这其间我们经历了多少的困难、多少挑战、多少非议、多少质疑,非亲历其中的人恐怕是无法体会的。今天,我们可以自豪地说,在按照仲裁法的要求发展仲裁事业的道路上,我们坚持走下来了,我们没有因为任何外界因素停止我们将现代民商事仲裁制度在中国做大做强的追求!坚持源于信念,追求源于梦想,我们也坚信,在这样一种信念和梦想的支撑下,我们能够一直走下去,即使风雨兼程,也始终向着前进的方向!

为什么实行岗位责任制

(2001－12－15)

制定岗位责任制的想法产生于1998年,真正动手写是1999年,到现在写了三年多。在写作过程中我对岗位责任制对北仲的意义和作用考虑了三年。草稿出来后,我们经组长会议两次讨论修改。可以说,这个稿子是我、余妍及三个组长集思广益的结果。现在发给大家进行修改的目的是要发挥大家的积极性,集中大家的智慧,使我们的岗位责任制更科学、更公平。

一、起草岗位责任制的起因

促使我产生岗位责任制的想法是1998年单位发生的一些事。当时我想,如果一个单位里老实人吃亏,投机取巧、偷懒耍滑的人占便宜,就会伤害诚实劳动人的积极性,就会纪律松懈,作风涣散,丧失士气,单位迟早会垮。出现这种情况,责任在领导,但承担后果的是群众。国有企事业单位,当领导的再无能,只要没有查出贪污受贿,就会全身而退或异地做官。所以,我们要建立一个制度,一种能够及时发现问题,避免老实人吃亏的制度;一种奖勤罚懒的制度,促使人人敬业,个个奋发努力工作的制度。这是起草是岗位责任制的一个比较原始的动因。

二、随着单位人员的增加，我对岗位责任制有了新的认识

仅从避免出现老实人吃亏现象的角度制定责任制，当这个问题不存在或不那么突出时，制定这个制度是否必要？从现代管理学的角度，通过“师傅带徒弟”式言传身教方法培养人才的方式有些落伍。这还是小生产作坊式的培养人才的做法。这种方法因人（师傅）而异，有太多的随意性，不能适应市场经济条件下现代企业人才发展的需要。如果说在北仲初创阶段，这样做有合理性。大家的创业热情以及彼此默契配合弥补了制度的缺陷。现在，我们已经发展到拥有固定资产3000多万元，近2000平方米的办公用房，工作人员20多名，年受案量达660多件的规模，且业务量一直以37%以上的比率快速增长，人员增加较快。如果继续“师傅带徒弟”的模式，肯定不适应委员会的业务发展。一个企业家曾经说过，企业能否发展，能否做大，不是取决于其资金、实力和规模，而是取决于其能力。许多企业，一开始规模小的时候，一直发展平稳，但发展的规模大了以后，却很快就垮台了。有多少民营企业，业绩曾显赫一时，如日中天，但是没有多少年就销声匿迹，如烟云散。什么原因，归根结底，是其没有做大的能力，又不适当地将规模扩大到其不能胜任的程度。企业的能力是指人的素质、应变和创新能力，企业在不同发展阶段应有不同的管理模式。我们现在需要创造一个新的制度——岗位责任制，保障仲裁委能与时俱进，持续发展，永远走在全国的前列。北仲成立6年，已积累不少经验，能为制度的创立提供经验和知识。这个制度是在我们聘用制基础上发展过来的，可以提高人才管理、选拔、培养的规范性和透明度。使工作人员一参加工作就能完整、详细了解到单位各种岗位的要求，对未来发展有一个合理预期，提高工作绩效。记得招聘的时候，我们向应聘人员介绍情况时，强调单位管理严格的特点。应聘的学生说，严不怕，关键是公平，单位应该有公正、公开的竞争标准。岗位责任制就是这样一个公平、公开的竞争标准，这个制度的实行可避免领导在人才选拔、使用上的主观随意性，提高人事管理制度的透明度、公正性和科学性。

三、实行岗位责任制是贯彻中央人事制度改革精神的需要

2000年8月中共中央办公厅印发了经中央批准的《深化干部人事制度改革

纲要》。纲要在“四、事业单位人事制度改革”写道:“事业单位改革的重点和基本要求”是“适应事业单位管理体制改革的要求,以推行聘用制和岗位管理制度为重点,逐步建立适应不同类型事业单位特点的人事管理制度,形成有利于优秀人才成长和发挥作用的用人机制和重实绩、重贡献的分配机制”。“建立推行岗位责任制”“要明确岗位职责、任职条件和聘任期限”要“改革事业单位的收入分配制度”“根据效率优先,公平兼顾的原则,实行按岗定酬,按任务定酬,按业绩定酬的分配办法,将职工的工资收入与岗位职责、工作业绩、实际贡献……直接挂钩”“逐步形成重实绩、重贡献,向优秀人才和关键岗位倾斜的分配激励机制”。岗位责任制是实行报酬与岗位职责、贡献、业绩挂钩的基础,这不仅是中组部、人事部关于事业单位人事制度改革的方向,也是市场经济条件下事业单位分配制度改革的发展趋势。现在,不是要不要改革,而是在什么时候改革,如何改。是早改还是晚改。根据以往的经验,凡改革之事,动作越早,阻力越小,获利越大,“撑死胆大的,饿死胆小的”。就像当初实行聘任制,因为都是新机构、新人,一开始提出聘用条件,大家没有什么可说。但是,如果开始选择“铁饭碗”现在改为“聘用制”,问题矛盾就出来了。“新人”好说,“老人”怎么办?待遇是刚性的,上去就下不来。就业形势不好,未来那么多的不确定性,把谁的“铁”饭碗换成“泥”的,谁都不干。加之,现在国有企事业单位领导有几个愿意得罪人,找麻烦?反正要亏不是亏自己,要垮大家一齐垮(领导也许能易地做官),但“出头的椽子先烂”,搞改革就要承担风险,付出代价。因此,不到万不得已谁也不主动改。即便上有改革政策,下面也会有维护稳定的各种折中办法。如“老人老办法,新人新办法”。但这也会产生新的矛盾和冲突。为什么那么多机构参观北仲后,说北仲的制度好,但学不了。因为,其改革成本太高,风险太大。现在想起来真有些后怕,如果北仲在成立之初选择了“铁饭碗”,会不会有今天的局面?当然,打破“铁饭碗”只是第一步。按照中央事业单位人事制度改革精神,在分配制度上还需要进行相应调整。我们是唯物主义者,存在决定意识,不能光靠政治思想工作,靠动员大家无私奉献来解决制度的缺陷。制度的问题应该通过制度的完善解决。因此,今后,我们应该在分配上逐步过渡按岗定酬,按任务定酬,按业绩定酬的分配办法,真正实现奖勤罚懒,“向优秀人才和关键岗位倾斜的分配激励机制”。而实现上述制度的基础是岗位责任制，这是一种必然趋势，早晚要走。

改革也要有个机遇问题。在恰当时间、地点改革，顺势而为，改革成本小，收获大。就像我们在委员会刚成立的时候搞聘用制与其他仲裁机构现在开始实行聘用制其成本、效果不可同日而语。现在，我们选择岗位责任制，其价值、意义将会在今后的发展中逐渐显现。按市财政要求，北仲从明年实行“事业单位企业管理”，也就是说，我们不仅要“自收自支”，还要像企业那样照章纳税，压力更大了。如果哪天垮了，财政不会施援手。这是独立的代价——自负盈亏，自担风险。可是，如果我们继续选择目前的“收支两条线”体制，就不能获得一个民间性的、独立的仲裁机构应该享有的财政自主权。不仅如此，今后财政对实行收支两条线政策单位管理越来越严格，当事人交的仲裁费全部交专户银行，由银行转财政，财政再根据其制订的计划核拨给仲裁机构。据说以后财政部实行大财务，取消单位的财务出纳，单位的每笔支出统一到财政的派出机构办理。这样一来，真是把仲裁机构管“死”了。所以，如果，让我们在纳税实行“企业化管理”还是在“收支两条线”中选择，我们当然要选择前者。因为，不仅前者更符合仲裁性质和工作特点，而且，我们有更多的主动权，我们可以凭劳动创造自己的幸福生活。如果说，干得不好，机构关门，那也没什么可抱怨的。所以，我们别无选择，只能破釜沉舟往前闯，开弓没有回头箭。搞岗位责任制也是我们深化单位体制改革的要求。

四、实现岗位责任制是为了保障仲裁委员会可持续发展

上次一个来北仲参观的其他仲裁机构的同志问我：如果你走了，北仲还会是今天这个样子吗？这句话一直让我耿耿于怀，也坚定了我推行岗位责任制的决心。有人说，无论好制度还是坏制度，一经实施就会产生制度的惯性，制度的利益，制度复制制度。一个制度即使大家都认为不合理，但改起来却很难，道理就在于此。所以，我们在一开始就应慎重选择（创造）一个好制度。中国的企业（无论国有还是民营），人治色彩很浓，企业管理者个人品行、能力及沉浮影响企业的兴衰。我们应避免这个问题，尽快制定一套适合仲裁委员会发展的制度，

避免或减少因领导变化带来的冲击和影响,保障北仲的持续发展。岗位责任制属于人事管理制度,人是事业发展的核心和根本。因此岗位责任制是其他制度的核心。没有责任制,其他制度的实施缺乏基础。岗位责任制,不仅约束工作人员也约束领导,这种制约是双向的。这是北仲稳定发展的保障。它提出了领导选择的标准,不管未来领导产生途径、方式如何,这个标准都会产生重要影响。

五、实行岗位责任制是北仲开拓创新、锐意进取的体现

其实,改革就是创新,是制度创新,是用新的制度有效解决旧制度不能解决或解决不好的问题。制度创新才是社会发展的重要推动力,不但各个企业、而且各个国家都是与时俱进制度创新。中国有 2000 多年封建专制传统,长期落后、保守,任何一点改良不拿出点“革命”精神和“豁出去”的劲头,做不了。所以什么创新的事愿意用“改革”这个词。与制度创新相比,改革多了一些困难、痛苦、风险、牺牲的内涵,容易使人望而生畏。但对北仲来说,改革是一种相对容易、自然而然的事,一直以“我要改”的主动精神比政策先行一步。因此,当别人承受改革的痛苦和新旧体制过渡期的内耗、“磨合”(如老人老办法、新人新制度)时,我们却独享改革带来的红利。当多数仲裁机构还在依赖财政拨款时,我们率先自收自支并开始向国家纳税,其中的意义不言而喻。我们的成功不是因为我们出的力、流的汗比别人多,而是我们选对了方向,走对了路,我们避免了“走弯路”的成本。过去人们说企业之间的竞争是技术竞争,人才竞争,现在说企业的竞争是制度竞争。我同意这个说法,而且,我认为制度优劣造成的差异最根本,也最明显。我相信,随着时间的推移,北仲在制度上的优势会越来越明显。改革创新是一个良性互动、效益递进的过程,由于当初实行了聘任制,所以很多好措施、办法可以在这个基础上有效实施,这些措施、办法的有效实施,对制度的改进提出新的要求。当然,岗位责任制比聘任制复杂,难度大得多,需要较长时间的探索和实践,但是,我相信,未来我们像今天庆幸我们当初选择聘任制那样,庆幸今天对岗位责任制的选择。

北仲能在制度上不断创新是因为北仲的文化。在这个文化里有几个重要

因素:一是忧患意识,是我们融入市场后埋在心里挥之不去的危机感,紧迫感。在一个开放的、充分竞争的市场里,没有永远的赢家。信誉需要长期积累,非常不易,但却可能在旦夕间毁掉。我们不能懈怠、也不敢懈怠,把制度创新进行到底。二是我们所追求的就是将北仲建成一个最符合仲裁法精神的民间性的仲裁机构。我们对任何妨碍这种目标的行政弊端都保持高度警惕和敏感,并且不遗余力铲除造成这些弊端的制度土壤。三是我们追求社会文明进步,我们对社会进步的新知识、新事物,充满着好奇、渴望和尝试的冲动。搞改革,有人会认为苦不堪言,我们却感到兴奋、刺激和快乐——因为我们实实在在地感到自己在推动社会进步中的力量,看到自己的梦想逐步成为现实。我们要珍惜并发扬光大这种文化,以这样一种精神、心态,把岗位责任制搞好。

关于岗位责任制的说明

(2002－12－14)

关于单位实行岗位责任制的理由已经讲了很多。今天要讲的是,这个制度的具体内容,其中的考虑,以及我们应该怎样去认识理解这个制度。这算是一种交流、沟通,如果有人认为我说得不对,我们可以交换意见。

一、搞岗位责任制是不是单位为了裁员

其实,如果仅从裁员的角度,单位不必搞这个制度。单位实行的聘用制,合同一年一签,单位可以根据工作需要决定是增员还是减员。如果仅为裁员,就没有必要费这么大力气搞这个制度。美国通用电气公司原董事长兼首席执行官杰克·韦尔奇曾经说过,任何一个公司,如果认为它可以提供终身的工作保证,那么它就走进死胡同。事实证明,裁员从来都是每个企业领导人最不愿意面对的难题。任何人,如果他“很乐意裁员”,那他就没资格做企业领导;反之,如果他“不敢裁员”,那也不应该做企业领导。我很理解这段话。人是有感情的,裁员对企业领导及被裁者的感情都是一种伤害。但是,为了公平竞争,为了企业的效率效益和发展,有时又不能不做出这样的选择。如果说应该裁员而没裁员,不愿也,非不能也。所以,从员工的角度,如果希望能够保住自己的工作,

与其幻想企业不实行优胜劣汰的制度,希望领导心慈手软,不如自己努力去做一个最好的、单位最信赖并倚重的员工。命运掌握在自己手里,机会要靠自己争取。其实,只要有竞争,就会有优胜劣汰,只要竞争是公平的,大家能够理解。毕竟这是一种客观发展的趋势,谁也回避不了。现在人们有意见的是不公平竞争,是赏罚不明,是任人唯亲。而管理透明度越低的地方,领导在用人问题上随意性越强,越不受约束,员工越缺乏安全感;管理透明度越高的地方越容易做到公平。实行岗位责任制,提高了对人进行考核评价的透明度,这对领导是一个制约,有利于公平竞争。

实行岗位责任制,大家可通过这个制度了解单位赞成什么,反对什么,自己应付出什么样的努力才可以把握住机会,得到更大的发展;明白怎样调整自己,适应客观需要。中央电视台有一个关于企业招聘的对话节目。当时微软中国技术中心主任唐骏作为节目嘉宾说,应聘者与招聘单位的关系类似找对象。应聘者要了解单位的福利待遇、发展前景以及自己在单位的位置和发展。单位要了解应聘人员能否满足单位的需要及其可能对单位的贡献。招聘单位选择应聘者,是双方满意的结果,就类似于搞对象的两情相悦。这个谈话节目还涉及应聘者的认识误区——不知应聘单位需要什么,简历介绍没有针对性等。我将唐骏的比喻引申一步:单位与员工的关系某种程度上类似于婚姻关系。婚姻关系双方有一个相互了解、彼此适应和磨合过程。如果双方在这个过程中不能和谐相处,痛苦、烦恼大于快乐;如果只有一方委曲求全地迁就、满足另一方,婚姻关系不能长久。具体来讲,单位要求员工提供优质高效服务,而不能提供相应的报酬、待遇和条件,员工不干;反过来,单位提供相应的待遇和条件后,员工不能提供与之匹配的服务,单位不干。找对象时,双方多是凭外在条件,婚后的维持,则靠的是品行、性格、责任感等内在的东西。单位招聘员工时,主要看其学历、成绩、证书及形象,招聘后则看重其品行、能力和业绩。员工应聘前,看的是单位待遇和条件,工作后,除前述条件外,还要真正理解岗位要求、企业的文化、价值观和人际关系。单位与员工的合作,不仅是权利义务的相互满足,还有价值观上的彼此认同。与婚姻关系不同的是:其一,婚姻强调的是白头偕老,从一而终。但是单位与员工关系不强调从一而终,而是合作质量。日本公司过去搞终身制,现在经济不景气,也对此进行反思。其二,单位和员工的合作过程,双方都可以与其他潜在合作者进行比较和选择,员工跳槽,或单位选择新员工,只要不违反法律与合同。没有人像谴责第三者那样去谴责那些潜在的合作者。其三,从法律上看,单位与员工的选择权利是平等的。但选择的机会是由人才市场的供求规律决定。当人才“供”大于“求”时,单位拥有更多的机会;当“求”大于“供”时,员工有更多的机会。这就会出现一方更多地适应另一方需要的情况。要求员工满足单位的需要,不仅是因为就业形势严峻,一个相对理想的单位不容易,还因为单位是一个集体,只能满足大多数人的共同的需要,不可能满足每一个人的特殊的需要。而员工是个体,满足单位需要相对容易。同样,单位的发展取决于社会的选择,如果单位不去满足社会需要,而仅仅满足员工需要,单位也会被淘汰。因此,员工越是想留在单位发展的时候,就越要了解单位对自己的真实评价。因为,这对员工来说很重要。日本公司的一些职员为了了解单位领导、同事对自己的真实评价,不惜花重金雇私人侦探来调查。即便是其想离开,他也想从这些评价中总结经验教训。而我们国有企事业单位员工容易犯的错误是,以自己为中心考虑问题,仅考虑个人感受和得失,忽略了单位、同事对自己的评价,而这是危险的。企业不同于家庭,对员工有激励但不会溺爱。《联想为什么》这本书说:“激励与溺爱距离并不遥远,但结果却天壤之别,激励培养责任者,溺爱培养寄生虫。”人有缺点不可怕,可怕的是不知道缺点是什么,无法克服。我讲这些,而是向大家说明生存的常识。岗位责任制,提高了单位人事管理的透明度,员工有机会了解单位对员工的具体要求和真实评价。这种要求和评价一直客观存在,在没有岗位责任制的情况下,员工不知道评价标准及结果。透明度提高,有利于人才成长和创造公平竞争的环境。

二、岗位责任制的标准是否过于严格

衡量标准是否严格首先要看这个标准是否大多数人达不到,如果大多数人能够做到,这个标准就不算严。如果说定一个标准所有人都能达到,这个标准也没有意义。衡量标准严不严,还要看社会相似行业,同类人才的工作的质和量。与同时间同类人才的相似的工作比,这个标准也不算高。比如说办案数,一个同时期毕业的本科生、研究生在法院一个月的办案量在30件左右——而且自己都要写裁决,全年下来办理的案件数很可观。当然,法院的同志近乎有1/3的时间在加班。境外的法官也是如此,2000年我去台湾地区,听那里的法官说他们一年要办1100多件案件,很是吃惊。台湾地区的律师收费比较低。法官辞职干律师,不是因为律师挣钱多,而是因为法官工作太累。我看过一个统计,美国一个法官一年办1700多件案件,这个数字也挺吓人。比如考勤的要求,任何管理规范的单位都会这样要求。因为,迟到、早退,不是一个工作量、工作时间问题,它关系到单位的形象和风气。一个作风涣散的单位不会有信誉。这个标准与我们所享受的权利相比也不算高。权利与义务相对应,高报酬与高绩效相对应,任何企业,如果其绩效的增长不能超过报酬增长,都将难以为继。社会上有多少与我们同样甚至比我们优秀的人才,只是因机遇不同,付出比我们多,回报比我们少。何况,大家在北仲工作图的还不仅是物质待遇,还有学本事、长才干、干事业。单位发展符合大家长远的利益。

岗位责任制是人制定的,人的认识是有限的,以有限的认识规范无限变化的行为,是一种矛盾。因此,我们只能以大多数人的业绩为判断标准,可能有一些特殊情况被忽略。公平是相对的,不同的人对公平可能会不同的理解,责任制的目标是创造一个从总体上说相对公平的竞争的机制和环境。只要大家对目标有共识,朝着这个方面努力,我们会在这方面越做越好。万事开头难,像北仲有这样的意识并认真去做的单位毕竟不多,加上大家都是百里挑一、千里挑一选进来的,如果你能在竞争中证明是强者,那么,就不难在社会上任何一个地方找到自己的合适位置。

三、岗位责任制是不是只有惩罚没有奖励

岗位责任制包括有奖励的内容,奖励不仅是奖金,还有机会——较长期间在单位工作的机会和晋升的机会。续签合同本身就是对工作的认可。周主任要我向大家讲明:仲裁委员会不仅是包括工作人员在内的仲裁委员会全体成员创造的,还应包括市政府及社会各界的支持。第一,从2002年开始单位实行“企业化管理”,单位要向国家缴纳营业税和企业所得税,单位的管理机制应与

企业化管理的要求接轨;第二,根据中组部、人事部关于事业单位体制改革的精神,事业单位要建立“向重点岗位、优秀人才倾斜,合理拉开收入差距,使收入与绩效、贡献挂钩,并与各类人力资源市场价格接轨,体现人才价值和人力资源”的分配激励机制。

四、责任制的核心是责任

《联想为什么》的作者对奖励问题有过精辟分析。书中说“我与相当数量的企业家探讨过激励的问题,结果发现我们的探讨很容易集中到财富分配上去,比如说工资等级问题,奖金发放问题,福利补贴问题,等等。在这些问题上很容易达成共识得出结论。但是只要用于实践,我们就会感到金钱也不是那么万能。”“当激励被引进金钱的死胡同以后,我们把人的物欲都刺激到无法自持……如果我们顺着这条路走下去,把人刺激到一个个都待价而沽,谁给钱多替谁干,那么金钱对于想要崛起的中国无疑会成为新的鸦片”。“激励是什么?就是在人的面前放一块大金坨子,在人的后面放一只老虎。跑得快的人得到大金坨子,跑得慢的人被老虎吃掉”。“这也许是一个不恰当的例子,也存有对人的亵渎。但我想,客观地去判断,这两个例子的真实性是可靠的”。我引用这段话意在说明,责任及对不负责任后果的处罚是激励机制的重要方面。对不负责任的罚,也是对负责任的肯定。只有赏,没有罚,是赏罚不明。赏罚不明就没有正气,积极性不会持久。

我是从行政机关出来的,对机关体制下产生的弊端看得很清楚。这种体制造就了一些人的不良心态:工作不好好干,怨天尤人,稍不如意,就拿服务对象撒气。到机关办事的人感觉到机关“门难进,脸难看,事难办”,很多是源于这种心态。我对此非常反感。不可否认机关里有这样那样的不如意,不否认领导应关心干部,改进工作。但是,这是不同范畴的问题。人要讲良心,既然你得到做公务员的机会,享受了公务员的工资福利,就应该尽一个公务员的义务,为基层服务、为人民服务。况且,有些条件在招聘时讲明,如不分配住房等。如果条件不合适,就别接受或接受以后重新选择。不能个人要求没达到,就把火气撒到工作上和无辜人的头上。这种怨愤像毒气,毒化着一个单位的风气,瓦解机关的团结和执政能力。如果仲裁机构里形成这种风气,非“死”不可。与其让这种人砸大家的饭碗,不如先砸这种人的饭碗。所以,仲裁法实施之初,七个试点城市组建仲裁机构,一般都是由各相关部门调人成立筹建领导小组。我只从大学请了两名研究生兼职,以避免日后人事安排上的麻烦。我曾与一个地方负责筹建的法制办领导谈过此事,他颇不以为然。事后,他告诉我,他后悔没这样做。现在工作最难做的,就是这些行政机关出来的“功臣”。北仲成立后,一些行政部门的人找,希望自己或将自己的亲朋好友安排到北仲工作,我拒绝了,因此得罪了一些人,其中不乏过去关系不错,曾给在工作上给我以很大帮助的人。许多人对此不理解。因为我深知这样做的后果,人事上一旦开了“口子”,北仲不会有今天。鲁迅说“堡垒最容易从内部攻破”。因为我清楚并痛恨行政机关的那些弊端,所以才会不遗余力,想方设法铲除滋生这种弊端的土壤。本来认为,聘用制可以解决这些问题。但发生在一个秘书身上的问题引起我深思。这个秘书虽是名校毕业的研究生,但搞秘书工作不行,案件电脑录入多是别人帮助完成,案卷档案很乱,丢三落四,他走了以后,给后面的承办人造成很大麻烦。这件事儿让我感到内疚,认为单位的管理制度上不如自己想得那样严密,一些环节上有存在严重的漏洞,不能及时发现和制止。因此,想到了岗位责任制,想到工作的规范和标准。我们需要这套规范和标准,提高绩效,奖优罚劣,树立正气,培养大家的主动性、创造性、责任心和敬业精神。中组部、人事部关于事业单位改革的方案也说明我们搞的岗位责任制符合大的改革精神。

五、岗位责任制是不是只注重工作的量,不注重工作的质,只注重绩,不考虑其他?岗位责任制实行后,会不会助长人们斤斤计较,只干能够计算工作量的工作,而不干那些虽然需要但无法计算工作量的工作,影响了人们主动性和奉献精神

这涉及两个方面。一方面是制度本身的设计和价值取向,另一方面是执行这个制度的人的素质问题,是大家对制度的理解和认同程度。从制度本身设计来讲,岗位责任制分为德、能、勤、绩四个方面,这是对工作进行考核评价的综合指标体系,而不是单一的指标。但是,由于绩比较明确,容易计算,使人以为单位更重视工作“量”而不重视工作“质”;只重业绩,不重视人的能力和品行,其

实不然,我想从下面几个主要方面来介绍制定岗位责任:

1. 关于工作质和工作量的关系。岗位责任制规定了质量的下限,如责任事故,没有规定质量的上限,这是因为,仲裁服务质量不像产品质量上那样能够精确表述。而且,服务质量是无止境的,随着当事人需求和单位要求的变化而变化。没有写质量上限标准,不等于对质量没有更高要求。如果有谁因此而忽视质量,工作就低不就高,敷衍、苟且,自己应该也能够解决的也不去解决,矛盾上交,那是愚蠢的。其一,不利于自己能力的提高。能力分两种,一种是显性的,即被社会承认已获得一定证书证明的能力,包括学历、证书等。另一种是隐性的,就是认识、思考、分析判断问题和解决问题的能力。社会与学校不同,需要办事能力而不是应试能力;是见识、胆识,而不仅仅是知识。能力只能在工作中锻炼。法律是实践性很强的学问,法律的核心是经验。经验要通过办案积累。在北仲有的是老师和机会,只要自己肯下功夫,自然熟能生巧,经验丰富,能力过人。如果敷衍、苟且,得过且过,别人不断进步,你还是原地踏步,就像身边的水在涨,而你却站着不动,迟早会淹死。大家将来还要发展,不可能永远做秘书,你不趁年轻时多学知识,长点本事,将来如何立足于社会?人无远虑,必有近忧,糊弄工作,实际上是糊弄自己。其二,工作质量反映了人的能力和责任心,如果你干什么都应付,不上心。久而久之,别人能看出的问题你看不出来,别人能解决的问题你解决不了,你在能力上比别人低一截,肯定先被淘汰。总之,岗位责任制要求的是有质量的数量,是高效率的质量,是又快又好。

为了保护大家工作的主动性、积极性,岗位责任制对责任事故的计算,尽量采用比率的计算方法。如果规定一个死数,干的越多的人犯错误越多,结果谁也不愿多干。美国保洁公司有个观点我很赞成:犯错误很正常——只要这个错误不是性质严重,不是因懈怠责任引起,为了不犯错误而不工作,实际上是最大的错误。

2. 关于绩与能的关系。单位的要求是又快又好,解决这个问题,不能靠加班加点,出大力、流大汗,而要靠提高专业素质和能力。有篇文章批评一些单位只强调出力流汗,加班加点,不讲效果的做法。作者引用了美国巴顿将军的一段话,即聪明而懒惰的人当领袖,聪明而勤快的人当总理,愚蠢而懒惰的人干一般的工作，愚蠢而勤快的人不让干事（估计是怕这样的人成事不足，败事有余）。作者提倡的是优质的劳动，也就是高素质人才提供的高质量、高效率的劳动。单位不但注重业绩，也注重业绩背后的能力。岗位责任的“能”规定得比较全面。比如秘书能力包括办案业务能力、写作与逻辑思维的能力、与人协调说服别人的能力、程序管理能力、对人的识别判断能力等。随着北仲事业或个人地位的提高，能的要求也要提高，比如外语能力、组织管理开拓创新能力等。能力是运用知识解决实际问题，胜任岗位要求的能力。能够出色完成本职工作的，不论学历高低，不论是否出身名校就是人才。《联想为什么》里说，好的企业不仅创造财富、创造制度、创造模式、也创造文化。柳传志认为，人才有三种类型：第一种是能够自己独立做好一摊事；第二种是能够带领一群人做事；第三种是能够制定战略。公司比较小的时候，更多的是需要第一种人才。公司发展到一定程度，需要较多的是第二种人才。公司比较大以后，第三种人才就尤显珍贵。北仲的发展也是从小到大，与联想有相似之处。单位既需要第一种人才，也需要第二种和第三种人才，单位不缺机会，缺的是人才——有些工作因为缺乏相应人才而没有开展或很好地开展起来。我希望能从工作人员中间产生这样的人才，成为领军人物。关键是我们自己要努力，尽量缩短自己与客观需要间的差距。单位也要尽量提供多方面的机会来使同志们得到全面发展。比如说，立案接待大家轮流做（尽管这种做法是否对工作有利值得探讨）；要求大家一专多能，在完成本职工作基础上，担任其他的工作，搞案例研究、撰写理论性文章，组织宣传活动，等等。岗位责任制规定了担任其他工作的考核方法，这种考核是否科学，可以讨论。但这说明了单位注意到同志们的奉献并力图在责任制中体现出来。单位希望大家成为那种知识、能力全面的复合型人才。在社会上这种人才最紧俏、最吃香。在这个竞争日趋激烈的社会，就是单位不提出这样的要求，自己也要朝这个方向努力。机会垂青于有准备的头脑。日本有一个大学生进入企业后的跟踪调查。其结论是，在那些成功者不是名牌大学的高材生，而是一般院校的学生。因为这些人更珍惜自己的岗位，工作更有诚意。

3. 关于能、勤、德的关系。勤主要指的是工作态度和遵守单位制度情况，勤也属于德的范畴。与绩相比，除了勤的考勤和违纪行为的规定相对具体，其他方面和德的规定比较虚。这不等于单位不看重德。相反,单位认为德是岗位责任制的核心。经验少,能力差些可以培养,但没有德行则不可救药。人才理想状态是德才兼备,但是,“金无足赤,人无全人”,很多时候,我们宁愿选择才上欠缺但也要在德上过硬的人,一个自私自利,以我为中心的人,再有才华我们也不用。《联想为什么》说“如果我们重用那些有才华但自私的人,客观上就会助长企业中的个人英雄主义和利己主义,企业的集体主义就会遭到很大的破坏”。其实,重用这种人岂止是对集体主义的破坏,简直是一场灾难。许多企业搞不好,关键是企业领导私心大,只管自己捞,不管企业和职工的死活。那些贪污腐败分子,也不是等闲之辈,没本事不能办事的,人家不去会行贿——没用。有人说“小企业做事,大企业做人”。岗位责任制的绩、能是对做事的要求;勤和德是对做人的要求。英国人塞缪斯 · 迈尔斯说“一个国家的前途,不取决于它的国库之殷实,不取决于它的城堡之坚固,也不取决于它的公共设施之华丽,而在于它的公民的文明素养,即在于人们所受的教育、人的远见卓识和品德的高下”。套用这段话,北仲的前途取决于北仲全体成员的文明素养和品德的高下。仲裁靠信誉,没有道德基础就没有核心竞争力。《联想为什么》说“信誉是一种资本,而且是一种‘金不换’的资本。有了这个资本你可以聚合队伍,你可以取信银行,也可以取信于用户”,“天下最容易挣的是钱,最难挣的是信誉”,“钱是那种靠技巧和力量就可以挣到的东西,而信誉是不能靠技巧挣到的,要靠内在的品质与自觉”。看重员工道德并在这方面有严格要求的,是所有信誉高、效益好的现代企业的共性。4 月 12 日《工商时报》“热门企业青睐啥样的人才”说“当我们环顾在科技领域叱咤风云的公司,他们的用人之道有一条永远的‘金科玉律’,那就是人才的道德品质”。《参考消息》有一篇台湾地区作者对两岸人才分析的文章。文章说内地的年轻人非常刻苦,有拼搏精神。但是,内地人自私自利,忠诚度差,有的年轻人根本没有价值观。其实他们不知道,到了这个位置(管理者),实际上是做人。内地的人做事可以,做人不行,因此,基层的、开拓性强的工作可以用内地人,中、高层管理人员得用台湾地区人。美国一个大公司总裁说,一个人成功的重要因素,是其奉献、创新、自信与合作精神——这些因素与道德品质有很大关系,也就是人们常说的非智力因素。以前我讲过,一个跨国公司里，一个博士因为报销了一笔不该由公司承担的费用而失去工作。同样在这个公司，一个电大毕业的人却是该公司是大中国地区销售经理。这说明外企不唯学历，重业绩、品行的用人政策。为了提高自己忙于学习，考这、考那，是好事。但是，我们在增加知识的时候，别忘了提高自己的道德修养。否则，发展会受到局限。

岗位责任制关于德的规定，是做人的基本要求，是道德的底线。这也是幼儿园、小学就开始教育的内容，对于受过高等教育的知识分子来说，不算高——人们通常认为，受过高等教育的知识分子应该代表社会的良知，是智慧的传播者。德包括以下几个方面：

1.“公私分明”，“团结互助，关心集体”。“公私分明”指不占公家便宜。这是针对国有企业中那种“国有财产归大家，大家财产大家拿”的错误思想和损公肥私不良行为。有人说“应该舍弃的舍弃，不容易舍弃的也要舍弃，真正的智者，能够舍弃不属于自己的东西”。自私和贪欲是个人成长的最大障碍，一个贪婪行为给个人信誉造成的恶劣影响足以抵消你十倍、百倍的努力。要想完善自我，从不占便宜的小事做起。“团结互助，关心集体”指关心同事、关心集体，与人为善，助人为乐。如果说岗位责任制的实行损害了同志间的团结互助和集体凝聚力，那不仅是制度的失败，也是我们做人的失败。所以在进行责任制考核时，应掌握几个原则：一是凡是出于公心，主动承担责任，做有利于集体和事业的事，应该作为加分因素考虑。比如秘书发现其他秘书工作有误，主动弥补的。二是凡是自私自利、推卸责任，损害工作和集体的行为，应作为减分因素考虑。三是在困难、问题、责任承担上，老同志多于新同志，党员、干部多于群众。我们讲制度，也要讲觉悟、讲爱心、讲奉献。人往高处走，水往低处流，如果我们希望自己向更高的层次发展，就应该不断开阔胸襟、提高境界。古往今来，成大事者，都有大境界、大胸襟。

2.“诚实”“廉洁自律”“严格遵守《北京仲裁委员会办公室工作细则》（以下简称《工作细则》）和各项规章制度”“遵守考勤制度”。诚实是北仲工作人员必备的基本素质，自觉遵守规章制度是诚实的具体表现。诚实也是一个正派家长在对孩子进行启蒙教育时首先强调的内容。高素质，包含了高度的诚信意识和律己的自觉行为。诚实体现了一个人的尊严意识和耻辱感。如果是言行不一,表里不一,上有政策,下有对策,弄虚作假、投机取巧,实际上是贬低自己,损害自己的尊严。在北仲“老实人”不会“吃亏”。北仲风气正,判断是非善恶的标准清晰、明确。制度上防范比较到位。如关于考勤规定,弄虚作假,单位将解聘。重点打击弄虚作假。这是让大家了解不诚信行为对个人信誉的损害是致命的。3月4日的《报刊文摘》一篇文章说,一个德国的中国留学生,学习成绩优异,毕业后到所有公司应聘均被拒绝,该留学生要求公司说明原因,公司给他一份三次乘车逃票记录。德国人认为一个在蝇头小利上都靠不住的人,不值得信赖。作者认为,一个成熟有力量的社会,不仅要有舆论的监督,还要建立能够记录一个人诚信情况的档案制度,为一个人的可信度提供证明。美国认为考托福作弊行为危害国家安全,对行为人监禁5年罚款25万美元。我们整天说讲“思想”、讲“道德”,人家这才是将“思想”“道德”落到实处——没有道德的人、没有信誉、没有市场、没有发展。当然,社会风气不好,官员说假话、弄虚作假成习,企业假冒伪劣泛滥成灾,甚至教育学术界剽窃、抄袭、学术造假也成为顽疾。这些模糊了人们(特别是年轻学生)的是非感,淡化不诚实行为羞耻心。但是,中国的市场经济和国际化已是不可逆转,市场经济越发达,国际化程度越高,对诚信的要求越高,诚信价值越高。培养工作人员的诚信意识,是对工作负责也是对个人负责。

3.“爱岗敬业,勤奋扎实、认真负责、工作积极主动”,认真负责是指对工作一丝不苟,精益求精,追求完美。余杰说,认真是一种生活姿态,一种对生活历程完完全全地负起责任的生活姿态,一种对生命的每一瞬间注入所有激情的生活姿态。我很欣赏这句话,认真是对生命负责。“积极主动”有两层含义,一是人要能够自我激励,爱好、要强。GE人事主管谈到用人标准有两条:聪明、自我激励。他说这种人办事让人放心——不用督促,自己就想把事情做好。二是考虑问题有大局观念、视野开阔。原来北京市政府办公厅的一位领导曾经说,办公厅的干部在处理问题的时候,应比自己的地位高三级,这样才能高屋建瓴,防患于未然,将问题处理在萌芽状态;在与政府各部门办事的时候,要把自己地位降三级——保持谦逊态度容易与人合作。这是真知灼见。机关干部常见的错误是，遇到问题总想“不在其位，不谋其政”，能推则推，能躲则躲。结果失去证明自己向上发展的能力的机会；与其他部门办事的时候，把自己看得很高，牛哄哄，事没办成，倒把人得罪一堆。别人不待见，自己也不快乐。

通过对道德的要求和培养，单位希望大家成为一个诚实的人，一个正直的人，一个富有同情心，与人为善，助人为乐的人，一个纯洁、开朗、乐观、豁达、积极进取，健康向上的人；在个人事业发展的同时，人格不断完善；在实现自己人生理想和追求的过程中得到更多的幸福和快乐。

以上是关于岗位责任制的背景及主要内容。这个制度还有一些不完善的地方，如工作量的计算、一些考核标准、标准之间的关系还不够清晰；有些内容虽不甚满意，但又想不出更好的办法。制度的执行成本、难易程度也需要考虑，等等，我们先试行一段。制度不是教条，而是一种实践，文字的东西还是一种假设，需要在实践中落实。我希望大家在试行过程中，继续为完善制度献计献策，贡献出自己的聪明才智。

最后，我想借用网上“一个不错的东东”的一段话与大家共勉：

我们祈求力量，上帝给我们困难去克服，使我变得强壮……我们祈求智慧，上帝给出问题让我们去解决……我们祈求成功，上帝给我们大脑和强健的肌肉……我们祈求勇气，上帝便设置障碍让我们去克服……我们祈求爱，上帝指引我们去帮助需要关爱的人……我们祈求荣耀，上帝给我们创造荣耀的机会……“从上帝那里，我们没有得到任何我们祈求的东西；但我们得到了所有必须具备的东西”毫无畏惧地生活，直面所有障碍和困境，并充满信心地克服！

谈秘书应当具有的素质

——在新聘秘书培训上的讲话

(2003－8－1)

今天非常高兴和大家一起就秘书应当具有的素质进行交流。每年新秘书的培训既是单位非常重视的工作,也是我很愿意做的工作。因为每次从新秘书身上看到一种希望和干劲儿,感受到年轻的活力,这也是北仲的一种特质——始终保持着年轻的状态。我希望大家在北仲这个集体里能保持自己的活力,不断完善自己。今天和大家谈秘书人员应当具有的素质,是因为大家选择了北仲,就应理解和认同北仲坚持的理念,而单位也有责任在新人进入北仲时,就将这种理念介绍给新人,使大家在“志同道合”的氛围下开展工作。

一、关于个人的职业规划

有人说选择一种婚姻,意味着选择了一种生活方式。其实,这种比喻用在选择工作上也很恰当。选择国家机关或选择具有垄断性质的国有企业,日子平稳,可托付终身,没有什么风险和压力,但在个人能力的锻炼上,不如在外企和北仲这样的单位。选择北仲,在条件待遇和能力锻炼方面较前者好,但要面对高度竞争、风险和压力,甘蔗没有两头甜。秘书是吃青春饭的职业,除了少数当领导的,多数人将面临二次创业的问题。这点单位在招聘时就已讲明。大家关心的问题是,这个工作期限多长?是一两年?还是五八年?这不仅取决于单位,也取决于个人。如果品行、能力、业绩不能满足秘书工作要求,也许是一两年。如果能够满足要求的,一般是五年到八年。走上领导岗位的,时间会更长。为什么这样定?其一,秘书工作是服务性的工作,不宜年龄过大,仲裁员正逐步年轻化,如果秘书年龄大于仲裁员,秘书和仲裁员都会感到不合适;其二,为了长久保持机构活力,北仲从成立之日起就实行与市场接轨的管理机制,打破铁饭碗,人才流动性很高。如果人员只进不出,机构会随人员的老化而老化。其三,北仲的办公自动化程度很高,要求秘书当场录入速度每分钟不低于70字(单位组织打字比赛,工作人员最快每分钟打114个字)。但人到了一定年龄,反映及灵敏度下降,难以满足秘书岗位需要。其四,秘书不同于教授、律师或法官,很难有向上发展的空间。大家都是著名法律院校的研究生,一辈子干秘书,太屈才。时间久了,当一同毕业的同学当了领导、律所合伙人、教授,自己会感到失落和不平衡。单位不可能为了出于安慰的考虑,设立许多领导职位或专业职务。既然二次创业,就要考虑再创业时机。社会上的招聘一般要在35岁以下。出去太晚,影响下一步发展。单位开始就讲明工作年限问题,是为了对同志们负责,便于大家认清形势,确立奋斗目标。有的单位不会在一开始就向工作人员讲明这个问题,担心其产生短期行为、"混"的思想。有的企业甚至采取当天走,当天通知做法。北仲不会这样做,这对人不负责任。而且,工作人员是否对单位忠诚,不在聘用时间长短,而在人的素质。美国法官的助理都是哈佛、耶鲁等名牌大学法学院学生,工作只有一两年,但丝毫不影响其责任心和敬业精神。我们讲明这个问题,是我们相信大家的素质,而且,这是事业单位人事制度改革的趋势,谁都无法回避这个问题。

大家关心的第二个问题,就是单位能够为大家的职业发展做什么?我认为,北仲工作经历对个人发展的有利之处在于:其一,起点高,接触的都是高层次的社会精英,视野开阔;其二,专业性强,能够接触到专业、尖端、前沿、新型的案例、法律问题、知识和信息;其三,工作同事是高素质优秀群体,能从群体的思想互动中,提高思维水平;其四,北仲先进的管理理念、模式、手段和方法,有利于提高工作人员的管理水平和领导力;其五,良好的工作条件及待遇。这些已是一个法律毕业生职业发展的良好基础。如果能力及个人道德素质达到仲裁员标准,在北仲的工作期限可以作为担任仲裁员的仲裁工作年限。另外,在条件允许情况下,单位可以帮助同志们联系或向有关部门推荐。这只是单位为同志们二次创业提供的一些帮助,不是必须尽的义务。而且,这需要两个前提,一是大家必须尽最大努力提高集体的荣誉和效益。只有集体的信誉(集体信誉包括:仲裁委员的案件质量、效率、服务、管理都是一流的;仲裁委员会的工作人员的素质是最高的)提高,单位的联系和推荐才有分量。二是个人要诚实劳动,努力积累知识、经验、能力和信誉,增加自身实力。推荐只是外部因素,关键取决于内因。现在是信息时代,仲裁是窗口行业,每个人言行举止、品行、能力,仲裁员、当事人、代理人看得清清楚楚。俗话说"好事不出门,坏事传千里",如果缺乏诚信、损人利己、损公肥私、以权谋私,那就将自己未来的路堵死了。

二、关于做人与做事的关系

做人是指树立正确的人生观、价值观,提高道德修养。我使用道德修养而不是政治素质这个概念。因为,前者比后者涵盖更宽泛。政治素质,涉及个人的政治信仰和意识形态。在我们这个多元化社会里,信仰什么,不信仰什么是个人自由。但道德是人内心生长出来的东西,是灵魂的自然流露,反映了人在"真""善""美"方面达到的水平。人们常说要培养高素质人才。什么是"高素质"?有的文章说,高素质是高境界、高智能、高稳定的心理结构和特征。这个定义是否准确,暂且不说。但是,积极意义在于其没把知识、学历、专业作为衡量素质高低的唯一标准(现在有相当一些人认为高素质就是高学历、高职称),而是将人的道德修养作为高素质的重要内容。境界高低和心理稳定与否都涉及人的道德品质、人生观、价值观。古人说"德高才旺",强调的就是两者依存关系。市场经济带来机遇、风险和压力。很多人认为提高人才竞争力就是多拿文凭、执照和资格证书,外语要好。还有人认为"理想""责任""良知"是虚的,唯有金钱、权力、地位是实的,"人不为己天诛地灭"。其实,这些想法很片面。市场经济也是信誉经济。信誉是什么?《联想为什么》[1]说“信誉是一种资本,而且是一种‘金不换’的资本。有了这个资本你可以聚合队伍,你可以取信银行,也可以取信于用户”;“天下最容易挣的是钱,最难挣的是信誉”;“钱是那种靠技巧和力量就可以挣到的东西,而信誉是不能靠技巧挣到的,要靠内在的品质与自觉”。一个成功的企业家在谈其用人之道时说:“德才兼备的重用;有才无德的坚决不用。”文凭、职称在个人找工作阶段,在用人单位不了解你时会起作用。到了工作岗位,大家开始了解你,你要向上发展必须注重个人的信誉。信誉是由忠诚、敬业、责任感、合作性、创造精神性等诸多美德构成的。电视台5月25日大学生就业咨询会,主持人讲了一个故事:一个高中生问经济学家茅于轼先生自己能否发财,茅先生说这个学生发不了财。该学生问如何发财?茅先生说,人才市场上,有一种劳动力最值钱,那就是忠心耿耿,扎扎实实。你要想发财,就应该成为这样的人。这个例子说明,用人单位考察人都是将“德”放在第一位,超过对“才”的考量。我们提供的仲裁服务,也是一种精神的、文化的产品,通过公正仲裁,伸张正义、公正、公平,这需要以服务者的良知、人格作保障。单位希望工作人员不仅高智商、高学历、高能力,而且有很高的道德修养水平。当然,“金无足赤,人无全人”,如果“德才”不可兼得,我们宁愿选择“才”上欠缺,“德”上过硬的人。一个自私自利,一事当前先替自己打算,处处、事事都以我为中心的人,再有才华也不用。《联想为什么》一书说“如果我们重用那些有才华但自私的人,客观上就会助长企业中的个人英雄主义和利己主义,企业的集体主义就会遭到很大的破坏”。其实,重用这种人对企业讲是灾难。许多单位搞不好,关键是领导私心大,只管自己捞,不管单位和职工的死活。贪污腐败分子绝不是平庸之辈,没本事或不能办事的,人家也不会行贿。有人说“小企业做事,大企业做人”,管理要以人为本。我们认为,以人为本不是只改善待遇和工作条件,而是要关注人的心灵和发展。大家能够来到北仲这样风气好,注重人格塑造的单位,是非常幸运的。健康的心灵和健全的人格才是人成长发展的基础。希望大家不辜负领导和同志们对自己的信赖和期望,将北仲作为自己事

〔1〕 陈惠湘:《联想为什么》,北京大学出版社1997年版。

业的起点,在实践中学本事,长才干,学会做人——做一个诚实的人,一个正直的人,一个有责任感和敬业精神的人,一个有教养、有同情心,与人为善,助人为乐的人,一个纯洁、开朗、乐观、豁达、积极进取、健康向上的人,一个成熟、理性、自主、独立,有益于国家和人民的人,不辜负自己的青春年华,在为社会贡献中享受幸福美满的生活,追求更高层次的发展。

三、关于秘书的职业道德

单位的岗位责任制将秘书的职业道德归纳为以下几个方面:

(一)正直诚实、廉洁自律、公私分明、严守秘密

1.正直、诚实。正直首先是指人的是非观和正义感。林语堂讲过"有教养的人或受过理想教育的人,不一定是个博学的人,而是知道何所爱何所恶的人。一个人能知道何所爱,何所恶,便是尝到了知识的滋味"。人们接受教育的重要目的是懂得是非善恶,惩恶扬善。北仲希望大家要保持学生时代的纯真、热血,疾恶如仇的正义感,忠于法律的原则性,不要学得不讲原则,不明是非,世故圆滑;要保持忧国忧民的赤子之心,不要学得冷漠、麻木,只有个人的小算计,没有公共情怀。温家宝总理在其就职讲话中说,中国年均收入在600元以下的贫困人口有3000万人,如果将这个数字提高到800元,那么数字将增至9000万人,年收入800元是个什么概念,生活窘况可想而知。这些贫困人口也是我们的父老乡亲。1994年,我游三峡,在奉节县看到那些农民提着鸡蛋走上百级台阶,每个鸡蛋才5角钱,心里挺沉重。这些农民真是太苦了!作为一个国家和人民培养的知识分子,难道不应该为这些生活在底层的人多做一些事吗?封建时代官员尚有"处江湖之远则忧其君,处庙堂之上则忧其民,进亦忧,退亦忧"境界,而一个党员难道就不能对国家和人民利益多一些关注和奉献吗?

正直意味着为人正派,光明磊落,不搞小动作,不整人、不坏人。工作人员之间有竞争,这是一种品行、能力、业绩的公平竞争,见贤思齐的良性竞争。虽然说社会不同于学校(学校已不再是"象牙塔"了),但北仲人员成分简单,人际关系单纯,没有形成官场里尔虞我诈、互相诋毁、相互拆台、背后整人、落井下石的不良风气。因为人员的素质高,也少有小市民式的是是非非。你们的加入给

单位增添了新鲜空气。有人称工作中的人际关系、氛围为“职场”，好的“职场”需要每个“职场”中人用心呵护。能在一起工作是缘分，良好的同事关系，是快乐的源泉，日后发展的人脉资源。希望你们像保护生态环境那样保护我们这个“职场”，奉献真诚和友善，大家共同创造一个有利于成长，能带来快乐和幸福的工作环境。

诚实。诚实包含了自律的自觉性。单位要求工作人员自觉执行单位的规章制度、工作纪律，有监督、没监督一个样，领导在、领导不在一个样。单位不会像有的企业那样在工作间安摄像头对员工进行实时监督。我们相信大家的素质，尊重个人的权利。但是，如果单位发现谁有弄虚作假，违反纪律的行为，对其品行就会打问号。单位的规章制度规定：代人打卡，或者是谁让别人代为打卡，将视为严重违反规章制度行为，单位有权解聘。这样规定并不是因为此种行为造成了多大的损失，而是因为单位要杜绝不诚实的不良风气，提醒大家，不诚实的行为不论大小，性质是一样的。

诚实就是做老实人，办老实事，认真勤勉扎实地做好每件事，忠实履行自己的义务，不要投机取巧，敷衍塞责，得过且过。单位的工作规范、工作要求，是全体工作人员多年实践的总结，也是防止程序问题的保障，新人要好好学习，身体力行，养成良好习惯，工作效率高，质量好。如果图省事，该做的不做或做不到位（证据的整理、开庭及评议的录入、档案归档），不仅是工作质量和效率问题，也是诚信问题。我是从行政机关出来的，现行体制造成了一些人的不良心态，整天满腹牢骚，不是抱怨待遇低，就是抱怨未得到提拔重用。结果消极怠工，把气撒在工作上，让下面的人感到行政机关“门难进”“脸难看”“事难办”……其实，做人要讲诚信，进行政机关是个人选择，机关的条件在当初就知道，即使进机关后发现条件不如意，还可选择离开。但不能拿工作撒气。因为，既然享受了公务员待遇，就得忠实履行自己的职责。北仲这样的单位，大家的利益连在一起，一损俱损，一荣俱荣，不好好工作，伤的是大家的利益，砸的是大家的饭碗。北仲聘用制度正是对行政机关体制反思的结果，目的是保证双向选择渠道畅通，工作人员与单位合作“共赢”。

诚实就是为人真诚不虚伪。北大钱理群教授说，教育的目的“是要使学生把人类文明成果(包括人类共同的道德规范)化为自己的内在精神,以致要求,进而转化为独立、自全觉的行为,千万不能把年轻人驯化为谨小慎微的君子,尤其不能培养出‘嘴上一套,心里一套;当面一套,背后一套’的伪君子”。钱教授还讲过做人的底线问题,他说第一要讲真话。如果环境不允许讲真话,起码不讲假话;如果不得不讲假话的时候,不能害人。这也是区别人性善恶的一个标准。

有人说,诚实是道德和人格的起码标准,又是最高境界,“一斤重的诚实,胜于一吨重的精明”。现实生活中,政府部门不讲诚信、官员不讲诚信、学者剽窃,学生作弊的现象,淡化了人们做不诚实行为的羞耻感,在生存压力和利益的诱惑下,人们更愿意选择精明放弃诚实。但是,市场经济越发达,社会越开放,对诚信的要求越强烈。一个不诚实的行为,会毁掉一个人千辛万苦获得的成果,甚至一生的发展机会。有一篇文章,讲一个中国留德博士,因为有三次逃票记录,而找不到工作,德国人认为如果一个人为一点蝇头小利都不惜弄虚作假,怎么可能指望他在其他问题上靠得住。我访问台湾地区世新大学时,该校法律系主任对我讲,该法学院发现学生作弊,一律令其退学。他们认为,不诚实的人不能搞法律工作——一个考试作弊的人,怎么可能忠实法律。一篇文章讲,一位中国访问学者与外国同事逛超市,这位同事的小孩从超市拿了一个玩具没有交费,走出来。这个同事看见后勃然大怒,马上返回超市,让孩子送还玩具并向在场售货员认错。学者觉得这位同事对孩子过于严厉。这位同事说,我就是要让他记住这个教训,不能再犯同样的错误。因为,不诚实的行为不管大小,性质相同,后果同样严重,正因为孩子小,不知道这种行为对他将来生活的严重影响,所以要让他知道。在西方人眼里,欺诈(不是诈骗罪的欺诈,也包括一些不违反诚信的行为)是最为严重的恶行,如果一个人犯了欺诈的错误,没人愿与之交往,其很难在社会上立足。这也是北仲识人、用人的标准,一个不诚信的人,哪怕才高八斗,也不能用。

2. 廉洁自律,公私分明。廉洁自律,一是绝对不能接受当事人、代理人的请客送礼及提供的其他好处,无论东西大、小,都要拒绝。二是对与我们合作的相关单位(如鉴定单位)提供的礼品和好处,也要拒绝,避免将正常的工作关系非正常化。三是凡是仲裁委员会要求仲裁员做到的,工作人员首先要做到,如果违反,不仅要承担同样的责任,还要赔偿损失(聘用合同已经写明)。这是一条铁的纪律,没有回旋的余地。腐败和不公是仲裁机构的致命伤,不论历史多长,名气多大,都会因此一蹶不振,衰败下去。从人性尊严讲,“衣食足,知荣辱”,以我们现在的条件和受尊重程度,实在想不出有什么理由去干这种为人不齿的事,除非是根本不知羞耻。公正裁决是中国老百姓几千年的企盼,作为一个现代知识分子,一个党员通过自己的努力去满足人民群众这些愿望,完全应该也可以做到。

3. 公私分明,通俗讲就是“是你的你拿,不是你的不要占”。不贪不义之财。人有私心都很正常,单位承认并尊重个人的价值、权利、利益,并且在效益提高的同时,尽可能地满足大家的要求。但是违反国家政策的事,单位不会做。因为这有损于机构信誉,有损于国家利益。同样,员工不能以损害集体和他人利益方式获得私人利益。上班时间应全力以赴干工作,不能干私活,不能用单位设施上网聊天、玩游戏或煲电话粥、打印个人资料,用公款报销个人开支、寄送个人资料等。总之,不要占单位便宜,损公肥私。自私和狭隘是人性的弱点,也是个人成功之路的一大障碍。在“一切向钱看”的社会风气里,能够意识并战胜这一弱点的人不多,所以成功的人少;但因此跌跟头的大有人在(包括那些具有将相之才的人)。有人说“一个人的快乐与成功一半在于接受了诱惑,一半在于拒绝了诱惑”,“真正的智者,能够舍弃不属于自己的东西”。因此,年轻人应立足长远发展,有精神层次的追求,不要被贪欲毁掉。

4. 严守秘密。秘密的范围,不仅包括仲裁案件的所有信息,也包括仲裁员的信息及属于企业的商业秘密的管理方法、手段和技术等。

(二)爱岗敬业,勤奋扎实、积极主动

1. 爱岗敬业,是指要满腔热忱地对待仲裁事业,对工作极端负责任,精益求精。在北仲工作是非常幸运的,不仅是因为工作条件、待遇问题,更是因为你能从工作经历中切实感到自己对社会的价值和意义。当你看到当事人、代理人对仲裁庭公正仲裁流露出的感激和欣喜时,这种感觉格外强烈。许多人要求当仲裁员,也是希望实践自己的人生价值和理想,体验奉献社会的成就感、尊严感。

你们选择了北仲,北仲选择了你们,这是一种历史的机遇和责任。我们工作的好坏,不仅决定北仲的发展,也会对中国仲裁事业产生影响。现在,各地仲裁机构的体制和实际运作五花八门,大部分仲裁机构依赖财政支持,自愿或被迫实行类似行政机关管理制度。相当一部分仲裁机构、相关行政部门认为仲裁机构的发展就得依赖政府,依靠行政权力。自北仲成立那天起,就决心将仲裁法规定的机构民间性原则坚持到底。用实践证明,仲裁机构民间性原则不仅符合中国"国情",而且能够成功。榜样的力量是无穷的。成功本身就会在业内产生良性的示范效应。成功经验也会为仲裁法修改提供素材,推动仲裁体制改革向前发展。实际上,在仲裁机构中,普遍认为北仲代表了中国仲裁未来发展方向,只是一些机构认为北仲不适合当地的情况,还有一些仲裁机构学习参考北仲的经验。

2. 勤奋、扎实。"勤奋"首先是手脚勤快。秘书的工作是服务。秘书眼里要有活儿,"有眼力劲"。服务要主动、热情、礼貌。如端茶倒水,拎包拿衣服等,不能甩手甩脚,看不出眉高眼低。要尽量为服务对象着想,如开庭前的通知,防止他们遗忘。程序变化也要及时通知,不能浪费别人的时间、精力。开庭时,秘书要提前到庭做好各项准备工作,不要让仲裁员、当事人等秘书。总之,宁可自己麻烦,也不能让人感到不便。新同志与老同志相处,要主动打扫办公室卫生、打水,等等。学生参加工作一要转变观念,不能认为高等学府出来的研究生干服务是"掉价"。封建社会"万般皆下品,唯有读书高",人们认为读书人应该走仕途,干服务是"丢份儿"的事。现代社会,学历高低不是区别身份等级的标志。其次,要改变习惯,作为学生,在学校是消费者,在家里是父母的掌上明珠,主要享受他人的体贴照顾。现在,你是工作者就要培养自己体贴照顾他人的意识和习惯。毕竟你是出来谋生,不是在家做小皇帝、小龙女。依赖他人的习惯应该克服。

"勤奋"还指"脑勤",勤于思考,勤于学习、总结,勤于钻研。对学法律的年轻人来说,北仲有丰富的案例、资料,最优秀的仲裁员、同事,最良好的学习条件(包括电脑数据库和图书、资料),这是很多搞法学研究的人梦寐以求的地方。为鼓励大家学习,单位还提供一定的经费和机会。为了提高大家业务水平和写作能力，单位出台一些优惠政策，鼓励同志们在报纸杂志上发表文章，等等。如果你勤奋，肯下功夫钻研，何愁不能成才？怕就怕心粗气浮，浅尝辄止，不肯踏踏实实研究案件；怕就怕，思想懒惰，不思进取，得过且过，“萝卜快了，不洗泥”；怕就怕过于算计，每份投入都想得到立竿见影的好处，不愿意下功夫解决那些困难、复杂的法律问题、积累经验，提高能力，结果聪明反被聪明误。例如，办案认真的肯定比不认真的人付出得多，辛苦得多。因为你认真，你可能发现别人没有发现的问题，你需要为解决这些问题付出额外的时间。如果这些付出，不被他人认可，也许成为无用功，甚至面临更多的压力和风险。表面看，认真的人吃亏。其实不然，认真使能力、工作质量和效率提高。一分耕耘，一分收获，天才靠勤奋磨砺，熟能生巧，没有捷径。几年后，不认真与认真的人在业务上差距就会明显拉开。别人不断进步，你还是原地踏步，早晚面临淘汰结局。我们说竞争，不仅是指同事之间，还指是与社会同类人才之间的竞争。北仲的工作岗位，只是一个证明你比社会同等人才干得更好的机会，而不是你取得了只能你做他人不能做的垄断地位。既然，将来还要再次创业和发展，为何不利用在北仲的机会积累经验、增长才干？否则，将来凭什么立足社会？人无远虑，必有近忧，糊弄工作等于是糊弄自己。

“扎实”是指工作要细致、严谨、到位、完美。秘书工作主要是程序性管理和服务：送达通知，组织当事人交换证据，安排开庭，当庭录入，案卷整理、归档等。这些事务琐碎、枯燥，但不能有差错。否则，可能带来裁决被撤销或被不以执行的后果。大家是刚从学校毕业的学生，要克服自由散漫、马马虎虎，丢三落四，不拘小节，心浮气躁等不良习惯。不要以为这些事务性工作是简单劳动，不以为然。其实，能把所有的工作做好，不出差错很不容易。国际上大的知名企业从来都是大处着眼，小处着手，兢兢业业，一丝不苟，几十年甚至百年来如一日。海尔张瑞敏总裁说，什么叫伟大，把应该做到能够做到的事做好，就是伟大。《参考消息》一篇文章说，中国产品普遍质量粗糙，没有精品，因为中国的工人普遍缺乏精益求精的敬业精神。一个仲裁员谈到 ICC 秘书工作赞不绝口。我希望将来人们提及北仲的秘书时也能这样赞不绝口。在北仲当秘书的工作经历就是一个金字招牌，伴随终生。千万不要拿研究生不适于干秘书工作这个粗糙的借口。过去有个秘书,不负责任,服务质量差。我找他谈,他说自己适合搞研究,不适合办案,希望单位另行安排适合他的工作。我说干秘书就得做这些工作。如果认为自己不适合做,可以离开。后来这个人走了。现在,没有人会提出这样的要求了。就业形势严峻,逼迫每个人学会适应单位要求,而不是让单位适应自己。还固守单位应适应自己想法的人,肯定要吃亏。在这个社会里你无法改变别人,只能改变自己。这是适者生存。

仲裁机构的秘书工作,对人各方面能力是一种考验和锻炼,有助于培养良好的工作习惯。它培养人思维的细致性、严谨性和周密性。而这正是法律工作者必须具备的基本素质。有个仲裁员是原市政府法制办主任,虽然他称自己只念过两年私塾。但是,其法律理论知识、见识、运用法律处理实际问题的能力、经验,远超出院校的专家、学者。他当法制办主任的时候,市政府一年出台100多地方法规、政府规章(平均3天一件),这些草案不仅都经他审核修改,而且,都要上市长办公会讨论,就草案进行说明并即时回答各位市长、各部门领导的质疑和诘问。我那时比较年轻,没什么经验,每个草案他起码进行两三次较大程度修改,改的内容很多。除此之外,他还要审核政府办公厅送上的一些以政府名义命名的文件,完成市长们交办的协调任务,处理一些突发事件。那时候,我们什么时候找他,他屋里都装满了人,真是“门庭若市”。即使这样,我们在下班后报上的稿件,他都能在一两天内改下来。而且,改得非常好,让人受益匪浅。没有这种炉火纯青的法律和文字功底,没有经过深思熟虑,绝达不到那个水平。这就叫“本事”。我想他之所以能够这样,除了他的勤奋、敬业和个人禀赋外,其重要原因就是他有很好的工作习惯,工作很有条理。他把每天需要批的文件都按轻重缓急放在案头,用一张纸做记录,完成一件,在记录上画掉一个。这个做法看起来很原始,但却很管用,避免了遗漏和延误。我们这里秘书往往同时办十个、几十个(老秘书)案件。如果没计划,没条理,想哪个案件办哪个,工作效率低,还容易出错,顾此失彼。长此以往,业绩和能力发展受到限制。这个仲裁员还有一个特点,就是在公众场合讲话不用稿,不仅言之有物,有的放矢,而且,生动诙谐,妙语连珠,没有官场“假、大、空”,也没有废话、口头禅(他称这些“小零碎”)。他说讲废话、口头禅属于“语言污染”,如果他自己讲话说一句口头禅，会很长时间感到别扭。这说明人的思维习惯，能力是后天形成的，关键是要有意识地训练自己，从点滴做起，持之以恒，形成良好习惯，受益终生。单位要求秘书要及时录入，案卷要及时归档，实时消息系统，就是培养大家的良好习惯，用电脑代替人脑，用数据代替纸条。

秘书工作要讲究效率，科学安排时间，做事抓紧。虽然仲裁规则规定了审理期限，但我们要有这个意识，在审限内尽快结案。效率也是仲裁的生命，仲裁委之所以迅速发展，声誉日隆，是因为我们在保障仲裁公正的前提下保持了效率的优势。仲裁效率优势不仅指与国内同行比，还指与国际同行比，不仅在业内比，还要与法院比。法院搞审判方式改革审限大大缩短。我们要有忧患意识，应比别人更关心审限问题。办案时间长短是我们对秘书工作考核的重要内容。提高工作效率，还要苦练基本技能，如提高电脑打字速度，提高当庭录入质量。以大家的智商和能力，不难做到这点。为了尽快进入角色，建议大家先学习工作规范，如规则、守则、办案规范、裁决书制作标准，以及秘书要求等。要烂熟于心，熟练运用。不要什么都不看，遇事只好问别人。自己学不到知识，还耽误别人时间。这些内容是老同志们多少年心血结晶，你能在很快时间内掌握，等于走了捷径，比别人提高的速度一下子快了许多。我们说人的悟性，主要看其能否抓住关键方面学习改进。

3. 积极主动。主要是指奉献精神，主动性和创造精神。有些工作难以量化和考核，但需要人做。如规则、守则、工作规范的修改，仲裁制度的推动、宣传，案例分析、仲裁员培训，以及仲裁管理软件的改善、网站的维护，等等。这就需要大家主动承担，不计较分内和分外。我们也是国家花纳税人税款培养出来的知识分子，要讲社会责任和奉献精神，是党员的，要讲觉悟、讲党性，如果这点奉献都不做，还谈什么全心全意为人民服务。斤斤计较，患得患失的人难成大器，生活未必快乐。希望大家能更多地关注生活在底层的人的命运，多做一些有益于社会的工作。

（三）谦虚谨慎、文明礼貌、任劳任怨、爱护公物、勤俭节约

1. 谦虚谨慎。其一，要放下架子，甘当学生，虚心向周围的同志学习。虽然我们都是名牌大学的研究生，可能曾是所在县、地、省的高考“状元”“榜眼”“探

花”,但在这里你是个新手,一切从零开始,虚心向老同志、仲裁员、当事人、代理人学习。不懂就是不懂,不懂不要装懂,自以为是,自命不凡。天外有天,山外有山,强中自有强中手。更何况北仲是精英荟萃、群星灿烂的地方。

其二,要尊重和善待他人,不倨傲、不势利。有人说,一个人素质高低可以从他对待比其地位低的人的态度看出来。待人平等,替他人着想,设身处地,是善良本性的自然流露。居高临下,盛气凌人、尖酸刻薄,训斥人、刁难人(这在一些机关不难看到),是浅薄和自卑的表现。这是靠歧视,欺负他人获得心理上的优越感。中国古语“己所不欲,勿施于人”,应成为我们的处世原则。自己不愿意的事不要对别人做;希望得到别人尊重、理解、体谅的,首先要尊重、理解、体谅别人。当秘书要培养自己的耐心和克制,避免逞口舌之利,当众伤人。虽然有的当事人、代理人素质不高,胡搅蛮缠,但我们也要尽量克制,不要争吵,要摆事实讲道理。当事人、代理人愿意到这里仲裁,是他们感到在这得到了尊重和理解,能够公正、公平地解决争议。这种感觉很重要。要避免在当事人面前指责律师不负责任,这很容易被他们看作破坏其与客户关系的行为,引起不满和怨恨。应该通过良好服务,礼貌得体的言行,赢得当事人、代理人的信赖,以促进事业发展。当然,谦虚不是不讲原则,讨好人。与当事人、代理人相处要保持中立,不要与一方当事人、代理人态度过于亲密,引起另一方的不满。另外,秘书要及时提醒仲裁员,避免程序拖延。秘书要注意学习掌握沟通的技巧,提高这方面能力——“情商”。有人认为“情商”在帮助人获得成功的重要作用超过智商。《红楼梦》里有一句话“世事洞明皆学问,人情练达即文章”。我们要通过与人交流的实践,学会同不同类型、不同层次,不同性格的人合作共事,不能“久逢知己千杯少,话不投机半句多”。

其三,要保持永不自满的进取精神。无论取得什么样的成就,达到什么样的标准,都不能故步自封,止步不前。要正确认识处理个人与集体的关系。我们单位是一个优秀的相互激励、激发、合作的团队,在团队帮助下,每个人努力的效果会加大。如果你因此过高估计自己,摆不正自己和集体的关系,就容易犯错误(过去有这方面教训),而且,这种想法很幼稚。

其四,说话要谨慎,讲究场合和分寸,不能信口开河。因为我们处理纠纷,当事人、代理人对仲裁员、秘书的言行举止十分注意,往往言者无心,听者有意,弄不好节外生枝,我们已有这方面的教训。涉及回答仲裁问题,秘书一定要三思而说。单位起草的立案规范中,有许多是需要认真回答的敏感问题,大家应按照规范要求做。自己拿不准的问题(一些涉及规则和法律问题),先不要轻易表态,请教完老同志或处长再说。不要在公开的场合(立案室、电梯)议论案件及仲裁庭、当事人情况。严守工作秘密是一条铁的纪律,必须牢记。

2. 文明礼貌。就是要待人热情,该用文明用语的地方就得文明用语,不能偷工减料,如“您好,北京仲裁委”;该主动招呼的,应主动招呼;对仲裁员要称老师或职务,不能直呼其名;该微笑的,要微笑,不要总绷着个脸——这不叫“酷”,而是没礼貌;对别人给予自己的关心、帮助,要表示谢意和感激,要知恩图报。不能麻木不仁,好像别人为你做什么都应该应分儿,甚至还不满足。要学会以善意对善意,以真诚对真诚,以关爱回报关爱。这些,看似是小节问题,其实反映了人的文明修养。我与一些在国外律所上班的中国律师接触,他们说外国律所其实很看重这种修养。新律师进所要进行这方面专门训练。中国本是礼仪之邦,尤其是读书人之间,这种传统和风韵可以从台湾地区学者身上感觉到。可惜内地的“文化大革命”将这些优秀传统“革”掉了。很多家长是在破“四旧”中长大的一代。应试教育又使人们将注意力放在各种考试上,以至于很多高等院校的毕业生缺乏这些素养。许多人找工作失败,不是因为专业素养,而是因为文明素养。社会上流传的“八大不懂事”,如“领导讲话你唠嗑”“领导倒水你先喝”“领导开门你上车”……如果将其中“领导”换成“别人”,去掉其中不健康的内容,对我们有借鉴意义。总之,在北仲做秘书,应加强自己这方面的修养,而且,从个人发展看,良好的修养有利于建立广泛的人脉关系。

3. 任劳任怨。要学会承受、学会宽容。知识分子自尊心强。尤其是大家都是名牌大学的研究生,从小到大都是“尖子生”,被家长、老师、同学“宠”过来,心高气傲,“任劳”容易,“任怨”难。但是,只要走向社会,就必须学会承受。因为,仲裁是服务,即便在政府和法院工作,也是服务——为纳税人服务。而且,随着市场经济发展和竞争的加剧,服务者要不断满足客户对服务的需要,提高服务水平。人的素质不同,谁也不愿与那些蛮不讲理、胡搅蛮缠,弄虚作假的素质低的人打交道。但只要你做服务工作,这种人和事就回避不了。遇到这种情况,秘书要能从容面对,不卑不亢,有理、有力、有节把问题处理好。不要急躁冲动,把关系搞僵。西方管理学有个研究,得罪一个客户,将损失250个潜在的客户。越是素质低的人,越容易无中生有,搬弄是非,到处散布。因此,秘书要学会理智对待矛盾冲突,转化危机。

4.爱护公物,勤俭节约。北仲现在的条件,是多少人长期艰苦奋斗的结果。新人一参加工作就赶上这样的条件,直接享受着前人创造的物质成果和精神成果(教训也是精神成果的一部分),应该懂得珍惜,要继承和发勤俭节约,艰苦奋斗精神,注意环保,节电、节水、节纸,杜绝浪费。

5.团结互助,关心集体,自觉维护集体荣誉。一是要相互包容,对不同意见、观点,不同性格、不同做法,包括别人的误解、不当指责,要有包容之心,不要太计较,一点事儿就耿耿于怀,自己活得累,让别人也不舒服。古人讲“以责人之心责己,则寡过,以恕己之心恕人,则全交”。这是做人的至理名言。当然,包容不是不讲原则,不分是非,而是做人的豁达大度。二是有问题要讲在当面,不要不负责任的背后议论,是是非非,飞短流长。三是要见贤思齐,不要害怕别人的超越,嫉妒别人的超越。真正的强者是那些能够学习吸收他人的长处,不断完善自己,超越自己的人。四是工作上要互相支持,互相补台,不要以邻为壑,相互拆台。

总之,以上是作为秘书思想道德方面的要求。虽然满足这些要求容易,但只要按照要求做事,就会受益无穷,早日成才。你们年轻、有热情、有朝气,年纪轻轻就拥有这样多的知识和学历,实在让人羡慕。我相信,以你们的聪明才智,只要肯努力,就一定能赶上并超过我们。长江后浪推前浪,一代更比一代强。最后,我祝大家在这里工作愉快、学习愉快、身体健康。

关于党员领导干部标准

——保持共产党员先进性教育会发言(节选)

(2005－5－26)

保持共产党员先进性不仅是解决思想认识问题,而且要解决知与行,说与做如何统一的实际问题。

胡锦涛总书记强调,"加强党的先进性建设,根本目的就是要使我们党始终代表中国先进生产力的发展要求,代表中国先进文化的前进方向,代表中国最广大人民的根本利益,不断提高执政能力、巩固执政地位、完成执政使命。要把先进性建设的要求贯穿于党的建设新的伟大工程的各个方面,从党的思想建设、组织建设、作风建设和制度建设上全面加以推进。""要坚持立党为公、执政为民,牢记'两个务必',大兴求真务实之风,始终保持同人民群众的血肉联系。"我个人认为,群众对党的认同,来自于对身边党员的认同。我们党之所以能领导中国革命取得胜利,除了政治路线的原因外,就是因为老一辈共产党人大多是顶天立地的汉子,骨子里都秉承着中国文化传统的精华,怀有"天下兴亡,匹夫有责"的抱负和为了人民利益不惜牺牲自己一切的烈士情怀。为了追求人民的幸福和国家的富强,不惜牺牲自己的一切,甚至生命。正是他们的努力和流血牺牲,才使党有了今天,国家有了今天。保持党员的先进性,首先是保持和发扬为群众所敬重的老一辈共产党人的那种以天下为己任的情怀和奉献精神。时代变了,但我党全心全意为人民服务的宗旨没有变,群众对党、对党员的要求没有变,尤其是在消费主义、拜金主义盛行的条件下,党员更要通过自己履行党章的实际行动,使人民群众切实相信党的一切活动是“代表中国最广大人民的根本利益”。作为北仲的秘书长和一名党的干部,党的先进性标准应该体现在为官之道,体现在正确的价值观、权力观、利益观、地位观上,体现在认真遵守上级制定的各项廉洁自律的制度规定上,党的领导干部要加强自身的党性修养和道德品质修养,严格遵守和维护党的政治纪律、组织纪律、经济纪律和群众工作纪律,自觉接受各方面的监督,应该做到七要:

一要当清官,不要做贪官、赃官。打铁先得自身硬,如果自己不干不净,一堆把柄攥在别人手里,自己就硬不起来,就不敢坚持原则,坚持真理,不敢抓、不敢管。朱镕基总理曾引用过宋代人说的一段话“吏不畏我严,而畏我廉,民不服我能而畏我公,公生明,廉生威。”其实,“正身行直,众邪自息”。做个清官,活得踏实、活得磊落,活得坦然,不用担心“纸里包不住火”,别人的告发,不害怕别人利用你的短处整你。贪官没有好下场,为了一时的贪欲,活得提心吊胆、担惊受怕,透支终生的幸福和安宁,实在得不偿失。所以,“不义之财莫取”,取了则引火烧身。当个清官,给子女做个好榜样、留下个好名声,子女一生受用不尽。以权谋私,贪污腐败,归根结底是私心太大,贪欲太强,这是一种蒙昧。

二要当有作为、干事业的好官,不当碌碌无为的庸官,不当是非不明、好赖不分、渎职误事的昏官。俗话说“滴水之恩,涌泉相报”。首先,当干部要对得起信任你、给予你权力的组织和群众。一个好官不在其在位时如何显要、尊贵,而在于其在位时干了多少为后人称道的利国利民的事,“政声人去后”。好官离岗后,群众会说“这是干事业的人,不是为了当官而当官的人”。名和利谁都想要,关键看你图的什么“名”,你通过什么手段、途径获得的“利”。明朝官员于谦说过“粉身碎骨浑不怕,留得清白在人间”,这是一种“名”。美国密西根西区联邦法院恩格尔法官说“我祈祷,当我法官生涯结束时”,“别人都会说我的工作是完美的、为人是诚实的;我为人类的生命和正义贡献我微不足道的力量”。我希望我离开工作岗位时,别人也给我这样的评价“工作是完美的,为人是诚实的,为仲裁委员会、仲裁事业贡献了自己微不足道的力量”。巴顿将军说过“一切荣华富贵都是过眼云烟。我认为成功不在于获得多少荣誉和头衔,或者得到他人的肯定。成功在于能否为人类与社会留下永恒的东西,在于一个人能否真正体会到活着的意义和感悟到生活的真谛。”作为一名共产党员虽不敢奢望为人类创造出永恒的东西,但是,在自己力所能及的范围内多做些于己、于人、于整个社会都有意义的事,是应该也不难做到的。

三要敢于承担责任。既然你处在领导岗位,该你说的话你必须说,该你坚持的你必须坚持,该你抓、去管的事,你必须去抓、去管,该你得罪的人你就得得罪,不能患得患失,回避矛盾,推卸责任。如果领导在位不敢担责任,工作就推不开,改革创新就进行不下去,单位就没有什么正气,误人又误己。与其如此,不如将位置腾出来让有这种责任感和工作魄力的人来做。

四要保持一颗平常心,对自己的能力、弱点要有清醒认识,要有平等、民主的意识和素养,懂得尊重、关心他人。有权力并不意味着你高人一等,比别人高明、优越,更不等于你可以轻视地位比你低的人的尊严和权利,可以不接受一般人应该接受的约束。权力早晚要离你而去。有点权力就自我膨胀,不尊重他人,飞扬跋扈,实际上是一种无知和浅薄,是自我价值不足、缺乏自信的表现。为了防止少犯错误,做领导的应该尽量开放自己的思想,增加沟通的机会,鼓励别人讲真话,诚实地表达自己的不同看法,听取不同意见,培养自己发散性思维,使自己的思维方式更加多元,能够求同存异。仲裁事业是利国利民的光明事业,是需要广大仲裁员、工作人员、当事人、代理人参与的事业,必须动员大家、团结大家一起干事业。因此,领导干部不仅要保持和发扬党的民主作风,还要进一步建立健全民主决策的机制,让大家通过一定的程序和方式参与重大事项的决策过程,避免个人或少数人说了算,使大家能够心情舒畅、畅所欲言,群策群力,共同为发展仲裁事业而努力。

五要尊重人才,爱惜人才、知人善任,鼓励成才,不要嫉贤妒能,排斥、打击、压制人才。实际上,从人民利益和事业长远发展的角度,领导干部的首要责任就是寻找自己的替代者,让后来者顺利接班,让事业可持续发展,不因人的改变而改变。因此,领导干部要善于培养、指导、支持、鼓励年轻人成长,劝告他们如何规避自己经历的错误并与他们分享自己学到的知识和经验。帮助年轻同志充分挖掘自己的潜能,提高他们的领导水平和能力,真正感受到成功的快乐,增强自信心。领导干部要有甘当绿叶、甘当人梯和铺路石的精神,不把权力看作是个人的财产、私人领地,不害怕别人超过自己。其实,领导干部能使培养的干部超过自己,恰恰是领导最成功的地方。仲裁事业是前途无量的事业,需要一大批诚实、正直,有事业心、责任感、开拓进取精神、有才能的干部。这样的一批人才真正成长起来,事业才能不断发展,长盛不衰。要培养人才就要创造使人才脱颖而出的机制和环境。当领导的首先要有鼓励别人成才,超过自己的胸襟和气度。

六要不断改革创新,不断探索更加适应形势发展的,更有成效的组织管理模式和思路,寻找保障权力正当行使的更好办法。

七要不断学习,要不断提高自己干事业的本事和能力,不能因循守旧,不思进取。能力是思想品质由内向外的延伸和转化,党员干部不仅要在思想上保持先进性,更要在能力和办事效果上将这种先进性展现出来。党的领导地位,来自全国人民的认同,我们党是执政党,执政党执政能力的高低,影响到人民对党的认同程度。党员干部的先进性应该落实到开拓事业的水平和能力上。当今社会,科学技术日新月异,美国彼德·圣吉(学习型组织的倡导者)说"学习速度小于变化速度等于死亡"。党员的先进性首先要体现在思想理念的先进性上,特别是党员干部要善于接受新事物、新观念,善于改变自己那些与实际不符的思想、理念和习惯做法。比尔·盖茨说,"技术革命的变化加快了思想变革的速度"。因此,能不能与时俱进地学习,已经成为党员保持先进性的前提,一个不读书、不看报,死抱着僵化、落伍、脱离实际的观念、意识形态不放的人,一个对改革开放涌现出的新事物采取排斥态度,对新问题、新情况采取回避做法的人,无法担当领导新时期的改革发展的重任,也不可能成为一个保持先进性的、称职的党员干部。加强学习意味着不断拓宽视野和知识面,增加头脑的开放度,学习政治、法律、经济、管理、历史等多方面与工作相关的知识和经验,善于研究和总结,理论联系实际,提高自己解决矛盾,处理问题,开拓创新的能力。

关于岗位责任制修改的补充规定的说明

(2005－6－29)

2002年我们在大家讨论研究基础上起草了岗位责任制,2003年我们又聘请人力咨询公司协助,把大家在岗位责任制上形成的共识,变成一个可操作的绩效考核标准。当时,负责这项工作的人力咨询公司项目经理认为我们对岗位责任内容的理解和描述已经非常专业,更难得的是,大家在实行岗位责任制问题上有共识。今天我想就这次修改岗位责任制再谈几点。

一、为什么要修改岗位责任制?

(一)形势变了,任务变了,责任内容也要变

自从2002年委员会明确提出将北仲建设成有一定国际地位和影响的仲裁机构以来,我们在修改规则、仲裁员守则、仲裁委员会章程、仲裁员聘用办法等方面做了很多工作。同时,在用人和分配制度上进行了一系列的变革。回顾北仲历史,北仲的成功得益于北仲的改革始终走在全国改革的前面。北仲自1995年就实行了人员聘用制,而全国事业单位从2002年开始才全面推行这一制度。因此,北仲既不存在进人上的“拉关系”“走后门”“干部分流”现象,也不存在“老人老办法,新人新办法”的双轨制问题(最近召开的五个城市仲裁机构会议,

大家依然普遍认为这种“双轨制”,副作用很明显,而且要持续到“老人”自然减量)。许多单位想解决而又无法解决的老大难问题,在我们这里不存在。而且,北仲进人程序、聘用条件公开、透明、公平,选聘进来的人都是精兵强将,这为日后实行公平竞争,择优上岗,能进能出,能上能下的岗位责任制度奠定了基础。2002 年,北仲实行了“事业单位企业化管理”。今后财政不再“保底”,而且要向国家纳税。但不纳税就得实行“收支两条线”。这个制度适用于仲裁机构很不合适,会把机构“管死”。而且,“收支两条线”今后有不断强化的趋势。2004 年财政部、发改委关于发布《关于行政事业性收入收费项目目录的通知》《财政监察专员办事处实施中央财政非税收入监督管理暂行办法》规定,实行“收支两条线”的单位,将要实行基本资料台账制、收入报表制、收入对账制、审核抽查制……可以想象实行这项制度的仲裁机构的日子将更难过。我们选择纳税,是因为这可以获得财务管理自主权,能够根据事业发展确定仲裁机构内部分配方案。我国仲裁员报酬很低与国外比有很大差距,北仲有了自主权后,根据绩效情况几次提高仲裁员报酬。去年,为进一步提高仲裁员报酬提取比例,我们降低了工作人员的工资福利提取比例。这就提高了仲裁员的积极性,实现了案件数、效益双增长,达到预期的“退一步,进两步”效果。在这里我感谢大家对这些改革措施的理解和支持。我们战胜了自己,牺牲眼前利益,换来长久、持续、更大更健康的发展。环顾其他仲裁机构目前遇到的体制上的种种麻烦和问题,我们应该庆幸当初的选择。

当然,实行聘用制只是较好地解决了“铁饭碗”“能进能出”问题,但没能解决“大锅饭”“职务能上能下,待遇能升能降”问题。职工收入与单位效益挂钩的做法,虽然较好解决了内部人不当仲裁员办案及由此造成的弊病,但无法建立合理的激励机制。2002 年 8 月我们推行岗位责任制,先通过责任制确定岗位用人标准,为探索激励机制摸索经验。相对于“铁饭碗”,“大锅饭”的问题更复杂、更敏感,需要在共识基础上逐步推进。2003 年 1 月开始,我们对不同岗位的工资进行了适当调整。分了“一线”“二线”。2003 年 6 月我们请人力公司在岗位责任制基础上制定了绩效考核标准,增加了责任制的可操作性。但实际上,岗位责任制的推行不如聘用制那样坚决和严格。尽管如此,岗位责任制在培养人才上发挥了重要作用。北仲工作人员本来不多,这两年人员变化很大,业务增长很快,我想岗位责任制、绩效考核在培养人才,保持业务水平的稳定性上"功不可没"。而且,正是由于我们前两年推行了这套制度,才使我们拥有完善和进一步实施这项制度的资本——经验和体会。如果说北仲有什么让别人垂涎欲滴的核心技术,那就是两个:岗位责任制与仲裁电脑管理软件。我们的电脑管理软件被认为达到世界领先水平。服务行业如何实行数据化管理,是个世界性难题,而法律服务,特别是仲裁服务,又是所有服务中最具知识、文化、个性化的服务,随机性、复杂性最强的服务。但是,北仲的电脑软件很好地解决了这一难题。通过电脑管理软件管理,我们数学逻辑思维总结归纳日常工作中的重复、琐碎、繁复的事务,把凭感觉、经验、直觉进行的手工劳动,变成简单、规范、轻松的计算机处理,减轻了劳动强度,避免了随意和遗忘,提高了工作质量和效率。而岗位责任制,不仅深化了我们对仲裁工作岗位性质及要求的认识,而且更深化了我们对从事这项工作人的品行、能力的认识。这种认识是通过对人的行为的描述来体现。这两项技术都是具有高度创造性的活动,大家都是创造者。

与北仲的仲裁规则、仲裁员守则、仲裁员培训、考核、聘用制度相比,岗位责任制比较原始、初级:一是责任制的内容没有充分考虑到机构争创国际品牌的目标对每个人才要求。二是岗位责任制中不同岗位之间的责、能、绩效的标准、临界点不十分准确和清晰。同一职类不同层级的划分比较粗放,没有体现经验、知识、效能上的差别。三是岗位责任没有与分配机制、晋升机制很好挂钩,不能完全发挥激励作用。四是我们的分配标准与市场同类人才劳动价值接轨(这与中央事业单位人事制度改革要求不符,也不利于人才流动,吸引高素质人才)程度不够。这在一定程度上限制了大家积极性的发挥。五是制度与我们的企业文化没有有机地结合在一起,还存在"两张皮"情况。随着当事人维权意识的提高,对仲裁的要求越来越高;北仲提高了对仲裁员的要求,仲裁员对秘书的要求也随之提高(现在,仲裁员反映秘书延误的问题比过去多了,这是应该的,也是好事。说明仲裁员关心仲裁效率问题了。我们一直探索的监督机制发挥了作用。我曾多次向仲裁员承诺:北仲要求仲裁员做到的——公正、廉洁、高效、敬业,等等,办公室工作人员首先要做到,就是希望仲裁员对我们进行监督,保障仲裁公正、公平)。仲裁权力很大,仲裁是高诱惑,高风险的行业,需要有效的监督机制保证仲裁员和工作人员队伍的清廉和纯正。前阶段我们个别秘书暴露出的问题,虽然是极个别现象,但损害了委员会的信誉,损害了大家的利益。如果对其危害认识不足,不能认真地加以解决,不要说发展,老本都要赔光。总之,此事唤醒了我的危机意识和进行改革的紧迫感。现在,是我们拿出勇气与智慧深化改革进行二次创业的时候了。我们正面临一个历史的选择,如果做了,若干年后,我们也许会像现在庆幸当年选择了聘任制那样庆幸今天选择的岗位责任制改革;如果不做,也许我们会像其他仲裁机构后悔当初没有选择聘任制那样,后悔今天没有将岗位责任的改革坚持下去。机遇就是可遇不可求,先行一步占尽无限商机。人事制度的改革迟早要实行,无法回避,与其拖到问题成堆,积重难返,又不得不改的程度再去面对,不如及早采取行动。根据这些年改革经验,问题处理得越早,花费的成本越小,成功的概率越大。更何况,北仲探索了十年,岗位责任、绩效考核制度搞了三四年,已有认识上、经验上的积累。而且,更重要的是,我们在改革和制度创新过程中,形成了一个以共同目标、共同利益、共同价值为基础,以共同的原则为依据,以合作多赢为出发点,以成熟、理性态度,进行对话、协商,共同解决问题的氛围和基础。这成为北仲文化的组成部分,难能可贵。人事制度和分配体制的改革历来是企业改革的最核心、最敏感部分。这涉及局部利益与全局利益,眼前利益与长远利益的平衡与调整。许多单位不愿搞,不敢搞,害怕引起矛盾,伤害感情,影响团结。结果一拖再拖。而我们在改革过程中,领导和同志们都能开诚布公地讨论这些敏感问题,从而选择解决问题的最佳方案。这反映了我们这个集体的理性与成熟。实际上,关于企业的用人机制、分配机制,属于企业所有者考虑的事。在现代企业中,这是由董事会或企业决策层考虑的问题。很多国有企业改革就是领导层少数人决定后,下属执行。企业员工在既定事实的基础上选择拒绝还是接受。我们之所以从开始就发动大家参与制定,一是这关系到每个人的利益,只有充分听取各方意见,才能正确决策。二是我们相信大家有这个觉悟和合作诚意,2004 年大家的表现已经说明了这点,我们无愧于北仲人这个称号。三是讨论的过程也是我们民主、合作、自我管理的实践过程。经历这个过程，我们每个人都会更加理性和成熟，单位管理及个人管理会更上一层楼。

(二)帮助大家尽快提高和发展

我们所说的提高不仅是指经验知识随工作与日俱增，而且，学习提高的幅度要高于社会上同类人才。大家与同学、朋友聚会，不是以自己的单位成为他人羡慕对象，而是以自己“士别三日当刮目相看”的见识、谈吐为人羡慕。北仲是学习型组织，拥有丰富多彩的案例资料，高素质的仲裁员、同事，良好的学习工作条件，如果不能提高，只能怪自己。美国彼德·圣吉说“学习速度小于变化速度等于死亡”。《法制日报》一篇文章说，中国成为世界上继美国之后的第二律师大国，全国律师11万人。但是，律师每年平均创造的价值是6.5万元，相当于出租司机水平。文章中说，别看有年收入在50万元、100万元以上的律师，但这些律师背后有十几个、几十个律师挣扎在温饱线上。所以大家应该有早日成才的紧迫感。大家来北仲首先是为锻炼自己。但是，人自身的惰性，娱乐的诱惑，患得患失的考虑，都会消磨学习热情和钻研精神，失去发展的内在动力。失去动力，学习条件再好无济于事。就像一个吸收不好的人，吃营养品再多也于事无补。彼德·德鲁克在《个人的管理》一书中说，“知识劳动者必须进行自我约束，并且为了绩效、贡献——也就是效能而自我加压。”修改岗位责任制，提高工作标准，就是逼人成才。美国麦肯锡咨询公司有句名言“up or out”，该公司人才流动性很大，但在该公司工作的经历，大大提升了个人的职业能力和价值，从而更容易在社会上找到合适的工作。修改责任制也有这样的考虑，不能百里挑一、千里挑一的进来，若干年后，技不如人，过得比人差，那也是单位的失败。

彼德·德鲁克说，一个人无论悟性高低，学识多少，资历深浅，勤奋还是懒惰，要想取得成功，就必须“有在工作中使自己发挥效能的实践经历”。“智力、想象力和学问都是一些基础性资源。它们只有在发挥效能以后才能转化为成果”。“任何人，无论智商多么高，多么勤奋，想象力多么丰富，知识多么渊博，如果没有经历过这样的实践，那么一定缺乏效能。”他还说“失去胜任力，不是因为丧失了能力，而是因为采用了错误的方法”。他认为，员工“能发挥效能的真正原因”,是“迫使他们思考新职位提出的新的要求”。并且,“没有一个人能够自己发现这个成功的秘诀,都需要有人点拨。任何人一旦明白了这一点,并且把它铭记在心,那么几乎毫无例外地在新的职位上获得成功。而且,这并不需要高人一筹的学问和才干,而只需把注意力放在新职位的要求、新挑战、新工作和新任务的关键因素上”。他说,“提高知识劳动生产率,必须考虑对某一给定工作应该采用哪种绩效标准来进行考核。只有这样,我们才会知道自己应该努力什么;只有这样,我们才能决定哪些方面需要分析,哪些方面需要改进,以及哪些方面需要变革;因为只有这样,我们才会知道某种特定的知识工作应该达到怎样的生产率。”修改岗位责任制,就是要将职位要求,新工作、新任务的关键因素进一步清晰化、具体化、使同志们能根据这些要求“决定哪些方面需要分析,哪些方面需要改进,以及哪些方面需要变革”,以及仲裁“应该达到”的“生产率”,养成正确做事的良好习惯。彼德·德鲁克说“效能是一种习惯,也就是一整套复杂的习惯做法,而习惯做法总是能够学会的。”这次修改岗位责任制,充实了老同志许多好的经验和做法,按照要求做,新同志可以提高绩效少走弯路。

岗位责任制的修改,增加了老同志对新同志,领导对工作人员的培养、指导、帮助责任,并将此作为考核其是否称职的重要内容,这种措施有利于调动老同志帮助新任成长的积极性,也为新同志尽快成才创造良好的条件。

二、这次修改的主要内容

(一)关于道德规范的补充

1. 增加了对仲裁工作性质的描述——“仲裁是一项崇高而极具社会价值的工作”。仲裁关系人的命运,关系到当事人、代理人对公平、正义的理解和感受。北仲是一个有社会责任感的机构,北仲的工作人员也应是一个对仲裁价值有高度认同的职业群体。王学权同志上次对新同志谈的话,使我想起中青报记者卢跃刚说一句话“常识性经验是构成一个人直接逼近良知的东西”。坚持仲裁的公正和高效,首先源自我们对当事人的同情与关注,源自我们的良知和社会责任感。我们不是将仲裁当作谋生手段而是当作一项事业。因此,我们对结果负责,注重奉献,用可能达到的标准要求自己,发挥自己的主动性和创造性。那些以权谋私、索贿受贿,贪污腐败行为,是对事业和自己对人格的背叛。所以我们没有理由相信他。

2. 在德的内容上更强调人性中最基本的的东西,这就是独立、自尊、自强、自律,有社会责任感和现代公民意识的人,并在此基础上不断完善自己的人性。否则,无法满足工作要求,更不可能成为优秀的仲裁员或栋梁之才。不管实际上我们是否已经达到这样的水平,都要朝这个方向去努力,去塑造自己,成全自己。

3. 列举了违反道德的内容。这些规定与其说是针对已有的问题,不如说是防范我们不希望发生的问题,树立正气,营造保持良好的企业文化。实际上,这些年经过大家的共同努力,我们已经营造出一个比较好的文化氛围:一是大家有浓厚的学习兴趣,无论是业务、外语、管理还是计算机技术,大家都保持着一颗好奇、明敏的心,乐于接受和学习,兴趣盎然,兴致勃勃。人力咨询公司陈博士说大家像性能良好的发动机,一点就着。二是单位亲密和睦的人际关系,上下级之间、新老同志之间,平等相处,轻松、自然,没有那种等级森严官僚体制下的压抑感。三是有强烈的集体主义精神。在这个集体里,关心他人、关心集体,无私奉献受尊重;自私自利、损人利己、损公肥私遭鄙视;只要有利于事业,有利于集体的项目,大家都会积极参与,不分分内分外。四是开放包容的心态和合作共事的能力。新同志尊重老同志并向老同志虚心学习,老同志向新同志毫无保留地介绍经验教训,真诚地帮助新人尽快成长。这都难能可贵。不像有的单位,新人会明显感受到冷漠、排斥、猜忌、甚至敌意的情绪。我们对外国实习生 Andy 的友善态度,也让 Andy 感到融入集体的快乐。纽约大学法学院院长为此向我表示感谢,他希望北仲是其法学院的实习点,该院学生每年到北仲实习。除了我们同志都具有较高的素质外,还一个原因,就是我们人员构成是多元的——24 个大学生,研究生来自十多个院校和七八个省市(没有一个仲裁机构会有来自这么多院校和省市的学生,这本身体现了一种开放和包容,如果条件成熟我们也不妨聘用来自台湾地区或外籍的研究生),不容易形成以同学、同乡或利益为纽带的帮派、小圈子现象和权谋文化。有利于培养大家多维的思考方式、通过交流达致共识的习惯以及容忍分歧的精神素养。这些对北仲打造国际品牌至关重要,因为,我们要与来自不同国家地区、不同文化背景的仲裁员、当事人打交道。五是民主、合作、自我管理的团队管理模式逐步形成。一方面,单位将涉及大家利益的重要事项都交与大家讨论,经过讨论达成共识,规定在文字中,落实在行动上;另一方面,大家通过这样程序,更加理性成熟,既能从自身利益实事求是反映问题,又能超脱自身利益,站在全局和长远发展的层次考虑问题。同志们在会上的发言,我感到每个同志表达能力很强,很有水平,反映出同志们的思想水平、参与精神和自治能力。我们打算再按不同工作年限秘书分组讨论。总之,这种文化要以制度的方式固定下来,坚持并发扬光大,为大家创造一个更舒心、宽松、和谐的职场环境。

4. 明确了负责指导新人的老秘书、处长对贯彻企业文化、培养工作人员职业道德的责任。培养人是单位的重要责任,培养人要注重心灵的塑造和人格的完善。因此,对工作人员道德的培养,是各层领导、老同志所必须承担的责任,真正体现"小企业做事,大企业做人"。当然,加强道德修养,也是工作人员自己的责任,这是提高自己竞争力的需要。我们社会不缺"能人",而缺"好人",尤其缺德才兼备的好人。经济学家茅于轼对一个高中生说:"有一种劳动力最值钱,那就是忠心耿耿,扎扎实实。你要想发财,就应该成为这样的人。"如果你在品行上被打了高分,何愁将来找不到好的归宿。

(二)根据工作性质增加了秘书岗位档次。试图对每个档次的能力、绩效标准、考核程序、相应工资待遇(工资薪酬方案正在制定)、晋升、工作年限进行规定

这次岗位责任制修改最大的地方是岗位考核标准,考核程序、方法,相应待遇。这是根据我们这些年的经验起草的,还有很多不成熟之处,例如,各种标准是否合适,各标准之间的层次、逻辑是否清楚,对应的待遇是否合理等。这次交给大家讨论,也是想借助大家的力量将其充实、完善。岗位责任涉及这么多复杂的问题,光靠少数人不行。这方面修改的主要内容体现在4个方面:

1. 岗位绩效标准应能满足工作任务变化的需要。例如,由于事业的发展,形势的变化,我们将权力、责任逐渐下放,一些由处长把关的内容,下放到秘书。因此,在岗位责任上,突出了各档秘书的责任。每一个人都要对结果负责,将自己作为最后一道岗,把住最后一道关,切实承担起自己的责任,不要想反正上面

还有处长、秘书长。责任心是干好工作,尽快成长的基础。按照德鲁克观点,有责任心的人与没责任心的人在绩效上有着天壤之别,而前者并不比后者多付出什么。我认为,有责任心的人会想方设法追求好的效果,会认真观察切改进的可能和办法,会调动自己的潜力去努力实现。这与那些只是为完成任务走程序、向领导交差的心态在质量、效率、个人能力上的效果大相径庭。

每个岗位责任都比过去有所提高,有些可能我们目前达不到,但应该作为一个努力的方向(法乎其上取其中),考虑到将来国际化的发展方向以及未来人才发展需要,将外语能力作为能力考核的一个内容。

在高级秘书、处长的考核标准上,突出了对新人、处员的督促、指导责任,因为领导要对团队的整体绩效、对每个人的业务发展切实负起责任。不是只对某一具体业务负责。

关于重大责任事故的内容是根据我们在向当事人、仲裁员调查中发现的问题制定的,主要针对不经请示擅自做主,弄虚作假,滥用权力,以权谋私的情况。另外,考虑到人员现状、可塑性,未来发展,修改稿突出了秘书思维判断、写作能力、沟通能力,以及学术成果和业绩。我在起草过程中,反复思考这些标准是高还是低。大家都是百里挑一,千里挑一的名牌大学的高才生,将来要面对社会人才的激烈竞争。如果大家第一份工作不是在北仲而是在律所,可能一参加工作就要起草辩护意见、争取客户……独立面对种种困难。在这种激烈竞争和生存压力下,经过几年历练,可能会有突飞猛进的发展。因此,如果不高标准严要求,我们这些千挑万选的高才生,经过若干年会不会反而不如他们呢?如果是那样,就真值得我们反思了。

2. 在考核程序、方法及相应待遇方面,增加了高级秘书可以延长聘用年限、可以竞聘领导岗位等内容。事业发展需要一批相对稳定的中坚力量来传承企业文化,维系仲裁质量和品牌形象,为将来干部竞争上岗储备人才。这部分是责任制最复杂、最敏感的内容。关于待遇与绩效挂钩是这次修改的主要内容。问题不在于哪个岗位高,哪个岗位低,而在于是否公正、公平。在考核领导上,我们增加了群众评议内容,这作为群众参与监督单位用人标准、监督干部正确行使权力的保障措施。当然,这方面内容还不具体,有许多不尽如人意的地方,但我作为起草者已是“江郎才尽”“心有余而力不足”了,希望大家提供意见和建议。另外,对后勤的考核,因原来这方面规定得比较细,且缺乏可比性,这次写得比较粗,希望同志们进一步充实。

3. 在同类岗位层级档次上,主要考虑这些要求是否符合人的认识规律。人在工作岗位的不同阶段所达到的能力和绩效标准应有区别。规定不同级别的不同标准,使大家有一个不同阶段的奋斗目标,可以循序渐进向上发展。在能力因素上,我们更注重扎根于工作之中的经验积累,注重员工的自我教育。比如我们指的培训都是我们根据工作总结出的规范、经验方面的培训。而且强调培训课时相当于一般课时的1.5倍,高级秘书必须有授课要求。按照彼德·德鲁克的理论,人在自己授课过程中学习收获最大(教别人首先自己要明白)。同时,我们在分配、晋升、聘用年限上也拉开一定档次,目的是调动大家提高绩效,钻研业务,岗位成才的积极性,发挥激励机制作用。

4. 为了正确处理个人办案绩效与为全局利益,承担额外工作的关系。我们在高级秘书中增加了负责某项工作,独当一面的内容。对那些有奉献精神,在同等案件任务前提下,承担某项有利事业发展专项工作的同志,单位会优先考虑。

(三)在制定补充规定时,我们还要考虑与原岗位责任、绩效考核标准的衔接,比如后勤,根据形势变化主要是工作量、劳动强度的提高,因此,没有增加新的内容

(四)领导岗位上的处长、秘书长特别增加了关于领导能力、提高整体绩效水平方面的要求,特别是把培养人作为考核领导者能力、绩效的重要内容,体现了单位一贯的育人与事业并重的指导思想

由于考核标准与报酬挂钩,体现激励效果,分配上开始拉开档次,有人高、有人低。希望大家能正确理解:首先,新与老是个相对的概念,新会变老,低会变高,不会总停留在一个水平上。其次,合理的分配机制、奖惩机制有利于调动大家的积极性,从整体上提高效益。把蛋糕做大,即使分配比例调整,不会影响实际收入,甚至会提高。最后,这是改革趋势,是仲裁委员会长久发展的保障。希望同志们积极提出意见和建议,不仅能指出问题所在,而且能提出改进问题的建议,使我们的改革能够健康地进行下去。

关于北仲的民主实践

——在中层干部竞聘上岗工作动员会上的讲话

(2006-10-14)

这次竞聘上岗是北仲又一次意义深远的改革,它涉及五个方面,一是中层领导岗位的设置,二是岗位的职能,三是岗位对人员的要求,四是人员选聘程序,五是选聘干部。改革领导小组在全体同志的积极配合下,在这方面做了大量艰苦细致而富有创造性的工作,每个方案都广泛征求意见并进行了反复深入的探讨。使我们这次改革从方案的产生到方案的实施的各项准备工作都做得非常到位、专业,其专业水平超出我的预料,看到同志们能在管理上达到这样的水准,我心里甚感欣慰。改革领导小组卓有成效的工作值得肯定和表扬。这也应了毛泽东同志的一句话"群众是真正的英雄,而我们则往往是幼稚可笑的。"实际上,从办公室2000年实行组长制度起,我们就开始探索办公室内部机构设置,中层领导的产生问题,过去的十年,我们解决的是人才的合理流动,人员的能进能出的问题,而这次改革是将竞争引入干部选聘,解决的是能上能下的问题,通过人才的能进能出,干部的能上能下,实行机会平等,公平竞争,通过公开、积极、良性竞争,使优秀人才在最合适的岗位,实现多赢。这不仅是北仲的问题,也是所有国家机关、企事业单位面临的问题,不管成功与否,对北仲、对国有企事业单位的体制改革,都是非常有意义的一次探索和尝试。

希望大家重视这次选聘工作。因为它关系到我们每个人的切身利益。“正确的路线确定之后,干部就是决定的因素”。单位与单位的竞争(包括国与国的竞争),关键是人与人的竞争,是领导者素质(既包括现有的素质,也包括素质的提升速度)的竞争。这个领导不是某一人,而是一个整体。不是某一时期,而是整个历史进程,谁不希望好花常开,好景常在。组织与人最大的不同,是其可以通过选拔培养接班人使其生命不断延续。成功的企业和国家都有一套成熟的选拔培养接班人的机制和相应的组织文化,不但能够把符合领导条件的优秀人才选到领导岗位上,而且能够在发现人才不适应岗位要求时,及时调整。我们现在所做的就是在这方面的探索和尝试,不仅选拔干部,还要建立有利于领导人才成长的机制和环境。要保证北仲长久的兴旺发达,最好的办法就是抓紧培养领导人才。培养干部需要时间,包括制度建立、形成,乃至成为一种制度习惯和文化的时间,包括探索失败重试的时间,以及干部自身成长的时间。而且,这段时间我们的政策能持续进行,中途不要有什么大的变故。因此,我们要有紧迫感。为什么我们把秘书处处长这个层级干部叫接班人。因为,这个层级的干部比别人有更多的向上发展的机会,而且,这个层次、这个岗位干部发挥的作用,对全局工作很重要——由于仲裁的专业特点,真正发挥作用的,还是秘书处中层领导层。所以,我们要有历史和发展的眼光,从长远着想,从现在着手。下面谈五个问题:

一、关于组织结构的设计考虑

我们的领导岗位经历了由组长、处长、组长、组长加处长的过程。这反映了北仲成长过程的组织结构,岗位及其职责的变化,也反映了我们对这个问题的认识,再认识过程。无论结构怎样变化,我们都遵循了因事设岗,按岗选人的原则,而不是因人设岗。所谓因人设岗,就是出于照顾、平衡的考虑,把岗位作为一个职位、一种待遇和安排——这在行政机关和有财政拨款单位屡见不鲜。但我们不一样,不但自收自支,还要纳税,是“自己吃自己”。我们一直靠人员的精干高效,靠出众的绩效来维持我们优于其他单位的工作条件、收入水平。当然,市政府也给了我们很大的自由度。随着中央减少社会两极分化的政策的不断出台，随着有关部门对仲裁委员会监督力度的加大，我们的环境只能是越来越严，不会越来越宽，因此，我们必须也只能靠卓越的绩效来维持我们的工作条件和收入水平。因此，每设一个岗位，我们都要考虑这个岗位给单位带来的价值和效益，该岗位与其他岗位的关系，给其他岗位带来的影响，以及该岗位的投入产出比，要进行成本（显形成本和隐形成本）核算、经济核算，等等。可以说，我们无论在经济上还是在心理上都无法接受因人设事造成的机构臃肿，人浮于事的组织形式。

二、为什么这些问题不由领导班子决定，而由群众讨论决定

一是干部的事与群众切身利益，今后发展、前途命运直接相关，牵涉最大。不让群众在这个问题上发表意见，进行选择和决策，对群众不公平。二是干部工作有效与否，取决于群众的支持和信赖，“基于信赖的权力是最有权力的权力”，因为干部是群众选的，对群众也有一份感恩之心，会增强对群众负责的意识，而不仅仅是对领导负责。当然，既然是群众选择干部，群众也要为自己的选择承担责任，如果干部不能如群众所愿，大家也得承受这个结果，只能通过下次选择进行更换。通过选聘过程，群众对干部面临的任务、压力和困难加深了解，有利于干群关系的融洽和良性互动。三是从信息对称的角度，正确的决策有赖于信息的全面、客观、真实。作为领导，尽管在识人、用人问题上可能比一般人更有经验和敏感性，但是，对人的接触有限，这点不如群众。而且，人性是复杂的、多面的、变化的，反映一个人综合素质的言行举止，生活、工作细节，领导并不清楚，也无从掌握。因此，群众参与选聘有助于保证选聘工作的客观、公正。至于领导的识人用人的经验，可以通过多种途径和方式进行传授，况且，这本身并不神秘，只需长期的用心观察和体会。四是群众选聘干部，使干部至于群众监督之下，有助于克服干部身上的个人主义、官僚主义、特权及官本位思想，有利于干部的健康成长。五是不搞论资排辈，搞岗位竞聘，群众选举，实际上为优秀人才提供了平等竞争的机会，可以使领导岗位始终由最合适的人来担当，使在领导岗位的人不断进取，始终保持自己最佳状态——领导能保持住最佳的拼

搏状态,企业就能保持向上发展的态势。六是因为干部是主动竞争上岗,而不是被别人委派上岗,在观念上就会由"要我干",变为"我要干",吃苦受累,承担责任和风险,自不在话下,因为这是我们自己的选择。这就有助于克服干部怕苦怕累,不思进取、得过且过的现象。

但是,群众选举干部会不会出现时下一些单位在选聘干部时出现的争夺权力,钩心斗角,拉帮结派的情况?会不会出现敢负责,敢管理、敢坚持原则的干部没选票,从而导致干部只关心选票、关注人际关系,不敢负责,不敢抓、不敢管的情况?会不会出现嘲笑、讥讽、诋毁竞选者、落选者,伤了同志之间的感情和关系情况?我想是不会的:

首先,我们是成年人,应该知道干部素质的高低对自己、对单位前途命运影响。我们不像行政机关有财政保底,也不是垄断行业,有权力保底,在机关和这些垄断行业中,干部再"坏",再"庸",业绩再差,员工不至于没饭吃。但我们不行,干部人品差或能力不行,轻则大家收入降低,重则大家失去饭碗。仲裁靠信誉吃饭,别看好的时候"鲜花着锦""烈火油烹",坏起来也是"忽啦啦大厦倾,昏惨惨灯将尽",经不住折腾。北仲和仲裁事业既是我们辛辛苦苦开创下来的机构和事业,也是我们每个人长期依赖、相守的机构和事业,不论我们将来做什么,我们的命运及职业生涯注定与此紧密相连。我们应比任何人都更希望、更加努力地建立一种能够保持北仲可持续发展的干部制度。如果出现上述情况,那是我们自己对自己的将来犯下的罪恶。

关于干部的选聘标准,这次改革小组已经提出一个比较完善的方案,我根据多年管理、识人、用人经验,想就干部做人问题强调几点:

1. 干部是一个单位的"当家人""主心骨""顶梁柱",北仲的干部,不是行政机关意义上的"官"。北仲的干部应能把北仲当作自己的"家",把北仲的事当作自己的事,要爱护这个"家",操心这个"家",忠于这个"家",把住这个"家",在家的利益受到侵犯、威胁和损害时,能挺身而出,维护这个家。人的能力有大小,经验有多少,但当干部首先要有这颗心。"当家"就要"把家"。不能自私自利、只顾自己不顾集体,一事当前先替自己打算,只讲索取不讲奉献。

2. 干部为人要正派,做事要襟怀坦白,光明磊落,心胸开阔,讲团结,顾大局,关心、爱护、帮助、培养同志。不能口是心非,阳奉阴违,欺上瞒下,要两面派,搞小动作,不能拉帮结派搞小圈子,嫉贤妒能,排挤人。

3. 干部要奉公守法,守纪律,以身作则,严于律己,能够自我管理。不能对人、对己双重标准,自己迁就自己、自己放纵自己。连自己都管理不了的人何以能管理别人?

4. 干部要敬业,做事讲原则,敢于严格管理,严格要求,能够有效制止影响仲裁质量、效率、信誉的敷衍、懈怠、懒散、浪费行为,以及“门难进、脸难看、事难办”的衙门作风、官僚习气。不怕得罪人,要勇于承担责任。不能事不关己,高高挂起,当老好人,做和事佬,遇到问题绕着走,对该抓该管的事,睁一眼、闭一眼,导致队伍纪律松弛,工作涣散。市场不看过程看结果,不看苦劳看功劳,评价一个组织能否成功,关键看它能否比同行其他机构有更高的绩效。评价干部真本事、假本事,大本事、小本事,关键看他能否有效地提高组织的绩效。干部既要懂业务,管业务,还要懂管理、敢管理。

5. 干部要反腐倡廉,将公正廉洁进行到底。干部自己要干净,己不正,何以正人。另外,干部要对各种腐败思想、观念、行为、现象常抓不懈,有效制止腐败现象在管辖范围内的侵蚀和蔓延。清华大学孙立平教授在《一种腐败文化正在中国形成》这篇文章中谈道:“由于腐败与非腐败界限的模糊,历来被抨击被谴责的腐败似乎在社会上具有某种‘正当性’。腐败与非腐败边界模糊,以及腐败正当性的形成,既加快了腐败的扩散速度,也增加了反腐败的难度。最终的结果可能是一种腐败文化的形成。在这种文化中人们不得不接受和认同腐败,不得不习惯用腐败的观点看问题,用腐败的观点指导生活,最后导致社会生活基础的被瓦解。”北仲也不是什么“净土”和世外桃源,如果不能旗帜鲜明地反腐败,战胜腐败的侵蚀和破坏,就会一垮到底,而且,结局很惨。所以干部对腐败的思想、观念、行为的危害性要有充分的认识,防微杜渐,对损公肥私、化公为私、以权谋私等各种腐败行为坚决制止,树立正气,打击歪风邪气。不能是非不分,对消极腐败的思想、观念、行为听之任之,任其发展。否则,我们不仅将失去自己注定长期相守的家园和事业,而且,更会失去过更有质量,更有意义、更有尊严生活的机遇。因为我们没有这样的精神高度和力量。

6. 干部心理素质要强,坚定、执著、顽强,有功不自傲,有过不推诿,遭遇失败不怨天尤人,灰心丧气。认准目标就坚定不移干下去,不达目的绝不罢休。

7. 干部应该雄心勃勃,对事业要有追求、有梦想、有激情、有朝气,敢闯、敢拼、开疆辟地,有决心和能力领导并改变现有状态,开拓进取,勇于创新。北仲的发展历史就是改革创新的历史,干部应该以改革创新为己任,与时俱进,不断扩大自己事业的知识面,不断寻找适合单位发展的管理体制,工作制度和方法,扩大业务,提高北仲的公共形象和信誉,改善公共关系。一个目标实现后,紧接着实现下一个目标,谋求事业稳定、持续、健康、长远发展。不能胸无大志,因循守旧,抱残守缺。

总之,我们理想中的干部应该是:

有理想有追求而不自命不凡;勇于创新而不哗众取宠、标新立异;追求卓越而不居功自傲、恃才自傲;有独立见解而不固执己见;脚踏实地而又不甘平庸;自信而不自负;坦诚不同意见而不轻易否定他人;固守原则而不失灵活;贯彻领导意图而不一味盲从;小心谨慎而不拘泥、优柔寡断;团结群众而不随波逐流;敢冒风险而不鲁莽行事;勇于承担责任而不放纵过错;坚持终身学习而不盲目照抄照搬;展现自身魅力而不掩人性光辉;理性、客观、豁达,有良好的组织协调能力和社会公关能力,语言文字(包括外语)表达能力。

当然,这个标准不是要求干部现在就达到,更不是现在就按这个标准来对号入座地选人(这是一种理想,与现实毕竟有一定差距)。而是希望干部能这样认识问题,以这样的标准要求自己。不能因为现在达不到,就不敢去想,去要求,放弃通往明天的努力。干部关系着北仲及大家的未来;承担着将独立、公正、高效的仲裁进行到底的社会责任;承担着将北仲创建成知名的国际品牌的历史使命;集工作人员、仲裁员、当事人、代理人万千期待于一身。干部对外代表北仲,对内象征集体的价值共识。无论单位的处境多么艰难,干部要有能耐使大家以单位为荣,有能耐凝聚大家对单位、对彼此的认同;有能耐提出长远愿景,并使大家认同这个愿景,心甘情愿为这个愿景共同努力。虽然说,我们选人时可以讲“金无足赤,人无完人”,用人所长,避人所短。但是,做人还要尽量追求完美,要提高道德修养。因为,道德修养水平就是领导能力的组成部分。干部的道德水平能为组织赢得荣誉，干部道德水平低，也会破坏组织的信誉。可以说，想到我们将要面对的形势、风险、任务和压力，对干部怎么要求都不会过高。我们没有办法去改变环境，改变别人，但可以改变自己，使自己更坚强、更勇敢、更坚定、更执著、更智慧、更卓尔不群。这次干部竞聘过程，也是大家整体道德水平提高的过程。通过确立标准，使人明确奋斗的方向，看清自己与要求间的差距，而且，要有紧迫感，拿出“一万年太久，只争朝夕”的精神，尽快缩短这种差距，让自己在心理上、思想上尽快成熟；在知识、经验、能力上尽快提高，不能“星星还是那个星星，月亮还是那个月亮”。因为有竞争就会有淘汰，你不能以更快的速度超越昨天的自己，别人就有可能超越今天的你。其实，我们对干部的要求并非高不可攀。早期的共产党人，很多都是年纪轻轻就带领一个区、一个县，一个团、一个师、一个军，在艰难困苦条件下，不避艰险、不畏强暴，不怕牺牲夺取胜利。现在，虽然是和平年代，但仍需要这样一种精神、一种境界，一种骨气和血性，既然“优秀是一种习惯”，是一种来自后天的自我要求、自我约束、自我训练和管理，为什么我们不能在这一过程中，使自己变得更优秀、更卓越呢？

对大家来说，选聘干部不仅是被选者的机遇，也是单位的机遇、大家的机遇，选好了人才将给单位带来新的发展，选不好，那是我们自毁前程，自己对自己的不负责任。

另外，我们不是《别拿豆包不当干粮》电视剧里那些贪小便宜，目光短浅，急功近利，容易被蒙骗、被操纵的愚民。我们受过法律专业高等教育，是经过千挑万选选进来的，应比别人有更多的现代民主意识，应该比别人更有能力进行自治管理，自己掌握自己的命运。如果真出现别的单位干部选聘中的不正之风，不良现象，导致不好的后果，那就是我们的宿命，怨不了别人。

再者，北仲历经十年变革，经过这些年的民主合作自我管理的团队建设，我们已经形成了“大家研究决定涉及共同利益的重大事项”，“通过交流达致共识，用更公开、透明、有效率的制度化手段解决共同利益问题”的决策机制，以及容忍分歧的习惯和精神素养，有了一定的民主自治基础。这次干部选聘是从单位的组织结构、岗位的设置、职位的要求、竞聘者的标准（德、能、绩、资历），竞选程序、方法,直至人选,都经过反复酝酿和充分讨论,经过了相对完整、透明的程序,我们为此还专门成立了由工会牵头,由各年龄段秘书代表参加的改革小组,研究讨论这些问题,制定各种文件。可以说,这次岗位竞聘,程序之公开、透明,讨论的内容范围之广、之详尽、之充分都是前所未有。大家以前所未有的热情和理性参与了这个过程,充分体现了我们这个队伍文明素养、自治的水平和能力,这使我们对下步的工作充满了信心。

三、这次选聘贵在参与,希望大家以积极的态度参加竞聘,以平和的心态对待结果

在北仲当干部不是"当官"而是"干事业"。竞选当干部只是对责任承担,是对奉献的承诺,是不断追求人生更高境界的自我要求。竞选当干部的人,值得我们尊重、肯定和鼓励。鼓励这种勇担重担的精神,鼓励这种积极进取,敢冒风险,挑战自我的勇气,鼓励这种凭本事、凭实力,正大光明,公平竞争(FAIR PLAY)的做法。我们就是要以积极、健康、公开、公正的竞争,取代官场那种消极、负面、不公开、不公正的竞争。干部与群众只是分工的不同,不存在谁高谁低、谁好谁差的问题。我们不以官位大小,而以贡献大小来衡量一个人的价值。每个人都可以发挥自己的长处,作出自己的贡献,找准自己在单位的位置。而且,事情总是不断变化的,机会面前人人平等,谁能说今天的"民"不是明天的"官",今天的"官"不是明天的"民"。"官"中有"民","民"中有"官"。彼德·德鲁克说过"在一个现代的组织里,如果一位知识工作者能够凭借其职位和知识,对该组织负有贡献的责任,因而能够实质地影响该组织的经营能力及达成的成果,那么他就是一个管理者","如果老是强调自己的职权,那不论其职位有多高,也只能算是别人的'下属'。反过来一个重视贡献的人,一个对成果负责的人,即使他位卑职小,也应该算是'高层管理人员',因为他能对整个机构的经营绩效负责"。因此,把这件事看开了,心里就坦然了,如古人所说"不以物喜,不以己悲"。选上了就义不容辞、义无反顾地履行自己的承诺;选不上,就坦然面对,没什么不好意思、没面子、不光彩的,也没什么不平衡和抱怨的。群众和领导选上别人,是因为别人比自己更适合这份工作。由更适合的人从事领导工

作,大家都是受益者。而且,做自己不擅长的事,未必是好事。不论是被选上的中层领导还是没被选上的曾经的领导,我们都应该给予充分的肯定和称赞,毕竟人家是在困难的时候挺身而出,勇敢地站出来,挑起奉献的重担,不仅如此,在档案中我们也要将此记录下来,以后会根据特长和奉献在待遇中进一步体现。当然,这涉及下一步改革配套措施。秘书处中层干部制度的改革仅是个开端。

对选人者来说,你选择一个人,意味着你把关系到你利益、命运的权力交给这个人,因此,要认真、审慎、理性地进行选择。一旦作出选择,就应该全力支持和配合。

四、希望大家以学习的心态参与这次干部竞聘工作,把这个过程作为一个学习的过程,一个提高的过程

我们是学习型的组织。这次组织结构的调整、设置及干部选聘过程,是前所未有的尝试,对仲裁机构、对事业单位、对干部的选拔晋升制度的改革,都有积极的社会意义和深远的影响。而且,这个工作不仅涉及仲裁业务、还涉及管理学、行为学、心理学、组织结构、人力资源管理等许多专业,不仅很有意义,也很有趣。我们应该把这个过程当作一门学问、一个课题去学习、去研究,从中获益。我们说培养接班人,不是只针对少数,而是培养大家,真正形成"无处不在的领导"。只有大家的水平提高,我们才有可能水涨船高,好中选优。而不是水落石出,"矬子里面拔大个"。只有培养一批专家、学者型的领导人才,我们才有可能保证我们的干部队伍、仲裁员队伍后继有人,不会因为少数人员的变动而使事业发展受影响。而且,同志们都能成为既"专"又"红",既"好"又"能",有专业水平和领导才能的复合型人才,何愁将来在社会上找不到更好的位置。叶莺(柯达公司全球副总裁)说:"任何企业不可能承诺员工终身聘用,但柯达公司会创造机会,使员工获得能够被终身聘用的素质"。她强调现代社会的"白领"以"德"为先,以"智"为本,以"能"为中轴。我们也是将选聘干部的过程作为人才培养的过程。当然,每个人是否因此有收获及收获的大小,取决于自己的学习和悟性。这里面确实有很多只能意会不能言传或意会胜于言传的东西,可

学而不可教。比方说关于做人的问题，我们从大家一进入单位起就不断强调，年年讲，但听得进听不进，悟到什么程度，因人而异。我们通过这个过程学什么：

一是学习如何做人、识人。这次干部选聘工作是我们企业文化、企业理念最直接、最生动的具体体现。通过对干部进行判断的实体性标准，我们再次强调了我们的核心价值，我们赞成什么，提倡什么，反对什么，为什么要如此提倡和反对。选聘一个人等于树立了一个标准，确定了一种价值取向。同时，群众的选举，又提供一次按照这个标准重新认识自己，认识他人的机会，通过对他人"言"与"行"的比较，了解人心、人情和人性，从而丰富自己的人生体验和阅历，学会换位思考。通过别人的评价，看到别人眼中的自己，看到优点会给人带来什么，缺点会让人失去什么，从而改掉缺点，发扬优点。在评价别人的时候，也在反思自己，看到他人的长处时，考虑如何向其看齐，看到他人弱点时，提醒自己别重蹈覆辙。用更高的标准要求自己，不断挑战自我、超越自我，净化、优化自己的精神素质，使自己"精神成人"。学者陶东风说：所谓"精神成人是一个人真正成熟的标志，它标志着一个人在对待和处理世间万物、社会人生的时候有了一个内在自足、持久稳定的价值标尺，不为千变万化的世事变迁轻易改写"。他还强调人要充实自己的"内存"。"内存"不足，境界即低，境界低的人即使发迹了、显达了，也是金玉其外、败絮其中。

二是学习好的思维方法和工作方法，学会如何正确决策和执行。其一，世界是复杂、多元和多变的，人们的选择受到种种限制，有时候我们不得不在几种有价值的利益中进行选择，有时我们不得不在我们不愿意接受的结果中，去选择接受最不坏的结果。我们在接受一种选择带来的长处、利益和优势的时候也必须接受与此相伴的短处、弊端和劣势，公平总是相对的，对你的公平，也许对他人不公平，对局部的公平，可能对全局不公平。反之亦如此。我们应该学会超脱个人利益来客观认识问题。其二，前途是光明的，道路是曲折的，很多情况下我们的改革不可能一步到位，一蹴而就。因此，我们还要处理好理想与现实，需要与可能的关系，把握局部利益与全局利益，眼前利益与长远利益的平衡，避免简单化、理想化、绝对化地处理问题。其三，学会透过现象看本质。其四，任何事业的成功,都需要大家的共识和努力,因此,我们要学会鼓励不同意见的表达和争论,尊重异见,包容分歧,通过交流、沟通,求同存异,为调动各方面积极因素进行必要的妥协与折中,把工作做得更好。同时,在这个过程中我们也学会更长远、更全面、更准确,更连贯、更辩证地认识问题和解决问题,提高自己的思维水平。

三是学习管理知识、理念和方法。在现在的社会里,管理已经成为每个职业白领的必修课,无论是自主创业,还是在一个机构中独当一面,你首要的任务就是如何管理。《管理的终结》这本书提出"领导者网罗人力资本的能力决定着他们的成功或失败"。比尔·盖茨提出领导者要从控制自然资源能力向控制信息能力方面进行角色的转变。他说"我们所拥有的唯一资本是人的想象力"。学习管理不是靠书本,而是靠实践。选聘过程,是管理知识的普及过程,是一个大家学习关于如何当领导者的过程。有人说领导就是用人、出主意,这话有些简单和绝对。但是,识人、用人、培养人绝对是每个领导的基本功。能否将适当的人,放在合适的岗位上,发挥其特长,使人尽其才,能否激励每个人尽快成才,是领导工作的重要内容,也是考察领导水平高低的重要方面。通过选聘,大家学习如何考察、评价、挑选人,鼓励人、培养人;学习如何实行民主自治管理,如何运用现代人力资源管理理念、知识去处理最复杂、最敏感的人际关系和问题。如果你是一个有心人,在这个过程中积极参与,认真学习,注意观察、思考和总结,就能获益匪浅。因为很少有企业会发动群众这样广泛深入地参与解决干部选聘这样的核心问题;很少有企业会有这样前卫的理念、思想、知识、经验与实践;很少有企业能够集中如此众多、如此优秀的人才,研究商讨这样复杂、尖端、新颖、对人的智慧极富挑战的问题。讨论所撞击出的灵感和思想的火花俯拾即是,其中,拾起若干,稍加整理,就可形成颇有新意的文章,甚至是有轰动效应的学术文章,如果我们将这些问题汇集整理,就可以形成一个非常优秀的学术著作。如果有一天你做了领导,你会发现今天所学到的点点滴滴,那样有效、实用,具有可操作性。我希望大家不要把这个过程仅看作几人上、几人下的问题,而要作为一个学习课程,从中尽可能学到更多的东西。

五、把这次干部选聘过程作为一种培育民主精神,锻炼民主的素质,提高民主意识的过程

有人说,“对于国家来说,民主是一种制度安排,对于公民而言,民主是一种生活方式”。“我们追求的,不是以运动的形式而是以实践的方式来完善制度”。“我们的民主不在于街头,而在于大规模的民间操练”。我们是民主、合作自我管理的单位,干部选聘过程是大家通过民主方式来决定涉及自己切身利益的公共事务过程。我们在这个过程中设计的各种程序、技术和细节不仅是民主的结果,也是民主程序自身的魅力所在。我们这些擅长程序管理的人,第一次用自己的程序知识设计自己的民主选举程序,我们这些天天进行沟通做矛盾转化工作的人,面对涉及切身利益地问题,进行直接的沟通。民主的核心不是谁上谁下,也不再是单纯按选票高低决定人选,还是由领导根据评分结果决定人选,而是看在整个过程中:各种信息是否充分公开,不同意见是否得到充分机会进行了表达,大家是否真正参与了全过程,群众的选择和意愿是否得到充分的尊重。虽说根据选聘规则,由我根据评分结果确定副处长人选。但我会把我确定人选的原则告知大家:第一,我要考虑人选的德、能与我们标准的接近程度,考虑其一贯表现和群众基础,不仅要考虑干部个人的基础,还要考虑干部班子是否有广泛的群众基础,能够反映多元化的利益和诉求。第二,我要考虑人选的长处及这个长处能够为单位带来什么(金无足赤,人无完人,领导就是要发挥其所长),特别是中层班子应该成为人才知识结构、能力上的优势互补。第三,要考虑人才的发展潜力,既然这是一个学习的机会对谁都很珍贵,那么我们要把机会留给最有潜力的人。第四,要兼顾单位目前和将来长远的需要。

当然,这次设置的岗位,选聘的干部是否合适,是否符合我们预期,还要经过一段时间来检验、磨合,但是,起码我们找到了一种解决问题的民主途径和方法。这种方法不仅使我们可以理性地、自主地、较好地解决问题,而且,可以使大家更进一步了解自治的含义,确立对民主的信仰和尊重程序的意识。实际上,独立意味着放弃依赖,自由意味着责任,自己要为自己的选择承担全部的责任,学会独立地思考,自由地表达,超越性的对话和交流,变得更加独立、自尊、

勇敢、坚强、理性、包容，真正具备现代民主社会的公民意识和素养，远离低级趣味，过更有尊严的生活。列奥·施特劳斯在“什么是自由教育”一文说：有人讲“民主是一种与德性相辅相成的政体”；是一种“所有或绝大多数成年人富于德性和智慧的政体”；是一种“所有或绝大多数成年人拥有高水平理性的社会”；是一种“扩展为普遍贵族制的贵族制”。而“自由教育是在民主的大众社会中建立一种贵族制的必要努力”。自由教育是向大众“呼唤人的卓越”。引用这些话，是想说我们的干部选聘过程就是我们的民主实践过程，是大家朝着德性与智慧，朝着真、善、美，朝着高水平理性社会迈进的过程。让我们相信并预祝干部选聘工作成功！

关于干部的绩效考核标准*

(2008-9-2)

秘书处处长考核方案公布后,我看到了网上的讨论。我很欣赏我们的同志能够坦诚表达自己不同意见的做法,同志们能够表达自己真实想法和不同意见,既说明同志们关注、关心单位的制度建设,也说明单位民主化程度高,气氛宽松和谐。人们认识的深化,离不开不同观点的交流、碰撞。我也看了《绩效考评对象是人还是工作表现?》这篇文章。我觉得文章中提出的几个考核中的"认识误区"问题提得好,能够启发人们从不同角度对这些问题深入思考。我也研究了我们的考核方案,发现方案起草者不仅关注到这些"认识误区",而且深思熟虑进行了妥善处理。下面我想就这个方案谈几点我对处长考核工作的认识和想法:

一、考核对象究竟是人还是人的工作表现

如果仅是个名词概念问题,讨论就没有什么意义。关键问题是,这两者究竟有什么本质性区别,在实践中又会产生怎样的不同考核效果。这点作者没有

---

* 2008年9月2日干部考核动员会发言。

深说。作者认为,对人的考核是“德、能、勤、绩”的考核,“这是从政府的行政部门的考核中延伸过来的一种考核”,而对人的工作表现的考核是针对“个人与组织目标达成相关的部分的考核”,这部分包括业绩和“至少要有来自客户的指标、来自管理方面的指标、来自学习发展的指标”。我理解作者说的对工作表现的考核,实际上不包括“德”方面的内容,而我们的考核方案包括了“德”的内容,主要体现在考核方案中“职业操守”一栏,当然其他方面也渗透着这方面的内容。这就使我对这个问题不得不多说两句。我同意作者说“对一个人来说,组织并不是他生活的全部。组织对一个人进行考核,并不应该考核他的全部”的观点。但是,“德、能、勤、绩”只是一种考核标准分类,不是标准本身。不同性质的工作和不同的组织目标,可能产生不同的“德、能、勤、绩”标准。因此,判断考核是否超出“个人与组织目标达成相关的部分”,要看标准的内容而不是标准的分类。其实,“德”,尤其是干部的“德”就是与“组织目标的达成”密不可分。像仲裁这种以公正来取信于当事人的工作和像北仲这样注重企业文化建设的单位,在考核干部中自然不能忽略“德”的方面。即便如此,处长考核方案(这个方案在两年前干部竞聘时就已提出)已脱离“德、能、勤、绩”的窠臼(我们推行岗位责任制初期,有很强的这种痕迹,那时没有经验,只能照猫画虎,按照行政机关考核的模子“套”),将标准分为:“业务水平、人才培养、领导能力、职业操守、学习能力与创新意识”五个方面。尽管这种分类从逻辑上少了一些“唯一性”“确定性”,不同方面的指标可能有些重合或交叉,但其好处是与北仲发展目标,与秘书处长岗位工作要求的联系表述的非常直接和明确。既包括业绩、人才培养内容,也包括“来自管理方面”和“学习发展的指标”。其中,“职业操守”虽然属于“德”的范畴,但这部分不仅与北仲“目标的达成”密切相关,也是个人技能提升的心理动力。尽管仲裁是专业性很强的一项工作,但是没有哪项工作像仲裁这样对从业人的职业道德有如此高的依存度。正因如此,北仲在仲裁员职业道德方面有严格而详细的规定,如仲裁员守则、仲裁员聘用管理办法、提高仲裁效率的若干规定等,并且,将仲裁员履行这些规定的情况作为对其考核、决定是否继续聘任的重要依据。每次仲裁委员会换届时,只要仲裁员在职业道德上有违纪行为或不良表现,哪怕名气再大、学问再深,委员会都不再聘用。这就是北仲的价值取向。我曾多次向仲裁员承诺,要求仲裁员做到的,北仲的工作人员首先做到。同理,要求工作人员做到的,北仲的干部首先做到。“打铁就得本身硬”,这样群众才会服气,干部才有威信。现代管理学讲的“领导力”,是指领导凭借个人魅力影响、指导、启发、鼓励下属有效开展工作的能力,而不是其凭借权力控制操纵他人的能力。因为“基于信赖的权力是最有权力的权力”。联想的柳传志说,领导经营的是自己的思想,领导对企业的投入是思想的投入。考核“德”与考核绩效并不矛盾,也不会导致重德的而轻绩效的倾向。在处长考核方案中“职业操守”20 分,占考核分数的 1/5,而且其中的 10 条内容处处与我们要求的干部绩效、北仲的发展目标,处长工作要求密切相关。这些内容是:

1. 严格遵守单位各项规章制度,无违规违纪、迟到早退等现象。

2. 正直诚实,廉洁自律,公私分明,坚持原则,严守秘密。

3. 谦虚自省,心胸开阔,作风民主,善于听取和接受不同意见。

4. 求真务实,真抓实干,不搞形式主义,不弄虚作假,不欺上瞒下。

5. 讲团结,有全局观念,任人唯贤、不搞任人唯亲、拉帮结派。

6. 自觉维护单位荣誉,把组织、团队利益置于优先地位。

7. 讲奉献,不计较个人得失。

8. 工作主动,不靠上级压力,一切以工作为重,对结果负责;发现问题及时解决,不敷衍,不回避。

9. 勇于接受艰巨任务,承担责任,而不是设法逃避;主动承担额外的工作和必要的加班。

10. 有合作精神,主动配合其他处室开展工作,不计较分内分外。

这些规定体现了我们的价值共识,是北仲成功的重要保障。其内容具体明确,实实在在,没有空洞的说教和泛泛的道理,没有“坚持四项基本原则”,“与党中央保持一致”之类的套话。干部认真实践这些规定,就会提高自身修养、增加群众威信、提高自己的信誉和绩效。“德高”才能“才旺”。彼德·德鲁克说过一段话,大意是:一个讲究奉献,对结果负责的人就能够取得突出的绩效,而相比那些绩效差的人其并不一定多出多少力——这样的人工作有效率。

考核方案规定:“职业操守一项得分不及格,或者有不良记录被证实的,全部考评视为不及格”。这一条体现了单位注重干部职业道德的价值取向。最近,网上有一篇名为《三十年回顾与展望:光荣与梦想》的文章(杨恒均著)。文章说今年是“美国人权四十年”,四十年“金博士的那个梦不但实现了,而且现实已经远远超过了他当时的梦想。他当时只不过是想消除种族歧视,只不过幻想黑人的孩子能够和白人小孩一起坐车、读书、玩耍而已”,但是,“短短的四十年,一个黑人总统候选人登上历史舞台”。中国改革开放三十年,“取得了举世瞩目的成绩,完成了西方用了更多时间才完成的经济奇迹。看到窗户外那些高耸的大厦,我想起《V 字仇杀队》里的一句话:这个国家不需要高楼大厦,需要的是理想”。作者因此“感叹不已,感动中夹杂的却是伤感。”“中国改革开放三十年,美国人权四十年,说长不长,说短不短”,“和上海拔地而起的高楼大厦相比,去过欧美的人士应该发现,无论是纽约、华盛顿,还是柏林、伦敦,过去几十年的新大楼并不多,根本无法和中国内地的任何一个大城市相比。然而,他们并没有停止进步,这种进步不但是 GDP,更重要的是在人的心里。四十年前的美国,黑人和亚洲人甚至连‘人’的地位都没有取得,今天,奴隶的后代准备竞选总统,统领西方第一强国走向未来”。“中国过去三十年的经济发展是中国人的光荣,也是中国几千年试图实现的梦想,然而,当梦想成真的时候,我看到的却是一个失去了信仰和理想的国度”。作者说“如果我们在观念、信念和理想上不与时俱进,我们会不会在某一个拐点翻车,突然回到起点?就像历史上反复出现过的那样?”最近,我在整理过去关于岗位责任制的讲话和办公室内部的工作总结,准备将其放在网站上。因为这些文字记载了北仲发展的历史,特别是北仲“在观念、信念和理想上与时俱进,不断发展”情况。这是我们的精神成长史。北仲的价值、信念和理想就是在这个过程中,不断被确认、被强化。北仲正是凭借这些实现了过去的光荣与梦想,将来还要凭借这些再续辉煌。如果哪一天,北仲人不再强调和坚持这些价值、信念和理想,放弃了这些超越现实的精神追求。那么,北仲还是不是那个被业内外普遍尊重、信赖、期待的“北仲”?北仲“会不会在某一个拐点翻车,突然回到起点”甚至更惨呢?北仲用什么办法避免这种情况?那就是把这些价值、信念和理想浓缩在岗位责任中,体现在干部考核、竞聘过程里,通过考核和竞争将这些好的传统继承并发扬光大。在北仲当干部就应该有这样的心理准备,你不仅要对提高北仲的绩效负责,还要对继承发扬北仲的价值、信念和理想负责。诚然,一个好人不一定是一个好干部,但一个好干部首先是一个正直、诚实、有良知和责任感的好人,这是北仲关于干部的底线要求,否则,大家凭什么信任你,凭什么把权力交给你呢?

二、关于绩效考核范围

我们的绩效考核标准有"业务水平""领导能力""学习能力与创新意识""人才培养"等,每个方面都有丰富的内容。不是"把绩效考核简化"为审核文书数量、办案数量若干数字指标(如果那样,不用人,计算机就可以完成考核任务)。而是包括了业务指标、管理指标、学习发展指标、人才培养指标等。能够"比较全面、正确地评价一个人对于组织的贡献和价值"。比如:

"业务水平"分为"审核效率""审核质量""协调处理疑难、集团案件能力""业务能力及法律功底"四个方面。在业务上,有量的要求,有质的描述。

"人才培养"里有:

1. 能够耐心指导和帮助秘书工作,有效提高处内秘书的工作水平。

2. 能够开诚布公地当面指出秘书的错误,并及时提醒秘书注意在工作中已经出现或可能出现的问题,从而有效减少秘书的工作失误。

3. 能够正确评估处内秘书的工作状况,及时肯定和鼓励每个成员的进步,并激发与调动他们的工作热情。

4. 能够识人用人,发挥处内秘书的特长,使其能够成为业务骨干或者中层管理的后备人员等。

这些反映了秘书的心声,体现了单位员工职业发展与单位事业发展并重的理念,体现了北仲对干部以事业为重,甘做人梯,鼓励别人超越自己的特殊要求。这样才能保障我们的事业后继有人,应该"青出于蓝,而胜于蓝","一代更比一代强",而不是"黄鼠狼下豆鼠,一辈不如一辈"。

在"领导能力"上,体现了北仲的管理目标和要求,从学术角度来看,其中很多内容具有原创性,将抽象概念转化为可被观察感觉的具体行为。我看国外管理学方面的论述时,发现国外管理学的学者在论述一些抽象概念时,总会举出若干看似鸡毛蒜皮，但很具典型意义的细节、行为，让人很容易理解其概念的意思。我们从考核方案上可以看出作者在这方面的努力。如：

1. 思想成熟，做事稳重，能心平气和对待下属和当事人。

2. 勇于承担风险和责任。在自己负责的工作出现失误时，能够积极分析原因、总结经验，并意识到自己的管理责任，而不是互相推诿，或者视而不见。

3. 善于倾听、交流与沟通，能够与人坦诚相待，让人产生信赖感。实践中，能够有效化解而不是激化当事人的投诉、秘书之间的矛盾、仲裁庭争执、与法院的冲突等问题。

4. 有勇气、有魄力，面对困难和挑战时能够果断做出决定，不优柔寡断、犹豫不决。实践中没有因为拖延处理，导致事态扩大的例子。

5. 及时向处内成员传达单位的任务、要求和信息并组织落实，团结全处人员完成工作任务、目标，贯彻发展企业文化，并将执行情况、结果、存在问题及时反馈，做到上情下达，下情上达，促进良性互动。

6. 时刻发挥模范榜样作用，愿意与同事分享自己的工作经验、方法和心得，同时促进处内秘书的相互学习、理解和支持。

7. 有较强的时间管理能力，能够合理分配工作时间，分清主次，围绕核心任务分配工作，以有序有效的方式完成工作。没有出现手忙脚乱，经常丢三落四、忘这忘那的问题。

8. 具有敏锐的观察力，能够及时发现发展规划或者日常工作中的潜在问题，并能有效解决问题。

9. 有全局意识与效率意识，能够在提升自身能力的同时，有效提升整个处室的工作绩效。了解处内秘书的工作情况、进展、疑难复杂案件等，能够采取有效措施，减少一些常见的、无谓的工作失误。

10. 具有一定危机处理能力，能够妥善处理一些突发事件。

当然，其中的文字可以再斟酌，但意思很明确，可以避免因标准过于笼统导致考核的随意性问题。

“学习能力和创新意识”，也是现代管理学中领导必须具备的能力。杰克·韦尔奇认为，组织最终的竞争优势是“不断地从所有源泉学习的欲望和能力以

及迅捷把这种学习转换为行动的做法”。按照这一理念,这方面内容包括:

1. 乐于接受新事物,遇到问题具有举一反三的思维方式,对问题实质有敏锐的洞察力。不因循守旧,积极主动学习新知识、新理论、新方法、新技能。

2. 勤于思考,善于调查研究、总结经验,对单位工作的改进经常能够提出有创见性的建议。

3. 不满足于现状,对工作精益求精,努力提高工作质量和效率。

4. 具备一定的见识、胆识和较强的创新意识,能够站在全办发展的高度看待问题,提出改进工作的意见和建议。

5. 有较强的应变能力,能够以灵活变通的方式处理问题,应付不同环境的需求。

这些考评指标,不仅符合北仲发展目标,工作实际,而且吸收了现代组织管理学方面理论和知识。

三、关于考评者

考评者不是处长的直接上司——秘书长,也没有设立专门考评小组,而是全体工作人员和部分通过电脑查询选择的担任首席或独任办案数量较多、对秘书和处长相对熟悉的仲裁员。这样做出几个考虑:

1. 因为考核对象是处长、是中层干部而不是一般工作人员。干部的考核标准相对于工作人员考核标准更全面、更复杂。而且,秘书处处长是个关键岗位,考核的客观公正与否,直接影响到处长的情绪和工作。考核是否客观、全面又取决于考核依据的信息是否客观、真实、全面。领导虽然有经验,但其掌握的信息不足,难免失之片面。而且,领导也往往有个人主观偏好问题。如果考核全由领导个人说了算,考核的主观随意性和风险性会很高。关于考核标准的特点,刚才工会主席方濛已经介绍了很多,特别是权重问题。在这个问题上,我想再补充。这次考核采取的是谁掌握的信息多,谁考核评分权重相对大的原则。如“业务水平”:秘书长考核占30%;秘书占60%;仲裁员占10%。因为,案件文件的指导和审核都下放到处里,这方面情况秘书了解多。还有“人才培养”:秘书长占40%;秘书占60%。也是出此考虑。“领导能力”秘书长占60%;秘书及其他工作人员占40%。因为这方面我比较了解,分值高一些,也容易理解。这就避免了因信息不全,考核不够客观的情况。而且,考核主体从领导到工作人员、到仲裁员,避免了领导个人主观好恶导致判断失误的风险。

2. 这些年,北仲一直在大力宣传、呼吁推进仲裁机构民间化改革。一些主张仲裁行政化的人,指责搞仲裁民间化是为了"权力向个人集中","钱向个人腰包涌动"。一些善良的人也担心仲裁机构失去行政监控,会不会出现内部人控制,尤其是会不会出现"一把手"大权独揽,侵占国有资产、损害职工利益的问题。现在的国有企事业单位的管理体制,确实存在权力过于集中、对企事业单位领导缺乏有效制约和监督的弊端。但是,纠正的办法不是靠事无巨细的行政管制,而是靠健全企事业单位的法人治理结构,完善权力制衡机制。行政管制只会造成权力更高程度的集中,对权力监督制约更困难的局面,造成更多的制度性腐败和国有资产的流失,窒息企事业单位的生机与活力。近些年,北仲一直在积极探索如何健全法人治理结构和权力制衡机制,并且取得了一些进展。仲裁委员会通过修改章程,进一步明确委员会财务上的决策权、监督权、管理权,如"审议、通过秘书长提出的年度财务预算报告、财务执行情况报告、审计报告等","确定办事机构经费支出的项目和标准","确定仲裁员(包括外籍仲裁员)报酬标准及其占仲裁支出、收入的比例"。仲裁委员会每年财务收支情况向仲裁员报告,秘书长每年向仲裁员汇报工作征求意见,涉及仲裁员报酬、仲裁员管理的办法、规定,广泛听取仲裁员意见,提高管理透明度,鼓励仲裁员积极参与仲裁机构治理。在办公室内部,岗位责任、岗位考核、中层干部的选聘、考核、员工薪酬体制改革,均要通过职代会用一定程序听取全体员工意见后讨论决定。这些做法就是将集中于领导和少数人手中的权力,分散到仲裁委员会、仲裁员和工作人员手中,并形成权力制衡机制。干部是决定的因素,尤其是秘书处处长的岗位。由群众考评、群众决定,就是防止出现因领导变化而导致机构变化,防止"一朝天子,一朝臣",个人决定组织和大多数人命运的情况。这就是为什么考核方案从设计到执行由秘书长、全体工作人员、部分仲裁员参与的重要原因。这是为了保证工作人员、仲裁员能够自己掌握自己命运、保证干部队伍的稳定和质量,保障事业的健康发展。

3. 我们是民主、合作、自我管理的团队。每个人都有权“积极参与影响其职业生涯的决策”,每个人都应该“被平等地倾听和尊重”,“每个人的意见同等重要”。考核干部既是每个人的权利,也是每个人的责任。大家要胜任自己的责任,就要在考核中学习考核,在选择中学会选择,在民主操练的过程中培养民主的意识和民主技能,在执行制度的过程中学习、修改并完善制度。这次处长考核,也是对我们自己的考核。通过考核他人,明白自己如何做人,怎样做才能有发展。这次考核也是对我们判断力和民主治理能力的考核。在考核中,我们能切实体会判断和选择中的困难,学会以合作的态度协商,根据所达成的共识进行决策,正确考评选择自己的领导者、并遵从他们的指令,从而“学会负责任的自我管理方法”。

4. 这是对处长的培养和锻炼。处长的权威来自群众的认同。这次考核是一次良性的双向交流互动的机制。群众可以通过考核,表达自己对处长的真实评价和看法,行使自己的监督权利。处长通过考核,可以了解平时无法了解的大家对自己的真实评价和看法。不管这种评价与个人的自我感觉是否有差别或差别有多大,这都是一种真实。有助于我们重新审视自己,正确认识自己。这也是一种人生的历练和教育,如果处长能够正确对待,从善如流,扬长“克”短,就会使自己达到一个新高度、新境界,领导水平、能力进一步提高,从而赢得大家的信赖和尊重,为北仲发展做出更大成绩。

以上是我对考核方案的一些体会和想法。说句心里话,这个考核方案从初读,到这次为了动员反复细读,每次都情不自禁暗暗叫好。因为:一来方案从调研、起草到最后形成,完全出自改革领导小组成员之手。方案能达到这样的水平,说明我们的工作人员在组织管理方面具有相当成熟的思想和相当高的专业水平。不管别人怎样,我是写不到这种水平,我在2003年在修改岗位责任制时,就说自己是“江郎才尽”了。2005年人力资源管理咨询公司帮我们制作考核软件时,他们也说他们看了我们的责任制很有一种挫败感——从专业角度他们提不出更好的建议了。我想即使花大价钱请人力咨询公司来做,也未必能写出这个方案。我为同志们这方面的智慧和才华感到欣慰和欣喜。

二来这个方案很好地解决了干部考核这个岗位责任制中的难点问题。北仲的岗位责任制从2001年正式在全办提出方案讨论（产生实行岗位责任制想法是1998年）。这么长时间里，岗位责任内容随着单位组织结构、战略目标、人员变化有几次调整。2005年我们还聘请人力咨询公司制作了考核软件。但绩效考核始终没有搞起来。因为其难度大：一是考核的标准，如果事无巨细，考核成本过高难以进行；如果高度抽象，会增加考核的随意性或使考核流于形式，达不到预期目的。二是考核人的考核水平和能力，能否保证考核的客观和公正。三是考核效果能否达到预期目标等。今年年初，改革小组采取问卷形式调查这个问题，“92%的同事表示有必要开展绩效考核工作，但其中67%的同事认为很难实施”。难在“考核难度、考核指标与考核成本”。正是这些困难，我们的岗位责任制实际上一直在徘徊，没有深入下去。绩效考核是岗位责任制的核心，而没有绩效考核就没有岗位责任制。没有岗位责任制，随后的职务晋升及薪酬体制改革就无法开展。在这个问题上，大家都觉得绩效考核应该搞，但又觉得因为困难太大搞不了。如果这样拖延下去，不仅会伤了同志们改革的热情，寒了大家的心，而且会失去改革的机遇，北仲现在占尽天时、地利、人和的机缘，如果现在都不能推动改革，将来更困难。这有可能使同志们在等待中耗费自己的青春和才华。我为此感到焦虑但心有余而力不足。这次改革小组制定处长考核方案，较好地解决了绩效考核中的难点问题，使我们绩效考核进入了实质性操作阶段。可以说这次秘书处长的考核，既是我们多年来推行岗位责任制的继续，也是岗位责任的突破。这次绩效考核，可以为我们开展其他岗位的绩效考核摸索经验。为此，我们要感谢为考核方案付出心血和汗水的改革小组的全体同志，感谢为此做出卓有成效工作的方濛和丁建勇同志。特别是丁建勇同志作为方案的执笔人，为了起草好方案，研究了历次岗位责任制的资料、办法，学习了彼德·德鲁克、杰克·韦尔奇一些管理大师的著作，还看了美国派普丹大学组织发展系学生赠送的美国企业人事管理的英文书籍和资料，正是这样的付出和投入，才会有这样全面、细致、周到、符合实际的考核方案，才有岗位责任制实施上的突破。

改革小组已经出色地完成了自己的工作——拿出一个比较成熟的处长考核方案，为考核的成功奠定了基础。下面考核能否成功取决于大家，我希望大家以认真的态度对待考核工作。认真学习理解这个方案,这个方案不仅是改革小组的研究成果,也是大家智慧和心血的结晶。为了这个方案,改革小组进行了两次全办范围内的问卷调查,全体人员积极参与,认真回答了每一个问题,从而为方案的制定,提供了一手的信息。我还要强调,考核既是我们的权利,也是我们的责任。认真参与考核也是我们对自己、对同志、对组织负责的表现。认真考核不仅意味着对处长做出客观公正的评价,还要对方案提出进一步完善的修改意见和建议。我相信大家的民主素养和公民意识。特别是我们成功开展了干部竞聘后,单位发生了可喜的变化。处长的责任心、主动精神进一步提高,干群关系进一步融洽,大家的参与热情和自治能力不断提高。这使我对考核的结果充满期待。最后,让我们共同预祝考核的成功。

关于秘书处处长的领导能力*

（2008－12－24）

一、关于处长考核工作

今年的秘书处处长的竞聘与2006年竞聘的最大不同是我们是在今年实行干部考核的基础上进行的，是在一个民主和理性达到一个新的高度上的竞聘。干部考核使每一个参加竞聘的人，对如何当干部——当一个符合大家期望的好干部，有了切身的体验。北仲的干部不是“官”、是“服务员”，就像姜秋菊所说，这“意味着更多的责任、更多的付出、更高的要求、更大的奉献”。干部要面对各种风险、挑战和不确定性，要接受领导、群众的监督考核与批评。每个竞争干部岗位的人，在申请时就要考虑有没有这样的心理准备和承受力。反过来，这样一种考验、压力可以促使人精神上尽快成长，心智上尽快成熟。一本管理书上说得好“心智决定视野，视野决定格局，格局决定命运，命运决定未来”，谁能说这段经历不是个人未来发展的宝贵财富呢？

今年的干部考核工作从整体上说是成功的。成功的标志是：

---

* 笔者2008年12月处长竞聘动员讲话。——编者注

1. 单位完成了从干部竞聘、考核的全过程,兑现了当初对大家公平竞争的承诺。相对于干部竞聘,干部考核工作难度更大,也更关键。但是在改革小组的认真研究,充分准备,以及大家的积极参与、支持、协助下,我们顺利地完成了这项工作。这个过程中大家表现了很高的参与热情和民主素养。2006 年干部竞聘动员时我曾引用一段话“对于公民而言,民主是一种生活方式”。“我们追求的,不是以运动的形式而是以实践的方式来完善制度”。现在,大家对这段话应该有更深的体会。干部考核与竞聘,就是民主实践、学习,再实践、再学习的过程,是逐步普及和推广民主理念的过程。在这个过程中我们品行更高贵、举止更优雅、更加健康和阳光,远离庸俗和低级趣味,成为独立、自尊、成熟、理性的公民。

2. 发现问题,改进工作。北仲是一个民主、合作、自我管理的学习型组织,是一个使命清晰、尊重规则、自由开放、充满活力的团队,不是一个自我封闭、强调等级、论资排辈、保守僵化的官僚化组织。我们的干部评价标准与党政机关干部标准应有所不同。在北仲当干部,首先要学会尊重人、关心人、爱护人,以人为中心,把工作人员职业发展、实现自身价值与单位发展相结合,把工作制度、工作纪律转化为员工的自觉行动;要学会人性化、引导性管理、营造宽松和谐的工作氛围,激发工作人员发展潜力,不断创造、学习和提高。实际上,领导就是服务,“以人为本”,就要以服务对象为本,服务对象包括工作人员、仲裁员、领导等。因此,干部服务好坏,是否到位,应由服务对象来评判。通过考核了解到自己工作与领导和同志们要求间的差距,从而克服缺点,发扬优点,提高工作水平和能力,把工作做得更好。彼德·德鲁克在《非营利组织管理》一书中说,大部分组织都需要一个能够驾驭任何风险挑战的领导者。关键在于领导者是否能够依靠以下三种基本能力来行事。第一种能力在于当领导者倾听别人说话时,要做到虚心、努力和自持。倾听不是一种能力,而是一条纪律……第二种关键能力是领导者要乐于与人沟通,使别人理解其立场观点。做到这一点需要极大的耐心。第三种重要的能力在于不要为错误辩解,而要积极地纠正错误……这三种基本能力对干部对所有人都非常重要。考核过程也是这三种基本能力的训练过程。我相信新选出的领导班子会在这方面有较大改进。

3. 检验了我们预制的干部考核标准、方案和程序，为在更大范围推行绩效考核，深化改革积累了经验。这次考核工作顺利进行，证明我们的干部考核标准、方案、程序切实可行。通过考核，我们把岗位责任、绩效考核、民主监督制度实实在在向前推进一步，单位内部机制改革迈上一个新台阶。这真是很了不起的一件事！是我多年想做，一直没有做成的一件事！其中，这些充满创造性、可操作性的标准、方案、程序功不可没。这些标准、方案、程序凝聚着改革领导小组以及大家心血和智慧，是我们的宝贵财富。当然，干部考核的成功也说明我们这个团队素质高，风气正，有实行民主自治管理的基础。同样的标准、方案、程序也许在别的地方就行不通。单位自成立以来始终坚持改革创新，从人员聘用、岗位责任、绩效考核、岗位年限制，到干部竞聘，干部考核，逐步形成了人员能进能出，干部能上能下，符合国家关于事业单位改革要求，与市场接轨的用人机制，调动了大家的积极性和主动性。今后，我们要在这个基础上进一步完善绩效考核，奖惩及福利分配制度、研究关键岗位的设置等。在 5 年的时间内，尽快建立完善的法人治理结构、权力制衡、利益均衡机制，建立完善的符合仲裁特点管理制度，使北仲能够长久健康地发展。这是我们共同的目标，大家要对自己的命运，对北仲的现在和未来，对仲裁员及所有信赖并选择北仲的当事人、代理人承担起责任。

4. 发扬光大了北仲的文化和价值。

二、关于秘书处处长的标准

关于秘书处长的选聘标准，关于如何参与竞聘、如何选择问题，我在 2006 年动员时已经讲了很多，不再重复。

我想强调的是单位在考虑干部人选时的主要原则：

首先，尊重大家的选择，尊重大家通过自己制定民主选举程序产生的选举结果。如果候选人积分接近，按照选举规则属于我进行选择的范围，我的判断原则还是那几条：第一，要考虑人选的“德”与我们干部标准的接近程度，比如我们所一贯强调的正直、诚实、有责任感和奉献精神，作风正派，廉洁自律，以身作则，能够对自己有更高的要求，能够承担更多的责任、做出更多的付出和更大的奉献。德不一定能提高绩效,但会影响单位的文化风气和工作人员的成长。正如彼德·德鲁克所说:“企业精神也必须通过管理层的精神来塑造”,“领导者是要给大家树立榜样的,领导者是组织成员特别是年轻人模仿的对象”。考虑“德”,还要看其一贯表现和群众基础。第二,要考虑人选的长处及其能够对单位发展所做的实质性的贡献。“金无足赤,人无完人”,领导就是要发挥其所长。特别是中层领导班子应该成为人才知识结构、能力上的优势互补。第三,要考虑人才的发展潜力。第四,要兼顾单位目前和长远的需要。除此之外,考虑北仲面临的形势和在社会中的地位与2006年相比已有很大不同:北仲处在一个发展的历史转折点——由一个单一的仲裁机构,转变为一个以仲裁为主兼具提供调解、工程评审等多元化争议解决服务机构;由单纯办案机构逐渐演变为以办案为主,兼具培训、研究为一身的综合性机构。我看了陈福勇写的介绍美国仲裁发展运作模式的文章。美国仲裁、调解的蓬勃发展局面,不是自然而然形成的,而是靠美国仲裁协会及一大批有识之士积极倡导、领导推动形成。如今在美国仲裁已不是什么某一法律下的一个分支,而是一门独立的学科。我一直认为,在历史发展的进程中存在很多偶然因素,历史的每个阶段都有向多种方向发展的可能,只要我们努力去做,就会推动历史朝着我们期待的方向发展。如果说在今天中国有哪个机构能够起到美国仲裁协会在美国仲裁发展中的主导作用,非北仲莫属。这不是狂妄,这是使命和责任。江平主任说,评价一个人的价值不在其权位多高,挣钱多少,而是其在推动历史进步发挥的作用。这种理念出自高尚的人性。“关于高尚人性的重要性维特根斯坦讲,他发现许多极端聪明的人没有成就,就是因为没有高尚的人性,所以就想不到那些伟大的问题”[1]。北仲人应该有这种高尚的追求、抱负和理想,这是我们成就大业最核心、最本质的东西。今后的若干年,随着业务发展我们的组织结构、人才需求还要发生一些变化。

其次,这次竞聘,如果以有没有处长、核稿秘书经历判断,参与竞聘的是新人多,大家起点基本相同。我们在选聘干部时,不仅看他已经做到了什么,更要

---

〔1〕 赵汀阳:《教育最重要的就是自由》,载《中国教师》2004年第12期。

看他未来还能做到什么。处长不是办案秘书,也不是核稿秘书。如果从如何提高全处专业素质、工作能力、工作绩效看,对秘书处处长的"能"的要求更高。这种能应该包括这些方面:

1. 有决断力和执行力。处理或所负责的业务范围内出现的各种问题,处长要能及时做出决策。拿不准可以请示、可以找同事商议,但不能害怕出错,不敢决策,以致问题耽搁,迟迟得不到处理。执行力是办事能力,单位的计划、目标、各种措施和规章制度在处内贯彻落实的能力,处长要注重贡献,对结果负责,市场是凭结果考核组织,考核处长,不仅要看其有什么主张和想法,要看做了什么,更要看做的这些工作产生了什么结果。在北仲当干部,不能光有想法没成果,也不能讲什么"没功劳还有苦劳"。我们要追求绩效,如果没有"功劳"或"功劳"与付出不成比例,我们就要反思这样的"苦劳"是否有价值。

2. 有良好的专业素质,扎实的理论功底和知识、经验的积累,能够对案件程序和实体的问题作出正确判断,并及时处理。能够对秘书工作提供业务上的指导和帮助,乐于与秘书分享自己的知识经验,帮助秘书不断提高专业水平和服务能力。

3. 有组织管理能力,能够通过有效管理提高全处绩效,在保证案件质量的前提下尽量缩短办案时间。彼德·德鲁克说"管理层必须把经济绩效放在首位。管理层只能以所创造的经济成果来证明自己存在的价值和权威"。北仲的口碑是靠仲裁公正、效率赢得的。我希望处长要有效率意识,要重点解决那些长期超审限案件,特别是因为秘书离职、休假或其他原因秘书中途更换的案件审理期限问题。要研究出相应的交接措施和办法。秘书绩效考核中,办案效率要作为一个重点。提高绩效,关键是处长要培养全处同志良好的工作习惯和工作方法,秘书自己也要有这方面的自我要求,说话做事讲求效率和效果。将来处长考核时,可以做个比较,刚当处长时及工作一段时间后全处的平均办案时间,超期案件数量,是否有变化,有什么样的变化。总之,大家都要有这样的意识,效率也是仲裁的生命,如果我们做得好,机会主动找我们,做不好,机会再多也抓不住。

4. 鼓励工作人员岗位成才,积极带动处里同志学习交流,尽快提高大家业务水平和能力。大家都当过秘书,在当秘书时希望处长如何对待你,你当上处长后就要以你希望的方式去对待处里的同志。

5. 良好的沟通协调能力,能够与仲裁员、当事人、法院、行政机关、新闻媒体、社会各界进行有效沟通协调,解决问题。

6. 有危机处理能力,有效处理投诉、矛盾、应对突发事件。

7. 有全局意识和创新能力,能够根据单位战略目标,发展愿景,制订本处的计划并组织实施,而且,能对单位的发展提出自己的意见和建议。

上述领导能力是秘书处处长发展的方向,即使目前尚未达到这个标准,也要朝着这个方向努力,尽快达到这个标准。我相信大家的能力和潜力,只要重视这个问题,努力去做,就会实现这个目标。我提出这些要求,意味着我在选择时,对你们这方面的能力寄予了这样的期待和信赖,希望你们能不辜负这种期待和信赖。

最后,我希望无论竞选秘书处处长岗位的同志,还是进行选举的同志,都能以公正平和的心态参与秘书处处长竞聘工作。就像秋菊所说,秘书处长这一职位,"全然不同于世俗观念中的'领导'和'权力'。但是,因为相信我们这个集体有着共同的价值观,所以相信符合竞选条件的同志仍然会勇于接受挑战、积极参与!""我们相信,2008 年处长竞选中不会有失败者,有的只是不断得到锻炼的个人和不断完善进步的组织"。这段话非常好,反映了大家的心声。我想再补充一点,那就是我们要学会失败,宽容失败。成功没有捷径,有成就的人总是敢于行动,也经常会有失败,但不要让对失败的恐惧瓦解进取的热情,绊住开拓创新的脚步。竞选上的我们要祝贺,没选上的,我们要感谢,因为你们的参与使得竞聘工作更为精彩——7 个候选人的竞聘申请书写得异彩纷呈。选上的同志要通过工作证明自己值得信赖,没有辜负大家的期望。没选上的要有风度,就像美国共和党候选人麦凯恩对奥巴马所说,"我希望所有支持我的美国人,不仅仅是要和我一起来祝贺他,同时还要向我们的新任总统表达我们良好的心愿以及我们真诚的努力"。无论谁上都是北仲的成功,无论谁下,都得到锻炼和升华。就像方健所说"这都是一个锻炼自己能力、展现自己才华的机会;是一个在参与中接受大家评判和挑选、更正确地认识自己的优劣长短、提高自我的机会;是一个和其他同事交流和沟通的机会;是一个相互学习、共同提高的机会;更是一个为北仲发展献计献策的机会"。最后,预祝2008年干部竞聘取得成功。

创造美好的未来*

(2009－8－5)

进行绩效考核的想法不是产生于现在,而是在10年前——1999年,那时我拿出一个关于办公室内部各个岗位的初稿。而后,又搞过几次,为统一认识,每次我还做思想动员。从“根”上讲,这一制度设想还源于我初当秘书长的任职目标——北仲实现四个“一”:一个好品牌——成为信誉卓著仲裁机构;一支好队伍——优秀的仲裁员和工作人员队伍;一套好制度——保障机构持续发展;一个好基础——物质基础。原来以为机构实现自收自支是很了不得的事,当时目标是积累1000万元。现在设定的目标,自然不可同日而语。我发现历史总是惊人的相似,现在我们搞绩效考核大家担心、议论的问题与当年讨论中遇到的问题相差无几,当年一些同志说的话仿佛犹在耳边。过去讲话所针对的问题,放在今天仍有意义。过去,没有推行绩效考核不是不想,而是不能。我记得彼德·德鲁克好像说过,谁都知道绩效考核对提高绩效的价值,但真正实行的人很少,因为太难。我理解太难有几点:一是考核标准的设计。标准细了,执行成本高,操作不了;粗了失去衡量的标准又没意义。我们曾在2005年聘请人力资

* 本文为王红松秘书长于2009年8月5日在全办绩效考核动员会上的讲话。——编者注

源咨询公司帮助我们搞绩效考核方案和执行软件。公司的人说与北仲合作，他们学到很多东西，但很有挫败感——他们无法提供更多的东西。他们所能想到的，我们已经想到，而且，想得更深、更透。绩效考核需要将工作目标具体化、量化，对高知识含量、高度创造性的仲裁工作来说，其复杂程度远超出人们想象。而且，这不是最难，最难的是执行。能否顺利实行，不仅取决于标准本身的科学性、合理性、包容性，而且取决于人们对标准的理解和执行。如果执行者没有积极、合作、建设性的态度，再好的标准也是一纸空文。因此，尽管过去我对岗位责任制作过若干次动员和说明，但我依然还想就绩效考核制度对北仲现在及未来的意义进行说明。

一、为什么现在要实行绩效考核

这有个时机和紧迫性问题。再过 4 年我将退休。年初的交流会上，有仲裁员已提出我离开后北仲的持续发展问题。他的意思是要尽快培养接班人。中国社会是个重视“接班人”的社会。我们从小接受的教育是做“无产阶级革命事业的接班人”。但培养“接班人”对中国民主法治建设究竟有多少作用？法治社会靠的是制度而不是人，一套好的制度可以帮助组织沿着既定方针、原则继续发展，保持组织的优良传统和文化。一个差的制度就可能产生让好人变坏的副作用。制度是一种实践，仅写在纸上的东西不算是制度，必须落实在行动上，被大家认同，履行和遵守，形成一种习惯和风气。只有这样，组织才有可能“不因领导人的改变而改变”。如果以我退休时间倒计时，绩效考核制度达到这样的程度，我们剩下的时间已经不多了。再晚恐怕就来不及了，甚至搞不成了。北仲从成立之日起就不断改革，其目的是将计划经济下的“单位”变成市场经济条件下的“非营利组织”。我们走得比别人快，比别人远，我们能有近乎奇迹的发展，很大程度上得益于此——当别人承受变革带来的痛苦和成本时，我们独享变革带来的红利。但是，我们的改革远未到位，我们的薪酬体制和其他人事制度还没有起到激励和约束作用。而这些是以绩效考核为前提的，前提不解决，其他的搞不了。改革就要破釜沉舟，一竿子插到底，半途而废，会产生畸形和怪胎，走上歧路。与其如此，不如不改。改革不仅会遇到外来的压力，也会受到我们自身的思维方式和行为习惯的制约。前些年网上流行栗陆莎写的“走出单位”文章。她说“单位是国家权力向社会成员个体的延伸,代理国家行使着社会组织、社会治理、社会控制、社会资源分配、社会发展等全方位的职能”。“单位制度教化了一代又一代中国人,即使是年轻的一代也依旧带着它的特征走进职场”。中国雇员在跨国公司发展遇到的“瓶颈”,就是这种单位制度下形成的思维习惯和行为方式,也是我们改革过程中的阻力(尽管我们从一开始就进入北仲,而且,北仲在体制、文化方面与旧式“单位”有诸多不同。但整个大环境是这样,我们的父母、亲朋好友、同学可能曾在或正在制度文化下工作,我们在思想观念或多或少受这种单位文化的影响)。所以改革不仅需要勇气、魄力和毅力,还需要各种资源。现在是改革的最佳时间,我们有主观意愿,也有客观资源,应该积极推进改革。否则,将来会出现半途而废的现象,那些发生在其他单位里的官僚主义、人浮于事、效率低下、任人唯亲、裙带关系、贪污腐败等,有可能在北仲上演。届时,所受伤害最大的是同志们。

二、为什么要实行绩效考核

其一,尽管我们已经有包括岗位责任制在内的各项规章、制度。但没有绩效考核,没有相应奖惩制度,这些制度的实施将大打折扣。现在的管理是建立在管理者个人的领导水平、专业素养、道德修养及个人魅力基础上的。如果管理者变化,要想保持整体管理水平不变,只能靠制度。北仲管理的核心是持续不断地提升绩效。我们的岗位责任制以及其他规章制度及日常管理工作都是围绕这个核心。有人说北仲的管理已经到了极致——已没有发展的空间,能够保持现状都不容易。我认为,绩效考核及配套改革搞好了,北仲将迎来新的、更大的发展。人们很容易低估自己的潜力,而这种潜力是我们未来发展的最大资源。我们一直致力于开发这种潜力。绩效考核是开发潜力的有效途径。我们实施岗位责任制长达10年,为绩效考核实施也准备了10年,在此期间形成的规章制度、办法凝聚着新老同志心血以及北仲的管理经验和做法。我们好不容易才走到今天的程度,可以说,万事俱备,只欠东风——实施这项制度。现在再不搞绩效考核,那将是前功尽弃,非常遗憾,我们既有愧于前人,也有愧于后人,更对不起自己。

其二,北仲机构改革力度最大、成效最显著的是用人制度。各地仲裁机构对此羡慕不已。外地仲裁机构领导认为,北仲用人自主,能够聘用高素质人才。而他们没有用人自主权,"想要的人进不来,不想要的,塞进一堆","不干活的人走不出去,留下来还影响他人"。工作人员羡慕北仲的"公平竞争,机会均等"。没有"领导说你行,不行也行,领导说你不行,行也不行"现象,也没有"老人老办法,新人新制度"造成的不平等。我们大家都是这种制度的受益者,要想将这一制度坚持下去,就得继续深化改革。绩效考核将干部对员工考核的标准公开,不仅使每个人得到公平对待,而且,这种公平要让大家都看到,将公正、公平、公开、任人唯贤的用人制度贯彻到底。绩效考核相当于交通规则,透明度很高。一开始,大家可能会觉得别扭和约束,时间长了,习惯成自然,没有警察,道路交通也畅通无阻。绩效考核搞好了,大家都能避免和及时克服低级错误,可将更多的时间和精力用于个人的全面发展。

其三,我们虽然有劳动合同聘用制、岗位年限制、干部竞聘制度,实现了人才"能进能出"和干部"能上能下"。但我们人事制度上的改革还不彻底。我们的薪酬体制依然保留大锅饭的因素,其后果是干好干坏一个样,损害了绩效高的工作人员的积极性。这一点在过去的相关会议上,有同志提出来过。其实,在大家的心里这是个问题。要想不走回单位体制下"论资排辈"的老路,在薪酬和晋升制度上体现奖励先进,督促后进的效果,就得在绩效面前公平竞争。因此,尽管绩效考核涉及利益,比较敏感、麻烦、困难,但我们必须知难而上,不能犹豫不决,裹足不前。如果贻误时机,我们将自食其果。

以上是我就绩效考核的意义所做的说明。总之,这项制度对北仲将来的意义和作用要大于现在,对于你们的关系要大于我。大家都还年轻,无论是从物质上,还是从个人发展上,我们都要依赖北仲这棵"大树"。我们当然要努力使她健康成长,永葆青春。需要强调的是,绩效考核能否实施,不仅取决于考核的标准,更取决于大家对这项制度的态度。如果大家以积极的、建设性的态度,我们会比较容易地解决实施中的各种问题,实现制度的最佳效果。如果,以消极的、否定的态度,一个小问题也能带来意想不到的麻烦和后果。届时,考核的失败,不是败在制度上,而是败在我们对待制度的态度上。就像仲裁一样有的地方发展不好,不是这项制度不行,而是执行这个制度的人不行。

三、我们应该怎样对待绩效考核

1. 在讨论考核的标准时,每个人都希望标准能更多地反映自己擅长和工作。这是可以理解的。但公平是相对的,我们如果不能选择一个最优——制定一个令所有人满意的标准;就选择一个次优——选出与单位价值和发展目标接近,且大多数人能够接受的标准。其实,这次方案能达到这样一个水平已经相当不容易,比我当年搞的不知强出多少。这里凝结着建勇、改革领导小组的全体同志的心血和聪明才智,也与全体同志积极参与,热情支持分不开。我看有的同志扒心扒肺写了好几页的意见和建议,说明我们用心思考,认真研究这个问题了。如果说当年岗位责任制已让从事人力资源工作的专业人士称赞不已。那么,现在这个方案应获全国事业单位人事制度改革科技进步一等奖——可惜目前国家还没这个奖项。我们应为此骄傲和自豪。当然,这些标准不可能穷尽所有问题,设计缺陷,考虑不周在所难免。考核标准只是个尺度,水涨船高,水落船低。其实,公道自在人心,谁绩效高,谁绩效低,谁贡献大,谁贡献小,甚至是负数,领导和同志们心中有数。绩效考核只是将这些"数"显现出来。使你在判断自己时有一个客观的标准。人对自己的正确认识,就是在与客观标准的比较中产生的。我相信,不会出现因为有了考核标准,大家反而好赖不分,把好说成坏,把低的说成是高的。如果那样想,就太低估领导和同志们的智力水平了。

2. 绩效考核会不会影响人们对案件质量的投入和专业能力的提高?我想说的是,真正影响的,不是标准,而是你对标准的态度。首先,绩效考核标准既有效率要求也有质量要求。即高效率的质量或者高质量的效率。如果为了追求效率而忽视质量,自己惹的麻烦自己处理,欲速则不达。要想既快又好,关键是提高专业素质和办案能力。单位在进人时把你当作高素质人才,还是一种假设。高素质应该体现在人才为单位创造的价值上,包括物质和精神两个方面。如果不能创造价值,或创造的价值与单位的投入不成正比,就不是真正意义上的高素质。北大法学院朱苏力院长曾对毕业生说过一段话。意思是市场是以结果论英雄,要的是“现货”而不是“期货”。你有什么本事,有什么能力,要具体体现在你签订的一份合同或草拟的答辩书上。如果别人说你还有潜力,就说明你不行,起码是现在不行。所以,我们千万不要因高学历、高分、名校而盲目自信。现在高等院校的教育、校风、校纪大不如前,博导、校长带头抄袭,何况学生。“扩招”带来教学质量下降,高校、名校的学历已经“缩水”和“贬值”。市场衡量人才(特别是有工作经历的),是用人单位对你的评价和你胜任岗位的能力。北仲是个“窗口”,个人的优点和缺点都可能被放大地展现在人们面前。你的专业水平、诚信意识、工作态度如何,仲裁员、当事人、代理人都有评价。职业口碑比学历、名校背景、证书更重要。一个正面评价可以为你带来意想不到的机会,一个负面的评价可能断送你历尽千辛争取到的机会。就业形势这么严峻,单位可选择的人才又如此之多。对个人负面的评价,无论是否准确,很多用人单位会本着“宁可信其有,不可信其无”的态度。日本人离职后,不惜重金,请私人侦探调查原单位同事对自己的评价,目的是避免犯错。绩效考核使你及时得到真实的反馈和评价,可以帮助你少犯错误、及时调整自己。彼德·德鲁克在《个人管理》一书中说:“对知识劳动者的激励取决于他们的效能,以及实现效能的能力。如果知识劳动者在工作中缺乏效能,那么他们对工作和贡献的承诺就丧失了意义,而知识劳动者就成了敷衍塞责的趋炎附势者。”要想使知识劳动者提高绩效,就是“迫使他们思考新职位对他们提出的新要求。据我的经验,没有一个人能够发现这个成功的秘诀,都要有人点拨。任何人一旦明白了这点,并且将它铭记在心,那么几乎毫无例外地在新的位置上获得成功。而且,这不需要高人一筹的学问或才干,而只需要将注意力集中在新位置的要求上,新挑战、新工作和新任务的关键因素上”。绩效考核就是要使同志们的注意力集中到岗位的“要求上,新挑战、新工作和新任务的关键因素上”。绩效考核中的标准,是我们这个层次的人才应该也能够达到的标准,其要求是对十多年来高绩效同志的经验总结。例如,办案环节上的时间要求,就是培养大家养成“赶早不赶晚,当日事当日毕”的好习惯。习惯改变了,效率提高了,我们可腾出更多的时间学习和生活,何乐而不为?

3. 绩效考核会不会引导人们只做有分值的工作,不做那些没有分值或分值低,但对单位有价值的工作？会不会影响大家的主动性、创造性和奉献精神。我想大家不至于此。一是绩效考核目的就是鼓励先进,鞭策后进,调动大家的积极性、主动性和创造精神。改革小组一直注意征求、收集同志们这方面的意见和建议。如果说方案在这方面体现得不够,非不愿,不能也。只能让日后的实践来解决。我相信日后发现更好的办法,改革小组乐意调整。二是个人的主动性、创造性和奉献精神,是工作人员对单位应尽的义务。北仲不仅是提供仲裁服务的机构,也是积极承担推进中国民主法治建设责任的机构。因此,北仲对工作人员的主动性、创造性和奉献精神格外关注。因为,这反映了个人的价值观、诚信意识和自我激励、自我发展能力。单位提供的待遇和条件,是因为相信大家是具有主动性、创造性和奉献精神的高素质人才。“走出单位”一文说“主动性原则建立在员工义务基础上,即主动获取和传递信息、主动解决问题、主动提出意见和建议、主动规划自己的职业发展是每一个员工对公司承担的义务”。这一理念与我们绩效考核的理念相同。如果说因为绩效考核,人就变得斤斤计较,患得患失,失去主动性、创造性和奉献精神,那不是制度的问题,而是我们的价值观、诚信方面出了问题。而且,个人对组织的价值由其为组织创造的价值决定。创造的少,个人对组织就是可有可无。有人向我推荐《没人不可替代》一书。我在看了关于此书的介绍及内容,发现书中很多话十分精辟,令人深省。特摘录几段与大家分享:“任何时候、任何领域,只有有价值的东西才能避免被淘汰的命运。身在职场,只有表现出了自己在公司里的价值,你才不会被解雇。”“你在公司里的地位就像地铁里的座位一样,只要一离开,马上就会有递补上来。”“远远供大于求的社会,生存的严峻性比以往任何时候都紧迫。世界上到处都是有才华的穷人,没有人不可替代”,“每个人都要有强烈的危机意识,不断提高胜任岗位的能力,否则只能被淘汰”。一位管理者告诉我,他向员工推荐这本书时教育员工:只有让单位觉得是欠你的,你的地位才牢固,如果觉得你欠单位的,你离走就不远了。借用这句话,只有别人满意你的工作,你的地位才牢固,如果你的工作令人失望,你离走就不远了。我们要学会换位思考,学会从自己身上找原因,而不是推卸责任,埋怨客观,自己娇自己,自己放纵自己。这样才能把握住已经拥有的机会。三是主动性、创造性和奉献精神,是人增长才干的动力。“事实上,在很多情况下,企业更重视员工过去做过些什么、有没有经验、能否适应多方面需要。因此,学生也好,员工也好,都要培养自己各方面的才能,以凸显自己的职业价值。”(“走出单位”)单位开展项目小组活动,实际上是进行授权并创造条件鼓励大家发展自己的天赋,培养“适应多方面需要”的能力。如果你能从积极方面理解单位的目的,在办好案件的同时,更多地承担其他工作,干得多,想得多,解决的问题多,经验、办法也就多,身上的潜能、才华得到充分发展。日积月累,你就具备了别人所不具备的经验和能力,领导和同志们会越来越倚重你。就像《没人不可替代》一书中所说,“不要以为自己付出的比获得的要多,其实,我们努力多一点并不会失去什么,反而让我们有了从平庸中脱身、成为优秀者的可能。归根到底,努力的最大赢家还是我们自己”。如果你认为,“多一事不如少一事”,得过且过,形成习惯,人就变懒、变废。就像《没人不可替代》一书所说,“到头来,吃亏最大的人只能是自己……我们应该明白,老板的钱花出去了还可以赚回来,但青春失去了就再也回不来了。更现实的问题是,老板完全可以从人才市场上轻松找到很多比那些‘得过且过’的员工更优秀、更便宜的人才”。

4. 绩效考核是单位要求工作人员应达到的最低标准。如果不能达到这个标准。单位与个人的合作就无法继续。我们这个团队也是个利益共同体,大家都要全力以赴为北仲创造价值,如果你不能提供应有的服务,你的创造又少于单位对你的投入,这是对单位其他人的不公,也是对那些比你更具备胜任岗位能力因为你而没有进入这个岗位人的不公。所以,我们“丑话说前头”,达不到标准的,就得离岗。这个制度我们先试行一个阶段,如果这期间不能达到考核要求。就要好好分析原因:是责任心问题,方法或能力问题,还是因为这个岗位与个人志向和职业发展相差太远。如果是前两者,我们应尽快改善。头悬梁,锥刺骨,发奋努力适应工作需要(现在经济形势严峻,无论在哪个岗位干,都要“出大力,流大汗”,备尝艰辛)。如果是后者,就必须尽快做出选择。因为,个人的职业发展只能由个人负责,单位只是在你满足岗位要求基础上为你创造发展的条件,而不会为满足每个的志趣而改变工作要求。如果你发现岗位要求与职业发展目标有冲突,自己又无法适应岗位要求,就应尽快做出选择。否则,走又走不了,留下又不甘心,既影响工作又耽误自己。过去我给大家讲过美国钢铁大王卡耐基的故事“为自己的梦想打工”。卡耐基为实现自己的梦想,其干的工作一直远远超出公司所要求其做的。别人打牌、下棋,他看书研究问题,提合理化建议,最后引起高层领导重视,最终成为钢铁公司的老板。抛开我们工作对仲裁、对社会的意义,抛开物质以外的精神追求,就是从物质、从个人职业发展角度,我们也应像卡耐基那样,凭本事吃饭,靠实力赢得地位和尊严,这才是人间正道。

尽管我说了很多,但我相信大家,对这次绩效考核的实施效果充满信心。这么多年,北仲所有的改革都是在大家支持、参与下顺利进行的。何况为了绩效考核的实行我们进行多年准备,具有过去不具备的优势:

一是我们具备了执行绩效考核的人才资源。这些年我们采取改革工作领导小组方式,从秘书处处长竞聘到考核,稳扎稳打,循序渐进,使改革顺利进行,培养了这方面的设计执行人才。

二是多年单位文化建设大家形成价值共识。以这次绩效考核讨论为例,大家的认识水平明显提高。虽然对具体指标、计算方法有不同意见,但提意见不是从个人利益、好恶的角度去质疑,而是从指标设计与单位价值的关系去分析;从事业发展角度,以积极、建设性的态度提建议。在这个基础上,大家能够理性地、务实、从容不迫地讨论问题,求同存异。比如对项目小组工作量的考核,虽然小组成员与非小组成员间的理解有差距,但又拿不出更好方案,大家就先试,试的过程也许方案就出来了,“车到山前必有路”。不会出现一个问题没解决,而颠覆整个方案的情况。

三是这些年“民主、自治、自我管理”团队式管理,培养了大家民主自治能力和公民意识。大家有意见能够开诚布公讲在当面——无论是会上发言、会下交谈,还是发帖子、写信表达意见,均表现出负责任的态度和光明坦荡的君子之风。这使各种意见能够充分交流、碰撞,这种通过交流达成的共识,是有质量的共识。大家不愧为高素质人才。在讨论这些敏感、涉及利益的改革措施,既没有出现“当面不说,背后乱说”的牢骚和怨气;也没出现钩心斗角,背后拆台的小动作。这不仅是我们历次改革能够成功文化条件,也是我们胜任并愉快工作的宽松环境。我们应该爱惜、珍惜并保持下去。

四是我们对秘书岗位工作有更深入的认识，我们管理软件（特别是仲裁员网上办公室软件）的功能更加强大，提高了考核的效率和质量。而且，这次绩效考核，我们先由部分人进行实验，有了实际的数据，这使考核标准更具有可操作性。当然，任何方案都做不到十全十美，但我对这次绩效考核的成功及北仲未来发展前景充满着期待。

我相信，在大家的努力下这项制度不仅能够成功，而且，能使北仲的发展进入一个新阶段。让我们共同创造这样一个美好的未来吧！

做人要“大气”*

(2009-8-17)

三位同志都是半新不老的人,来这里实习、工作有一段时间,对北仲的文化、价值都有一定的了解,我过去对新同志讲话也都看过。大道理我不讲,只是从你们自身发展谈几点:

1. 你们要有危机意识,现在就业形势的严重及恶化程度,超出想象。每年有60%毕业生找不到工作,每年的岗位竞争不是增加1人,而是按每次1000人的增加。北仲有一个8年的工作期限问题。因此,你们从到北仲开始就得考虑你们8年后要干什么?在这8年你要使自己达到什么样的水平?你要学习什么?如何学习?你希望单位在这个期间为你提供什么样的便利和条件。这都是你们职业生涯必须要面对、要考虑的问题。自己的命运只能自己负责,没人能替代你,没人能帮你。所以对你们来说,第一位的事儿,就是在这8年中,充分学习,尽快增长才干。8年时间(指你必须干得好,干不好还不到8年),说短不短,说长也不算长,很快就晃过,必须好好珍惜。

2. 要尽快适应工作需要。在满足岗位要求的基础上发展自己。你们来北

* 2009年8月17日王红松秘书长与新同事的谈话。——编者注

仲是“干活儿”的，不是单纯来学习的。你首先要考虑尽快适应单位需要，满足工作要求。当然，要求一个学生，成为非常职业的仲裁秘书，还要做许多工作，这对你们来说，是一个很大的挑战。就像一个大病初愈的人上来与运动健将比赛跑百米。但你们必须尽快适应。你不能遇到点困难、问题，就说自己擅长什么，不擅长什么，要求岗位去适应你。你首先要把工作搞上去，把工作机会保住，再谈如何学习发展自己。不能工作干得不怎么样，上来要求单位这样、那样来满足自己。任何单位无论如何重视员工培训，也只能在员工满足工作需要的基础上，考虑如何实现单位发展与员工个人发展“双赢”的问题，不会放下工作需求去满足员工个人发展需要。因为单位要创造价值，如果单位不考虑市场，不去适应市场需要，单位也会被淘汰——没了单位大家也就失去工作机会。所以，不要指望单位像学校，单位领导像老师那样为你们的学习创造条件。而且，工作本身也是一种学习。要一切从头开始，虚心学，认真学，工作中有许多学问，你没有亲身经历很难体会。

3. 要有公民意识，要关心北仲这个集体的发展，关注仲裁这个行业的发展，关注国家和人民的前途命运。因为，这些终究要影响到我们个人的命运。要在力所能及的范围内，为自己的国家和人民做一些有益的事。家庭和国家供养你们读大学、研究生、博士生，如果仅仅是为了个人的荣华富贵。这个标准未免太低，活得太没有价值。人生一世，总得为这个世界留下点什么，总得做几件让自己将来感到欣慰，让自己的后代为自己感到自豪的事。否则，枉活一生。

4. 要有志气、有抱负、有骨气。首先，要有本事，凭本事吃饭，不要搞投机取巧，溜须拍马，投机钻营、损人利己那一套。要有自己的独立意志和思想，要敢于坚持原则。不要“墙头草，顺风倒”，好人当道，随大溜；坏人当道，助纣为虐，推波助澜，为达个人目的不择手段。其次，要有担当精神，敢作敢为，能够为推动改革和社会进步多做一些事。不要浑浑噩噩、安于现状，甘于平庸，不思进取。只顾过自己的小日子，不管其他。其实，这种精神状态对自己未来发展很不利。

大家刚参加工作热情高，工作努力，干什么、学什么都感到新鲜、刺激。但工作时间一长，就会有一些变化。我提醒大家要注意克服四种倾向。

1. 防止出现“一年二年拼命干,三年四年悠着干,五年六年偷懒耍滑”的现象。可以说偷懒耍滑,对单位影响相对小。但是对个人来说影响非常大——你的时间、青春白白耗过去了。

2. 做人要大气,不要斤斤计较,患得患失。公平是相对的,没有绝对的。单位搞改革、搞绩效考核,目的是奖优罚劣,让贡献大的人多得。但是,制度不可能设计得天衣无缝,每个人的每次努力都能得到及时的肯定和公道的评价。如果你总想每一分努力都必须得到立竿见影的回报,总在计较那些比自己干得少的,得到的却不比自己少。工作向低标准看齐,那就是自己毁了自己。因为,我们这个社会的许多不公的问题,许多的风险和不确定性,都得由同志们独自面对。你必须应对这些有足够的精神准备和心理承受力,要有一种胸襟和境界。否则,工作干不好,活得很累,很不幸福。在这种现状下,首先要增长自己的见识、胆略和能力。从我个人经历看,人在年轻时期应该把增长本事放在第一位。本事是干出来的,干得多,本事大,干得少,本事小。我过去在政府机关工作的时候,一个月拿过七十多元、一百多元。机关是“干好干坏一个样儿”,那些平时泡病号,不干活的人,拿的工资一点儿也不少。这些人看似占了便宜,可久而久之,自己就废了。干什么都力不从心,干什么,什么不行。机关精简的时候,第一拨被劝退。经济上的损失在其次,主要的是别人都获得成功和发展的机会,自己却一事无成,无一技之长,心中的失落无处诉说,自己种下的苦果自己尝。所以,从长远看,老实人是不吃亏的。更何况在北仲这样的单位。

3. 做人要谦虚。要向周围同志,向领导、向仲裁员学习。在北仲工作的最大优势就是你能经常与社会最优秀的人士打交道。我们的同事就是一个优秀的群体。每个人都是百里挑一,千里挑一选进来的。这样一个优秀群体,相当于各名牌大学的“尖子”聚集在一起,彼此的交流互动本身就让人受益无穷。而且,北仲有一种好的团队文化,大家都愿意将自己的知识经验与他人分享。不像有的单位,同事之间彼此封锁,生怕别人从自己身上学到东西后超过自己,甚至以邻为壑。在这里,领导和仲裁员都希望年轻人学习,喜欢好学上进的年轻人,也愿意传授自己的知识和经验教训。只要你谦虚好学,就能学到很多东西。关键在你是否有这个心。比如与人沟通、协调处理矛盾分歧。这就有很大的学问。书本没有，老师也不可能教。只能靠你自己观察别人或通过自己的实践积累。比如，我的沟通的经验、智慧从哪来？从父母、从过去我在市政府工作时的领导（包括前市政府法制办主任、仲裁员张老身上学的。张老的本事从哪来，也是从他接触的市政府领导身上学的。这些领导中有新中国成立初期至八十年代的市长张友渔、彭真、刘仁、张鹏、张建民等一批优秀的党的领导干部）身上学来的。这是优良文化通过一代代人的言传身教的传承过程。我现在正在把我在内部的一些讲话放在网上。其目的：一是记录北仲文化发展历史——我们在思想认识方面曾经遇到什么样的问题？我们如何认识和解决的？二是让外人了解北仲的文化、核心价值，产生长久的认同感。三是留下一个案例和教材，让后人了解一个领导是如何诠释单位的愿景并说服大家为实现这些愿景而努力奋斗。但这些只涉及我们的内部沟通。如何与外部协调，这个没法教，也没法写。过去我与张老讨论过这个问题。张老也有同感。“没法教”是因为这对学习者要求很高，你得有这个心，留意观察。如果你没有这个愿望，或者光有愿望不注意观察，别人是没法教会你的。其次，这种沟通协调都因人、场合、事情、情景不同而不同，一句话在不同的人、不同的情景、不同的表情和姿态下就有了不同的含义和结果，你光把说的话抽出来教没有意义。最后，有些话只能意会，不能言传，说出来反而没有意思了。所以，你要想学就得多参加这样的交流，多看多学多总结。我刚到市政府研究室工作，只要跟领导外出，我都拼命记。事后，如果领导要记录，我会很快将整理的记录交上去。第一，我觉得这是工作需要，应该记好。第二，我对一些优秀领导者的讲话比较敏感，很有兴趣。这些领导本身就是“才子”，聪明智慧，有过人之处。有的领导讲话幽默风趣，谈笑间把事情搞定。有的思维清晰、透彻，洞若观火，一针见血，鞭辟入里。闲暇时琢磨其中的含义，真感觉受益匪浅。沟通、协调能力，实际是在工作中“悟”出来的，不是老师“教”出来的。

谦虚就是做人要低调，要有自知之明，不要自以为是，骄傲、狂妄。我们应该清楚别人对我们的态度，有哪些是靠权力、靠岗位带来的，哪些是自己赢得的。我们看不惯那些因权力而“得志便猖狂”的行为，自己就得警惕。北仲越是名气大，我们工作人员越是要低调、谦虚。这样才能赢得别人对你的长久尊重和信赖。

4. 要有服务精神,要学会替他人着想,做好服务工作。千万不要认为研究生、博士生干那些细致琐碎的服务工作是“掉份儿”的事。我与境外那些资深教授、律师、政府官员等一些高素质的人接触,感受最强烈的是他们与人为善,替他人考虑,为他人提供方便的精神和一些细节。不管你对他来说是有用没用,你的身份是高是低,他们那种替他人着想,为他人服务的精神,那种真诚、细致和周到,只会让人感到其人品的高尚,从心底认同和尊重他们。作为年轻人,既有谦虚谨慎的态度,又能周到服务,自然会赢得大家对你的好感,无论是向他人学习知识经验还是积累人脉关系,终将受益匪浅。

信仰的力量*

（2009－8－18）

刚才同志们的发言反映了庚雪同志的优秀品质，以及许多大家知道或不知道的故事和细节。对这些故事和细节我不再重复。我想谈谈我的几点感想。

1. 我觉得庚雪同志在对待入党的问题上，很虔诚、很纯真。她一直积极要求入党，并身体力行，努力实践党章对党员的各项要求，言行一致，表里如一。她的这种虔诚和纯真唤起我们当年要求入党的那种感觉。我认为，这不仅体现了她对党章的深刻理解，也反映她对自己的信仰、追求、选择的尊重和严肃认真的态度。要求入党涉及个人的信仰，要么真信，要么不信。那种将党票作为个人向上发展的"敲门砖"的投机行为，实质上是对自己的追求、信仰的不尊重，也被人瞧不起。

2. 庚雪同志是一个非常优秀的同志。她的优秀不仅仅表现在责任心上，而且她为我们树立了一个标杆，一个参照系。

（1）她对工作极端负责任。刚才，很多同志们讲前台有那么大量繁重、复杂、琐碎的事务，还要与仲裁员、律师、当事人打交道，代办各种事项，像她这样

---

* 王红松秘书长于2009年8月18日接收新党员支部大会上的发言。——编者注

一个年轻的女孩子,居然长期以来忙而不乱,不出差错,取得很高的绩效,很好的效果。这点很值得我们做秘书工作的同志好好学习。

(2)庾雪同志虽然年轻,但思想却很成熟,有鲜明的是非观和强烈的正义感,疾恶如仇,爱憎分明,眼里容不得沙子。有同志讲她是“火眼金睛”,是抓“蹭”车卡行为的高手。这正反映她对待丑恶的行为“零”容忍度。这在人们放弃原则推崇“圆滑”的今天,更显得难能可贵。其实就“蹭”车卡或改车卡行为给单位造成的利益上的损害来说,算不上是什么大问题。在别人眼里“多一事儿,不如少一事儿,何必这么认真”。而且,以北仲的条件,经济上也不会在乎这点损失。但是,她是在维护北仲的价值——容不得半点占公家便宜的不诚信行为。她的行为不仅像建勇同志所说的,使那些行为人感到“理亏”和“灰溜溜”,而且,也为北仲,为我们全体工作人员集体赢得荣誉。在别人眼里,“国有单位”家大业大,大的损失浪费都没人在乎,没人管,何况这小小不然的“跑、冒、滴、漏”。但是,庾雪同志却像维护自己的家的利益一样去维护单位的利益。这样的工作人员、这样的单位,人家能不敬重吗?!

(3)她的服务精神。像同志们所说,她和前台小嫱不论压力多大,任务多重,顺境逆境,心情好坏,始终保持热情、周到服务和阳光灿烂的微笑。她的微笑,向人们传递出一种友善、阳光、健康、积极向上的信息和力量。我们的前台工作一直受到仲裁员、当事人、代理人的高度评价。外人在评价北仲优于其他机构的时候,总要以前台庾雪她们高质量的服务和微笑为例子,她们已成为北仲亮丽的风景,是北仲的金字招牌。

(4)她的合作精神。我们这些人多是独生子女,都是家里的“龙子”“龙女”,习惯于别人照顾,不习惯为别人考虑。但庾雪从来是与人为善,替他人着想,为他人考虑。无论分内与分外,都热心去做,尽力做好。并且,无怨无悔,配合默契,就像亮宇同志评价的那样,她与别人的合作已达“无缝对接”的程度。

(5)庾雪同志好学上进的精神。妍妍说她感觉庾雪这几年的进步非常大。这点我深有同感。庾雪从一个可爱的职校学生,变成一个精明干练、自信从容、独当一面的职业女性,没有好学上进的精神和持之以恒的努力,不可能取得这样的成就。仅就这一点,就值得我们这些资历比她深,学历比她高,年龄比她大的同志好好学习。

总之,庚雪同志的优秀表现,不仅符合共产党员模范先锋分子的标准,而且,让人感受到来自信仰的力量。因此,我同意庚雪加入党组织。希望庚雪同志今后能够将这些优点保持下去并继续提高。

3. 我觉得今天既是支部的组织发展会,也是一次生动的党课教育。我认为,党课教育与其长篇大论学习空道理,不如学习我们身边同志的高贵精神和优良品质。因为他们和我们一样,我们知道做到这些是多么不易。这反映出思想的力量和高度的自觉。我们学习这些优良品质,也是增加我们自己对善的感受能力。这些年,我们看到的“假、恶、丑”的东西太多。对真、善、美的事物反而感觉迟钝和麻木。而对善的感受,与我们的自我反思能力有关。如果我们不经常反思自己的言行,小到道德上的过失,大到公然的罪恶,什么都觉得合理,什么都干得出来。久而久之,我们就失去了向善、行善的能力。我们要做一个有益于国家、社会的人,要拥有一个更有尊严、更有意义的人生,就不妨先从我们身边共产党员的模范先进事迹学起,点点滴滴,日积月累,逐渐达到新的、更高的精神境界。

攀登新高峰

——2010 年干部竞聘动员

(2010 - 12 - 20)

我们从 2006 年开始实行竞聘上岗、干部考核制度,到现在已历经 4 年,算上这次,我们干部考核工作开展了两次,竞聘工作开展了三次。虽然次数不多,但每一次都达到一个新的高度,实现一次新的超越。《2011—2012 年秘书处处长及副处长竞选方案》是在 2008 年干部竞聘方案基础上制定的,有很多变化和创新。这种创新体现在:一是干部的职数、职位有变化,由过去三个秘书处长变为三正、三副六名干部。二是干部考核标准更丰富、更细化、更具可操作性,而且,对干部的要求也有很大的提高。三是这次方案执笔者是皓亮,由他牵头完成,而且完成得很出色。虽然这是在 2008 年方案基础上的创新——有一个不错的基础和前提,而且,建勇和办里其他同志也为方案的形成提出好的意见和建议。但是,一方面皓亮为此付出很多心血、汗水和智慧,表现了良好悟性和创新能力;另一方面反映出我们这些年通过干部考核、竞聘以及强调管理实践,大家的管理水平都在不断提高,可以很熟练引用彼德 · 德鲁克的经典思想,并将他的理念付诸干部岗位考核、竞聘设计的实践。所以我想,这能否成为我们内部体制改革的又一经验,就是每届的干部考核、竞聘标准和方案都请一个秘书来做,类似于我们办每年的乒乓球比赛,都由刚进入北仲的新人组织。这样不但从组织上保证了我们在继承基础上不断创新,而且促进了干部与员工相互理解。我们秘书处的干部都是从内部、从秘书中选聘上来的,这使干部有一个天然的优势:熟悉秘书业务,了解秘书对干部的要求和期待。在当干部时能够换位思考:当群众时你希望干部应该是什么样的标准,当干部时就应以这样的标准来要求自己。当群众时你希望干部作出哪些贡献,自己当干部时就要尽力作出这种贡献。就像彼德·德鲁克所说:“有效的管理者重视对外界的贡献,他们并非为工作而工作,而是为成果而工作。他们会首先问‘别人期望我们做出什么样的成果’。”所以我们要求干部要随时了解群众的这种期待,心里要装着这种期待,并能按照这种期待、要求,创造更多、更好的成果,不辜负大家的信任和期待。下面我就这次竞聘方案的创新做几点说明。

一、关于秘书处处长、副处长职位设置问题

这次干部竞聘,增加了三个副处长岗位,一共有 6 个中层岗位,以往秘书处最多是三个处长,而且,有很长时间是两个处长。我们历来强调因事设岗,不是因人设岗,一下子增加这样多的职务,会不会人浮于事,叠床架屋造成分工不明、职责不清,增加干部间的推诿和扯皮?我想不会,理由如下。

(一)这是事业发展的需要

北仲下一步战略目标:不仅要成为一个一流的仲裁机构,还要成为一个多元争议解决中心,一个有关解决争议的信息交流、研究培训、宣传推广中心。要实现这样的目标必须培养能够实现这样管理目标的管理团队。而且,如果将来我退休,我现在的很多工作必须由这个团队来完成,也就是说要将领导者个人魅力换为团队的魅力、个人的价值观变为团队认同的价值观并且团队成员身体力行;将个人的知识、经验和能力变为团队的知识、经验和能力。只有这样,我们全体工作人员、仲裁员才能有一个安全、可靠、充满希望的未来。目前,两个处长抓业务,只是疲于应付,从组织上无暇顾及同志的培养、工作的改进和业务的开拓。这只是低水平的维持,不可持续。更何况我们已经提出了“两个中心”的战略目标。我们提出这个战略目标,不是头脑发热,一时冲动,而是现实的逼

迫。现在,北仲不仅在仲裁上的公正和效率方面得到当事人的普遍认可——我们的案件越来越多的是那些争议金额大、案情复杂、更加专业、前沿和国际化的案件。而且,北仲作为一个创新型、有社会责任感、有创造力和影响力的机构形象也逐渐树立起来。越来越多的组织、部门、机构愿意与北仲合作。过去我们历经艰辛去争取的机会,现在像"天上的馅饼""砸"在我们头上。你说你人手不足,你说你工作太忙无暇顾及,放弃机会就等于把市场、未来让出去。因为你不做,不等于别人不做,别人做了,就占了这方面的先机。机会是"过时不候"的。在激烈的竞争中,可选择、替代的太多。没有谁会情有独钟,苦苦等你——等你觉悟、等你"缓过劲""腾出手"。彼德·德鲁克说过:"真正重要的不是趋势,而是趋势的转变,趋势的转变才是决定一个机构及其努力的成败关键。"我们对这种转变,必须要有所觉察,有所准备和投入。因此,我们必须增设岗位,培养人才,把该干的事情干起来。前几年美国佩珀代因(Pepperdine)大学组织发展系到北仲做案例研究,通过与仲裁员、秘书、律师访谈,他们就从北仲未来持续发展的角度向我建议要加强管理团队建设的问题。这也是大家和仲裁员的想法。北仲已经发展到这样的阶段:需要一个团队,而不是仅凭领导者个人来进行有效的管理。如何选拔和培养这支领导团队,将是我们今后一个重要工作。我想强调的是:北仲不缺机会,缺的是想干大事、能干大事的人才,希望大家朝这个方向努力。因此说,处长岗位的增设体现了我们与时俱进,因事设岗的一贯政策。

(二)这是提高办案质量,降低风险的有力措施

从北仲近年受理的案件看,北仲的业务正在转型。今后的案件越来越多的是专业性强、标的大、案情复杂、影响面广、双方争执激烈的案件,我们越来越多地介入到高端仲裁业务——这也是我们一直期待并不断努力的结果。我们的秘书一直在不断更新,需要提高专业服务水平和能力,所以要加强仲裁业务的指导、培训、研究交流工作,加强这方面的领导力量。而且,领导班子组成后,我们今后还要建立重大问题的研讨制度,以便有效回应实践中出现的新问题、新挑战,切实提高我们的办案质量。这可能会多投入一些人力和时间。但是,为减少和防范风险,这样的投入是必要的,这是我们必须付出的成本。

(三)增加同志们的发展机会,尽可能为个人的成长、成才创造条件

彼德·德鲁克在《个人的管理》中说:“每个组织需要在以下三个方面取得业绩:获取直接的成果、确定和不断重申组织的价值观,以及为成员的发展创造未来。如果一个组织缺少其中某方面的业绩,那么它就会衰竭并逐渐消亡。”“为成员的发展创造未来”一直是单位的重要任务,也是实现员工个人发展与单位事业发展双赢方针的基础。一方面,我们要提供岗位和机会,有过担任中层干部经历对同志们今后二次创业很有益处。另一方面,也要提高同志们在岗位上成才的环境和条件。我们要把人才培养放在更突出的位置上,让每个同志通过在北仲的工作,得到最大限度的提高。领导岗位多了,不仅是发展机会的增加,而且干部对秘书的指导、帮助、培养责任和要求也要相应提高。干部对工作人员的培养应该更全面、更深入,指导更具体、更及时、更人性、更专业。处长所领导的处“会是一个有较少冲突,有更多互助支持感,更多的合作,以及不断改善沟通技能的团队”,促使处内人员尽快成长,使大家对北仲的成功作出自己的贡献。

(四)中层干部多了会不会加大秘书的办案量

在过渡期有这种可能,但不会很长,今后我们还可以通过不断增加新人将办案水平保持在一个合理的限度上。使秘书能有一定的时间从事学习、总结、交流与研究,更全面,更好地拓展自己的发展能力,提升个人价值。2010 年我们已经决定招聘 6 名新秘书。

(五)处长和副处长如何分工与协调

处长与副处长的分工与协调主要体现在两者岗位职责的划分和界定上,这个问题方案已经做出了很好的处理。后面还要讲。

二、关于干部岗位职责内容和竞聘标准

(一)关于副处长和处长的职责

岗位责任的核心是责任。下一步我们要搞薪酬体制改革,副处长、处长的薪酬该如何定,怎么定才算合理?我想,关键看你这个岗位对单位的价值,你通过这个岗位为单位创造的价值。因此,我们在设计薪酬体制改革方案时,要考

虑责与酬,义务与权利的对应关系,而不是简单与律所、大型国企、金融机构的同类人才相类比。前两年,我们曾搞过薪酬体制改革的问卷调查,我看了统计结果中大伙对处长薪酬标准的预期。我想,大家提出这个预期时肯定是与处长岗位价值及其给单位创造的价值相联系的。这次竞聘方案明确:

副处长的工作主要是审核案件,协助处长开展工作并在处长不在情况下,主持全处工作。

处长的工作,方案中已经写明:(1)负责全处的业务管理包括但不限于全处仲裁文书审核、秘书业务管理等全部案件管理业务;(2)负责及时与员工沟通、交流,并指导、帮助员工提高业务能力和绩效;(3)针对工作中出现的问题,对仲裁规则、仲裁员守则、员工内部管理制度进行研究,起草相关文件或者提出修改意见;(4)负责指导、协助处内员工开展项目管理活动;(5)负责与法院、政府部门、行业协会、社会其他组织的外部沟通联络;负责仲裁研究、对外培训、宣传推广工作的规划并组织实施;(6)按照要求代表单位参加各类会议、讲座并做主题发言或者培训;(7)参与国际交流与合作;负责接待当事人、代理人的投诉及与本处相关的公关及危机处理;(8)负责办公自动化建设;(9)负责处内人员绩效考评工作;负责与其他处室协调与合作;(10)负责上级领导交办的其他工作等。实际上,方案对处长能力及工作绩效的要求是很全面的。对于处长,我们更强调其组织管理、培训人才,以及调查研究、宣传推广的能力。

如果我们像有些仲裁机构那样成立一个专门的处来专门负责业务拓展、理论研究和培训事项行不行?从培养人才的角度看,这样安排的不利之处很明显:一是离开争议解决的实践、一手材料和一线的感觉,研究、培训、宣传就缺乏质感和灵感,缺乏针对性和现实感。二是我们要求业务处干部和秘书要全面发展。秘书的发展定位不是书记员,而是仲裁员,成为有理论兴趣、理论功底和丰富实践经验的专家、学者。虽然说“师傅领进门,修行在个人”,但单位必须提供平等的,多方面的机会去培养和训练,包括参加各种项目的组织策划、管理实施、课题调研,撰写文章等。如果秘书处处长既抓案件,又承担一项发展业务,就可以发挥各自专长,带动秘书完成案件之余开展案例的总结、课题研究及宣传推广工作,起码能防止处长对秘书的考核出现办案与进行项目活动脱节现象。处长负责项目小组,对秘书开展项目中的表现和效果最清楚,而且,项目开展好坏与处长绩效直接相关,处长更愿意为开展项目小组活动的同志创造条件,提供帮助。

(二)关于副处长、处长竞聘考核标准

竞聘考核标准与具体的职责对应,承担什么样的责任,就应该有什么样的德才标准。与职位、职数相比,干部标准更能体现单位在用人方面的制度安排和价值取向。按什么标准选干部,什么样的人当干部,不是干部个人的升迁问题,而是单位要树立什么样的做人标准,形成什么样的风气问题。“因事设岗”不仅体现在职位、职数的变动上,更体现在干部标准的变化上。这个标准随着事业发展、职责内容变化而发展变化。判断一个人行还是不行,不是孤立、静止的,不仅要根据过去的一贯表现、能力和品行,还要考虑其是否愿意根据新的标准改善自己工作业绩、工作态度,乃至价值观。这次竞聘考核标准由改革小组提出,经过调研,从大家选择频率最高的标准中挑选出来的。说明这个标准反映了我们共同的利益、心声和价值观。因此,在干部竞聘中,大家要严格按照这个标准,而不是根据个人好恶、亲疏关系挑选干部,这才是一个具有现代公民意识的白领对自己、对全办负责任的态度。干部上岗后,要认真按照这个标准自我约束、自我激励、自我完善,将标准内化为自觉行动。不能说归说、做归做,语言和行动“两张皮”,承诺和实践脱节。只有这样,我们才能实现干部考核、竞聘的真正目标——提高干部素质,发扬企业文化,促进绩效提高和事业发展。

关于干部标准问题皓亮做了说明。我认为他的这个说明很精彩、到位,要言不烦,反映了他和改革小组对北仲文化的理解,对干部问题的深入观察与思考。我最欣赏他引用的彼得·德鲁克那段话:“在一个现代的组织里,如果一位知识员工能够凭借其职位和知识,对该组织负有贡献的责任,因而能实质地影响该组织的经营能力及达成的成果,那么他就是一位管理者。”我也赞同他的结论“管理能力,领导能力的体现,不在于职位的高低,也不在于具有多大的权力,而在于是否是实质地影响该组织的经营能力及达成的成果”。竞聘标准已印在纸上,每个人手里都有,我不再重复,只想在此对北仲未来的干部提几点要求。使竞选者明白自己未来承担的责任和风险,同时就自己长期对干部问题的观察

与思考所形成的心得体会与同志们做个交流:

1. 当干部要树立正确的权力观、价值观。我们当干部,不是为做“官”,而是要干“事”。从“官”的角度,处长、副处长连“七品芝麻官”都算不上,当不当意思不大。但从事业的角度,你在这个位置上所干的事业,所取得的成就,所作出的贡献,也许二品、三品大员未必比得上。11 月 22 日,政法大学蔡定剑教授去世,中国各大门户网站即在新闻首页显要位置发布讣告和消息。各界人士发表的祭文、各大报章的报道更难以胜数。其中,高全喜的《尘世间一颗伟大的心灵离去了》和雷颐的《生命的呐喊》非常感人,很值得一读。11 月 23 日,中国政法大学学生自发举办烛光追思会,这是汶川地震和玉树地震之后,法大同学组织的第三次集体追思。这是为什么?因为蔡教授对民主法制事业执著追求的精神和人格魅力。蔡教授原是全国人大一名司局级干部,以他的才华和资历,仕途光明,前程远大。在百万大军考公务员,个个削尖了脑袋当官的情况下,蔡教授却认为官越大说话越不自由,放弃仕途去教书。遇到社会热点、敏感的政治问题,有的学者要么昧着良心,说着似是而非、不着四六的瞎话、假话;要么噤若寒蝉,默不作声。而蔡教授敢于直面问题,而且,积极参与地方人大选举、人大代表制度改革方面的社会实践。有人说他以自己的生命为他人开启了通往生命尊严之路。这就是蔡教授,看似一介文弱书生,内里却是血气方刚、铮铮铁骨、顶天立地的一条汉子。所以他的离去,让那么多认识和不认识他的人发自内心地怀念和痛心。我们要学习蔡教授这种担当精神,当干部就要把工作当作事业来做,不能像当下一些官场,把职位当作官位去经营,当作个人权力去运作——那就把我们的事业做没了。

2. 当干部要有责任心、事业心、使命感和拼搏精神。干部不仅要做廉洁自律的模范,更要做努力拼搏,埋头苦干的模范。虽说能力有大小,但你必须要有这颗心、这种精神境界、工作热忱和状态。干部的激情和干劲,对全办的士气是一种鼓舞,对埋头苦干的人是一种安慰。现在经济环境不好,各行各业都反映生意难做。2010 年我们全力以赴,恨不能使出吃奶的力气,也不过是争议金额上略超去年,案件数量下来 200 多件。干部要是“掉链子”,不要说提高业务量,维持过去的水平都很难。所以干部必须要有拼搏精神,要不惜力气,舍得投入。

竞选当干部，要有这种心理准备，你要比一般同志多吃苦、多受累。如果你只想优哉游哉过生活，吃不了这个苦，受不了这个累，就不要竞聘这个职位。

3. 当干部要对工作结果负责，要做勤勉敬业的模范，对工作一丝不苟，精益求精，有把工作做得更好的心理动力，不能得过且过，做一天和尚撞一天钟，敷衍塞责，只走程序，不讲效果。

4. 当干部要对贡献负责，就像竞聘方案“个人品德及职业操守”第(3)项所规定的“有奉献精神和为大家服务的精神，克己奉公，不计较个人得失”。干部要一心一意地为单位、为群众、为全体仲裁员和仲裁事业去工作，不要光打个人小算盘，急功近利、患得患失、斤斤计较，更不要投机取巧、投机钻营。干部的贡献如彼德·德鲁克所说要体现在三个方面：直接的工作成果；树立新的价值观及对这些价值观的重新确认；培养与开发明天所需要的人才。这一点在我们的竞聘方案中有体现：如“个人品德及职业操守”方面，增加了“有明确的价值观和信守原则的勇气，优先考虑集体和他人利益，对人对己标准统一”。在“管理及领导能力”方面增加：(1)能领会单位的愿景、战略目标、规划，并自觉在工作中贯彻执行；(2)勤于思考与总结，乐于接受新事物，能创新工作方式、方法，积极提出新的目标，对单位工作的改进与发展经常能够提出有创见性的建议；(3)有追求、有梦想，愿意推动单位业务的开拓与推广，维持社会公共关系及客户关系，提升单位理论研究水平，促进仲裁事业发展。今后我们更看重干部的主动精神和创造性，干部应该是主动地、积极地、创造性地开展工作，而不是被动、消极等待指令，机械地完成任务。干部要努力扩大自己的贡献，自觉将工作与北仲的长远目标、全局发展、同志们的进步联系起来，不能仅仅满足于一般性地完成职责范围和领导交办的事项。

5. 干部要对建立文明健康的现代企业文化和培养具有公民意识的人才负责。要关心同志，主动沟通交流，善于发现同志的进步、贡献，并及时肯定、鼓励和表扬，帮助同志实现个人发展计划，成就心中的梦想。干部要心胸开阔，包容、谦虚，从善如流，而不要心胸狭窄、刚愎自用、固执己见，听不得不同意见；干部要善于发现人才、爱惜人才，对同志一视同仁、真诚相待，不要嫉贤妒能，害怕、嫉妒别人超过自己；干部做事要光明磊落、襟怀坦白、言行一致、表里如一，不要搞权谋文化、潜规则、投机钻营，说一套、做一套，人前一套、人后一套，搬弄是非，吹吹拍拍，拉帮结派，搞小圈子、排斥异己；干部要通过言谈举止展现内在的正直和诚实，敢于坚持原则，坚持正义，坚持真理，善恶分明，是非分明，树立正气，打击歪风邪气，不要搞“乡愿”，对腐败消极现象和损害集体利益荣誉的行为“睁一只眼，闭一只眼”，听之任之，放任自流；干部要引导同志树立正确的价值观，保持积极、健康、阳光的心态和创造的热情；干部要有意营造全处、全办的学习空气、学术氛围，就像竞聘方案“管理及领导能力”第(8)项所描述的那样“善于与他人分享个人的知识、信息和经验，促进成员间的相互学习，激发大家学习热情”，帮助同志提高研究能力、创新能力和思维水平。

6. 干部要讲原则、讲团结，遵守组织纪律，严守组织秘密。我们未来的管理团队应该是在价值上相互认同、相互理解，在工作上相互补台、相互支持，团结合作的坚强的领导集体，有困难、责任、风险，大家共同分担；有成就、荣誉大家共同分享。成员之间开诚布公，坦诚相见，敢于讲真话，反映真问题，有意见讲在当面，不背后议论，更不在背后诋毁和拆台。

7. 干部要有刻苦学习的精神和强烈的求知欲望，要随着岗位要求的变化勤奋学习，改变自己的思想观念、思维方法、拓展阅读视野、改善知识结构，钻研业务、总结经验，提高语言、文字表达能力，提高决策能力和组织管理执行能力，不能再按着原有的思想观念、知识、经验去处理问题。这方面竞选方案也提出更高的要求，不一一强调。仲裁本来是专业性很强的工作，北仲在业内享有很高的声望，干部出去发言、讲座，代表的是北仲工作人员整体的专业水平，是北仲的名片和脸面。因此，当干部不仅要擅长管理，而且要使自己成为某一领域的专家、学者，甚至是权威。同时，还要能带动同志们成为这样的专家、学者和权威。

说到底，当干部就是用更高的标准做人的问题。因此，当干部就是要树立正确的价值观，完善自己的个性、提升自己的境界和人格，对结果负责、对贡献负责。这方面没有捷径可走，不是仅凭增加知识、提高能力所能代替的。网上有一篇关于领导力的文章。文章说，“提高领导力的目的并不是为了增加股东价值，或是提高团队的效率；而是要凭借自己价值观的力量，改变你周围的世界，让别人生活得更好”。“管理学界的思想家 Stan Slap 认为，最优秀的领导人通过将其价值观贯彻到工作之中，来激励自己的团队。”从这个意义上来看，干部没有正确的价值观就不可能有真正的领导力。对选聘者来说，选干部首先要看干部的人品、人性、人心，其如何做人。因为，这关系到一个人长久稳定的心理和行为，是判断“靠得住还是靠不住”的根本。虽然说在北仲“官”不那么好当——不仅要完成那么多的任务，承担那么重的责任，承受那么大的风险和压力，而且要接受领导、同志、仲裁员对你的考核和监督，但这可以逼迫人尽快成才。因为，这样是一个高级管理者所必须经历的综合训练、磨炼和锤炼。如果一帆风顺，成长得太顺利，一遇逆境，缺陷马上会显露出来，影响日后的发展。而且在这种磨炼中，干部本人尚未发现和意识到的潜力会真正被挖掘出来，创造令人称奇的成果。完成从一般到优秀、从优秀到卓越的自我超越。

我希望不仅准备竞选干部的人要这样要求自己，就是不打算竞选的人也要以这样的标准要求自己。彼德 · 德鲁克说过：“一般人都是根据自己设定的目标和要求成长起来的，知识工作者更是如此。他们自己认为应该有怎样的成就，就会有怎样的成长。如果他们对自己的要求不严，就只能原地踏步，不会有任何发展。反之，如果对自己要求很高，他们就一定能成长为杰出的人物，而所费的功夫也不见得比那些没出息的人更多。”《基业长青》的作者——吉姆 · 柯林斯说：“受正确的核心价值观和使命感所驱使的人，所赚的钱比纯粹以赚钱为目的的人赚的钱更多。”简言之，通过干部竞聘和考核，不仅要选出称职的干部，而且要唤起大家以更标准要求自己，追求卓越的决心、信心和勇气，塑造自己，成全自己。

因为我们是第二次开展干部考核和竞聘，对竞聘本身的注意事项和我们应该抱有的心态，我在 2008 年讲过很多，可参见我书里《关于北仲的民主实践》一文。其中许多内容在现在依然具有针对性。其中一些话我还想在这里重复，那就是：“竞选当干部的人，值得我们的尊重、肯定和鼓励。鼓励这种勇担重担的精神，鼓励这种积极进取，敢冒风险，挑战自我的勇气，鼓励这种凭本事、凭实力，正大光明，公平竞争的做法。我们就是要以积极、健康、公开、公正的竞争，取代官场那种消极、负面、不公开、不公正的竞争。干部与群众只是分工的不同,不存在谁高谁低、谁好谁差的问题。我们不以官位大小,而以贡献大小来衡量一个人的价值。每个人都可以发挥自己的长处,做出自己的贡献,找准自己在单位的位置。把这件事看开了,心里就坦然了,如古人所说‘不以物喜,不以己悲’。选上了就义不容辞、义无反顾地履行自己的承诺;选不上,就坦然面对,没什么不好意思、没面子、不光彩的,也没什么不平衡和抱怨的。群众和领导选上别人,是因为别人比自己更适合这份工作。由更适合的人从事领导工作,大家都是受益者。而且,做自己不擅长的事,未必是好事。”

我希望大家,把这次干部选聘过程作为一种培育民主精神,锻炼民主素质,提高民主意识的过程。蔡定剑教授生前文章说,民主不仅是一种制度,还是一种实践,一种社会形态和生活方式。独立意味着放弃依赖,自由意味着责任,自己要为自己的选择承担全部的责任,学会独立地思考,自由地表达,超越性地对话和交流,变得更加独立、自尊、勇敢、坚强、理性、包容,真正具备现代民主社会的公民意识和素养,远离低级趣味,过更有尊严的生活。希望大家以学习的心态参与这次干部竞聘工作,把这个过程作为一个学习的过程,一个提高的过程,通过竞聘工作使“大家朝着德性与智慧,朝着真、善、美,朝着高水平理性社会迈进的过程”。让我们相信并预祝干部选聘工作成功!

坚持我们的文化和价值

（2011－2－21）

非常抱歉，今年的总结又占用大家的星期六的休息时间。大家忙了一年，最近一段时间又很辛苦，本该好好休息，不应该占用周末总结。但是我们要在这个时间段，又要不影响工作并能保障全体人员参加，只好利用周末在单位总结。但是，今天总结会的效果非常好，以致大家觉得会议形式并不重要，关键大家觉得有收获，可以说是功德圆满。所以我想先对这次总结会的经验进行总结。

首先，总结会效果好，是因为我们没有领导讲话、同志表决心的程式化的模式，而是由各处、各项目负责人谈工作，最后由同志们自由发言。大家的交流是平等、互动、支持性和回馈式的，体现了一个民主、合作，自我管理型团队和学习型组织的讨论氛围。其次，是同志们的表达都非常好。大家的表达没有受到“八股”、陈词滥调的污染，清新自然，有的放矢，有感而发，没有官话、套话和空话，风格多样，语言鲜活、生动有趣，每个人的发言都有“出彩”的地方。这让人感到我们这个集体不愧是高素质群体，不是才子就是才女。这样的总结，使“倾听”变成一个很享受的过程。否则，我们不会从上午开到现在，足足开了四五个小时，大家依然精神饱满，全神贯注。再次，大家发言的内容不仅丰富而且深刻,既有面上的工作汇报、发展规划,问题分析,意见建议,也有个人的亲身感受、经验教训。总结会成为一个学习会。每个同志不仅了解全办的工作的成绩、问题、发展规划,计划和措施,对自己与北仲全局、长远发展的关系、意义有一个清晰的了解和定位,而且分享了他人的知识经验和成长历程。就像吴正坤比喻的,如果两个人进行两个苹果交换,每个人手里始终是一个苹果;如果是两种思想的交换,每个人就拥有两种思想。其实,思想的交流不只是“一加一等于二”,而是要远远“大于二”。因为这不仅扩大了智慧的存量,而且其带来的触动、启发和反思,可能长时期产生影响。复次,总结也是一种共享、支持和开放性的沟通过程。秋菊说得好:一个人的成功在于其有一个强大的精神世界,我们每个人都有一个丰富的内心世界,都有思想闪光点,通过总结交流我们彼此的内心都更加丰富。《情商》一书的作者大卫·瑞巴科说:“团队的建立和整体表现与心理关系要比与大脑的关系更加密切,价值观就和战略一样重要。”比尔·盖茨说:“我不再像过去那样认为智商是无可替代的。想要成功,你还必须要知道该如何做出明智的选择和怎样获得更深邃的思想。”一个成功的人士应有深邃的思想和丰富的内心。就像李炜光教授在《我们的学生缺什么》里引用苦丁先生的话:“具备担当的勇气、付出的精神、创造的热情和智慧”;“懂得爱和关心,追求自由、平等和公正,学会宽容和与人为善”;“憧憬美好的未来,而不是沉溺于凝固的现在”;“具备诚实、守信的美德,而不是人前一套背后一套地做伪君子”;“热爱劳动,而不是贪图安逸”;“懂得只有尊重别人,才能得到别人的尊重”;“懂得知识是用来为人服务和创造美好未来的工具,而不是用来个人升官晋级的垫脚之物”;“懂得荣誉是社会对一个人品质的鉴定,而不是某种用来捞取利益的‘光环’”。这样的人,能承担起作为一个公民的责任和义务,才是单位最需要的人才,这样的集体才能不断进步,拥有美好的未来和前途。而在总结中,我们彼此分享思想观点,累积智力;在总结中,我们发现曾被我们忽略的好人好事,其背后的人性尊严和真、善、美使我们内心变得更加细腻、敏感,更加开放和真实,更富有同情心、爱心、社会责任感、道德观和良知,懂得反思、谦卑、感恩、敬畏和宽容。通过真实情感的交流,我们加深了彼此的理解、关心和尊重,心与心更加贴近。最后,这次总结也是一次使我们凝聚共识,扩大共识,发扬光大北仲文化的过程。今后我们会在一个更加人性化的伦理氛围中进行工作和学习,享受成功与快乐。

现在谈工作总结,首先,我想感谢同志们对我工作、精神上的鼓励和支持。去年虽然案件数量下降,但随着案件标的的增长,大标的额、专业性强、复杂疑难的案件不断增多,加上离职的人多,不仅每位秘书手中案件数量快速增长,而且每个人的工作难度因人员变动、案件移交不断增加。除此之外,我们还要完成许多已有的以及新开拓的项目工作。但是,在建勇、陈聪两位处长的领导下,全体秘书努力拼搏,各项工作不仅平稳顺利进行,而且,在某些领域还有新的发展和突破。比如去年我们的沙龙、各类专业会议数量及参加人数明显增长,仲裁员发展委员会在积极开拓业务的前提下,开展了专项课题研究活动,有四个项目已取得阶段性成果;我们与政法大学、律协联合举办的模拟仲裁庭进行了9期活动;我们与大型企业集团公司合作的法律风险防范调研、办公软件及仲裁员办公室的开发,以及网站的改造和维护都取得很大进展。这说明我们这支队伍是一支特别能战斗的队伍,不仅精干、高效,而且富有弹性,具备多方面的适应能力。在我承受最大工作压力的时候,大家诚恳的承诺和积极的精神状态,让我备受鼓舞。其实,再强的人,也有脆弱的时候,一句承诺能让人很快摆脱沮丧,重新振作起来。

其次,我想感谢同志们对我学习上的帮助。比如说,我的一些重要讲话、文章,福勇花了很多时间认真修改,还有其他同志为我提供了很多数据资料,为我的讲话、文章增色不少。我的每次会议发言,都是吴正坤帮助做PPT文件。他做这些文件很用心、很有创意,我的发言有他一半的功劳。还有,在单位的内部机制改革、绩效考核、干部岗位竞聘、思想工作、日常管理等方面,建勇也提出很多有见地的意见,使我的决策更客观。其实,领导再精明,也有判断失误的时候,不是因为别的,而是因为信息不对称。1993年《哈佛商业论坛》发表了一份研究报告,这份报告说那些业绩超群的明星与业绩不太突出的同事相比,在智商测试、个性测试、大学考试的成绩上,差别不大。真正的差异,在于“他们具有与所在部门关键人物建立关系的能力”。这些人的成功不是“智商或个性,而是社交技能”。与领导沟通也是一种社交能力。与领导沟通坦诚比技巧更重要。

今天全办的工作总结由各处处长做,我只是个点评人。总体感觉,各处总结还是不错的,其中,印象最深的是综合处处长余妍的总结。她的发言历来很有特点,语言朴实,亲切感人,总能触动人们内心深处的东西。她今天的总结尤为精彩,不仅总结出全处的工作,而且讲出了精神和文化,使我们深受感动和启发。当然,感动不只是因为她说得好,而是因为综合处同志做得好,他们做得远比说得多得多。那一串串的数据,看似枯燥,只要稍微了解后勤工作,就能体会到其中的艰辛。他们的苦干用句给力的俗话形容就是"折着跟头,打着滚儿,揪着脑袋毛"。他们的行动赋予语言感染力,余妍的发言让我们看到行动背后的价值、信仰和人文情怀,看到人性的真、善、美。他们把北仲当作自己的家,把工作当作自己的事业。他们的贡献包括:直接的工作成果;树立并坚持正确的价值观;培养人才。秋菊说这些年,虽然人员变化大,进来不少新同志,但北仲的文化没有变,一直保持下来。在文化传承上,综合处发挥了重要作用。他们的微笑和热诚让很多人感受到北仲的与众不同。他们增强了集体的凝聚力,使我们这个集体令新同志向往,老同志留恋、仲裁员尊重、同行佩服、当事人和代理人信赖。在树立正确价值观、发扬北仲文化,培养人方面,综合处的所作所为胜过我的千言万语。论培养人,综合处不是只有一两个人表现出色,而是个个优秀。这么多年,不管是哪个岗位,不管是谁来做,岗位服务的质量和效率,工作到位的程度始终不变。每个人都是任劳任怨,不图回报,不计付出,不分分内分外,想同志所想,急同志所急,与人为善,助人为乐,不断拓展服务领域,主动配合他人,甚至达到"无缝对接"的程度。就像建勇所讲,秘书的绩效里有后勤一半的功劳。更为难能可贵的是,综合处同志在高绩效完成工作的前提下,自己的学业不断进步。程立、小嫱、小雪都顺利读完了大专课程,正在读大本。综合处能有这样的业绩、风气,同志的进步成长,与处长余妍的领导有很大关系。我将她的领导经验概括为:以身作则、善于沟通、有效激励。"以身作则",每次会议结束,无论多晚,都看得见余妍与处内同志一起忙碌的身影。

"善于沟通、有效激励",是余妍心中有人,真正地关心、爱护、帮助、培养同志。她与处内的沟通,我们从她的总结中就能感觉到。她对每个同志、每个岗位、每种的工作情况、困难和问题了如指掌,对同志情绪的观察细致入微,做思想工作深入细致。她说的“男人一生为了脸，女人一生为了情”，真是精辟，极富生活哲理和智慧。20世纪90年代，我认识一个女孩子非常单纯，在一个事业单位做出纳工作。为了帮助男朋友做生意，在将近两年的时间里，挪用单位公款200多万元，男朋友拿了钱后就人间蒸发，跑得无影无踪，女孩子因贪污罪被判了“死缓”，现在还在服刑。女孩儿的母亲一跟我谈起此事就潸然泪下。她说在近两年的时间，她女儿连续挪用公款那么多次，数额那么大，其中要经过多少环节和领导把关。如果这些领导稍微负点责任，她女儿也不会落得这样的下场。所以领导对同志的严格要求，恰恰是对同志的“爱”、对同志的“好”。明知有错，不提醒、不帮助，放任自流，实际是害了同志。余妍对同志的激励是精神层面的，以事业吸引人、以正确的价值观引导人，以模范行为带动人，以真诚和善良打动人。她自嘲她这套方法有点不合潮流——在人人追求物质，享乐主义、消费主义盛行的年代，谈精神、谈理想就显得与时下社会思潮格格不入。但我认为她的这套方法恰恰符合现代管理的理念和方法。如果说她的做法与时下思流不符，问题不在她，而在于我们社会思想混乱、道德滑坡与文明世界的差距越来越大。《情商》的作者说：“我们现代文化似乎在两种价值观系统中挣扎——一种是通过政治操纵、流氓行径和社会胁迫来完成，另一种则是通过真实的情感交流来实现相互尊重的目标。”余妍的领导方法属于后者。不只是综合处，我们北仲风雨行程十五年由弱变强，由小变大，靠的也是这种文化。所以全办同志无论人员如何变化，始终保持“朝气蓬勃的精神面貌，满腔热忱的敬业精神，勤奋扎实的工作态度，亲密和睦的人际关系”。许纪霖教授在《最重要的是重建社会和伦理》文章中说：“制度变革不能治本，治本靠什么？靠心灵的改变、风气的改变，这就要重建文化和伦理的秩序”。所以，为了自己、为了北仲，为了仲裁事业，为了所有关心、热爱、信赖并支持仲裁事业的人们，我们一定要将北仲的文化坚持到底。其实，无论社会风气如何变，但人们对自由、公平、正义的追求不会变，对有尊严的幸福美好生活的向往不会变。只要我们坚持到底，就会拥有光辉灿烂的明天。

今天我表扬综合处，不只是对他们长期对大家的服务表示感谢，也不单是为了勉励他们再接再厉，而是号召其他处长向余妍学习，关心、爱护、帮助、培养处内的同志;其他同志向综合处的同志学习,学他们工作认真负责,勇于奉献和担当;学他们关心照顾他人,与人为善,助人为乐;学他们有全局意识,甘当绿叶,积极协助他人完成任务;学他们自强不息、积极进取,始终保持良好的工作心态和学习热情。提高我们知善、向善,行善的能力,使我们变得更有教养和个性魅力。创造更加人性、和睦、轻松愉快的工作环境。同事间形成以善对善,以爱回报爱,以真诚回馈真诚的良性互动,互相欣赏、互相学习、互相关心、互相爱护、互相帮助,在职业发展的同时,精神上得到更高的提升和满足。单位鼓励上下级之间,同事之间进行积极的沟通和交流,工会今后计划由家属参加的集体活动,以获得家属对单位、对同志工作的理解和支持。

总结中,有同志们谈到同志们的学习和职业发展问题。首先,其实每个人都是自己问题的专家,是自己职业生涯的CEO,清楚自己要什么,适合做什么,因此,要对自己的发展有一个长远规划。处长也可根据每个同志的长处、短处,提些参考建议,帮助同志确定目标。其次,我们要有危机感、紧迫感,我们谈职业发展和个人人才价值、竞争力,是从社会的角度,要与人才市场上同专业学历背景、同级别、同年限人才相比。你必须保证你在能力上比同类人才提高得速度快,才可能保持自己的优势。我们都是普通老百姓的孩子,北仲是一个强调公正、公开、公平的机构,大家都是凭本事考进来并得到晋升的,没有什么"后门"、关系的因素。今后的发展,还是要凭真才实学、凭能力。最后,能力来自经验,经验来自实践。我问过仲裁员或出去的秘书,秘书工作中哪些东西对法律职业生涯有重要帮助。他们认为是办案经验。他们说如果一个秘书办了几百个案件,并对每个案件的问题、双方观点、主张、策略、仲裁员裁决思路认真总结,那么这个秘书就拥有了一笔非常宝贵的财富和很高的起点。所以,我希望大家要充分利用单位的各种学习资源(各类案件、各种会议培训、各种信息),主动向仲裁员、领导、同事们请教,尽可能充实自己。皓亮说今后要恢复同事间的案例分析、疑难问题研讨会。这个做法很好,我们的同事个个是精英,同事间相互的学习启发,对我们的成长更有帮助。同时,秘书要勤动手。福勇动员秘书写文章给《北京仲裁》,我建议大家挤时间多写些文章,工作经验总结、案例分析、理论研究都可以。这样做好处多:一是有利于拓展我们的知识面,你要写文章必然会参考查阅大量的资料,刺激自己学习很多东西。二是有利于提高思维水平,只有想清楚的事才写得明白,文章反复斟酌的过程,就是思维训练提高过程。一篇好文章出来,你会发觉自己思维水平进步一大块。三是写文章也是对自己思想火花、创造灵感的有效纪录。这些东西都是你知识经验和思想的精华,写出来于人于己都非常有用。它们不像自来水一样打开笼头就出来。它们的出现也是靠机缘巧合,瞬间迸发,如不及时记录,很快就消失得无影无踪,这是非常可惜的。四是有利于提高文字表达能力。吃法律这碗饭,无论在哪个岗位、哪个级别和层次,文字表达能力都不可或缺。常写文章的人对好的表达、词汇非常敏感,记得多、记得快、记得牢,用起来就得心应手。写东西写得越快越精彩。五是有利于建立自己的职业口碑。现在资讯那么发达,好的思想、文章会被广泛传播,作者也会迅速引起关注。当然,这需要勤奋。天才要靠勤奋来磨砺,人的潜力比自己想象得大得多。就像秋菊所说,有些事你以为做不到,是因为你没去做,如果你去做就能做到。单位不但鼓励大家去写,也要创造条件支持大家去写。今年我们进 6 名新同志,是想减轻秘书手里的案件量,有时间学习和研究。单位也会在兼顾工作学习双赢的前提下制定相应的鼓励学习的措施和办法。最后祝北仲的业务蒸蒸日上,祝大家不断学习进步。

成　长

——2012 年办公室总结会发言

(2012 - 3 - 7)

今年的总结开得很成功,每个发言人都进行了认真的准备,每个发言都很精彩,每项建议都非常有价值。从发言中我们能够感受到大家的成长和良好的精神状态。我们这些年的总结会真是越办越好,因而,有必要对总结会的成功因素进行总结。这些因素应包括这几个方面:一是鼓励大家参与,尽量让每个同志有机会发言。发言是平等的,互动的,无论老同志、新同志,无论职务高低,只要说出你的真知灼见,你就教育了大家。没有上下级之间的教育与被教育关系,而是相互学习、相互启发、相互教育。二是讲真话,用自己的语言表达经过深思熟虑的想法和意见,有感而发,有的放矢,自然、实在,没有假话、空话、套话和废话。这是我们单位的会风、文风,这种会风、文风有助于改善我们的思维和表达,时间久了,习惯成自然,在假、大、空盛行的地方,你的特立独行的表达会令人印象深刻,耳目一新。三是每次总结都是发现善、感受善、激发善,思想情感良性互动的过程,都是学习优秀,提高人文情怀、公民素养的过程,是减少误解与隔阂,增进理解(包括对工作、思想、性格)与信任的过程。在总结中我们发现,你的每份努力、每个奉献、每点进步,都会被领导和同志们看在眼里,给予肯定、表扬和鼓励。你的任何美德、善行,对集体、对他人的关心和照顾,都会被领导和同志们记在心里,并表示感谢和感激。在我们这个集体里,是非标准是鲜明的,人心是公道的,只要你心里装着集体,一事当前,为大家着想,无私奉献;只要你忠诚老实,工作认真负责,踏踏实实,埋头苦干;只要你为人正直,敢于坚持原则,维护集体和公共利益……就能赢得大家的信赖和尊重。好人、老实人在这里是不会吃亏的。我们的集体是一个充满人文关怀,友善、理解、信赖、团结合作,富有活力和创造力,值得留恋和珍惜的集体。这是由大家的爱心和真诚共同营造的,应该保持并发扬光大。四是总结既讲工作,更谈思想,总结不仅是交流信息经验的过程,更是提升理想境界的过程。我们说的理想境界不是意识形态的陈词滥调,而是活的世界观与方法论。世界观是我们通过观察世界,通过读人获得的。每个人就是一本活的书,是生活和职业经验的浓缩。阅人无数与阅历丰富成正比。方法论是我们通过实践、探索、反思,对各种问题做出创造性回应过程中取得的。一年来,我们自己和周围发生了那么多的变化,每个人不会没有感觉和想法,说出感动你的人和事,那些高尚的情感和思想也会触动隐藏在大家心底的某种情结与理想,产生共鸣,感受到新的世界观与天下情怀。一年来,我们在思想上成熟很多,说出认识上的变化,会给别人带来启发。其实,成长需要经历,没有比较感觉不出好坏,没有失去不懂得珍惜,没有失意难以在得意时保持谦卑与淡定。这种分享,使他人经历成为自己人生体验的一部分,丰富了我们的内心,让我们学会换位思考,学会尊重、理解、包容别人,能够站在更高的层次上,更加客观、全面、理性、长远地认识问题。总结也是自我反思与个性完善过程。其实,我们面临的最大的挑战是如何战胜自我。真正的智者,是那些能够先于别人发现自身缺点错误的人;真正的强者是能够先于不良结果产生就改正自身缺点错误的人。聪明的人不是不犯错,而是能够举一反三,不重复犯错。良好的反思习惯,使我们能够避免或及时纠正错误。因为,有些错误不能犯,犯了要付出终生代价。有人将企业境界管理分为五个阶段:"立身境界、立信境界、立命境界、立德境界、立道境界。"一般情况下五个阶段依次递进、不断提升。但还有一种超然性的管理境界:有的人创业阶段就已怀使命,很讲究信用,很讲究道与德,超越了渐次提升的模式,获得不同寻常的发展。管理也是一种禀赋,如以发展为理由容忍自己不当甚至不法的原始积累,在这个基础上立身就算未来有争取立道、立德的机会,也许依然可做出大公司,但其境界很难脱出赎罪层次。其实,人也如此,也有立身——通过掌握的专业知识和技能解决温饱,立信——建立个人信誉,立命——确立自己的人生使命,立德——讲道德并依道德行事,立道——按照普世价值确立信仰。为什么很多人想做仲裁员?是希望在衣食无忧后,过有尊严、有意义的生活。有的人很早就有信仰、有理想、有抱负,解决了立信、立德、立命、立道的问题,因而获得超越性发展,成为杰出的人。中国人看比尔·盖茨、马克·扎克伯格,只看到他们的财富上的成功,没有关注他们的理想境界。盖茨将自己财产绝大部分捐出做慈善。扎克伯格说他成立 Facebook 目的是“推动社会的未来变革”,“让世界更加开放,更加紧密相连”。有这样的境界获得超越性发展是自然的。有的人心中只有自己,挖空心思占便宜,损人利己,不择手段谋取金钱和权力,也许会显赫一时,但内心很累、很扭曲,到底能走多长、多远也很难说。那些入狱或失去性命的腐败分子,不少是才华横溢,曾为社会作过贡献的人,他们的悲剧固然有相当大成分的体制因素,但缺乏道德自律和精神支撑更是其内在原因。我们一直讲做人,我们要做的“人”不是那种没有是非,不讲原则,投机、圆滑、庸俗、乡愿的“老好人”,而是有良知、有正义感、有骨气、有血性、刚直不阿的正直的人,是言行一致,表里如一的诚实的人,是有事业心、责任感和奉献精神的大气的人;是能够尊重、理解、包容他人,善于与他人合作的善良的人;是既有理想,又有行动力和创造力的大能人。当然,这种要求不乏理想成分。但我们不能因为今天做不到,就放弃通往明天的努力,我们不能因为自己做不到就回避、消解、贬低这样的要求。正是理想与现实间的巨大差距,激发了我们执著追求的热情。况且,我们的人才流动机制使我们拥有实现理想的手段和途径。从现实角度,我们之所以这样要求,首先是源于仲裁工作性质和岗位风险。公正是仲裁的生命,一个仲裁机构经济实力再强,知名度再高,经验再丰富,人员专业素质再好,如果这个机构工作人员很黑、办金钱案、关系案、人情案,撒气漏风,与当事人、代理人串通一气左右案件,那么这个机构很快就会垮掉。信誉的建立需要日积月累,水滴石穿,但毁于一旦却非常容易。国内外那些曾经享誉世界的公司因作假、欺诈丑闻彻底垮掉的例子并不鲜见。中国本来就是个人情社会,情大于法、关系大于法,因为你在秘书这个岗位了解案件和仲裁员的信息,当事人、代理人会通过你的亲朋好友、同学、老师,关系不错的同事找到你,吃请送礼,许诺或提供好处和利益,要你满足他们的要求。随着大案、要案的增多,这种诱惑会更多、更大,如果你做了,你就违反了公正原则,就损害了当事人和北仲全体仲裁员、工作人员的利益。一个不公正的案件足以抵消一百次的公关宣传,会导致一个企业、一个集团,一个行业不选择机构。这种背叛之事,让正派的人瞧不起。记得我过去接到举报个别秘书(这个人已离开单位)问题匿名信里对这个秘书评价的一段话,“无行无品却高居此肥差之上,是不是也算对于同在竞争惨烈的社会中的德行兼备的同龄人的一种侮辱呢?”大家与北仲休戚与共,每个人对北仲的生存发展都负有责任,如果大家都是像韩寒所说的那样,看着别人把单位搞黄也绝不吭气,“只有吃亏到自己头上才嗷嗷叫”的话,那么,最终只能一起沉沦,谁也躲不掉。在一个腐败恶名远扬的单位里,即使你是清白的,别人也不会相信,就像红楼梦里柳湘莲说大观园,除了门口的石狮子其他的人都不干净。所以我们不仅要在工作制度、流程上建立风险防范机制,还要在思想上建立防火墙,不断查毒和杀毒,树立正确的价值观,提高是非判断能力,守住道德底线。每个人不仅自己不去做违反公正原则、职业纪律的事,而且要揭露、批判、抵制别人去做这种事情。这不仅是对自己、对单位负责,也是对同志负责。其次,我们所处的社会环境。清华大学教授孙立平在《中国社会的腐败扩散令人心惊》中说,由于权力腐败现象在向整个社会蔓延,导致了一系列我们必须予以关注的现象:“首先是腐败和非腐败的边界在模糊”;“由于腐败与非腐败之间界限的模糊,历来被抨击或被谴责的腐败似乎在社会中开始具有某种‘正当性’”;“最终的结果可能是一种腐败文化的形成。在这种腐败文化中,人们不得不接受和认同腐败,不得不习惯用腐败的观点看问题,用腐败的观点指导生活,最后导致社会生存基础彻底被瓦解”。我们讲做人,是为了提高大家是非判断力,增强抵制腐败文化侵蚀的能力。单位的廉政纪律一定要严格执行。这不仅是为了单位,也是对同志的保护。在当前风气下,吃请送礼送到无孔不入,送到死乞白赖的程度,你拒收、拒请,别人敬你,只会提高自己和委员会的信誉。否则,即便裁决的结果是公正的,当事人也会认为是金钱的力量,而不是仲裁公正的结果。天下没有免费的午餐,投入总是期待回报。收了礼,接受了好处就等于让人抓住了不利于自己的证据,使自己受制于人,搞不好身败名裂(湖南郴州原纪委书记曾锦春说过“不要相信朋友两肋插刀的鬼话,真出了事,别人把刀插在你的两肋上”)。为一时贪念透支长久的快乐和宁静,得不偿失。大家涉世不深,对人性的幽暗、世事的险恶了解不多。如果有人以给你提供未来工作机会为条件要求你违反原则、纪律,你不能去做。如果为了给自己今后找出路就做违反职业纪律,损害当事人和仲裁委员会利益的事,就如同那些无良企业为了赚钱不惜做假、投毒一样。这等于毁了自己。其一,这是自毁名誉和自断后路。这个圈子很小,一旦事情败露传出去,身败名裂,无人敢用,即使没有败露,也是生活在污点事件的阴影里,心理的伤害难愈合。其二,运用不正当手段靠牺牲别人来谋取利益的人靠不住:一是利益关系很难长久维系,既可因利而合也可因利而散。二是这种人都贪,自己的风险都难以把握,一旦出了问题,你也跟着吃瓜落。三是这种人口碑不佳,去投靠是抹黑,得到一个机会可能会失去更多的机会。君子爱财,取之有道。以我们个人的资质条件、待遇、平台,只要你努力,完全可以“站着就把钱挣了”,我们出去的很多人不都凭借自己努力过得好好的?为一点利益行苟且之事,是“无行无品”、无底线,为人不齿的。大家都很年轻,今后的路还很长,你要走正道,选择过有尊严、有意义的生活,就要拒腐蚀永不沾。这也是一种自我保护,靠谁不如靠自己。大家能在北仲这样讲做人、强调廉政纪律的单位工作,是一种福气。在腐败猖獗的单位里,不同流合污,遭排挤;同流合污,说不定哪天栽进去。其三,我们讲做人,也是为人家创造一个可以愉快工作,健康成长的工作环境。现在教育制度的最大弊端是只关注成绩,不关注心灵,实用主义、虚无主义、市侩主义的泛滥,很多学生自私、狭隘、冷漠,有知识没有是非判断力,有技术没有良知。从这样的体制下出来,多多少少带有人文素养、公民素质欠缺的暗伤,需要单位有意去弥补,积极鼓励美德善行,创造互信互爱、团结互助的团队文化。如果没有这种努力,大家就会生活在一个自私、冷漠、隔阂、充满算计、钩心斗角的单位里,这不利于大家的健康成长。有人讲,小企业成长靠个人影响,大企业成长靠文化。今天会上我很同意有的同志讲的要有危机意识,我们确实要对腐败文化对人的侵蚀和危害要有足够的重视和危机意识。今天有很多同志谈到“坚持”。我想我们最应坚持的是公正、廉洁、专业、高效的核心价值;是强调做人的优良文化;是不甘平庸,锐意进取,改革创新的精神;是同事间的互信互爱,团结合作的氛围;是忧国忧民,以推动社会进步为己任的胸怀,还有体现这些价值的制度、规范和流程等。北仲已形成今天的规模,要想事业长盛不衰,要想好日子继续下去,我们必须坚持并强调做人的文化。我们的干部要有境界管理的能力,有文化传承能力,不仅要带头做好人,还要引导同志们做好人;我们的同志要有境界管理和文化传承意识,不仅自己做好人,还要监督干部做好人。大家互相监督、互相鼓励,把这种文化传承下去。

以上是我对总结会的感想。下面谈谈对去年工作的总结。去年委员会的工作已在春节茶话会向仲裁委员会委员及仲裁员汇报,而且各处长、项目组组长以及同志们讲了很多,不再重复。如果用两个字形容我感触最深的东西,那就是“成长”。

首先,中层干部的成长。去年一年各处的工作任务完成得都很好,富有创新和成效。这说明我们的处长、副处长称职、尽职,不仅在业务水平,而且在管理、员工培养、横向协作、组织协调、对外公关方面也有很大提高。干部素质正由单纯业务型向复合型管理型转变。这是很重要的。北仲是需要自己养活自己并向国家纳税的单位,我们不是财政拨款的教学科研单位,也不是行使垄断性行政权力的行政性事业单位。我们的任务不仅是发展事业,还要保障员工和仲裁员的收入稳定且不断增长。所以在北仲当干部不仅业务好,还要懂管理、懂市场;不仅要自身廉洁,还要有魄力,敢抓敢管,有进取心和创造力,不断开拓局面。经过一年合作,处长之间初步形成了一个价值相互认同、知识互补、性格互容、配合默契的管理团队,相信在大家的支持下,这个团队能够成为未来带动北仲发展的中坚力量。

其次,老秘书的成长。老秘书不仅承办大量复杂疑难案件,发挥了骨干作用,而且在总结经验、分享经验,对新同志传、帮、带过程中发挥重要作用,新同志的快速成长,有老同志在知识经验上的无私分享,当然分享过程也是受益过程,因为你要向别人介绍,就得阅读海量的知识、信息,并努力消化吸收,变成自己的东西。这个过程就是自己逼自己提高过程。我们去年也是委里出成果最多的一年,里面凝结着很多老秘书的心血和汗水。比如亮宇整理的建筑工程案例汇编、吕新在管理系统软件开发方面的创新等。

再次,新同志积极、主动,充满朝气与活力。不仅能很快进入角色,而且,还积极主动挑重担,做奉献,干得有声有色。许捷刚工作不长就碰上了棘手的农民工劳务工程承包案件,但他沉着冷静,不仅与仲裁员积极配合,妥善地解决了纠纷,而且,还能主动总结经验,举一反三,在北仲与市建委合作推广劳务工程纠纷调解、仲裁,组织调解员培训,起草建设工程评审文件等方面提出很有创意的意见和建议,发挥了自己调解方面的专业特长。渤海湾漏油事故出现后,他也提出很好的建议并通过个人关系主动联络,为单位在这方面发展创造了条件。邓锐积极主动,是立案室的“钉子户”——立案室钉的时间最长的人,工作辛苦却没有任何抱怨,总是喜洋洋、乐呵呵的,像春日里的阳光,每个看到她的同事、当事人、代理人都心里暖滋滋的。孙伟在办案之余承担了许多英文往来函件的回复及文章翻译工作,而且,做得又快又好。

后勤处依然是体现北仲文化最突出之处。这么多年,工作千头万绪,没有出过什么大的纰漏,更不要说道德风险事故;后勤人员有进有出,但服务质量始终在不断上升,没有因人员变动受影响;后勤处老同志多,但全处始终保持年轻人的朝气、热情与活力;后勤工作时间最长、最辛苦,但没有听他们有什么不满和抱怨,永远是微笑服务,而且,不管秘书处人员如何变化,脾气秉性有何差异,他们的服务总能做到“无缝对接”的程度;后勤处的年轻同志,都很要强上进,从“职高”读大专,从大专读“大本”再读研究生、考职称,坚持学习,但工作从未受影响。有一个感人细节值得一提,就是我们的徐师傅,她为了节省垃圾袋,每次打扫卫生不是直接把垃圾桶里的袋子拿出来一起扔掉,而是把桶里的垃圾倒在一个袋子里,装满了才扔。没有人要求她这样做,省下的费用与她没有任何关系,但她多少年如一日地这样做。这是什么精神?用八个字概括,就是“扒心扒肺,爱办如家”,这就是文化的力量,也体现出一种境界管理的水平和能力。

复次,大家的主体意识和主动性进一步提高。虽然办案压力大,但不管是撰写文章、资讯，起草规范、办法，进行案例汇编、整理文书、数据，还是组织沙龙、培训，举办论坛、会议，介绍经验、对外宣讲，以及开展其他项目活动，大家都本着对结果负责，对奉献负责的态度，尽心尽力地把工作做好。这就是主人翁的精神。其实，北仲首先是大家的北仲，关心北仲就是关心自己，帮助北仲就是帮助自己。而且，我们应该形成这样的做事原则，要么不做(承担项目工作也要实事求是，没有时间或做不了，就不做)，要做就做好。这关系个人能力和口碑。即使经验不足，出现失误，只要尽力就值得肯定。单位鼓励探索和创新，自然就宽容错误和失败。而且，实践出真知、出智慧，只要你大胆探索，尽力尝试，积累的教训多了，就获得了别人没有尝试过的体验，你就慢慢成了处理这类问题的专家，具备了承担这方面责任的能力。

最后，大家学习热情进一步提高，单位的学术风气进一步增强。

1. 去年下半年我们实行每星期一次的由处长、秘书轮流主讲的经验总结会。大家准备很认真，讲得很有内容，有干货，我每次听都感到受益匪浅。这种做法的好处是：第一，提高我们的记忆、思维和表达能力。第二，为自己留下成长的文字记录，时间长了你会感觉出你生命的厚度，你会拥有一份职业上的自信。第三，将个人经验智慧转为集体的智慧，避免重新积累，重复劳动。第四，这种分享过程使我们的文化更加开放，理解进一步加深。这种活动要坚持，不能虎头蛇尾，而且参加人范围也要不断扩大，欢迎后勤处的同志参加分享。

2. 从去年开始，仲裁员培训由我们的处长、副处长主讲，我们干部的专业知识、经验得到学员们的高度评价。这也是一种宣传，是外人衡量机构专业水平的一个方面，也是干部对外展示才华，建立威信的过程。我们要有意识锻炼这种能力。

3. 去年也是我们出成果最多的一年，我们处长、新老秘书在《北京仲裁》发表的文章、译文就有八篇，我们在外部和内部刊物、仲裁员网上办公室发表的文章、资讯、案例汇编、规定、规范和指导意见比往年多。我们的刊物、通讯、网站也是越办越好。

大家有这样的进步和成长，我心里很欣慰。相信北仲未来是有希望的。北仲拥有良好的社会信誉，拥有优秀的仲裁员和工作人员队伍，积累了丰富经验和雄厚的物质基础。加上市政府、市政府法制办的大力支持和逐步宽松的外部环境,只要我们能够坚持公正、廉洁,把北仲这片净土保持下去,只要我们坚持不懈地改进工作,北仲不仅能持续发展,还能达到这个时代的高峰。

重点是服务要朝着精细和专业方向发展。

“精细”是指我们的工作要注重程序细节,提高服务质量。我们已有比较成熟的秘书工作规范。这是新老秘书通过不断试错一点点积累起来的,单位在这方面是有过教训的,我们保存着对这些教训的记忆,并为防止事故的发生,不断修改完善的。规范的修改完善是持续性的,但重要的是制度的落实。为了保证我们的廉政纪律落实,为了使工作质量不断提高,处长要严格考核和要求,秘书要认真执行。从立案、组庭、开庭、裁决制作、送达、仲裁员报酬计算、支付、档案归档,每个环节、每个流程、每个文书、每个信息的录入(包括开庭前提前到场,到庭审结束后的文书制作的时间控制)都要一丝不苟,不能有半点懈怠和疏忽。今后随着大案、要案、疑难案件不断增多,当事人对我们工作的要求也越来越高,任何程序上的瑕疵都可能产生无法估量的后果。就像高铁,技术上去了,管理没跟上。如果温甬铁路段的领导、调度、工人知道车毁人亡的后果,知道该后果对铁路局、铁道部产生的一系列影响的话,绝对不敢有半点疏忽和懈怠。我们要求服务上档次,来源于我们的预见性和危机感。工作制度、规范、流程的健全和落实,有利于强化监督和制约机制,保障北仲的安全和长远发展。就像建勇说的,这些本身就是对人的约束,让人感到不舒服,但我们为了保证法制的权威、制度的权威就必须坚持。另外,我们的项目小组工作也要进一步精细化,这方面绩效考核的深入,我们对那些已成为经常性项目活动的内容、工作目的、活动信息的归档保存和信息化共享等,应有一定要求。单位开展项目小组活动目的,是为大家提供发展的机会和平台,欢迎更多的同志能参加这个平台。

“专业”主要是提高我们的专业素质和服务的专业性上:一是秘书不仅要熟悉工作要求、工作流程、工作要求,而且要精通,不仅程序管理不出差错,而且庭审笔录质量高,能很好地配合仲裁庭很好地解决争议。仲裁员讲能力强和能力弱的秘书有天壤之别。能力强的秘书,庭审笔录能跟上庭审思路,把握庭审要点,是裁决的重要依据。在与仲裁员的配合上,能力强的秘书,有敏锐的观察力，快速的反应力、灵活的应变力和良好的协调力。这方面我们需要加强学习和交流。二是每个秘书应该选择一至两个自己有兴趣或擅长的专业领域，对相关的案例、法律、法规、法学理论、行业状况，发展变化进行持续、系统、由浅到深、由点到面的研究，使自己成为这一领域的专家甚至大家。我们的处长、资深秘书也应邀到大学举办讲座，任兼职教授（国外大学许多教授就是从有实践经验的律师和其他专业工作者聘请的）。我们有20多个秘书就有20多个领域的专家。办案遇到某方面问题都可向其请教。外单位举办论坛、讲座，都可代表北仲去发言，体现出北仲对相关行业知识、实践和惯例的透彻理解。这既为北仲的专业性提供坚实保障，又为大家今后发展奠定良好条件。因为在快速多变环境里，法律服务不能仅简单提供单一的法律意见或仅从事某个专门的服务。不仅要在某一领域里达到别人不能达到的高度，还要知识全面、能力全面、万金油、样样通，不然某方面的特长可能根本没有机会得到有效发挥，潜力难以全部释放。三是要将经验转化为学术成果。随着年龄的增长，我们的学术水平也要有相应提高。我们希望大家每年都能撰写一至两篇有学术含量的文章。学术文章不同于案例汇编和工作总结，这需求把行动中的素材积累起来，进行系统的总结与分析，提炼出改进与提升后续行动的思路、前瞻性的预期与指示。为了论证自己的观点，需要阅读海量的信息知识，增加知识的高度和厚度，在这个过程中大家也完成了由实践者向研究者的转变，成为有实践经验的理论家，或学者型的实践家。四是专业化不仅要体现在法律、办案上，还要体现在宣传、推广、软件的开发，以及财会后勤服务等方面，让人感到无论在哪个方面北仲做得都很职业、很完美，体现一个知名品牌机构的档次和审美。

有心便有力

——离任感言

(2012-10-16)

尊敬的江平主任、尊敬的梁慧星主任、尊敬的委员会委员和全体仲裁员:

大家好!

我从北仲成立任秘书长至今已有17年。这期间,在市委市政府、特别是市法制办领导的支持下,在仲裁委员会全体成员、全体仲裁员和办公室全体工作人员的共同努力下,北仲的发展成就有目共睹。鉴于我作为秘书长的任期自第五届委员会届满时结束。从建立健全北仲法人治理结构,完善权力制衡机制,保障北仲长远发展考虑,同时也为了对大家、对自己有个交代,从今年(2012年,下同)7月开始,办公室特意聘请了科勤会计师事务所对我自1995年9月28日至今年8月31日,任秘书长职务期间的工作、财务状况进行审计。现将审计的主要结果汇报如下:(略)

回想北仲成立初期,条件很差,寂寂无闻,没房、没钱,又缺人才。我作为一名仲裁新兵,对仲裁毫无了解和经验,但我有满腔热情和把北仲做大做强的强烈愿望。1998年3月,朱镕基总理在全国人大新闻发布会上的讲话中向世界袒露了他担任总理的任期目标和决心,他那种义无反顾、一往直前的勇气,那种充满阳刚之气的魄力和担当精神，让我热血沸腾，深受震撼和鼓舞。那时，我在内心为自己设定了担任秘书长的“四大”任期目标：

第一，北仲要赢得一个好口碑。具体体现在三个方面：首先，也是最基本的，北仲应该是一片公正廉洁的净土，是一个让当事人、代理人信赖的地方，一个可以不凭关系、权力和不正当手段就能使争议得到公正、公平解决的地方；其次，北仲应该是一个认真执行仲裁法，坚持机构民间化发展，坚持仲裁庭独立仲裁原则的样板，北仲要用自己的实践证明，在中国按照仲裁法所确立的现代商事仲裁理念、原则、规则办事，不仅可行，而且能够成功，使人们对中国的仲裁制度、仲裁人抱有期待和希望；最后，北仲要成为展示中国人现代服务管理水平、能力和智慧的窗口。我们要通过有效的管理和优质的服务，尽快缩短我们同优秀的国际同行间的差距。

第二，北仲要建立一支好的队伍。一支公正、高效、专业、廉洁，令当事人、代理人信赖和令同行尊重的仲裁员队伍和工作人员队伍。

第三，北仲要形成一套好的制度。一套不论谁任秘书长都可以使北仲持续健康发展的制度。这既包括管理模式、管理机制，法人治理结构、权力制衡及利益均衡的机制，也包括工作制度、工作流程、各项配套的技术措施和手段。

第四，北仲要打下一个好的物质基础。原计划我在离任时，北仲财产积累要达到1000万元，后来想北仲要拥有自己的办公用房，先是一层、后是二层，再后来就“上不封顶”了。可以说，现在委员会所拥有的基础，远远超出自己的想象。这也是天佑北仲，许多的运气和机会都让我们赶上并抓住了。

为了实现上述目标，我对自己提出四点要求：一是要“廉”，公正廉洁、不谋私利、不徇私情；二是要“勤”，勤勉敬业，开拓进取；三是要“硬”，敢抓敢管，敢担责任，敢于批判抵制错误思想和腐败现象，树立正气，打击歪风邪气；四是要“谦虚谨慎”，在权力面前保持清醒和淡定，自律、自省并善始善终，谨防头脑发热、自我膨胀、贪权、弄权，滥用权力。求真务实，勤俭节约，力戒浮躁虚夸，反对铺张浪费。我非常喜欢美国密西根西区联邦法院恩格尔法官就职演说中的一段话，他说：“当我法官生涯结束时……别人都会说我的工作是完美的、为人是诚实的；我为人类的生命和正义贡献我微不足道的力量。”我希望在我离任时，别人这样评价我,说我的工作是完美的、为人是诚实的,我会感到心满意足,无上荣耀。

17年来,我与各位仲裁员、各位工作人员长期共事,励精图治,艰苦创业,大家对北仲所坚持的价值理念的认同、坚守以及对北仲事业的倾情投入和支持,让我感到我与大家之间不仅是同志、同事,还是朋友加战友,特别是看到在座的费老、姚老、刘老师三位荣誉仲裁员,想起我与大家共度艰难时光那份肝胆相照的经历,依然激动不已,心绪难平。我知道,无论用什么样的语言都无法表达这份情感和此时的心情。但我最想表达的是我发自心底感谢与感激。首先,我要感谢江老师、周主任对我的关心、爱护,对北仲工作的鼎力支持。我知道,身为北仲的主任、副主任,江老师和周主任为北仲担了不少“事儿”,得罪了不少人,协调了不少关系,解决了不少实际问题。北仲之所以能在坚持独立、公正仲裁的基础上获得市委、市政府领导、政府各部门,以及社会各界的普遍理解、肯定和支持,是因为江老师、周主任在其中发挥了重要作用。其次,我要感谢全体仲裁委员会委员、仲裁员和工作人员对我的理解、信任和帮助,让我在这17年里度过了人生最难忘、最快乐、最富有成就和意义的美好时光。最后,要感谢市委市政府和市法制办领导对我的信任,给了我17年的机会和时间,让我实现了自己的抱负和理想。

当然,在这个时刻,大家更为关注的是,北仲今后能否持续发展,能否取得更大的成就。我对此充满信心,理由如下:

第一,我们有一支优秀的,极具凝聚力、影响力、学习力和创造能力的仲裁员和工作人员队伍。经过这么多年的努力,大家已将北仲视为追求公平正义、实践法治理想的精神家园,视为发展自己、奉献社会,过更有意义、更有尊严生活的平台。北仲独立、公正、专业、高效的价值理念已成为大家的共识,让北仲沿着正确的方向持续发展,不断兴旺发达,是我们大家的共同心愿。“有心便有力”,这种共同心愿是推动北仲持续发展的强大动力。

第二,北仲已经形成一套有利于北仲长远发展、相对成熟的法人治理结构、管理机制、模式,以及工作制度、措施和技术手段。只要我们方向对头,坚持按规则、按制度办事并不断改进和完善,就能继续不断提高工作的质量和效率。

第三，我们新主任梁慧星教授，不仅是民商法学界的著名专家学者，而且也是一个具有社会责任感和公共情怀的知识分子。他任全国政协委员、全国人大代表期间，曾经三次提交议案、提案，反映仲裁执法中行政化倾向以及有关仲裁机构财务税收制度问题，呼吁相关政府部门予以重视和解决，并得到了这些部门积极的反馈和答复。在他的倡议和亲力亲为的努力下，北仲与部分仲裁机构、高等院校合作已经先后举办 5 期中国仲裁论坛，在业内产生了积极影响。他对社会发展趋势的洞察、对法治理想和相关价值原则的坚持，对仲裁事业的热诚，是北仲未来沿着正确方向发展的重要保证。

人的生命有限，但仲裁事业长青。一代人有一代人的责任和使命，相信林秘书长能不辜负市委、市政府、市法制办领导和大家对他的信赖和期望，也希望大家像过去支持我那样去支持他的工作。我们都知道北仲对我们自己、对中国仲裁的价值和意义，北仲的今天来之不易，需要我们加倍的呵护和珍惜。北仲的事业是我们共同的事业，大家目标一致，支持他就是支持自己。

第四，北仲已经形成了一个专业、精干、高效的管理团队。尽管我们多数处长、副处长都还年轻，但无论在事业心、责任感，还是在专业素质、管理能力方面，他们都是同行、同龄人中的佼佼者。更为难得的是，他们团结向上，都怀着将北仲发展上去的坚定信心和强烈愿望。假以时日，他们会成为事业发展的中流砥柱。

第五，我们已经拥有比较雄厚的物质和文化积累、丰富的经验和人脉资源。与其他机构相比，我们没有成本的压力，有更多的条件进行尝试、探索和创新，与国内外其他争议解决机构、商会、律师、行业组织、学术团体进行广泛交流与合作，我们有更多的机会成为一个集多种争议解决实践、研究、人才培训、宣传推广于一身的国际性的争议解决机构，我们正在朝着这个目标努力。

总之，北仲今后的发展，更多的要依靠团队、制度和文化的力量，这样的发展才更稳定、更持久。想当初，北仲在那么艰苦的条件下都能成就今日的辉煌。而且，大的环境正在一天天地变好，“形势比人强”，我们更有理由期待北仲在今天的基础上创造更加灿烂的明天。所以我请大家对北仲的未来保持信心，继续关注她、支持她，为北仲更加美好的未来共同奋斗！虽然我不再担任秘书长工作，但我会在副主任的岗位上，继续为北仲的发展贡献我全部的力量。

承前启后

——2012年干部竞聘会议动员

(2012-12-1)

中层干部的竞聘是北仲内部体制改革创新的重要组成部分,与北仲的全员聘用制一样,是我们内部体制改革的亮点,在干部制度上很好地解决了能上不能下的问题。这在其他仲裁机构乃至事业单位很难做好,甚至不敢尝试。我们不但做了,而且做得很好。干部竞聘已经开展四次,每次都取得很大的成功。大家对干部竞聘的标准及竞聘本身的目的、意义有了更深的认识,程序越来越完善,效果越来越好,北仲的价值观、文化理念得到进一步弘扬,干部的精神面貌、专业素质、工作能力有了很大提高,班子也越来越团结。在这里我们应该感谢建勇和所有参与干部竞聘程序设计及竞聘工作,为竞聘工作成功默默无闻作出奉献的同志。今年的竞聘工作我想再强调三点:

一是北仲正处在一个承前启后的关键时期。第六届仲裁委员会换届后主任换了,秘书长换了。不管我们自己愿意不愿意,别人总要对北仲有些猜测,不管我们作出什么样的承诺,人们总会有些担心——北仲今后能否一如既往地持续发展。这是好事,说明人们心中有北仲,北仲在人们心中占据了重要位置,大家都关注北仲的命运和发展,希望北仲越来越好。只要我们意识到这点,变压力为动力，就能在既有的基础上获得更大发展。

二是由于北仲已成为一个国内知名、国际上有一定地位和影响的仲裁品牌。在判断北仲是否持续发展时，不会只看北仲案件接了多少、标的有多大、钱挣了多少，还要看北仲能否坚定不移地按照仲裁法基本原则和现代仲裁理念、原则、惯例做事，继续成为人们心目中中国仲裁机构“应该是什么样”的典型代表；北仲能否继续保持那种超凡脱俗的理想主义的精神气质，体现中国仲裁界所能够达到的精神高度和境界；北仲能否保持与普世价值接轨的价值理念，追求真理，坚守独立、公正、廉洁自律、坚决铲除各种腐败现象，始终保持满腔热忱的敬业精神；北仲能否继续改革创新，在仲裁机构内部机制改革、法人治理结构完善、多元化争议解决机制的探索、工作制度的改进等众多方面，持续不断地为行业提供新的理念、经验和方法；北仲能否继续保持社会责任感和主动担当精神，积极参与并推动国家立法、司法、执法朝着有利于仲裁事业发展，为仲裁发展创造宽松的政策环境，继续发挥推动中国仲裁改革发展的重要作用。简言之，要看北仲的品牌是否在不断提升，北仲的社会地位、作用、影响力是否在不断提高，信誉是否越来越好，不管在哪儿，最优秀的人才都想加入北仲。这不是虚幻的想象，而是客观需求。当社会希望有北仲这样的机构、有这样的一批人做这些事的时候，北仲出现了，北仲不仅满足了人们争议解决的实际需求，而且，也满足了人们在精神上、审美上的需求。后一点，正是人们认为北仲与众不同的地方，在人们心中北仲代表了中国仲裁发展的方向。这是北仲全体委员、仲裁员、工作人员用17年的努力拼搏换来的。人们有理由对北仲提出更高的标准和希望——既然社会给了你这样的荣誉地位，你就要为社会作更大贡献。一方面，我们“高处不胜寒”，在人们眼里，北仲的案件再多、标的再大，如果没有按人们期待方向发展，大家也会认为北仲不再是他们心中的那个北仲，影响其对北仲的信心。逆水行舟，不进则退。另一方面，北仲因此获得了很多机遇和资源。一些在其他仲裁机构做起来很困难的事，在北仲就比较容易。北仲的定位是拓展那些复杂、专业、前沿、带有国际商事因素的高端案件。高端案件的当事人、代理人对仲裁机构有更为深入了解和研究，他们选择机构不是根据机构的自我宣传，而是根据机构的历史和实力。仲裁机构没有过硬的仲裁质量，没有高端的人才、良好的信誉和单位文化,很难得到他们的认同和信赖。所以我们要有危机感和紧迫感,励精图治、锐意进取,停滞、后退没有出路。

三是今后北仲的发展更多要依靠团队、制度和文化的力量,其中管理团队是关键的,因为制度要靠人去执行,文化也要靠人去弘扬。今后工作对北仲干部的专业素质、管理能力、领导力、职业道德将提出更高的要求。北仲的发展过程是一个不断去"行政化"的过程,不仅在内部机制和体制上深化改革,而且在思想和文化建设上,始终反对"官本位"思想、官僚主义的作风和衙门习气。我们历来提倡公平竞争,任人唯贤,德才兼备,以德为先。不搞任人唯亲、不论资排辈,让有品行、有能力、有热忱、有情怀能够带领大家发展事业的才俊脱颖而出。历次竞聘我们都会反复强调:首先,当干部不是做"官",而是干事业。竞选者应该有为干好事业操心受累的心理准备。"操心"是把北仲、把事业当成自己的事,想单位之所想,急单位之所急。要有大局观,当个人利益、局部利益与整体利益,短期利益与长远利益发生矛盾时,要能从北仲的全局和长远利益去考虑和处理问题。心中有事业,眼里就有"活儿"、有干事业的激情、主动精神和创造力。不要把自己当成普通老百姓,做一天和尚撞一天钟。"受累",就是要比一般工作人员付出更多,要求别人做到的,自己首先做到,以身作则,率先垂范。其次,当干部要敢于担当。权力即是责任,权力越大,责任越大。我们是团队管理,管理团队的所有成员,承担推动北仲发展的连带责任。北仲发展是大家的荣耀,北仲停滞或后退是大家的耻辱。当干部就要有勇气、有魄力。该坚持的原则一定要坚持,对身边的腐败行为、坏人坏事,一定要旗帜鲜明地揭露、批判和抵制,有效地抑止腐败现象、不良风气,不能听之任之,坐视不管。发现问题,一定要及时处理,不能回避或拖延。对工作人员要敢于严格要求和管理,维护集体的利益和工作秩序。不能当"老好人",做"和事佬",让老实人吃亏,让偷懒耍滑的占便宜。我们在评价干部是否尽职尽责,不仅指其是否做到正身行直、勤勉、敬业,还要看其在管辖范围内是否树立了公正廉洁、勤勉、敬业的风气,创造努力工作的氛围,使工作人员整体绩效不断提高。再次,当干部要能够"以人为本",要把培养人才作为自己的重要任务。关心爱护处内工作人员,帮助他们提升境界,开拓视野,使他们在思想上、业务上尽快提高。同时,又能科学的管理，为工作人员提供和创造机会，鼓励他们尽快成才，使每个人都能最大限度发挥自己的潜能。不能只管使用，不管培养。管理不只是一门技术，更是一门艺术，需要心与心的交流和碰撞。最后，当干部要能成为北仲优良传统、先进文化的继承者和发扬光大者，应该以积极的、建设性的态度，维护和发扬良好的职场文化，使单位全体员工始终保持“朝气蓬勃的精神面貌，满腔热忱的敬业精神、勤奋扎实的工作作风，亲密和睦的人际关系”。

以上三个方面是我们不断重申的选聘干部的基本标准，尽管其中不乏理想的成分，但对北仲这样一个承载中国仲裁希望，努力成为国际一流争议解决中心的仲裁机构，对干部怎么要求都不过分。我们要求竞聘者将这些标准作为自我的内在要求，落实在行动中。所以，每个竞聘者，在竞聘前都必须将这些问题考虑清楚。参加竞聘就要作出承诺，竞聘上岗后履行诺言，领导和群众对干部履行承诺的情况进行考核，将干部的责任落到实处，把事业发展上去，这才是干部竞聘工作所要达到的真正目的。

选聘贵在参与，希望大家以积极的态度参加竞聘，以平和的心态对待结果。这一点，刚才林秘书长已经讲了很多，我不再重复。总之，我们已有三次竞聘工作的经验，全体员工对干部竞聘制度的认识已经非常理性和成熟，我相信并预祝这次竞聘工作圆满成功！

干部要对结果负责

——2012 年干部竞聘工作总结

(2012 - 12 - 10)

今年(2012 年,下同)干部竞聘工作虽然时间较短,但一切工作进展有序、有条不紊、很有效率。一方面,要感谢我们竞聘工作小组辛勤而卓有成效的工作;另一方面,要感谢所有申请竞聘同志和全体工作人员对这项工作的全力支持和配合。同志们的竞聘申请,我都认真看了。我觉得这次竞聘申请的质量普遍较高。申请竞聘同志写得很认真、很用心,不仅展示了个人的业绩、能力、工作设想,对单位文化的认同、理解,也表达了热爱北仲、热爱仲裁工作的真挚情感,情真意切。读之令人感动,深受启发,从中能够明显感到同志们明显的成长和进步。这是令人非常欣慰的事情。干部竞聘过程,也是大家相互学习交流,自我管理、自我完善和升华的过程,这就使竞聘工作达到了其应该达到的目的。

其实,干部竞聘所要解决的不是简单的谁上、谁下的问题,而是干部的责任心、危机意识、主动性和创造性问题,解决的是干部的精神状态和工作状态问题。如果仅是解决谁上、谁下问题,我们不必搞得如此复杂、如此轰轰烈烈,领导拍板决定即可,顶多走个民主测评。开展干部岗位竞聘,就是要强化干部的危机意识和责任感,从被动的"要我干",变成主动的"我要干",在岗位上充分发挥自己的积极性、主动性和创造精神，把自己全部的聪明才智用于单位建设和事业发展中。这样既有利于干部个人成长，也是对大家安全、幸福生活的一种保障。北仲是企业化管理的事业单位，不仅要“自收自支”还要按照企业标准纳税。我们很早就进入了市场，时时面对市场的风险和压力，也懂得竞争带来的残酷和不确定性。我们没法与行政机关或财政拨款的事业单位比。人家的干部无论怎么庸、懒、散，工作人员照样有钱花、有饭吃。我们的干部这样做试试？市场立马就还以颜色，让你丢失客户、案源。收入上不去，谈何个人的全面发展。人家靠财政、靠政府。我们靠什么，只能靠干部，靠干部带领大家往前闯，通过管理提高绩效，在市场中寻求机遇和发展。说句实在话，在北仲当干部真的是不容易。处长、副处长感言谈得最多的是责任问题，都觉得肩上的责任很重，这种感觉就对了！说得直白一些，干部就是大家的打工仔。北仲事业发展好坏与大家、与干部的努力程度息息相关。干部就像出租车司机，每天睁眼就要考虑挣够当天的“份子钱”。如果案件几天没上去，就得着急上火，使出浑身解数，想方设法去扩大案源，不能像有的机关干部那样，早晚一杯茶，一份报纸看半天；如果听到有什么对工作的不良反映和投诉，首先想到的不是摆平、搞定，糊弄过去，而是要尽快发现问题，举一反三，及时堵塞漏洞，解决问题，尽快提高工作质量和效率。干部工作越是努力，业绩越是出色，群众越有安全感和幸福感。我在外地讲课，听到那里的秘书对我说，像我们这样的机构，分房、高薪指不上，我们只盼机构能找到与我们一起干事业的好干部。我们搞中层干部的考核竞聘，就是要从制度上不断提高干部的事业心、进取心、敬业精神和创造精神，带领大家不断前进。从这个意义上，我们要对所有参加竞聘的同志表达我们的敬意，我们感谢他们的奉献和担当精神。对竞聘聘上的同志，我们要表示衷心祝贺！对没有竞聘上的同志我们也表示由衷的感谢！你们的积极参与就是对单位干部竞聘制度的理解和支持。

这次竞聘上岗的干部是群众和领导共同的选择。这两年干部竞聘方案中领导占了较大的权重，这与领导对单位承担的责任分不开。领导不仅要对全体工作人员负责，还要对全体仲裁员、对北仲、对事业和国家负责。领导对干部打分，不仅要考虑干部自身满足竞聘标准的情况，还要综合考虑个人优势特点与岗位匹配程度,团队整体知识互补、能力的互补、年龄结构以及单位长远发展等多种因素。所以分数的高低并不完全代表对一个人的全部评价。而且,无论是选谁,不选谁,不代表认为谁好、谁差,谁高、谁低。这包括工作的调整和安排。当然,领导也是人,也有考虑不周、判断失误的情况,而且,识人、选人本身就有很多不确定性。关键是我们所做的一切是为了工作、为了事业,只要我们发现自己的问题也会及时改正或调整。我再次强调北仲选人用人的基本理念,我们是个人以对单位的奉献而不是以职位高低衡量人的价值。只要对结果负责,注重贡献,无论是否当干部,都值得我们的信赖和尊重。干部竞聘上岗是一项长期的制度,北仲也是在不断发展的,这次没当上,不等于下次没有机会。竞聘上的,就要不负重托努力工作,以自己的贡献业绩证明自己。没有竞聘上的,也要正确面对。公正都是相对的,不是绝对的,要经得起挫折和历练,是金子总会发光,“梅花香自苦寒来”,谁能说这段经历,不是我们个人未来发展的宝贵财富呢。

对竞聘上岗的处长、副处长我也提点希望:北仲正处在继续发展的关键时期,无论是口碑、人才,还是制度与物质基础,北仲都处在蓬勃发展,不断上升的时期。随着形势发展,仲裁及多元化争议解决也会迎来新的发展机遇,虽然今年的案件标的不如去年,但我们对北仲的未来充满信心,你们进入管理团队,就处在了“当家人的位置”,就承担促进北仲和仲裁事业发展的历史使命和责任。北仲发展好了是大家的光荣,发展不好,谁也脱不了干系。希望你们能不辱使命,实践自己的诺言,在带领大家努力工作的同时,不断提高和完善自己。处长、副处长是承上启下的中间环节,是一个组织的“腰”。“腰”要得力,政通人和,上下一心;“腰”要不得力,有令不行,有禁不止,没有执行力和战斗力。我预祝你们在林秘书领导下,团结一心,带领大家实现北仲明日的辉煌。

做“五力”型中层干部

——2012 年 12 月 17 日办务会上的讲话

(2012－12－26)

大家都是从秘书岗位走上干部岗位的,从一个业务人员成为一个中层管理人员。这不应只是岗位的变化,更重要的是在自我要求的标准与能力上都要发生相应变化,使自己成长为优秀的中层干部。我看过一篇关于《管理者五力》的文章。其中说一个管理者要面对上、中、下、左、右五方面的压力,那么其核心竞争力也相应地产生这五方面的力量,即对上具有追随力,对下具有领导力,对外具有影响力,对内具有执行力,对自己具有平衡力。我借这“五力”说开,谈谈中层干部如何处理好五个关系,(1)与领导的关系,(2)与同级间的关系,(3)与下级的关系,(4)与外部关系,(5)个人事业与生活的关系。

一、与领导的关系

文章谈对上的追随力就是服从、配合、主动的状态。这有一定道理。但作者对追随目的的解释我不大认同。作者说:“领导者权力都要依靠上级的安排和赋予。如果你不进入现在的权力链条,不可能分配给你权力,也就不可能成为实质性的领导者。所以,要想获得岗位权力,首先要对上级有追随力,做个有效的追随者，然后才有被赋予权力的机会。即做领导者之前先做追随者，获得权力之前需要先追随权力。"这容易让人形成误解，上下级的关系就是一种权力关系，追随是为了权力。这样理解，把上下级关系想得很庸俗、很功利。上下级的关系是基于共同事业、共同价值理念形成的平等的同志关系。从这个角度看，用"支持力"代替"追随力"可能更准确。怎么才能处理好同上级的关系呢？

第一，要主动配合。在北仲这样一个以工作和任务为主的环境，对上级工作配合的好坏不仅直接影响单位整体的绩效、班子的团结，也影响上级对你的评价。怎么才是配合呢？

一是做好全处的管理工作、做好对下级的培训、指导、与相关方面的协调工作，提高全处的整体绩效。处里的工作开展得越好，越是有声有色，你的配合工作就做得越好。处长、副处长的岗位，只是一个更大的人生舞台。大家都是通过竞聘走上到领导岗位，要在这个舞台展示上自己的抱负、能力、才华，以业绩证明自己。那么如何尽快干出成绩？

首先，要了解处长、副处长岗位工作任务、标准和要求。按照岗位的任务、要求、标准去努力。北仲实行岗位绩效考核，有干部岗位描述、有干部考核标准、有具体的工作分工等。这对大家来说，是很幸运的事，这能帮助你很快适应、胜任岗位工作。我们大学毕业到机关工作搞立法，当时没人给我们讲该做什么、不该做什么，应该怎么做，全凭自己摸索，耗费不少时间。你们一开始就知道岗位责任、工作标准，明白努力的方向，劲儿使在正确的地方，少走弯路。彼德·德鲁克说过，绩效高的人比绩效低的人不一定付出的辛苦更多、更聪明，而是其懂得将时间精力投入到最重要的地方，"会按照工作的轻重缓急设定优先秩序"，会有效地利用时间，因为时间永远是最短缺的，而且，没有替代品。当然光了解这些还不够，还要真正照着做。就像秘书，虽然有工作规范，但有的照着做，有的按自己习惯做，几年后，两者的绩效明显不同。

其次，要清楚当处长、副处长与秘书的工作的区别，转变观念，不要用当秘书的成功经验去指导副处长、处长的工作。因为工作任务、标准不同，越是依赖过去的成功经验，效果越差——"越成功越失败"。这些区别包括：(1)你从单纯管事，变为既管事又管人。我们都是学专业、搞专业出身的，一般不愿意，也不习惯管人。管事主要凭借专业知识、经验。管人则复杂得多，特别是原来朝夕相处，平时无话不谈的同事、朋友，成了你的下级，有了某种程度的疏离（这是岗位变化引起的，不是你的问题，不必为此焦虑）。管人就要不断观察人、了解人，与人交流沟通，帮助同志树立正确价值观，要以自己的热情激发全处的斗志，这远比搞业务费神。管人就要执行制度和纪律，要坚持原则，赏罚分明，可能会得罪人，这是无法回避的。(2)从对自己负责转变为对全处负责。处内工作人员工作出了问题，板子既要打在工作人员身上，也要打在处长、副处长的身上。处内秘书出现以权谋私，办人情案、关系案、内外勾结、撒气漏风等严重违反公正纪律的行为，出现重大责任事故，或者，处内纪律涣散、工作懈怠、绩效低下等，处长、副处长都脱不了干系，要担责任。不能说这是秘书个人问题，与我无关。干部的岗位就是担责的岗位。北京出现 SARS，孟学农市长被撤职，很多人认为他很冤。那也没办法，当了市长，就要担这个责任。客观讲、处长、副处长最熟悉了解处里每个同志的情况，也有指导、帮助、考核、管理、决定处理同志的责任和权力，即使你处理不了，你也应向上反映，由领导决定处理。所以你要有职业敏感，平时注意观察分析，明察秋毫，能够及时发现并解决问题。公正是仲裁的灵魂和生命，社会大环境这么差，各种腐败思想无时无刻不在侵蚀我们的灵魂肌体。如果内部人员出事，即使是个别人、个别事儿也足以把北仲名声毁掉。我们要绷紧这根弦，严防死守。每个领导都有自己的底线，都有自己最不能容忍的事。我最不能容忍中层干部的是什么？就是做事不讲原则，搞官场那套潜规则，拉帮结派。自己当老大，把处里工作人员当成哥们、马仔，哥们利益大于集体利益，哥们关系大于组织原则。处内出了事不是去解决，而是捂着，盖着，罩着，拖着，拿工作送人情，慷单位之慨，直至小错整大，大错整得不可收拾。这是一种腐败，损害了工作，搞坏了风气，带歪了队伍。(3)处长的工作不仅是办案，还包括相关领域的对外培训、研究和宣传推广等。因此，处长、副处长胸中要有单位的全局，从全局出发对处内工作进行设计和安排。不能除了自己案件工作，其他都不管。

二是对领导布置的工作，不是机械执行，而是，在认真了解领导的意图的基础上，积极、主动、创造性地执行。这包括在执行过程中修改、补充、完善领导的设想和计划。就是领导没有想到的,你也能替领导想到,办到。如果你能做到这点,领导自然会欣赏、信任你。领导比较反感的行为是:(1)工作不主动,只走程序不讲效果。领导要我办的,我去办,办得好坏不管。或者一切等领导指示,“你说啥,我干啥,叫我干啥,就干啥”,“吃凉不管酸”,不愿多操一点心。“文化大革命”期间,当时国家副总理陈永贵说过一句话,“我说啥,你干啥,我要你干啥”。陈就是一个农民,连他都不愿意用这样的干部。(2)当二传手,把领导交办的任务派下去后什么都不管,下面完成后,原封原样,交给领导,自己工作“大撒把”。处长、副处长向下分派任务不是不可以,但你事先要出主意,事中要帮助解决困难,事后要检查,指导下级总结、完善,这样才能达到完成任务、锻炼同志之目的。(3)领导抓一抓,动一动,不抓不动,敷衍、糊弄。有些事儿领导没有经常督促,不是因为忘记,而是担心提醒次数太多会伤及同志的自尊,或者认为督促没效果,考虑另选他人。当然,处长、副处长认为领导布置的工作不符合实际、没有价值,或者困难大,要如实讲明。不能敷衍、糊弄——这既不利于工作,也会影响与上级的关系。(4)接受任务时承诺满满,结果虎头蛇尾,有始无终。像人们说的“三拍”干部,接受任务拍胸脯,执行任务拍脑壳,任务完不成,拍屁股走人。

第二,爱护领导,自觉维护领导的形象和威信。爱护领导不是巴结奉迎,而是顾全大局。领导是单位的代表,体现单位的形象,外面对领导认同、有信心,就会对单位有信心。工作需要领导有良好的公共形象,对内凝聚全办的意志和力量,出色完成任务;对外发挥影响力,拓展事业。爱护领导不是指对领导唯命是从、投其所好、吹喇叭、抬轿子。而是指:一要向领导讲真话,反映真实情况和问题。因为,领导的权威是建立在正确决策,解决问题基础上的。领导不了解实际,如何正确决策?不知道问题所在,又如何解决问题?这既是你的权利,更是你的责任。二要当好领导的参谋助手,甘当幕后英雄。在领导征求意见或集体决策讨论中,知无不言,言无不尽,贡献自己的知识、经验和智慧。不要会上不说会下说,事前不说事后说,看热闹,说风凉话。大家是单位领导团队成员,是合作者,执行者,不是“看客”。三要及时向领导指出其缺点、错误。不要当面不说,背后乱说,这不仅会助长猜忌、隔阂,也会让下级无所适从。四要在贯彻领导决定过程中，做好解释工作，帮助工作人员正确理解领导意图，促使上下拧成一股绳，保持单位整体氛围的和谐融洽。

二、与同级关系

与其他处室要主动配合、积极沟通、乐于分享、相互支持。虽然工作有分工，但会有一些领域、机会、任务难以划分。这种情况下，老处长、男处长应多担一点。举手之劳，而利全办的事，能做的，多做一点，不要计较你的、我的。发现别处出现了问题，能够帮助补台的尽量帮助。新同志不管是哪个处的，只要请教到自己头上，都要耐心解答，悉心培养。总之，大家都要对结果对贡献负责。

三、与下级的关系

文章谈到“对下领导力”。什么是领导力？我理解是组织带动他人做好事的能量。领导力与人的价值观、道德品质、人性关联度远大于与人的才干的关联度。人们认同你这个人，才能认同你做的事，你才能对人产生影响力。英国塞缪·斯迈尔斯说：人们从日常生活和工作中观察一个人，往往是看他的品行而不是他的智力，看他的心地，而不是他的知识，看他的自律自制，遵守纪律的精神，而不是他的才华和天赋。所以中层干部提高领导力要尽量做到这几点：一是自律、自省，正人先正己。以身作则，率先垂范，要求别人做到的，自己首先做到，禁止别人做的，自己绝不去做。言行一致，表里如一。二是关心爱护下级，业务上肯耐心指导，思想上愿意倾听交流，员工有了进步、成绩，及时肯定和鼓励；创造机会帮助同志取得成功，甘当铺路石。卡耐基说过，培养接班人是领导的重要责任，如果你没能培养替代你的人，你在的时候企业运转很好，离开后马上不行，说明你没尽到培养人的责任。三是办事公道，不搞小圈子——亲亲疏疏，顺者昌、逆者亡。善于听取不同意见。出了问题勇于承担，不争功诿过。四是敢于担当，坚持原则，按规则办事，不能是非不分、赏罚不明，让老实人吃亏，让投机刁蛮之人占便宜。

四、与外部关系

“对外影响力”我理解是干部为单位建立良好公共关系的能力。这个题目很大,不多说,只强调三点:我们外出推广宣传,一是要放低身段(过去我在机关工作,领导一直教导我们考虑问题高三级,与其他部门协调办事要低三级),谦虚谨慎,主动与相关人员沟通交流,自己组织的会议,要主动招呼、主动张罗,让人感到你的亲和力。不要给人感觉拒人千里的感觉——那不是清高,是"官气""衙门气"。我在一些会议上,不用看名片就能区别出政府部门、国有企业与民营企业、社会组织、律所的人。前者比较矜持,一般不愿或不能主动与人交往。如果我们这样会给人留下不好的印象,错失许多机会。二是要注重细节,包括言谈举止和着装。如果在公开场合发言一定要认真准备,力争要言不烦,有说服力,给别人留下深刻印象。三是注意与那些在某一领域有影响的重要人物建立联系,发展关系、拓展北仲的社会公共关系。

五、事业与同生活的关系

"自己要有平衡力"我理解是指在事业和生活间保持平衡,既不能为了事业牺牲家庭——家庭搞不好,也会影响工作;也不能为了家庭影响工作。这两者不仅同样重要,而且完全可以同时兼顾。关键是提高自己的工作能力和生活能力,包括烹饪、养生、教育子女、照顾老人,处理好夫妻、婆媳、翁(丈母娘)婿关系,等等。

以上谈的几种关系都是个人经验之谈。我 16 岁参加工作,既有被人领导的经历,也有领导人的经历。今天谈这些是给大家提供一个观察问题的视角,起码你们今后处理问题时,会考虑到领导和其他人会怎么想、怎么做,为什么会这么想、这么做。

继承和发扬北仲的核心价值

——2013 年全办会议总结发言

(2013 -3 -6)

这是我最后一次在全办的总结会上发言。所以,我首先要借这个机会表达我对大家的感激之心,感谢大家这么多年对我的理解、支持、关心和照顾。我从16 岁参加工作,除去上学、返城待业时间,参加工作时间 39 年。其间,北仲工作18 年。这 18 年,是我真正为自己心中的正义、理想工作的 18 年,是感觉人生最充实、富有成效、最有价值的 18 年。在北仲工作,能够时时感到大家为共同事业努力奋斗的那种热诚和激情;能够天天发现事情的变化和进展;能够切实体会这种变化、进展给他人带来的幸福和对社会进步产生的积极作用;能够为这种作用感到振奋和鼓舞。例如,北仲现已支付的仲裁员报酬累计 2. 24 亿元,很多仲裁员通过仲裁劳动提高了生活质量,解决了一些实际问题。这还不包括通过仲裁高效专业地解决纠纷给当事人、对社会稳定带来的好处,不包括我们对社会的直接捐助和奉献。其实,创造、奉献都是双向的,你在给别人创造幸福、快乐的同时,也给自己带来幸福和快乐。你会发现自己也可以变得如此高尚、有尊严。这种快乐的感觉,既是工作,更是我们这个集体带来的。我们这个集体是个朝气蓬勃、纯洁向上、开放包容、团结互助的集体。没有复杂的人事纠葛,没有一般职场上的算计、钩心斗角,工作氛围和谐轻松。所以说,北仲的这段岁月,是我职业生涯中最开心、最快乐的时光。当然,如果时光能够倒流,有些工作我可以做得更好。可惜时光不再,只能留下一些遗憾。我这个人习惯以自己为尺度要求别人,对同志批评多、肯定鼓励少,加之有时态度生硬,方法不当,可能也伤了有的同志的自信和自尊,也请大家包涵和包容。

其次,表达我的欣慰之心。我们的处长、副处长,也都能够从事业出发、从大局出发,主动配合,大力支持,默契合作。整个领导班子锐意进取,开拓创新,工作富有成效。我们的同志进步很快,日趋成熟,积极性、主动性、创造性和奉献精神不断提高,人人奋勇,个个争先。整个团队就像一辆性能极佳的跑车在事业发展的道路上越来越快地奔跑。我对北仲前景充满信心,对大家很放心。长江后浪推前浪,一代新人在成长。我相信北仲在林秘书长和大家的努力下,会创造新的辉煌。

最后,基于我多年的工作心得,我想就如何坚持北仲的核心价值和文化传统谈几点今后工作的注意事项。过去人们常说保障机构、组织的长远发展靠制度,不能靠人。这话对不对?当然对。但不全面。如果没有自己正确的价值观和健康的企业文化,制度的推行只能靠权力,而不是员工内心的认同和自觉。制度的执行不仅成本高,效果差;而且,制度会变得脆弱,变形、走样。所以,不能说我们已经有一套相对成熟完善的制度,我们只要按制度执行就可万事大吉,高枕无忧,而是要与时俱进,持续不断地完善和改进制度,同时,要下大力建设好与之相配的文化,继承发扬我们的核心价值。

1. 我们一定要将公正廉洁进行到底。单位制定的廉政纪律、规章制度(包括不能收受当事人、代理人、关系相关单位、仲裁员的礼品好处等),要严格执行,不能有丝毫懈怠和放松。北仲相关的权力制衡机制、工作制度、技术保障措施(包括计算机软件中的考核、评估、信息反馈等内容)等,要不断跟进,持续完善。我们的廉政教育要常抓不懈,警钟长鸣,经常讲,反复讲,与时俱进,常讲常新。我们的干部要做廉政的表率,我们全体工作人员要做仲裁员的表率。大家要相互监督,相互提醒。为什么这样要求?因为我们吃的是仲裁这碗饭。当事人衡量我们仲裁好坏的基本标准是公平、公正。不仅仲裁裁决要公平、公正,而且每个工作人员、每个仲裁员都要让人看到、感到公平、公正。这样我们才有公信力。做不到这点,我们就没资格吃仲裁这碗饭。我们一直强调要将北仲建成一流的国际仲裁机构、一流的争议解决中心。因此,在公正廉洁问题上,我们也应用国际标准,不能用国内标准。不能说我们比某些单位、某些官员强多了。不能这么比,这是没有底线的比,是为自己的堕落找借口的比。要比就比国际商会仲裁(International Chamber of Commerce,ICC)、比美国仲裁协会(American Arbitration Association,AAA)、比香港国际仲裁中心、新加坡国际仲裁中心,看看人家是怎么做的,都做到了什么。我们在精神上、意志上是自由的,有些事做还是不做完全能够自主选择。总之,公正廉洁是无法回避、无法替代的根本性问题,不能说其他工作做好了,这个问题就可以忽略或放松。其他诸如提高专业性、宣传拓展工作开展得好坏,只是关系事业发展的快慢,但这个问题事关北仲的生死。今后,无论北仲规模多大、名气多响、家底多厚,只要在公正廉洁上出问题,大家就会陷入灭顶之灾,就像泰坦尼克。这个问题也是对我们全体人员的道德、良知的基本考验。从这个意义上,北仲今后能够走多远,事业能做多大,取决于我们在多长时间内、多大程度上"HOLD 住"(约束)自己。

从个人发展角度讲,大家都还年轻,职业生涯还很长,一定要为自己的前程命运负起责任。单位这样要求不是作秀、唱高调,而是给大家的平安幸福提供保障。仲裁也是一项权力,是权力就具有腐蚀性。尤其是现在,整个社会大面积、深层次的腐败,已经使"人们不得不接受和认同腐败,不得不习惯用腐败的观点看问题,用腐败的观点指导生活"。这些都加重了仲裁的风险和诱惑。树欲静而风不止,因为你手中有了涉及别人利益的权力,别人就会想方设法接近你,拉拢你。其用心之深、手段之高、态度之诚,超出想象。重庆官员的不雅视频,一方面说明官员的腐化糜烂、龌龊;另一方面说明行贿者的险恶、卑鄙无耻。有文章分析当前行贿的特点和趋势——经常化、长期化,隐蔽化——不是本人直接出面,而是通过行贿对象的亲朋好友、老师、同学、同事。很多官员(包括那些很有才、很优秀的官员)都是被其最信赖、最亲近的人拉下水的。湖南郴州原纪委书记曾锦春说过一句实话。他说"不要相信朋友两肋插刀的鬼话,真出了事,别人把刀插在你的两肋上",可惜他悟出这个道理,为时已晚。今后,随着北仲受案量的增加、案件争议金额的增大,这种风险也会越来越大。即使我们毫无贪心,也根本不在乎物质的东西,也要防止因为自己的软弱、碍于情面吃请受礼。当然,不能说所有人都是别有所图,很多人也是出于真正的感激、对你的好感,以及与单位合作的善意。但是,只要与工作相关,都要拒绝。因为,这样的事多了,心灵会受到束缚,变得越来越不坦然、不自由,为“情”所累,难免不影响日后的选择和判断。心理的防线一旦突破,从量变到质变的距离不会太长。其实,无论社会环境有多差,人们判断是非、识人的标准没有变。越是社会风气不好、诚信缺失,人们越会对涉及人品行的种种细节感兴趣。有很多情况下拒绝,表面上别人好像觉得你伤了他的面子,但心里是敬你、服你,对你的信任扎下了根;如果不拒绝,可能因此被别人看轻。年轻人要想有大的发展,必须目光长远,把个人口碑、信誉放在首位,为此失了信誉非常不值。过去社会有这样的段子,某律师吃饭与人夸口说可以请到某某级别的官员,别人不信,他拿出电话,结果当场应验。在别人眼里,这样的干部到底有多少尊严和威信呢?仲裁这个地方,要解决当事人之间的利益纠纷,整天都处在矛盾焦点的位置上。无风还会三尺浪。即便我们是清白的,别人也会疑神疑鬼,对你的公正将信将疑。更有素质低的当事人、代理人,故意捏造事实,说自己在北仲“有人”“有关系”可以“搞定”这个、“搞定”那个,抬高自己,吓唬对方。我们自己行为稍不注意,就容易授人以柄,让人对你有看法。因为看法的存在,你找仲裁员沟通,向当事人解释难了——因为缺乏信任的基础,别人很容易把你的话往歪了想。即便你的话是对的,人家也会揣测其中的动机,大大加重了沟通的负担和成本。如果人家相信你为人公正,即使你的意见是错的,别人也会理解为认识问题,就事论事,坦陈自己的意见和想法,解决问题就相对容易。大家一踏入社会就能在北仲这样一个公正廉洁、充满正气的单位里工作,这是一种缘分和福气。起码在这样的环境下工作,大家有安全感、尊严感。否则,如果在一个腐败、歪风邪气盛行的单位,人人将面临“被腐败”的危险——要么出局,要么同流合污一起犯罪。很多“窝案”的发生,是单位腐败所引起的,其中有些成员也是出于被迫和无奈。覆巢无完卵,即使你是清白的,即使没有出事,人们看你的眼光难免不带成见。就像红楼梦柳湘莲评价大观园,除了那对石狮子是清白的其他人都不干净。所以,我们要固执择善,守身如玉,坚持公正廉洁;要高度警惕,防微杜渐,不断清除身边的腐败现象以及产生这种现象的土壤。只有如此,我们才能保住自己的安宁、幸福和前程,同时,也保住北仲的地位、尊严和健康发展。

2. 要不断强化保密意识,完善保密制度和措施。要防止出现泄露仲裁信息的现象。每个人要养成“嘴严”的职业习惯,不要大大咧咧,信口开河,讲话不注意分寸、地点和场合。涉及仲裁案件、涉及仲裁员考核、评价以及单位要求保密的各种信息,我们要严守秘密,不管是谁来打听,包括亲朋好友、仲裁员、以前一起工作的同事等,不该说的,一个字都不要讲,否则,就要对自己引起的后果负责,不管是你有心还是无意,不管是因为收受好处还是因为友情、交情或今后建立关系的考虑。我们都是学法且从事法律工作的,要有法律的精神,做事要讲原则,不能讲人情世故。过去,单位有过这样的教训,别的机构也出过这样的问题,有的出去的工作人员利用曾经的同事关系打听案件、仲裁庭、机构的内部情况,后果严重。对此我们要高度警惕,防止再出现这样的情况。

3. 坚持培育发展积极向上的北仲文化,发扬光大北仲的敬业精神。仲裁业也是服务业。服务业的竞争,不光是技术、知识、专业的竞争,更是服务意识、服务精神、服务文化的竞争。其实,机构能长久维系客户的,是工作人员对客户发自内心的热诚和认真负责的工作态度。北仲从成立时就注重文化建设,我们一贯倡导的四个方面:朝气蓬勃的精神面貌、满腔热忱的敬业精神、勤奋扎实的工作作风、亲密和睦的人际关系,其中,满腔热忱的敬业精神是其最基本、最主要的方面。通过 18 年的实践,这种精神已经深刻影响着新老工作人员的工作实践。单位层出不穷的好人好事:如前台的同志接电话,一听声音就能说出每个老师的姓名,17 楼徐德胜师傅不但记得每个仲裁员的名字,甚至能记住其车的车牌号;徐艳军师傅在打扫、维护打印、装订、视频、音响、电脑等设施上表现出的专业和全能;立案室无论在什么时间,只要有人立案,就热情接待,耐心解答;还有秘书与仲裁庭默契配合、周到服务等等,一直被当事人、代理人、仲裁员津津乐道,广为流传。这些都体现了这种文化潜移默化的作用。在整个社会不讲职业道德,因渎职导致的重大灾害、事故频频发生的情况下,还能有北仲这样的单位、这样一群人,这样执著于事业,这样对人、对工作极端负责任,这本身就令人感动和敬佩。敬业精神是我们的核心价值、是我们的口碑的基础,是北仲容易让公众识别的独特禀赋,是广大仲裁员、工作人员经过长期不懈努力形成的文化传统和宝贵的精神财富。我们丢不得,也丢不起。因为,人们往往是从单位员工的敬业精神衡量你这个机构的管理水平,判断你是进步还是退步。特别是北仲要成为国际一流的争议解决中心,更要发扬这种对结果负责,将工作做到极致的敬业精神。年复一年,日复一日,把该做、能做的事情做好。办理案件时,每个案件的每个程序、每个环节、每个笔录、文书、档案,每次送达……都要及时、规范、工作到位不出纰漏。对外宣传推广,每份新闻稿件、报告、函件,每次发言、讲话、培训,组织的每次会议、每个活动,都要注重细节、力求完美,争取最佳效果。总之,我们的风格就是言而有信、追求卓越,要么不做,要做就做得最好、做得成功。使所有的机构、组织都愿意与北仲合作,与北仲合作就意味着与成功有约。有了这样的口碑,搞宣传推广工作就事半功倍——别人是出去找机会,我们是机会找上门。所以,我们在谋发展、抓大事的时候,不要忽略那些该做、必须做的细节和小事(真正的国际品牌都注重细节,精益求精),在努力提高专业知识、技巧和能力的时候,更要强化工作人员内在的敬业精神。

敬业精神反映人的职业道德、良知和尊严感——爱惜羽毛(那些大师、能工巧匠,自己的作品不好宁可毁了也绝不出手),需要长期的自律、自制和自觉。这种精神的培养,一方面靠制度,我们的岗位责任、绩效考核要认真执行;另一方面要靠干部、老同志言传身教地传、帮、带。干部、老同志不仅要以身作则,还要多多指导帮助新同志——既教"做事"更教"做人",形成事业发展与个人成长良性互动的双赢局面。这些年,综合处在这方面表现突出。综合处的队伍也在不断调整,人员有进有出,岁数有大有小、学历有高有低、有正式签订合同的、有返聘的、还有实习生。但是,不论是谁,无论工作多长时间,只要到了后勤的岗位上,其工作态度、工作标准、工作质量是一样的,而且,不是一时一事,而是时时事事如此。这些年,随着人员及会议的增多,他们的任务不断加重,他们总是那样精神饱满,斗志昂扬,任务完成得又快又好,没见谁怨天尤人,一脸苦兮兮的样子,那么大量繁杂的工作,事无巨细,没见谁出什么事故和差错。更可喜的是,尽管工作繁忙,但大家在工作之余坚持学习,比如程立考下了人力资源师资格。希望其他各处在培养人的敬业精神上,学习借鉴综合处的经验,使处内文化建设和工作人员的敬业精神达到新的水平。

4. 勇于担当、积极奉献。北仲今后的发展要靠大家。北仲发展到今天不容易,大家能找到北仲这样的单位也不容易。北仲发展得好坏,关系每个人的切身利益,包括眼前和长远利益。因此,无论是从个人还是从事业的角度,我们都必须努力使北仲持续发展。对北仲负责,就是对自己负责,对自己的现在和将来负责。要关心、爱护集体。积极奉献,自觉维护北仲的信誉,抵制一切损害单位利益的行为。遇到困难、问题、危机,能担当的,要主动担当。千万不要想这不是我的责任,天塌下来有大个子顶。大家都在一条船上,船沉了,对每个人来说后果一样严重——无论是船长、还是船员。这时再说谁的责任有何意义? 一个社会、一个单位都是只搭“顺风车”、占便宜,不想有任何付出和担当的人,这个社会、单位就不会有希望。其实,多一些担当和付出,我们不会失去什么,相反会赢得主宰自己命运的机会,赢得地位和尊严。就像北仲过去所做的那样。只要我们以一个公民的心态,从道德出发、良知出发,从各种借口和说辞中站出来,堂堂正正地生活,从改变自己、改变周围环境做起,让一切事物都向好的方面转化,我们和北仲就会拥有灿烂的明天。

图书在版编目(CIP)数据

铸造公信力：王红松文集／王红松著. --增订本
. --北京：法律出版社，2019
ISBN 978-7-5197-3777-1

Ⅰ. ①铸… Ⅱ. ①王… Ⅲ. ①仲裁-文集 Ⅳ.
①D915.704-53

中国版本图书馆CIP数据核字(2019)第197037号

铸造公信力(增订版)
——王红松文集
ZHUZAO GONGXINLI(ZENGDINGBAN)
— WANGHONGSONG WENJI

王红松 著

责任编辑 赵明霞 肖 越
装帧设计 马 帅

出版 法律出版社
总发行 中国法律图书有限公司
经销 新华书店
印刷 天津嘉恒印务有限公司
责任校对 李景美
责任印制 胡晓雅

编辑统筹 法商出版分社
开本 710毫米×1000毫米 1/16
印张 29.5
字数 387千
版本 2019年10月第1版
印次 2019年10月第1次印刷

法律出版社／北京市丰台区莲花池西里7号(100073)
网址／www.lawpress.com.cn
投稿邮箱／info@lawpress.com.cn
举报维权邮箱／jbwq@lawpress.com.cn
销售热线／400-660-8393
咨询电话／010-63939796

中国法律图书有限公司／北京市丰台区莲花池西里7号(100073)
全国各地中法图分、子公司销售电话：
统一销售客服／400-660-8393/6393
第一法律书店／010-83938432/8433 西安分公司／029-85330678 重庆分公司／023-67453036
上海分公司／021-62071010/1636 深圳分公司／0755-83072995

书号：ISBN 978-7-5197-3777-1 **定价**：98.00元
(如有缺页或倒装，中国法律图书有限公司负责退换)